法税辉映
大湾区执业实录

OBSERVATIONS ON
LAW AND
TAXATION PRACTICE

王永敬 等·著

·北京·

图书在版编目（CIP）数据

法税辉映：大湾区执业实录/王永敬等著
. --北京：中国经济出版社，2020.11
ISBN 978-7-5136-6285-7

Ⅰ.①法… Ⅱ.①王… Ⅲ.①税法-案例-中国
Ⅳ.①D922.220.5

中国版本图书馆 CIP 数据核字（2020）第 157510 号

责任编辑　陈　瑞
责任印制　马小宾
封面设计　任燕飞工作室

出版发行	中国经济出版社
印 刷 者	北京力信诚印刷有限公司
经 销 者	各地新华书店
开　　本	710mm×1000mm　1/16
印　　张	30.25
字　　数	529 千字
版　　次	2020 年 11 月第 1 版
印　　次	2020 年 11 月第 1 次
定　　价	69.00 元

广告经营许可证　京西工商广字第 8179 号

中国经济出版社 网址 www.economyph.com 社址 北京市东城区安定门外大街 58 号 邮编 100011
本版图书如存在印装质量问题，请与本社销售中心联系调换（联系电话：010-57512564）

版权所有　盗版必究（举报电话：010-57512600）
国家版权局反盗版举报中心（举报电话：12390）　　服务热线：010-57512564

序

"工匠精神"（Craftsman's spirit）乃近年最热门之词，通常指一种职业精神，为职业道德、职业能力、职业品质之综合体现，是从业者的一种职业价值取向和行为表现。"工匠精神"的基本内涵包括敬业、专注、创新、精益等内容。然而，"工匠精神"并不等同于"工匠"，更不应陷入"工匠主义"之窠臼。"工匠精神"，以敬业为本分，以专注为支点，以创新为路径，以求得作品之持续精益求精。"工匠"者，专司某种工艺之匠人，可匠人并不必然具备"工匠精神"。更有甚者，"工匠主义"立足于敬业专注，因循守旧，熟能生巧，甚至自满于依葫芦画瓢，与"工匠精神"同途而殊归。100年前，胡适发表《多研究些问题，少谈些"主义"》一文，对今日之各行各业仍有警醒作用。"工匠主义"以"工匠"为本位主义，以工匠立场出发，以回归工匠本位为目标，一叶障目，缺乏专业精神，失去了发现与研究、解决问题的能力，故步自封。推而广之，各种"主义"也往往陷入类似歧途。进而论之，个人以为，"工匠精神"更应诠释为"专业精神"。是故，"工匠精神"不仅是工匠、手艺人进阶应秉持的理念，也是管理、决策工作乃至全社会进步的精神营养。"工匠精神"者，倡导客观理性，常秉持专业路径获得发展。空谈主义者，常以意识形态为导引，以主观本位为皈依，难免陷入片面与偏执。

"工匠精神"与"工匠"和"工匠主义"的主要差异何在？笔者认为方法异在创新与否，结果差在能否精益。"工匠精神"，以创新为路径，达至精益求精。"工匠"，以工匠为起点，但未能主动秉持创新。"工匠主义"，起点终点均为工匠，为工匠而工匠，主动摒弃专业精神与创新意识。专业精神与创新意识来自哪里？理性与批判为其土壤，逻辑与思辨为其源头。回归到法律职业，个人认为法律职业技能这幢大厦的建构方式应为：广博的知识面和深厚的人文素养为地基，逻辑与思辨能力为栋梁，系统化的法学理论为框架，法条及法律知识点为砖瓦，良好的表达能力为装饰。就律师执业能力而言，逻辑清晰带来的独立思考、思辨带来的批判思维，是创造性解决法律疑难实务问题的源动力。

《法税辉映——大湾区执业实录》是"工匠精神"的结晶与展现，体现了敬业、专注、创新、精益的"工匠精神"内涵。敬业，扎根于粤港澳大湾区，执业年限近20年，兢兢业业；专注，专注于公司与证券、银行与资管、房地产与建设工程等商法领域的法律合规、交易安排、争议解决等法律服务，且精通于资本税务、房地产税务、国际（跨境）税务等涉税事项的合规与筹划；创新，本书案例评述、理论文章、文书样板等，几乎都是从独立思考与批判思维的角度出发，不墨守成规，守正出奇，创造性地解决法律问题和争议案件，灵光一闪让人茅塞顿开；精益，书中内容，不满足于从法律（税务）视角解决法律（税务）问题，而是往往以行业视角、专业角度、跨界视域切入，进行综合分析与评判。同时，本书以实务为根基，以理论作探究，相得益彰，精益求精。

本书分为以案说法、要案评析、法理探究、财税实务、税筹思路、文书荟萃六大部分。以案说法，是创造性经办案件的评述和总结；要案评析，是对全国性经典案例、司法观点的反思与评判，力求挖掘创新视角；法理探究，是针对法律实务问题，从法理、逻辑等角度进行分解、剖析；财税实务，是对执业过程中遇到的或涉及的财税专业问题，从"财＋税＋法"综合视角出发，理论联系实际进行讨论；税筹思路，是经办及参与的部分资本税务、房地产税务领域节税筹划案例的总结性、概括性思路；文书荟萃，是法律执业实践中各类法律文书的集锦，该等文书并非套用、修改他人的范本，而是凝聚了团队基于个案（项目）实践的创新，很多文本的实用性、创新度远高于市场上的范本。

本书对法律执业者或法务工作者会有所助益：有的文章，或许会在丛林中帮你导航出一条路；有的观点，或许会在你面临法律疑难问题的暗夜中，划出一道光！

王永敬

二〇二〇年四月十六日

目录

以案说法

刍议质押担保的主债权特定及变更
　　——从两起金融借贷案的应收账款质押担保争议说起 …………… 2
诉讼请求与请求权基础
　　——从能源管理合同到企业借贷纠纷再到非典型融资租赁合同
　　纠纷的案例 …………………………………………………………… 6
讨论"差额补足"责任前，再论（2018）最高法民终 667 号判决书 ……… 12
企业改制过程中遗留债务的法律责任：最高法院判例 ………………… 15
资管类争议案中预期收益、风险准备金及违约金叠加问题之司法实践
　　评述 …………………………………………………………………… 17
浅析拒绝承认与执行外国仲裁裁决的若干事由
　　——以《纽约公约》及某美国仲裁案为背景 …………………… 24
金融合同强制执行公证的相关问题探析 ………………………………… 38
强制执行公证能否优先于仲裁条款问题探讨 …………………………… 48
乡、村违法建筑物认定与强制拆除的中国法评述
　　——以粤东某镇违法拆除案为实景 ……………………………… 54
守正出奇：一宗翻转既往判例的股东清算责任诉讼案 ………………… 59

要案评析

债之义务 OR 法定职责
　　——一则最高院行政再审判决引发的思考 ……………………… 65
固定收益型股权投资的合法性边界：（2016）沪民终第 497 号判决之
　　评述 …………………………………………………………………… 71

关于《新疆 HD 股权投资有限合伙企业与 JF 有限责任公司
　王某 1 王某 2 合同纠纷一审民事判决书》的简评 …………… 74
江苏高院（2019）苏民再62号判决（江苏 HG 案）于公司法之背离 …… 79

法理探究

未取得工程规划证的施工合同无效？概念、法理、实践、逻辑的再
　探讨 …………………………………………………………………… 90
《公司法司法解释（五）》徒法不足以自行 …………………………… 96
公司发起人出资补缴责任评述 ………………………………………… 100
未实际出资的股权，交易风险大 ……………………………………… 105
私募投资基金风险隔离制度评述 ……………………………………… 107
对赌协议的效力评判 …………………………………………………… 114
保险资金投资的基础产品合规性评述 ………………………………… 118
保险公司关联交易合规监管评述（二）：关联交易比例限制、内部程序与
　监管要求 ……………………………………………………………… 125
私募投资基金"阴合同"一定无效吗 ………………………………… 130
解读《关于进一步加强保险公司管理有关事项的通知》 …………… 133
跨境资金"对敲"法益危害及犯罪构成之辨析
　——以"两高"司法解释严惩地下钱庄为背景 …………………… 137
私募基金35%个税问题刍议：制度、法理与对策 …………………… 141
再论《宪法》实施与特别行政区宪制秩序之形成 …………………… 148
《合同法》第51条"无权处分合同效力待定"被抛弃了吗 ………… 155
汇发〔2019〕28号文件背景下跨境担保若干法律问题评述 ……… 158
《全国法院民商事审判工作会议纪要》中"对赌协议"裁判规则之指摘
　——兼投资方"对赌协议"之完善建议 …………………………… 169
李某所受"训诫"之行政法分析：不应对"造谣"施训诫 ………… 177
新冠肺炎疫区外国撤侨与特别行政区撤回居民的法律疑难 ………… 182

财税实务

跨境重组外资股权适用特殊性税务处理的合规纲要 ………………… 186
资本公积转增股本的个人所得税评述
　——基于经济与法律的逻辑 ………………………………………… 191

人民法院代扣、代征民间借贷利息个税的程序法依据探究 …… 195
一案悟透外资企业跨境重组涉税风险及筹划 …… 199
《个人所得税法》对中国公民一定具有全球征税效力 …… 204
刍议换股并购企业所得税
　　——以"600506"换股并购为例 …… 207
深圳市拆除重建类城市更新项目涉税概述 …… 216
资本市场减税的六点建议 …… 223
《个税法》的主要革新 …… 225
范某税案结果与评论：99%的在误读 …… 232
崔某别多话，范某有马甲 …… 237
深远的负激励：新个税法中的劳动性综合所得税制 …… 240
〔2018〕57号新政福利：除了房地产开发商，土地增值税都算白交 …… 244
财税〔2017〕88号：关于境外投资者以分配利润直接投资暂不征收预提
　　所得税政策问题的通知 …… 246
房产税的正当性与合法性何在 …… 248
限售股冤大头与营改增正当性：从HT股份限售股转让涉税案说起 …… 250
企业并购的税务筹划及风险防控 …… 255
企业超投资比例分红享受免税待遇的前提条件 …… 257
以土地使用权、房产投资入股应否缴纳增值税 …… 259
新个人所得税法修订下的跨境个人所得税税收实务
　　——以香港为例 …… 261
土地增值税法征求意见稿最核心概念解读 …… 284
财税〔2019〕8号创投企业合伙人个税政策解读
　　——以会计原理视角 …… 287
企业并购重组涉税业务指引 …… 291

税筹思路

深圳某合资企业清算所得税筹划 …… 307
深圳某实业公司收购及税收筹划 …… 308
"设壳载物"之房产收购，节税3000万元 …… 309
XL股份（股票代码：600506）卖壳 …… 310
深圳PW物业转让案、扬州QP案例 …… 312
新设子公司与分立比较案例 …… 313

ZN 地产借壳大连 JN ………………………………………… 314
设壳载物
　　——元墩头项目转让案 ……………………………… 315

文书荟萃

关于香港 FS 国际有限公司深圳代表处货物进出口贸易相关事项之法律
　　咨询意见 …………………………………………………… 317
SD & PARTNERS Re：F. A. S. A. Legal Advice on Matters Related to Establish
　　a WFOE in Mainland China（关于 F. A. S. A 公司或 FS 国际有限公司在
　　中国内地设立外商独资企业相关事项法律意见书）…………… 326
股权远期转让协议 ……………………………………………… 340
股票质押合同 …………………………………………………… 348
股权质押合同 …………………………………………………… 359
股权收益权转让合同 …………………………………………… 364
股权转让协议 …………………………………………………… 379
股权收购定金合同 ……………………………………………… 398
广东××律师事务所关于 XHY 有限公司回购部分社会公众股份的法律
　　意见书 ………………………………………………………… 402
深圳 RQ 公司与云南 JP 投资公司关于江川 JP 公司之_____％股权收购
　　协议 …………………………………………………………… 410
石林 JP 公司增资协议 …………………………………………… 426
广东××律师事务所关于前海 RS 公司投资"XX 信托·YY 集合资金
　　信托计划"之法律意见书 …………………………………… 442
委托合同书 ……………………………………………………… 449
XHY 公司支付现金购买资产协议 ……………………………… 451
资金监管协议 …………………………………………………… 465
资金账户监管协议 ……………………………………………… 472

以案说法

刍议质押担保的主债权特定及变更
——从两起金融借贷案的应收账款质押担保争议说起

文/王永敬 袁雯

一、导语

质押担保是借贷债务关系中常见的担保方式，除最高额质押担保外，一般的质押合同通常为具体的、确定的债权提供担保。同一债权人、债务人之间存在两笔以上单独债权债务关系时，为具体某笔债权设定的质押担保，可否由债权人单方变更为其他债权提供担保，在实践中存在较大争议。应收账款质押是金融借贷关系中常见的质押担保方式。本文将以应收账款质押作为质押担保的典型方式，结合本人代理的两起金融借贷案件，对质押担保的主债权特定及变更问题作出分析和讨论。

二、案情简介

甲（债权人，某国有银行）乙（债务人，某企业）先后签订两份《流动资金贷款合同》，分别约定A（老贷款，8.8亿元）和B（新增贷款，2.3亿元）两笔贷款。乙以应收账款（8亿元）为A贷款设定质押担保，甲乙签订《应收账款质押合同》并办理出质登记，合同约定和登记记载事项均明确被担保债权为A贷款项下债权。此后，双方签订B贷款合同时，乙出具《承诺函》对A、B两笔贷款的还款安排作出承诺（《承诺函》相关条款的表述并不十分明确，双方对约定内容存在争议）。

在还款过程中两笔贷款均产生逾期，甲单方扣划乙方质押应收账款回款资金8亿元中的8000万元用于偿还B贷款，其余7.2亿元偿还了A贷款。因扣划后A、B两项贷款仍未能全部清偿，甲遂诉至法院请求追偿，两笔贷款先后分案而立。

对于已为A贷款设定质押的应收账款，甲是否有权单方扣划其回款资金用于偿还B贷款，成为两个案件的争议焦点。B贷款所涉案件（以下简称本案）法院已作出一审判决，对甲扣划质押应收账款回款资金并偿还 B 贷款的行为予以认可，理由是：1. 甲作为质权人向法院出具书面确认意见，表明对该扣划行为无异议；2.《承诺函》中有关于质押应收账款的回款优先用于归还案涉贷款的表述；3. 两笔贷款所涉两起案件的原、被告完全相同，即该扣划行为不会给任何一方当事人带来扩大或缩小的相应责任。

法院的关于这一问题的处理值得商榷。质押担保的主债权依质押合同和出质登记内容已具有明确指向，质权人不得擅自改变该指向。

三、理由及意见

（一）质押担保的主债权具有特定性，根据《物权法》规定，除最高额质押之外，质权在设立时依据质权合同的约定（依法须登记生效的质押同时依据出质登记记载的内容），被担保的主债权已经确定

特定性是相对不特定性而言，质押担保的主债权具有特定性是指质押担保的主债权种类、数额等已经确定，主债权具有明确具体的指向。

《担保法》六十四、六十五条，《物权法》第二百一十条明确设立质权时当事人应当以书面形式订立质权合同，且"被担保主债权的种类、数额"是质权合同的必备条款。

《担保法》六十四条第一款"出质人和质权人应当以书面形式订立质押合同。"六十五条"质押合同应当包括以下内容：（一）被担保的主债权种类、数额……"《物权法》第二百一十条"设立质权，当事人应当采取书面形式订立质权合同。质权合同一般包括下列条款：（一）被担保债权的种类和数额……"据此，质押被担保主债权在设立时已经特定具有明确指向。

对于应收账款质权的设立，《物权法》第二百二十八条第一款规定"以应收账款出质的，当事人应当订立书面合同。质权自信贷征信机构办理出质登记时设立。"据此，应收账款质押担保的主债权的有效设立以登记为要件，依据质押合同的约定和出质登记记载内容确定被担保债权的具体指向。

此外，关于最高额质押主债权的确定。根据《物权法》第二百二十二条"出质人与质权人可以协议设立最高额质权。最高额质权除适用本节有关规定外，参照本法第十六章第二节最高额抵押权的规定。"以及《物权法》二百零三条关于最高额抵押概念的规定，最高额质押担保的主债权在设立时约定为"一定期间内将要连续发生的债权"，此时，担保的主债权具有不确定性，依据合同约定或法律规定的债权确定期间，或者发生法定的债权确定事由，被担保的主债权从不确定转化为确定。《物权法》第二百零六条关于最高额抵押的债权确定事由的规定，体现了这一特定化过程。

本案应收账款质押双方签订了《应收账款质押合同》并办理了出质登记，依据《物权法》规定质权已有效设立。《应收账款质押合同》和出质登记中均明确，质押担保的主合同编号为A贷款《流动资金贷款合同》编号、主债权金额为人民币8.8亿元，该质押担保的主债权已明确指向A贷款项下债权。应收账款质押的8亿元回款资金仅能用于偿还A贷款。

（二）债权人对债务人享有多项债权，质权人（即设定质权的主债权的债权人）是否有权单方变更具体质押担保所担保的主债权标的，并任意分配质押财产在双方各项债权间的偿还数额

合同具有相对性和独立性，即便是相同交易双方之间，其签订的各项合同也应各自独立发生效力。根据《合同法》第八条"依法成立的合同，对当事人具有法律约束力。当事人应当按照约定履行自己的义务，不得擅自变更或者解除合同。"第七十七条"当事人协商一致，可以变更合同。法律、行政法规规定变更合同应当办理批准、登记等手续的，依照其规定。"本案中，应收账款质押合同所担保的主债权是A贷款。B贷款并非质押担保的主债权，甲扣划质押回款资金主张其用于偿还B贷款的行为，未经甲乙双方合意一致，系单方变更质押担保主债权的指向。甲的行为违反合同的约定，违背了合同相对性原则、独立性原则及前述法律规定，其行为应不受法律保护。

（三）双方协议是否可以变更质押应收账款担保的主债权指向，是否须办理变更登记

如前所述，依据《物权法》质权的有效设立须签订书面质权合同，并且交付质押财产或进行出质登记。故对于交付生效的质权，被担保债权是质权合同的主要条款内容，如需变更，质权人和出质人可以书面形式约定变更质押指向。

根据《应收账款质押登记办法》（2017年修订）第十四条规定："登记内容存在遗漏、错误等情形或登记内容发生变化的，质权人应当办理变更登记。"应收账款质押登记内容发生变化，质权人应当办理变更登记。

因此，对于登记生效的质权，除书面形式约定变更之外，法律、行政法规规定变更合同应当办理批准、登记等手续的，还须依法办理变更登记。

（四）本案中《承诺函》是否构成双方的协议变更

依据《承诺函》签发时间和背景，相关条款并无改变质押指向的意思表示。

案涉《承诺函》第 3、4 条内容涉及甲乙对 A、B 两项贷款的还款安排，第 3 条"乙用于归还贵行贷款的资金优先归还本笔新增贷款。"第 4 条"包含存量 8.7 亿元贷款在内，第一年还本不低于 2.3 亿，第二年还款不低于 1.5 亿元，第三年还本不低于 2 亿元，且××项目的回款优先用于归还贵行贷款。"本案一审法院认为第 3、4 条的意思表示为"质押应收账款的回款优先用于归还案涉贷款（即 B 贷款）"。

根据《承诺函》签发时间和背景，法院对前述两条款的理解有误。甲乙之间的两笔贷款，相对而言，A 为老贷款、B 为新贷款，甲乙签订 B 贷款合同时，双方为了对新老贷款作出还款安排签订了《承诺函》。第 4 条中的"××项目的回款优先用于归还贵行贷款"很明确是指偿还本条约定的 8.7 亿元存量贷款（即 A 贷款）。第 3 条"乙用于归还贵行贷款的资金优先归还本笔新增贷款。"该条中"用于归还贵行贷款的资金"系指除××项目回款之外可用于偿还甲贷款的其他资金，因为项目回款已经明确用于偿还 8.7 亿元存量贷款并为其提供质押。

综合《承诺函》的签发背景以及第 3 条、第 4 条的文字表述，双方的意思表示应当是：乙承诺应收账款回款优先偿还 8.7 亿存量贷款（A 贷款），其他的可用于偿还贷款的资金优先偿还本笔新增贷款（B 贷款）。再者，签订《承诺函》时，B 贷款本金尚未发放，乙当时也不存在偿债困难的情况，没必要在当时约定老贷款款项下质押款项优先偿还新增贷款。

四、结语

为同一债权人、债务人之间的特定债权设定之应收账款质押担保，除经合同各方协商一致变更所担保主债权标的且依法办理质押变更登记（动产质押因改动质押占有关系）外，该质押担保并不可因债权人单方决定而成为同一债权人、债务人的其他的债权的担保。

（2019 年 5 月）

诉讼请求与请求权基础

——从能源管理合同到企业借贷纠纷再到非典型融资租赁合同纠纷的案例

文/王永敬　袁雯

一、导语

请求权基础的基本范式为"谁得向谁，依据何种法律规范，主张何种权利。"处理案件的核心工作，在于寻找支持一方当事人向他方当事人有所主张的法律规范。该等可支持一方当事人向他方当事人有所主张的法律规范，即为请求权基础。法官的审判工作之一是确定支持原告诉讼请求的法律规范。一般而言，原告提出的诉讼请求缺乏请求权基础，则该诉讼请求不会得到支持。

然而，世事无绝对、关键看思路，思路决定出路，下面本人以团队成功代理HTZ公司获得胜诉的河南省高级人民法院（2018）豫民终2031号案件为例，对诉讼请求与请求权基础的关系进行解析。

二、案情简介

2011年，BM化肥厂、BF能源公司自筹资金建设本厂余热发电项目。哈尔滨GL公司、金洲CHJ公司、金州HG公司是该项目的主要设备供应商，其分别与BM化肥厂、BF能源公司签订了一系列设备供应、安装合同。该项目于2012年7月实际建成运行。

2012年，BM化肥厂、BF能源公司实际控制人于某为缓解旗下公司资金压力，以其控制的另一家公司——BM公司的名义，将上述两项余热发电项目打包，与HTZ公司进行融资合作。双方签订《能量系统优化节能项目合作协议书》（以下简称《合作协议书》），约定：本项目建设期为6个月，由HTZ公司对项目拨付建设资金人民币4752.77万元，HTZ公司不参与项目建设不承担任何风险；BM煤化公司在36个月内向HTZ公司还款6280.81万元以及

222万元技术服务费；BM煤化公司向HTZ公司偿付完毕前，HTZ公司保留垫款所购设备（项目）的所有权；HTZ公司的垫资款4752.77万元根据BM煤化公司的指定直接支付给供应商，供应商向HTZ公司开具发票；HTZ公司按项目应受偿金额向BM煤化公司开具6280.81万元发票以及222万元技术服务费发票。

合同签订后，BM化肥厂、BF能源公司、于某分别向HTZ公司出具连带（兜底）责任保证函。BF能源公司、BM集团公司分别与HTZ公司签订《机器设备抵押合同》，以其生产线为抵押物，为《合作协议书》的履行提供担保。另约定，BM煤化公司应就HTZ公司资金投放额度超过700万元以上的金额，提供银行保函担保。

为拨付资金，2012年11月HTZ公司分别与四家设备供应商（哈尔滨GL公司、金洲CHJ公司、金州HG公司、新开DQ公司）签订采购合同，并于2012年12月向其中三家供应商支付了原应由BM煤化公司支付的设备采购款共计752.77万元。此后，因BM煤化公司未能按照合同约定提供银行保函，HTZ公司停止了资金投放。之后，融资双方产生分歧，形成诉讼。

HTZ公司诉请：

1. HTZ公司与BM煤化公司、四家设备供应商签订的合同全部无效；

2. 三家设备供应商（哈尔滨GL公司、金洲CHJ公司、新开DQ公司）返还已收取的款项合计752.77万元及利息；

3. 于某及BM化肥厂、BF能源公司、BM集团公司对还款承担连带责任。

BM煤化公司反诉请求：

HTZ公司赔偿因终止投资给BM煤化公司造成的经济损失1487.12万元。

鹤壁市中级人民法院（2015）鹤民初字第101号民事判决认为：

BM煤化公司以其已购入的设备为载体，在不改变设备的占有、使用、控制状态的情况下，以设备向HTZ公司融资，HTZ公司保留所有权并同意将设备交由BM煤化公司使用，该等事实符合融资租赁合同的要件，双方属于融资租赁合同关系，合法有效。BM煤化公司反诉HTZ公司赔偿损失，其损失金额，缺乏事实及相关证据。因此，驳回HTZ公司的全部诉请；驳回BM煤化公司的全部诉请。

双方均不服一审判决，均提起上诉。

河南省高级人民法院（2016）豫民终1220号民事裁定书裁定：

一审认定事实不清，发回重审。

发回鹤壁市中级人民法院重审后，（2017）豫06民初21号民事判决认为：

关于HTZ公司与BM煤化公司、四家设备供应商签订的系列合同的效力问题，均为双方真实意思表示，且不违反我国相关法律规定，均为有效合同；依据《合同法》第二百三十七条和《最高人民法院关于审理融资租赁合同纠纷案件适用法律问题的解释》第一条的规定，本案符合融资租赁法律关系的特征，成立融资租赁法律关系，并且是租赁期间届满租赁物归承租人所有的融资租赁合同；BM煤化公司反诉HTZ公司赔偿损失，其损失金额，缺乏事实及相关证据。因此，驳回HTZ公司的全部诉请；驳回BM煤化公司的全部诉请。

HTZ公司再次面临上诉，原代理律师认为：上诉请求仍需主张合同无效才能产生返还款项的法律依据。HTZ公司征询本人团队意见，本人认为：本案经历三次审判，均认定案涉合同为融资租赁合同关系，再上诉确认企业间借贷合同无效，几乎不可能得到支持；另外，双方最初并没有签订无效合同的意思表示，也只是想基于合同要求返还款项。以合同无效为由要求返还款项，相对容易执行。并且，HTZ的诉讼请求和诉讼目的一直没变，不建议继续坚持合同无效作为请求权基础。于是，HTZ公司改变委托关系，委托本人代理第二次二审。

HTZ公司再次上诉，称：HTZ公司的诉讼目的是要求返还《合作协议书》项下的款项，使其在该合同项下的利益得以实现；HTZ公司以合同无效要求返还作为其请求权基础（法律依据），虽未获得一审判决支持，但一审判决已认定《合作协议书》属于非典型融资租赁合同；基于融资租赁关系的租赁款偿还关系可以支持HTZ公司的诉请及目的，甚至可以支持其应享有的担保权利；三家设备供应商（哈尔GL炉公司、金洲CHJ公司、新开DQ公司）作为实际收取资金方，应与BM煤化公司承担连带返还责任。据此，上诉请求：

1. 判决BM煤化公司偿还融资租赁款752.77万元及利息，哈尔滨GL公司、金洲CHJ公司、新开DQ公司承担连带返还责任；

2. 于某及BM化肥厂、BF能源公司、BM集团公司对BM煤化公司的还款义务承担连带责任。

BM煤化公司也上诉，请求：

判令HTZ公司赔偿因终止投资给BM煤化公司造成的经济损失1487.12万元。

河南省高级人民法院（2018）豫民终2031号判决认为：

一、案涉合同符合融资租赁法律关系特征，一审法院认定本案系融资租赁合同法律关系，HTZ公司二审期间表示认可，不再坚持主张实为民间借贷法律关系，予以确认。

二、关于HTZ公司主张BM煤化公司等返还其已支付的融资款和利息问题。BM煤化公司未依照合同约定，在HTZ公司拨付首笔建设资金（即752.77万元）之后向HTZ公司出具银行保函，依照合同约定HTZ公司有权拒绝支付余下资金。因BM煤化公司未依照合同约定履行在先义务，造成案涉合同已不能继续履行，应予解除。故BM煤化公司应返还HTZ公司已支付的融资款和利息。四家设备供应商在与HTZ公司签订买卖合同前已经与BM煤化公司签订了标的物相一致的买卖合同，且履行了交付义务，合同标的物先登记在BM煤化公司名下，故该四家公司不应承担本案责任。于某及其实际控制的公司向HTZ公司出具连带责任保证函，故请求其承担连带还款责任，应予支持。

三、关于BM煤化公司主张HTZ公司赔偿经济损失的反诉请求，因造成本合同不能履行的原因是BM煤化公司没有提供银行保函，在BM煤化公司未履行在先义务的情况下，即便HTZ公司没有支付余下建设资金，BM煤化公司有损失，也应当自行承担。

河南省高级人民法院（2018）豫民终2031号判决书判决：

一、驳回BM煤化公司的反诉请求；

二、撤销一审法院判决第一项"驳回HTZ公司诉讼请求"；

三、BM煤化公司返还HTZ公司已支付的融资款752.77万元和利息；

四、BM化肥厂、BF能源公司、BM集团、于某承担连带清偿责任；

五、驳回HTZ公司的其他诉讼请求。

三、以案说法

除了案件事实外，HTZ公司起诉时必须考虑的关键问题是如何依据《合作协议书》等系列合同，确定其请求权基础，向BM煤化公司提出适当的诉讼请求，以达到请求BM煤化公司返还HTZ公司已支付融资款的诉讼目的。法庭则要判断HTZ公司的请求权基础是否存在、能否支持其诉讼请求。法庭可以调整法律关系、法律依据（请求权基础）的认定基础，但是不能改变或者否认HTZ公司的诉讼请求。当法庭认定的法律依据（请求权基础）也可以支持 HTZ 公司的诉讼目的和诉讼请求时，作为代理律师，应当顺势而为而非坚持到底。

（一）若诉讼请求所依据的请求权基础不被法庭认可，继续坚持该请求权基础，则诉讼请求无法获得法庭支持

民法请求权属于实体法上的私权，对其进行诉讼救济则必须转化为诉讼请求。HTZ 公司起诉时，应当确定请求权基础并提出适当诉讼请求，如请求权基础不被认可，基于请求权基础提出的诉讼请求则无法得以支持。

本案涉及当事人及合同较多，涉及企业间的融资行为的性质认定。一审 HTZ 公司主张其与 BM 煤化公司实质上是民间借贷法律关系，系无效合同，其签订的采购合同和销售合同是为实现融资目的而做出形式上的交易安排，系以合法形式掩盖非法目的，也属无效，因合同取得的融资款应当予以返还。其法律依据是：《合同法》第五十二条："有下列情形之一的，合同无效……（三）以合法形式掩盖非法目的……"第五十八条："合同无效或者被撤销后，因该合同取得的财产，应当予以返还。"

两份一审判决书均认为案涉合同符合法定合同生效条件，合法有效，并不适用《合同法》第五十二条第三项"以合法形式掩盖非法目的"，故基于合同无效而提出的返还财产亦不予支持。

（二）民事诉讼中，法律关系、法律依据（请求权基础）的最终认定权在法庭

当事人仅能就其诉讼请求和答辩理由提出所依据的法律关系性质及法律依据，但争诉案件所涉及的法律关系、法律依据的认定权在法庭。尽管 HTZ 公司是以企业间借贷合同无效作为认定《合作协议书》无效的法律依据，以"合法形式掩盖非法目的"作为系列采购合同无效的法律依据，并依据合同无效诉请返还款项。但一审判决两次均认定案涉合同合法有效，且认可案涉合同系融资租赁合同，并非民间借贷法律关系。

（三）如法庭认定的法律关系、法律依据可支持自己的诉讼主张，诉辩当事人应顺应之

鹤壁市中级人民法院（2015）鹤民初字第 101 号民事案件（第一次一审）审理中，法庭已向 HTZ 公司释明：将按融资租赁合同认定，请 HTZ 公司考虑是否继续坚持原主张。但 HTZ 公司未能及时转变诉讼请求。

到了第二次二审程序，如 HTZ 公司上诉时继续以《合同法》第五十二条第三项请求权基础，请求确认合同无效返还款项，胜诉几无可能。

在提出上诉请求时，HTZ 公司变更了请求权基础，顺应法庭对法律关系的认定，以达返还融资款的诉讼目的。根据《合同法》第九十七条规定："合同解除后，尚未履行的，终止履行；已经履行的，根据履行情况和合同性质，当事人可以要求恢复原状、采取其他补救措施，并有权要求赔偿损失。"HTZ 公司主张解除案涉合同，对于已经履行的（已实际支付的融资款）部分，请求恢复原状（返还融资款）并请求赔偿损失（利息）。最终，二审法院确认因 BM 煤化公司未依照合同约定履行在先义务，造成案涉系列合同已不能继续履行，应予解除，判决 BM 煤化公司向 HTZ 公司返还融资款并支付相应利息。二审法院支持了 HTZ 公司提出的其一审请求—确认合同无效只是诉请返还合同款项的理由和依据的主张，认可 HTZ 公司在上诉过程中对请求权基础的变更，并基于该请求权基础的变更，支持了 HTZ 公司的诉讼请求。

（2019 年 3 月）

讨论"差额补足"责任前，再论（2018）最高法民终 667 号判决书

文/王永敬

证券资管产品投资市场的理性和繁荣，需要正确的价格、风险信号为引导，需要司法判决认定证券资管产品及其各方的风险和责任，从而维护交易安全和秩序。把证券资管产品作为资金借贷的通道、把各方当事人之间的关系认定为金钱借贷关系，此种市场规则理念和司法判决观念，实际上扭曲了权益类资管产品，甚至所有资管产品的风险信号和价格信号，也违背了共同投资、共担风险的基本原则。

（2018）最高法民终 667 号民事判决书，不是一个成功的案例，却是一个典型的案例，金融界、法律界人士均能从中学习很多当下资管产品的规则与惯例，也可评判其中的是非曲直。

1. 证券公司既做管理人，又参与投资该资管产品，就像保荐人在保荐阶段持有被保荐公司的股份，存在严重利益冲突，证券公司如何做到公平、公正？

2. 资管合同明确约定了 A、B、C 不同份额持有人承担不同的风险和享受不同的收益水平，在既定的投资份额（金额）持有人之间分配风险和收益，不会产生风险外溢或扩大，不会让投资者承担不可预期的风险。而证券公司改变了这个结构，是否合规？

3. 证券公司让 C 份额投资者及第三方签署了差额补足合同，要求按资管合同（主合同）约定对 A、B 份额持有人承担差额补足责任，已经将风险从份额持有人之间外化和扩大到投资者及第三人。而证券公司根本不敢将该差额补足合同做监管备案，是否合规？

4. 在主合同项下，差额补足的含义是：资管计划存续期届满时，所变现的金融产品的现金额度不足以支付 A、B 份额持有人的本金和收益时，C 份额持有人及第三人需用现金补足流动性，相应价值的金融产品则归 C 份额持有人享有，最终变现。差额补足合同强制要求它演变或解释为无限连带赔偿责

任,没有道理!

5.《证券法》一百四十四条规定,证券公司不能采取任何形式对投资行业进行保本保收益承诺,采取产品设计方式、安排第三方或投资人承担保本保收益承诺,也属于该法条所禁止的"任何形式"。证券监管机构制订的《证券期货经营机构私募资产管理业务运作管理暂行规定》《证券公司集合资产管理业务实施细则》明确禁止投资者、第三人为投资保本保收益,其依据(上位法源)和理由也只有《证券法》第一百四十四条规定禁止"任何形式"保本保收益。

6. 管理人全程控制金融产品的买卖权、管理资管产品的风险,不仅仅是证券公司(管理人)的权利,更是其义务,在金融产品市场价值触发警戒线或平仓线时,卖出金融产品、及时止损是证券公司基本的勤勉、尽责与专业义务,也可以避免中间级B份额、优先级A份额的价值被市场侵蚀。证券公司任由金融资产下跌,跌穿所有的份额等级,使所有投资者受损,本应承担责任,裁判者却认为在平仓线时是否卖出金融资产是证券公司的权利而非义务。

7. 资管合同明确资管计划存续期是不固定的,管理期是两年,管理期不等于存续期。管理期内金融资产市价好,变现后,存续期可提前终止。管理期届满,金融资产市价不好,则可以继续存续,等待合适变现窗口期再变现。证券公司在管理期内可止损的窗口期不止损,在管理期届满时却强行低价抛售,而且金融资产(股票市价)越抛越低,整个资管计划损失变大。存续期也被强行解释为管理期!

8. 按资管合同,证券公司投资的B份额要为A份额持有人承担补偿责任,C份额持有人要为A、B份额持有人承担补偿责任。其逻辑是,证券公司在管理该产品时,会及时止损,不会让跌价损失触及中间级B份额更不会损害A份额。如果证券公司没有止损,损失穿透到A份额时,B份额要为A份额填补损失后,C份额再为未能弥补的A份额损失及B份额损失承担补偿责任。这样的逻辑,B份额持有人承担的是有限责任。然后,法院判决C份额持有人承担了A份额持有人的全部损失及B份额持有人的全部损失,B份额持有人(管理人)没有承担作为中间级和管理人的任何损失。

9. C份额持有人未能补仓的风险准备金,实际上是为资管计划价值不足以偿还A、B份额的本金和收益计提的准备金,在A、B份额持有人已经要求C份额持有人全数支付本金和收益后,不应再要求支付风险准备金,否则,A

份额本金和收益被按合同清偿后，证券公司还可剩下一笔风险准备金自留下来，道理何在？

10. 在清算中，证券公司任意扣下处置费用、预收管理费用等，投资人无法质疑其费用的真实性与合理性，扣留后可偿付金额变小，C份额持有人的应偿付金额变大，实际上影响了案件的实体处理结果。然而，法院既不对该等扣留金额进行审查，也不委托审计，相当于置C份额持有人合理抗辩诉请于不理。有失周全和公正。

综上可见，股权投资资管计划不是债权资管计划。股权投资资管计划的优先级投资人也应当承担投资风险。资管机构应当控制和管理投资风险。管理住风险，是保障优先级投资利益的首要措施，及时止损就不会产生优先级的投资利益差额。差额补足充其量是保障优先级投资利益的次位措施。资管计划故意或重大过失导致优先级投资利益被减损的情况下，不追究甚至不考虑资管机构的责任，而无条件要求劣后级投资赔偿，类似于东西被偷了不先去抓坏人而先找导游或同伴赔偿。

总之，资管产品在国内市场是债也是债、是股也是债的逻辑在金融界和法律界根深蒂固。即便如此，基本的公平和情理还是要遵循的，可鉴的经验和教训还是值得吸取的！

（2019年3月）

企业改制过程中遗留债务的法律责任：
最高法院判例

文/王永敬

一、导语

贵州 QJ 集团（以下简称 QJ 集团）由原国营贵州 QX 酒厂（以下简称 QX 酒厂）改制设立，改制方式为：企业职工以买断工龄的补偿及部分现金购买原国有企业产权。QX 酒厂曾为贵州 WYS 植物油公司的一笔 ZG 银行贵州省分行贷款本金 900 万元提供保证担保。在 QX 酒厂改制过程中，其未披露该笔担保债务。借款人贵州 WYS 植物油公司到期未能还款，ZG 银行贵州省分行将该笔债权转让给 DFZC 管理公司南宁办事处（以下简称"DFZC 南宁办"）。DFZC 南宁办取得债权后，在诉讼时效内向贵州省高院诉请贵州 WYS 植物油公司偿还借款本息，并要求改制后的 QJ 集团承担连带保证责任。

二、一审判决

一审法院认为：由于 QX 酒厂改制为 QJ 集团后，没有证据证明该公司无偿取得了 QX 酒厂的资产，故 DFZC 南宁办主张 QJ 集团应当承继 QX 酒厂所应承担的民事责任的请求不能成立，该院予以驳回。因 QX 酒厂已被注销，DFZC 南宁办对其债务的承担可另案解决。因此，一审判决驳回了 DFZC 南宁办对 QJ 集团承担连带保证责任的诉请。

三、上诉理由

DFZC 南宁办公室不服一审判决提起上诉，笔者作为 DFZC 南宁办的代理律师，在上诉状中提出：QJ 集团的股东通过购买 QX 酒厂的净资产对 QX 酒厂进行产权改革，QJ 集团和 QX 酒厂之间不存在有偿或无偿取得资产的问题，两者之间是权利义务的概括承继关系，企业法人内部产权变动不影响其对外民事责任的承担。QX 酒厂变更登记为 QJ 集团，是企业变更的结果，并不是企业的新设成立。除非改制前的企业清算了结了债权债务，否则改制后的企业应当承担原企业的债权债务。且QX酒厂产权制度改革方案也明确载明其债权债务由改制后的企业承担。

四、终审结果

虽然当时没有具体的法律条文规定此类改制过程中的遗漏债务如何处理，但最高法院民二庭认为本人的该上诉意见符合企业法人制度的法律原理，遂将该法律意见落实为当时最高法院民二庭主持制定的司法解释《最高人民法院关于审理与企业改制相关民事纠纷案件若干问题的规定》中的第八条："由企业职工买断企业产权，将原企业改造为股份合作制的，原企业的债务，由改造后的股份合作制企业承担。"并在该具体案件的终审判决中，判决上诉人要求QJ集团承担保证责任的上诉理由成立，DFZC南宁办胜诉。

该胜诉判决，被最高法院选定为最高法院司法判例，具有指导同类或类似案件的司法效力。

五、建议与提示

在十几年前的商法审判和法律适用中，对企业改制遗漏债务的处理是比较缺乏法条与判例支持的，本案律师的法律意见和相关司法解释代表了当时法律实务界创新而公平的理解。企业改制、股权转让等产权交易行为并不影响转让或改制前后存续的目标公司债权债务关系，已成法界公理。从另一个角度而言，股权（产权）的并购重组并影响目标企业的存续及权利义务延续，买方（或投资方、重组方）为避免企业并购重组的重大债务风险，应当做好三件事：①针对并购企业自身及其行业的经营特征，制定并实施完整而严谨的尽职调查，减少目标企业债务遗漏；②在交易架构中，设置投资方或第三方担保、分期付款、预留保证金、价格调整、赔偿与补偿等风险转移、回避条款；③对可能存在巨大债务风险的资产或经营体系进行剥离，充分利用分立、设立等资本运营手段去切割债权债务。

（2016年10月）

资管类争议案中预期收益、风险准备金及违约金叠加问题之司法实践评述

文/廖素芳

一、导语

在集合信托计划、资产管理计划、股票质押式回购等资产管理类项目中，资金融出方与资金融入方、委托方与受托方、管理人等均会基于不同层级资管合同对收益、风险准备金及违约金等进行条款安排，但资管合同任一方一旦陷入困境，通过诉讼或仲裁方式解决争议时，对于如何准确理解合同条款及使用法律，仍存在不确定性。收益、风险准备金及违约金支付的标准往往成为资管类纠纷案件的焦点问题之一，结合司法实践，本文主要对当下资管类纠纷项下收益、风险准备金及违约金所支持的依据和标准进行解析。

根据代理资管类纠纷案件经验，在不同资管类纠纷案件中，不同法院在案件中出现预期收益/利息、风险准备金及违约金叠加时的计算标准、计算期间及理由各不相同，甚至截然不同。以下结合其中三例诉讼案件及深圳国际仲裁院的一例典型案例对相关裁判观点进行评述。

二、相关法律及司法解释依据

1. 《合同法》第一百一十四条规定："当事人可以约定一方违约时应当根据违约情况向对方支付一定数额的违约金，也可以约定因违约产生的损失赔偿额的计算方法。约定的违约金低于造成的损失的，当事人可以请求人民法院或者仲裁机构予以增加；约定的违约金过分高于造成的损失的，当事人可以请求人民法院或者仲裁机构予以适当减少。"

2. 《最高人民法院关于适用〈中华人民共和国合同法〉若干问题的解释（二）》（法释〔2009〕5号）第二十九条第一款规定："当事人主张约定的违约金过高请求予以适当减少的，人民法院应当以实际损失为基础，兼顾合同的履行情况、当事人的过错程度以及预期利益等综合因素，根据公平原则

和诚实信用原则予以衡量,并作出裁决。"

3. 《最高人民法院关于审理民间借贷案件适用法律若干问题的规定》第三十条规定:"出借人与借款人既约定了逾期利率,又约定了违约金或者其他费用,出借人可以选择主张逾期利息、违约金或者其他费用,也可以一并主张,但总计超过年利率24%的部分,人民法院不予支持。"

4. 《关于人民币贷款利率有关问题的通知》(银发〔2003〕251号)第三条规定:"关于罚息利率问题。逾期贷款(借款人未按合同约定日期还款的借款)罚息利率由现行按日万分之二点一计收利息,改为在借款合同载明的贷款利率水平上加收30%~50%;借款人未按合同约定用途使用借款的罚息利率,由现行按日万分之五计收利息,改为在借款合同载明的贷款利率水平上加收50%~100%。对逾期或未按合同约定用途使用借款的贷款,从逾期或未按合同约定用途使用贷款之日起,按罚息利率计收利息,直至清偿本息为止。对不能按时支付的利息,按罚息利率计收复利。"

三、具体案例分析

案例一: 国金证券与中恒汇志差额补足合同纠纷案(一审四川省高院,二审最高院)。

1. 本案案涉合同交易结构。在案涉资管计划及《资产管理合同》中,分为优先级A份额(浦发银行南京分行持有)、中间级B份额(国金证券持有)与风险级C份额(中安消员工持股计划持有)。国金证券为实现优先级A份额、中间级B份额的本金及预期收益的保底,设定中恒汇志与C份额为A、B份额的本金和预期收益补偿兜底,B份额为A份额的本金和预期收益补偿兜底。该产品结构及约定,以C份额完全承担不可预期风险的方式向A份额及B份额承诺保本保收益,中恒汇志对A、B份额的本金和预期收益等承担差额补足责任。

2. 原告关于预期收益及风险准备金的诉求。国金证券向法院主张要求案涉资管计划在一次清算及二次清算后,中恒汇志履行差额补足义务,对A、B份额的本金和预期收益等承担差额补足责任,向国金证券支付差额支付金额,包括本金、预期收益、风险准备金(每日按照未返还本金的万分之五计算)及相关费用。其中预期收益及风险准备金要求支付至实际履行之日。

3. 律师团队相关答辩观点。

(1)即使依据案涉合同的安排,风险准备金属于资管计划管理期限内防止金融资产集合价值下降的保障机制,风险准备金是对优先级 A 份额委托人与中间级 B 份额委托人本金与预期收益的一种保障措施,其目的是计提风险准备金以防止终止清算时风险级 C 份额价值或金额不足以承担相关的补偿责任,风险准备金并非属于支付赔偿责任。国金证券已就补偿责任的全部金额提起诉请,因此不应重复计算风险准备金。

(2)在国金证券主张资管计划已终止的情况下,相关的风险预警与保障机制应当终止,《资产管理合同》关于风险准备金的条款已不再执行,国金证券无权要求支付风险准备金;即使将风险准备金定性为逾期追加资金的违约金性质,也只能按照中国人民银行同期贷款基准利率计算。

(3)预期收益是设定在资管计划存续期内的预期收益,在国金证券主张资管计划存续期已终止的情况下,预期收益失去计算的基础。

4. 法院裁判观点。

(1)法院在确认中恒汇志应承担差额补足责任的前提下,认为预期收益应计算至案涉资管计划到期终止日,而非国金证券主张的中恒汇志实际履行日。

(2)根据案涉合同的相关约定,风险准备金是在中恒汇志未按合同约定进行补仓时应承担的违约责任,风险准备金性质为违约金性质。由于国金证券公司并未举证证明因中恒汇志未及时履行差额补足义务给其造成的实际损失,而通常情况下其损失即资金占用损失,酌情确定中恒汇志按中国人民银行同期同类贷款基准利率的标准,向国金证券公司承担逾期履行差额补足义务的违约金,以相应清算时点未分配的优先级 A 份额及中间级 B 份额本金为基数计算。

5. 本案评述。法院最终将风险准备金认定为违约金性质。由于我国立法对于违约金制度的设置采取"补偿为主,惩罚为辅"的原则,当约定的违约金低于造成的损失的情况下,违约金属于赔偿性质;当约定的违约金高于造成的损失的情况下,违约金兼有赔偿与惩罚的双重功能,基于《合同法》第一百一十四条《最高人民法院关于适用〈中华人民共和国合同法〉若干问题的解释(二)》第二十九条规定,在原告无法证明其实际损失的前提下,法院对合同约定的日万分之五的风险准备金利率进行了大幅调低,仅支持按照中国人民银行同期同类贷款基准利率的标准计算违约金。

案例二:W 证券公司与 H 公司关于股票质押式回购纠纷案(一审广东省高院,已上诉至最高院)。

1. 原告关于利息及违约金的诉求。W证券公司因H公司未能按照案涉交易合同约定进行补充质押股票、补充相应保证金以达到约定的保障风险线或履行提前回购的义务，构成违约，通过诉讼主张：①判令H公司提前偿还股票质押式回购交易业务的融资款及利息，利息按照合同约定年利率计算至款清之日；②判令H公司支付违约金，违约金以未偿还融资款为基础，按照日万分之五计算至款清之日止；③行使质权及其他相关主张。

2. 律师团队相关答辩观点。

（1）案涉《交易业务协议》对提前购回作出了原则性约定，利息仅能计算至《交易协议书》约定的购回交易日，而非W证券公司主张的计算至款清之日。

（2）即使按照《交易协议书》《业务协议》的约定，W证券公司要求H公司承担自违约之日起按日万分之五计算的违约金，又向H公司主张期内至清偿之日的利息，H公司实际承担的利率将高至每年25.94%。H公司认为在W证券公司未举证证明其实际损失的情况下，提前购回造成的损失应为合同期内的利息损失，即提前购回日后的资金占用损失（按银行同期贷款利率计）。案涉合同约定违约金过高，法院应按照实际损失调低违约金。

3. 本案法院裁判观点。由于H公司构成违约，应按照《业务协议》的约定，从违约之日起按未还本金的日万分之五计算违约金，自违约之日起按融资本金金额的日万分之五计收违约金后已足以弥补W证券公司资金被占用期间的损失，W证券公司再主张从该日起还应按照协议约定的年利率计算利息，法院不予支持。H公司关于不能合并计收违约金及利息的理由成立。

4. 本案评述。法院认为，W证券公司自违约之日起按融资本金金额的日万分之五计收违约金后已足以弥补W证券公司资金被占用期间的损失，不支持W证券公司再主张从该日起还应按照协议约定的年利率计算利息，虽然该判决有利于被告，但该逻辑有待商榷。

案例三：红塔资管与中恒汇志等股票收益权回购合同纠纷案（一审浙江省高院）。

1. 原告关于预期收益及违约金的诉求。由于案涉合同约定了中安消股票下跌至平仓线时中恒汇等具有相应的追加保证金或质押股票的义务，否则红塔资管有权要求中恒汇志等提前履行回购股票收益权义务和承担相应违约责任，因此红塔资管向法院主张，诉求之一为中恒汇志等向原告支付股票收益权回购款，支付至实际清偿日止的预期收益、违约金。

2. 律师团队相关答辩观点。

（1）案涉合同关于收益率提高的约定实际为违约补偿机制，红塔资管无依据同时主张违约金，且各项违约金过高时，经相关方申请，法院应按照实际损失调低违约金。

（2）在股票收益权回购日之前，可按照原约定收益率继续计算收益，自股票收益权回购日次日起，可按照同期银行贷款利率计算实际损失或违约责任。

3. 法院裁判观点。由于中恒汇志等未按照合同约定追加保证金或质押股票，红塔资管主张按照合同约定将股票收益率由8%/年提高至13.5%/年，符合合同约定且并无不当，由于红塔资管主张的13.5%股票收益率加上日万分之五的违约金总体过高，为降低企业融资成本，本院对于合同到期之后超过年利率24%的部分予以调减。

4. 本案评述。本案判决支持红塔资管主张的年利率24%为限的收益率与违约金计算标准，符合我国立法对于违约金制度的设置采取"补偿为主，惩罚为辅"的原则，既尊重商业实践同时也注意平衡了双方当事人利益。

案例四：A证券公司与B公司关于股票质押式回购纠纷仲裁案（载于华南国际经济贸易仲裁委员会（深圳国际仲裁院）《金融纠纷调解指南与典型案例选编》第三辑）。

1. 申请人关于预期收益及违约金的诉求。本案中，被申请人B公司以其持有的X股票作为质押，向申请人A公司融资3亿元，此后申请人A证券公司告知B公司，X股票价格多次跌破履约保障比例警戒线，在申请人发出预警通知和违约告知之后，被申请人仍未采取补仓或者任何回购措施，其承认已构成违约，申请人遂向华南国际贸易仲裁委员会提请仲裁。要求B公司偿还融资本金并支付利息、违约金等，涉及违约赔偿范围的问题。

2. 仲裁裁决观点。

（1）双方争议的焦点问题之一是申请人是否有权既主张利息，又主张违约金。仲裁庭认为：一方面，案涉合同约定了当事人可以在主张逾期利息的同时主张违约金；另一方面，如果只允许申请人主张有限的违约金，势必不能弥补申请人所提供的资金被占用的损失；如果只允许申请人主张逾期利息，则与正常情况下的回购交易无异，不足以敦促被申请人及时纠正违约行为，恢复正常的商业秩序。因此，允许申请人向被申请人同时主张逾期利息和违约金，符合商业交易中的习惯做法，具有合理性和公平性。此外，仲裁庭认为被申请人在逾期回购期间仍占用申请人提供的融资本金，实质上同样获得了融资款的期限利益，应继续按照原来股票质押式回购交易业约定的回购利率，向申请人支付占用资金的利息。

（2）双方争议的焦点问题之二是申请人主张的违约金标准是否过高。被申请人主张基于《关于人民币贷款利率有关问题的通知》对违约金按照合同约定的年利率基础上加收30%进行调整不恰当，该文件作为部门规范性文件，主要用于规范政策性银行和商业银行的贷款利率行为；本案中，申请人虽然是金融机构，但并非使用自有资金从事贷款业务，而是作为管理人，使用第三方提供的资金为被申请人通过股票质押式回购交易解决资金融通问题，在性质上更符合民间借贷的特征。仲裁庭根据第二款规定为对低于或过分高于损失的违约金，有权应当事人的请求进行调整。仲裁庭认为最高人民法院在《关于审理民间借贷案件适用法律若干规定问题的规定》中既尊重商业实践又注意平衡双方当事人利益的精神，认为逾期利息按照回购利率水平计算，与违约金利率相加总水平以不超过24%/年为宜。

3. 本案评述。本案中，笔者认同仲裁庭观点，在股票质押式回购交易的情形下，设置高于一般贷款罚息利率的违约金比例，以敦促融资方在违约时加快采取补救措施，有效降低出资方风险并维护资本市场的稳定，具有一定的合理性。尽管股票质押式回购交易设置较高的违约金具有正当性，但总体上应遵循违约金以补偿性为主、惩罚性为辅的属性，要既尊重商业实践又要注意平衡双方当事人利益。因此仲裁庭综合考虑逾期利息和违约金两项救济措施对被申请人的保障程度，认为两项相加的利率总水平以不超过24%/年为宜，符合当下裁判主流观点。

四、结语

根据代理的上述资管类纠纷案件及其他同类案件经验，风险准备金将被推定为违约金，通常情况下资金融出方损失即资金占用损失，按中国人民银行同期同类贷款基准利率的标准酌情确定对计算标准过高的风险准备金利率水平予以调整。

我国立法对于违约金制度的设置采取"补偿为主，惩罚为辅"的原则，既尊重商业实践又注意平衡双方当事人利益的精神，在案涉争议出现预期收益/利息、风险准备金及违约金叠加时，在案涉合同作出明确约定的前提下，法院或仲裁委倾向于支持资金融出方按照预期收益率/回购利率计算预期收益

/利息，可同时主张违约金，但预期收益/利息与违约金计算的利率相加总水平以不超过24%/年为宜，否则可予以相应调减。

案例二中法院未支持W证券公司主张违约之日起可要求资金融入方按照协议约定的年利率计算利息，认为W证券公司自违约之日起按融资本金金额的每日万分之五计收违约金后已足以弥补W证券公司资金被占用期间的损失，该判决为个例，逻辑有待商榷。

至于预期收益/利息将被支持计算至资管计划到期终止日或实际支付日，法官将结合自由裁量权，基于合同对预期收益/利息计算起始日、终止日等是否明确约定及个案中其他相关具体情况作出不同认定。

(2019年6月)

浅析拒绝承认与执行外国仲裁裁决的若干事由

——以《纽约公约》及某美国仲裁案为背景

文/王永敬 王杨

一、导语

随着我国对外贸易、海外投资、国际服务等国际间交往日益频繁，国际间纠纷也逐渐增多，在争议解决手段的选择上，当事人优先选择仲裁裁决，这不仅因为仲裁裁决具有灵活性、保密性、快捷性、终局性等诸多好处，还因为仲裁裁决更方便执行。我国本着鼓励发展对外经济贸易、保障本国仲裁裁决在外国也能得到承认和执行的目的，在1987年加入了《承认和执行外国仲裁裁决公约》（以下简称《纽约公约》），该公约成为我国法院承认和执行外国仲裁裁决的主要法律依据。

据资料显示，我国对外国仲裁裁决拒绝承认和执行的比例约为30%，外国仲裁裁决在中国拒绝承认和执行的比例较小、难度较大。

本文从实务角度，以《纽约公约》《民事诉讼法》及其司法解释和笔者代理的承认与执行美国仲裁案为背景，对外国仲裁裁决在中国拒绝承认和执行的理由进行分析：一方面，希望对中国企业被申请承认和执行外国仲裁裁决时选择合理合法的抗辩理由具有一定借鉴意义；另一方面，也为计划在中国获得承认与执行的外国仲裁案件的仲裁申请人提供反面之法律风险警醒，减少与避免该等外国仲裁裁决在中国申请承认与执行的阻碍及风险。

二、拒绝承认和执行外国仲裁裁决之事由简析

根据《最高人民法院关于执行我国加入的〈承认及执行外国仲裁裁决公约〉的通知》规定："四、我国有管辖权的人民法院接到一方当事人的申请后，应对申请承认及执行的仲裁裁决进行审查，如果认为不具有《1958年纽约公约》第五条第一、二两项所列的情形，应当裁定承认其效力，并且依照民事诉讼法（试行）规定的程序执行；如果认定具有第五条第二项所列的情

形之一的,或者根据被执行人提供的证据证明具有第五条第一项所列的情形之一的,应当裁定驳回申请,拒绝承认及执行。"因此,中国法院不予承认和执行外国仲裁裁决的主要原因,是外国仲裁裁决存在《纽约公约》规定的可以拒绝承认和执行的情形,以及存在不符合《民事诉讼法》及其司法解释的相关规定的情形。

(一)《纽约公约》第五条确立的司法审查标准

根据《纽约公约》第五条第一项的规定,在被申请执行人提出证明时,中国法院可以根据该当事人的请求,在下列情况下拒绝承认和执行该项外国仲裁裁决:

(甲)签订仲裁协议的当事人依对其适用的法律存在无行为能力的情形;或者仲裁协议依所选定的准据法应被认定为无效;或者虽未选定准据法,但仲裁协议依裁决地所在国法律应被认定为无效的。

(乙)被执行人未接到关于指派仲裁员或关于仲裁程序的适当通知,或者由于其他原因未能对案件进行申辩的。

(丙)仲裁裁决所处理的争议非为交付仲裁标的或不包括在仲裁协议规定之内;或者仲裁裁决载有超出仲裁协议范围以外事项的决定(但如关于交付仲裁事项的决定可与未交付仲裁事项的决定划分时,关于交付仲裁事项的决定可予以承认和执行)。

(丁)仲裁庭的组成或仲裁程序与当事人之间的协议约定不符;或者当事人未协议约定,但仲裁庭的组成或仲裁程序与仲裁地所在国的法律不符的。

(戊)仲裁裁决对当事人还未产生拘束力,或者仲裁裁决已经由裁决作出的国家或裁决所依据法律的国家的主管机关撤销或停止执行的。

基于《纽约公约》第五条第二项的规定,中国法院认定有下列情形之一的,也可拒绝承认和执行该项外国仲裁裁决:

(己)依照申请承认和执行所在国的法律,争议事项不可以通过仲裁解决。

(庚)承认或执行裁决有违该国公共政策者。

(二)《纽约公约》其他条款确立的拒绝事由

实践中,我国法院并未将不予承认和执行外国仲裁裁决的标准局限在《纽约公约》第五条之规定,《纽约公约》第一、二、三、四条作为公约的核心条款,也对当事人主体资格、仲裁协议之形式和相关程序性事宜加以规制,是公约第五条审查程序的前提。其他主要的拒绝承认和执行事由如下：

1. 当事人无民事权利能力。
2. 不存在书面仲裁协议。
3. 申请文件未经公证、认证或翻译。
4. 超出申请执行期限。
5. 未能证明被申请人或其财产位于中国。

（三）中国《民事诉讼法》及相关司法解释的相关规定

外国仲裁裁决在中国申请并获得承认与执行，除不应存在《纽约公约》规定的可拒绝承认与执行情形外，也应同时符合《民事诉讼法》及相关司法解释的规定。

1. 申请执行的期限问题《最高人民法院关于适用〈中华人民共和国民事诉讼法〉的解释》第五百四十七条的规定，当事人申请承认和执行外国法院作出的发生法律效力的判决、裁定或者外国仲裁裁决的期间，适用民事诉讼法第二百三十九条的规定。

《民事诉讼法》第二百三十九条的规定，申请执行的期间为二年。申请执行时效的中止、中断，适用法律有关诉讼时效中止、中断的规定。前款规定的期间，从法律文书规定履行期间的最后一日起计算；法律文书规定分期履行的，从规定的每次履行期间的最后一日起计算；法律文书未规定履行期间的，从法律文书生效之日起计算。

因此，申请承认和执行外国仲裁裁决的期间为二年，超出二年期间申请的应拒绝承认和执行。

2. 向何地的、哪一级法院申请执行《最高人民法院关于执行我国加入的〈承认及执行外国仲裁裁决公约〉的通知》第三条规定，根据《纽约公约》第四条的规定，申请我国法院承认和执行在另一缔约国领土内作出的仲裁裁决，是由仲裁裁决的一方当事人提出的。对于当事人的申请应由我国下列地点的中级人民法院受理：①被执行人为自然人的，为其户籍所在地或者居所地；②被执行人为法人的，为其主要办事机构所在地；③被执行人在我国无住所、居所或者主要办事机构，但有财产在我国境内的，为其财产所在地。

《民事诉讼法》第二百八十三条规定，国外仲裁机构的裁决，需要中华人民共和国人民法院承认和执行的，应当由当事人直接向被执行人住所地或者其财产所在地的中级人民法院申请，中级人民法院应当依照中华人民共和国缔结或者参加的国际条约，或者按照互惠原则办理。

因此，申请承认和执行外国仲裁裁决应向被执行人住所地或者财产所在地的中级人民法院申请，未能提供证据证明被申请人或其财产位于国内的，应拒绝承认和执行。

3. 法院审查的标准。我国法院对于承认和执行外国仲裁裁决的审查主要是形式审查，法院审查标准主要是外国仲裁裁决是否存在《纽约公约》规定的拒绝承认和执行情形，是否属于《最高人民法院关于执行我国加入的〈承认及执行外国仲裁裁决公约〉的通知》规定的"契约性和非契约性商事法律关系"的仲裁裁决，是否符合我国参加的国际公约（不限于《纽约公约》）的规定或者互惠原则的，或者申请是否符合国内执行程序的相关规定等。

三、申请承认与执行美国仲裁裁决案的诉辩解析

甲（申请人，美国某知名律师事务所）与乙（被申请人一，美国公司）、丙（被申请人二，香港公司）签署了两份独立的《聘用合同》，约定由甲为乙、丙分别提供资本市场法律服务。之后，由于律师费结算问题产生争议，乙、丙未能按甲方列出的费用清单支付法律服务费用，甲遂向美国仲裁协会争议解决中心国际仲裁庭（以下简称"ICDR"）提请仲裁，但乙、丙均未收到有关仲裁程序的正式通知。2014 年 7 月 30 日，ICDR 在乙、丙缺席的情况下作出最终仲裁裁决。甲于 2017 年 5 月 25 日向国内某中级人民法院请求承认和执行该仲裁裁决。

该案中被申请人，主要基于以下五个理由提出该仲裁裁决应予拒绝承认和执行：

（一）申请承认和执行期限已超出二年期限

根据《民事诉讼法》及《最高人民法院关于适用〈中华人民共和国民事诉讼法〉的解释》的规定，申请承认和执行外国仲裁裁决的期间为二年。仲裁裁决于 2014 年 7 月 30 日作出，但甲于 2017 年 5 月 25 日才向法院提起申请承认和执行该裁决，申请期限已远远超出二年，该裁决应拒绝承认和执行。

（二）ICDR 对案涉争议无管辖权

ICDR 为美国仲裁协会（以下简称"AAA"）的国际业务部，主要处理跨国贸易等国际纠纷。但是甲、乙均为美国公司，《聘用合同》项下的争议事

项也发生在美国，案涉争议并非国际争议，ICDR 对甲、乙之间的争议无管辖权。

此外，甲、乙之间及甲、丙之间的《聘用合同》均明确约定争议解决方式为提交 AAA 且根据《商事仲裁规则》进行仲裁。仲裁拥有契约性与当事人意思自治性，案涉争议由 ICDR 进行仲裁不仅违反《国际仲裁规则》关于 ICDR 管辖范围的规定，也违反当事人之间仲裁条款的约定。故，ICDR 对甲、乙之间及甲、丙之间的争议均无管辖权。

根据《纽约公约》第五条第一项（丁），该裁决应拒绝承认和执行。

（三）案涉争议不存在合并审理的基础

在甲、乙、丙三者之间无任何共同的仲裁协议或条款，及乙、丙未同意合并审理，仲裁庭也未发送有关合并审理决定书面通知的情形下，仲裁庭擅自将完全独立的两个案件放在同一仲裁程序中合并审理，违反《美国统一仲裁法》及仲裁规则有关合并审理的程序及条件。

根据《纽约公约》第五条第一项（乙）、（丁），该裁决应拒绝承认和执行。

（四）仲裁庭送达方式违反仲裁规则的规定

《商事仲裁规则》规定采取电子送达方式须经全部当事人和仲裁员同意，但是仲裁庭在未经过乙、丙同意的情形下，擅自采取电子邮件方式送达仲裁程序的通知，电子送达方式违反仲裁规则。

此外，《商事仲裁规则》规定邮寄送达须送达被送达方最后为人所知的地址，但是甲明知乙、丙的实际办公地址，却在仲裁程序开始前隐瞒实际可送达的地址，致使乙、丙无法收到仲裁事项的通知而丧失重要的程序及实体权利。

根据《纽约公约》第五条第一项（乙），该裁决应拒绝承认与执行。

（五）仲裁的申请及受理程序违反当地法律

《加州商业及职业法案》规定了律师/委托人费用争议解决的前置性程序，乙、丙有权优先向律师协会依据律师/委托人费用争议程序提起费用争议仲裁，但是由于送达方式违反仲裁规则的规定，导致乙、丙未收到通知而丧失前置权利，仲裁的申请及受理程序违反当地法律。

根据《纽约公约》第五条第一项（丁），该裁决应拒绝承认与执行。

四、结语

作为国际商事中最重要的争议解决方式,国际仲裁已被越来越多的当事人采纳,承认和执行国际仲裁裁决司法实践的地位也逐步提升。但是考虑到有利于执行、国际互惠等理念,以及裁定不予承认和执行须待最高院答复的程序性要求,我国法院对于不予承认和执行外国仲裁裁决的决定慎之又慎。因此,被申请人在抗辩时,应紧密结合《纽约公约》确立的拒绝承认和执行事由,同时结合国内的执行程序、仲裁地国家法律及仲裁规则规定的仲裁程序,选择合理合法的抗辩理由。

(2019 年 5 月)

附本文英文版

Reasons: Refusing to Recognize & Enforce Foreign Arbitral Awards

1. Introduction

Along with the increasing frequency of international communication in China such as external trade, overseas investment and international services, international disputes are gradually increasing. Parties prefer arbitration when choosing means of dispute settlement not only because arbitration has advantages like flexibility, confidentiality, rapidity and finality, but also because of the convenience of enforcement of arbitral awards. China accepted the Convention on the Recognition and Enforcement of Foreign Arbitral Awards ("the New York Convention") in 1978 with the aim to encourage the development of external economy and trade and ensure the recognition and enforcement of domestic arbitral awards in foreign countries. The New York Convention becomes the main legal basis to recognize and enforce foreign arbitral awards for people's court of China.

According to the research data, the proportion of refusing to recognize and enforce foreign arbitral awards in China is about 30%. The proportion of refusal is relative low and the refusal is difficult in China.

This article intends to analyze the reasons for refusing to recognize and enforce foreign arbitral awards in China from the practical perspective under the background of the New York Convention, the Civil Procedure Law and the corresponding judicial interpretation, and an American arbitration case represented by the author. On the one hand, it may bring certain reference significance to Chinese enterprises to choose reasonable and legitimate justifications when they act as a respondent in the cases of applying to recognize and enforce foreign arbitral awards. On the other hand, it may warn legal risks on the negative side for the foreign applicant who intends to acquire the ruling on recognition and enforcement of foreign arbitral awards in China to reduce and avoid the obstacles and risks when applying to recognize and enforce the foreign arbitral awards in China.

2. Brief Analysis of Reasons for Refusing to Recognize and Enforce Foreign Arbitral Awards

In accordance with Article 4 of Notice of the Supreme People's Court on Implementing the Convention on the Recognition and Enforcement of Foreign Arbitral Awards Acceded by China, people's court having jurisdiction in China shall examine the arbitral awards of applying for recognition and enforcement after receiving the application of a party. If it is considered that there are no circumstances listed in the subparagraph 1 and 2 of article V of the New York Convention, the people's court shall issue a ruling to recognize the validity of arbitral awards and enforce in accordance with procedures prescribed in the Civil Procedure Law. If it is considered that there is any circumstance listed in the subparagraph 2 of article V of the New York Convention, or the evidence provided by the party subjected to execution could prove that there is any circumstance listed in the subparagraph 1 of article V of the New York Convention, the people's court shall issue a ruling to reject the application and refuse to recognize and enforce. Therefore, main reasons for refusing to recognize and enforce foreign arbitral awards in people's court of China are foreign arbitral awards exist circumstances of refusal on recognition and enforcement prescribed in the New York Convention, and procedures do not accord with relevant provisions prescribed in the Civil Procedure Law and the corresponding judicial interpretation.

2.1 Criteria of Judicial Review Established under Article V of the New York Convention

In accordance with subparagraph 1 of Article V of the New York Convention, recognition and enforcement of the award may be refused, at the request of the party against whom it is invoked, only if that party furnishes to the competent authority where the recognition and enforcement is sought, proof that:

(a) The parties to the agreement referred to in article II were, under the law applicable to them, under some incapacity, or the said agreement is not valid under the law to which the parties have subjected it or, failing any indication thereon, under the law of the country where the award was made; or

(b) The party against whom the award is invoked was not given proper notice of the appointment of the arbitrator or of the arbitration proceedings or was otherwise unable to present his case; or

(c) The award deals with a difference not contemplated by or not falling within the terms of the submission to arbitration, or it contains decisions on matters beyond the scope of the submission to arbitration, provided that the decisions on matters submitted to arbitration can be separated from those not so submitted, that part of the award which contains decisions on matters submitted to arbitration may be recognized and enforced; or

(d) The composition of the arbitral authority or the arbitral procedure was not in accordance with the agreement of the parties, or, failing such agreement, was not in accordance with the law of the country where the arbitration took place; or

(e) The award has not yet become bindingon the parties, or has been set aside or suspended by a competent authority of the country in which, or under the law of which, that award was made.

In accordance with subparagraph 2 of Article V of the New York Convention, recognition and enforcement of an arbitral award may also be refused if the competent authority in the country where recognition and enforcement is sought finds that:

(a) The subject matter of the difference is not capable of settlement by arbitration under the law of that country; or

(b) The recognition or enforcement of the award would be contrary to the public policy of that country.

2.2 Reasons for Refusing Established under Other Provisions of the New York Convention

In practice, people's court of China have not limit the judicial criteria of refusal on recognition and enforcement of foreign arbitral awards to the provisions of article V of the New York Convention. As the core provisions of the New York Convention, article I, II, III and IV also prescribe issues about the qualification of the parties, the form of arbitration agreement and relevant procedures, which seems a premise for review procedure of article V of the New York Convention. Other main reasons to refuse the recognition and enforcement are as follows:

2.2.1 Parties without the capacity for civil rights.

2.2.2 No written arbitration agreement.

2.2.3 Application documents without notarization, authentication and translation.

2.2.4 Beyond the time limit for the submission of an application for execution.

2.2.5 Failure to prove that the respondent or his property is located within the territory of China.

2.3 Relevant Regulations under the Civil Procedure Law and the Corresponding Judicial Interpretation of China

If foreign arbitral awards could be applied for, recognized and enforced in China, the application and awards shall not only exist no circumstances of refusal on recognition and enforcement prescribed in the New York Convention, but also accord with relevant provisions prescribed in the Civil Procedure Law and the corresponding judicial interpretation.

2.3.1 Issues on Time Limit for the Submission of an Application for Execution

In accordance with Article 547 of Interpretation on the Application of the Civil Procedure Law, the time period for a party concerned to apply for recognition and enforcement of a legally binding judgment/ruling rendered by a foreign court or a foreign arbitration award shall be governed by Article 239 of the Civil Procedure Law.

In accordance with Article 239 of the Civil Procedure Law, the time limit for the submission of an application for execution shall be two years. The suspension and discontinuation of limitation for the submission of application for execution is governed by the relevant legal regulations of suspension and discontinuation of extinctive prescription. The above-mentioned time limit shall be calculated from the last day of the period of performance specified by the legal document. If the legal document specifies performance in stages, the time limit shall be calculated from the last day of the period specified for each stage of performance. If there is no time limit specified by the legal document, the time limit shall be calculated from the day of the effectiveness of the legal document.

Therefore, the time limit for the submission of an application for recognition and enforcement of foreign arbitral awards shall be two years. The foreign arbitral awards shall be refused to recognize and enforce if beyond the two-year time limit for the submission of an application.

2.3.2 Level and Jurisdiction of the People's Court

In accordance with Article 3 of Notice of the Supreme People's Court on Implementing the Convention on the Recognition and Enforcement of Foreign Arbitral Awards Acceded to by China, in accordance with Article IV of the New York Convention, an application to a people's court of China for recognition and enforcement of an arbitral award made in the territory of another contracting state is filed by a party to the arbitral award. The application shall be under the jurisdiction of the intermediate people's court at the following place: (1) If the party against whom the award is invoked is a natural person, the place of his or her household registration or the place of his or her residence. (2) If the party against whom the award is invoked is a legal person, the place of his principal office. (3) If the party against whom the award is invoked has no domicile, residence or principal office but property within the territory of China, the place of property located.

In accordance with Article 283 of the Civil Procedure Law, if an award made by a foreign arbitral organ requires the recognition and enforcement by a people's court of the People's Republic of China, the party concerned shall directly apply to the intermediate people's court of the place where the party subjected to enforcement has his domicile or where his property is located. The people's court shall deal with the matter in accordance with the international treaties concluded or acceded to by the

People's Republic of China or with the principle of reciprocity.

Therefore, the party who apply for recognition and enforcement of foreign arbitral awards shall apply to the intermediate people's court of the place where the party subjected to enforcement has his domicile orwhere his property is located. The foreign arbitral awards shall be refused to recognize and enforce if the applicant fail to provide evidence to prove that his domicile or property is within the territory of China.

2.3.3 Criteria of Judicial Review by People's Court

The review of recognition and enforcement of foreign arbitral awards by people's court is mainly formality examination. The main criteria of judicial review by people's court is whether the foreign arbitral awards exist circumstances of refusal on recognition and enforcement under the New York Convention, whether the differences are not arising out of "Legal relationships, whether contractual or not, which are considered commercial" under Notice of the Supreme People's Court on Implementing the Convention on the Recognition and Enforcement of Foreign Arbitral Awards Acceded to by China, whether the foreign arbitral awards are not in accordance with the international treaties concluded or acceded to by the People's Republic of China, not limited to the New York Convention, or with the principle of reciprocity, or whether the application conform to enforcement procedures under national regulations.

3. Case Analysis on Recognition and Enforcement of an American Arbitral Award

[Case Introduction]

A (applicant and a famous law firm in America) has signed two Service Contracts separately with B (one of the respondent and an enterprise in America) and C (the other respondent and an enterprise in Hong Kong). Service Contracts stipulated that A provides legal services on capital market for B and C respectively. Later, due to disputes over the settlement of attorney fees, B and C failed to pay the attorney fees in accordance with the bill listed by A. A submitted an application for arbitration to International Centre for Dispute Resolution ("ICDR"), however B and C failed to receive any formal notice about the arbitration. ICDR made a final award in the absence of B and C on July 30th, 2014. A submitted an application on recognition and enforcement of the arbitral award to an intermediate people's court of China on May 25th, 2017.

[Case Analysis]

The author, as the lawyer of the respondent in the case, considers that the foreign arbitral award shall be refused to recognize and enforce mainly based on following five reasons:

3.1 Application for Recognition and Enforcement beyond the Two-year Time Limit

In accordance with relevant regulations of the Civil Procedure Law and Interpretation on the Application of the Civil Procedure Law, the time limit for the submission of an application for recognition and enforcement of foreign arbitral awards shall be two years. The arbitral award was made on July 30th, 2014, however A submitted the application for recognition and enforcement of the arbitral award to the people's court on May 25th, 2017. Therefore, the time limit of submission of application has already far exceeded two years, and the arbitral award shall be refused to recognize and enforce.

3.2 ICDR Having No Jurisdiction over the Dispute

ICDR is the internationaldivision of the American Arbitration Association ("AAA") and mainly deal with the international disputes involving cross-border transactions. However, due to A and B are both American enterprises and disputes arising from the Service Contract also occurred in America, the dispute is not an international dispute and ICDR has no jurisdiction over the dispute between A and B.

In addition, according to the Service Contract between A and B and the Service Contract between A and C, arbitration agreements specified that method of disputes settlement is to submit the disputes to AAA for arbitration under the rules for commercial disputes. Arbitration has the nature of contractual and autonomous of the party's will. The dispute governed by ICDR violates not only the regulations of jurisdiction of ICDR under International Dispute Resolution Procedures, but also the arbitration clause agreed by the parties. Therefore, ICDR has no jurisdiction over the dispute between A and B and the dispute between A and C.

In accordance with subparagraph 1 (d) of Article V of the New York Convention, the arbitral award shall be refused to recognize and enforce.

3.3 No Basis on Consolidated Trial

Under circumstances that there is no common arbitration agreement or clause between A, B and C, and no agreement of consolidated trial made by B and C, and no written notice about the decision of consolidated trial sent by arbitral tribunal, the arbitral tribunal tried the two separate cases concurrently into a common arbitration procedure arbitrarily, which violates the relevant procedure and conditions of consolidated trial under the American Uniform Arbitration Act and arbitration rules.

In accordance with subparagraph 1 (b) and (d) of Article V of the New York Convention, the arbitral award shall be refused to recognize and enforce.

3.4 Methods of Service by Tribunal Violating the Arbitration Rules

In accordance with the Commercial Arbitration Rules, where all parties and the arbitrator agree, notices may be transmitted by e-mail or other methods of communication. However, the tribunal delivered the notice of arbitration procedure by e-mail arbitrarily without the agreement of B and C, which violates the arbitration rules.

In addition, in accordance with the Commercial Arbitration Rules, notices served by mail shall be addressed to the party at the last known address. A concealed the actual office address of B and C before the commencement of the arbitration procedure although A was fully aware the actual address. Consequently, B and C failed to receive the arbitration notice and lost important procedural and substantive rights.

In accordance with subparagraph 1 (b) of Article V of the New York Convention, the arbitral award shall be refused to recognize and enforce.

3.5 Arbitral Procedures of Application and Acceptance Violating Local Laws

The California Business and Professions Code stipulate the Attorney/Client Fee Dispute Program, which means B and C have priority to submit a fee arbitration to the Bar Association according to the Attorney/Client Fee Dispute Program. However, due to the methods of service violating the arbitration rules and B, C fail to receive the notice of arbitration, B and C lost the priority to submit fee arbitration. Procedures of application and acceptance of arbitration violate local laws.

In accordance with subparagraph 1 (d) of Article V of the New York Convention, the arbitral award shall be refused to recognize and enforce.

4. Conclusion

As a principal method of dispute settlement for international commercial affairs, international arbitration has been adopted by parties increasingly and the status of judicial practice on recognition and enforcement of foreign arbitral award has also been gradually improved. However, considering the principle of convenient for execution, international reciprocity and procedural requirements that a ruling of refusing to recognize and enforce foreign arbitral awards needs to acquire a reply of the Supreme People's Court, people's court of China always make cautious decision about refusing to recognize and enforce foreign arbitral awards. Therefore, when defending, the respondent shall fully consider the reasons for refusing to recognize and enforce under the New York Convention and national enforcement procedures and procedures of arbitration under laws and arbitration rules of the place of arbitration, and then choose reasonable and legitimate justifications.

金融合同强制执行公证的相关问题探析

文/王永敬　廖素芳

　　随着防范金融风险的不断深入和深化金融改革的逐步推进，金融合同、债权文书办理强制执行公证可作为重要的司法工具，其具备高效、便捷的优势，深受众多金融机构的青睐，在防范金融风险领域发挥着重要的作用。证券公司、银行、信托公司等金融机构在包括股票质押式回购业务、股权及股票收益权转让业务、金融贷款等各项金融领域交易中，倾向于要求资金融入方企业配合办理强制执行公证。

　　2018年以来随着经济下行，企业违约事件剧增，金融机构按照业务交易中原设定的强制执行公证条款，向公证机关申请出具强制执行证书并向法院申请强制执行，公证债权文书执行情况激增。然而，由于相关法律规定少，实践中强制执行证书的申请、执行及与诉讼程序的选择引发了诸多问题。若运用好强制执行公证，将使债权的实现事半功倍；若运用不佳，则不仅可能无法实现债权，还有可能因此反受其累。

　　有鉴于此，笔者团队根据所服务的多个涉及办理强制执行公证文书项目、代理的多宗涉及强制执行公证案件的经验，立足于法律实务，梳理金融机构在强制执行公证行权路径，申请强制执行证书，强制执行的流程、依据及补救措施等，并从若干角度深入解析。

一、强制执行公证的优势

　　根据《民事诉讼法》第二百三十八条规定："对公证机关依法赋予强制执行效力的债权文书，一方当事人不履行的，对方当事人可以向有管辖权的人民法院申请执行，受申请的人民法院应当执行。"

　　公证债权文书确有错误的，人民法院裁定不予执行，并将裁定书送达双方当事人和公证机关。通过对金融合同预先办理强制执行公证，当资金融入方作为债务人出现不履行、不能履行或不适当、不完全履行相关协议项下义务等违约情形时，资金融出方作为债权人有权按照金融合同关于强制执行公证的条款安排向公证机关申请执行证书，向有管辖权的人民法院申请强制执行，而无须经过诉讼程序。强制执行公证具有预防性、特定性与强制性等特点，深受众多金融机构的青睐。

随着金融机构发行金融产品的不断创新，强制执行公证已由原适用于简单债权债务关系的金融借贷争议，开始紧随市场步伐应用于股票质押式回购业务、股权及股票收益权转让业务，以及涉及回购义务的名股实债交易等复杂金融业务中，然而这些金融领域新产品争议能否依法适用强制执行公证程序及如何依法适用，为本文论述之重点。

二、可办理强制执行公证之债权文书范围

（一）可办理强制执行公证之债权文书范围的具体规定

1. 《公证法》（2017 年修正）的相关概括规定。《公证法》第三十七条规定："对经公证的以给付为内容并载明债务人愿意接受强制执行承诺的债权文书，债务人不履行或者履行不适当的，债权人可以依法向有管辖权的人民法院申请执行。前款规定的债权文书确有错误的，人民法院裁定不予执行，并将裁定书送达双方当事人和公证机构。"

2. 最高人民法院、司法部关于公证机关赋予强制执行效力的债权文书执行有关问题的联合通知（司发通〔2000〕107 号，以下简称《107 号通知》）的具体细化。

《107 号通知》第一条对公证机关赋予强制执行效力的债权文书应当具备的条件规定如下："（一）债权文书具有给付货币、物品、有价证券的内容；（二）债权债务关系明确，债权人和债务人对债权文书有关给付内容无疑义；（三）债权文书中载明债务人不履行义务或不完全履行义务时，债务人愿意接受依法强制执行的承诺。"

《107 号通知》第二条对公证机关赋予强制执行效力的债权文书的范围规定如下："（一）借款合同、借用合同、无财产担保的租赁合同；（二）赊欠货物的债权文书；（三）各种借据、欠单；（四）还款（物）协议；（五）以给付赡养费、扶养费、抚育费、学费、赔（补）偿金为内容的协议；（六）符合赋予强制执行效力条件的其他债权文书。"

3. 《关于充分发挥公证书的强制执行效力服务银行金融债权风险防控的通知》（司发通〔2017〕76 号，（以下简称《76 号通知》）的扩大适用。最

高人民法院、司法部和中国银保监会联合发布的76号通知明确，为进一步加强金融风险防控，充分发挥公证作为预防性法律制度的作用，提高银行业金融机构金融债权实现效率，降低金融债权实现成本，有效提高银行业金融机构防控风险的水平，需银行业金融机构经营业务中进一步发挥公证书的强制执行效力。

《76号通知》第一条规定，公证机构可以对银行业金融机构运营中所签署的符合《公证法》第三十七条规定的以下债权文书赋予强制执行效力："（一）各类融资合同，包括各类授信合同，借款合同、委托贷款合同、信托贷款合同等各类贷款合同，票据承兑协议等各类票据融资合同，融资租赁合同，保理合同，开立信用证合同，信用卡融资合同（包括信用卡合约及各类分期付款合同）等；（二）债务重组合同、还款合同、还款承诺等；（三）各类担保合同、保函；（四）符合本通知第二条规定条件的其他债权文书。"

（二）特定金融产品交易合同能否办理强制执行公证

近几年，证券公司、信托机构、保险公司及银行等金融机构嵌套、结构化金融产品大量涌现，其中包括股票质押式回购交易业务、股权及股票收益权转让业务以及涉及回购义务的名股实债交易等金融业务。金融机构基于强制执行公证高效、强制性的优势，选择通过与公证机关进行持续、良好的沟通，对创新金融产品的基础交易合同办理强制执行公证。根据笔者团队服务多个涉及办理强制执行公证文书项目、代理多宗涉及强制执行公证案件的经验，部分适应市场发展的公证机关选择向金融机构提供出具强制执行证书服务，部分保守型公证机关选择不办理此类涉及创新金融产品的强制执行公证文书，主要原因在于对上述法律规定、通知中可赋予强制执行效力的债权文书之范围、条件的理解、适用上存在差异。

以股票质押式回购交易业务为例，其指符合条件的资金融入方以所持有的股票或其他证券质押，向符合条件的资金融出方融入资金，并约定在未来返还资金、解除质押的交易。股票质押式回购交易业务的资金融入方与资金融出方在交易协议等业务文本通常会对违约处置流程进行特殊规定，在出现质押股票低于最低线、跌破平仓线融入方未补仓或补足保证金等违约情形时，融出方有权启动违约处置流程，处置质押股票，该类交易业务的风险提示书均会明确提示投资有风险。

根据代理的多宗涉及股票质押式回购交易纠纷案件的经验，不少交易文本中涉及融出方及其管理人在融入方出现违约时的救济方式首先是对质押标的股票按照协议约定进行处置，并就处置所得价款优先受偿，不足以清偿欠款时仅就不足清偿部分向融入方追偿之表述。融入方与融出方对于条款的理解存在严重差异。此外，在部分股票质押式回购交易业务的基础上，融入方与融出方进行了多重安排，如融出方将股票质押式回购业务项下涉及的收益权进行转让，约定融出方收益权转让且融入方指定第三方必须支付转让价款的特定触发条件，并将股票质押式回购交易业务协议与收益权转让协议等办理强制执行公证。

根据前述提及的公证机关赋予强制执行效力的债权文书应当具备的条件之一"债权债务关系明确，债权人和债务人对债权文书有关给付内容无疑义"，股票质押式回购交易项下涉及的并非明确的债权债务关系，融入方通常对签订各格式合同文本并非无疑义。股票质押式回购交易实质是基于股票价值与风险转移为基础的交易，即：融入方将标的股票的价值与风险转由融出方控制，融出方将资金转移给融入方使用。因此，回购交易项下的股票价值下跌风险最终是由融出方及其管理人管理与控制。交易协议中明确约定了出现特殊情形时由管理人以处置股票方式控制风险。由此，股票质押式回购交易业务文本、进行双重安排的相应收益权转让合同能否根据《公证法》《107号通知》《76号通知》等办理强制执行公证，存在较大争议。

在长江证券（上海）资产管理有限公司与贾某、GW证券回购合同纠纷一审（2017）（鄂民初39号）中，贾某提出的答辩观点之一为"长证资管公司与贾某之间进行的是股票质押式回购交易，根据深圳证券交易所颁布的《股票质押式回购交易及登记结算业务办法（试行）（2017年修订）》的相关规定，作为资金融出方的长证资管公司如果主张回购，首先应该采取的方式是在场内对质押股票进行处置，就处置股票所得的价款来清偿本案所涉款项，在到期标的证券卖出净额不足以偿还债务的，长证资管公司才有权向贾某继续追偿。"笔者根据代理的多宗涉及股票质押式回购合同纠纷的案件，认可该观点。同时，基于该观点及其他相类似业务文本约定的特殊状况，股票质押式回购交易中法律关系不具备"债权债务关系明确"的条件。

此外，在接触的名股实债交易安排中，涉及特定回购股权、回购股权收益权触发条件及支付股权回购款、股权收益权回购款，大部分公证机关不予办理强制执行公证，但是极少部分公证机关选择迎合市场，为融出方需求办理强制执行公证，存在较大风险。笔者认为，若融出方与融入方最终出现争议，在融出方希望通过申请执行证书进入执行程序时，融入方可通过向公证机关、法院主张该交易债权文书涉及违反法律强制性规定、债权债务关系不明确等，主张该类金融合同不属于可办理强制执行证书范围，请求不予执行。

三、公证债权文书强制执行与诉讼程序选择之具体规定与实践

（一）常规情形：公证债权文书强制执行优先于诉讼程序

1. 《最高人民法院关于当事人对具有强制执行效力的公证债权文书的内容有争议提起诉讼人民法院是否受理问题的批复》（法释〔2008〕17号，以下简称《17号批复》）。《17号批复》规定："根据《中华人民共和国民事诉讼法》第二百一十四条和《民事诉讼法》《公证法》与前文保持一致第三十七条的规定，经公证的以给付为内容并载明债务人愿意接受强制执行承诺的债权文书依法具有强制执行效力。债权人或者债务人对该债权文书的内容有争议直接向人民法院提起民事诉讼的，人民法院不予受理。但公证债权文书确有错误，人民法院裁定不予执行的，当事人、公证事项的利害关系人可以就争议内容向人民法院提起民事诉讼。"

2. 《最高人民法院关于审理涉及公证活动相关民事案件的若干规定》（法释〔2014〕6号，以下简称《6号规定》）。《6号规定》司法解释第三条规定："当事人、公证事项的利害关系人对公证书所公证的民事权利义务有争议的，可以依照公证法第四十条规定就该争议向人民法院提起民事诉讼。当事人、公证事项的利害关系人对具有强制执行效力的公证债权文书的民事权利义务有争议直接向人民法院提起民事诉讼的，人民法院依法不予受理。但是，公证债权文书被人民法院裁定不予执行的除外。"

据此，《17号批复》与《6号规定》明确地排除了已办理强制执行公证债权文书的诉讼管辖，债权人原则上不能就公证债权文书涉及的民事权利义务争议直接向有管辖权的人民法院提起诉讼，而需基于已办理强制执行公证的债权文书向公证机关申请出具执行证书，向有管辖权的法院申请强制执行。

（二）特殊情形：可提起诉讼

1. 公证债权文书被人民法院裁定不予执行时。根据《17号批复》与《6号规定》，公证债权文书被人民法院裁定不予执行时，当事人、公证事项的利害关系人若对具有强制执行效力的公证债权文书的民事权利义务有争议，可直接向人民法院提起民事诉讼。

2. 公证债权文书载明的民事权利义务关系与事实不符或经公证的债权文书具有法律规定的无效、可撤销等情形。《关于公证债权文书执行若干问题的规定》（法释〔2018〕18号，以下简称《18号规定》）关于可提起诉讼的规定在《17号批复》与《6号规定》基础上进行了大幅的修改及放松。根据《18号规定》第二十四条之规定，有"公证债权文书载明的民事权利义务关系与事实不符或经公证的债权文书具有法律规定的无效、可撤销等情形"的，债权人、利害关系人可以就公证债权文书涉及的民事权利义务争议直接向有管辖权的人民法院提起诉讼。

3. 公证机构决定不予出具执行证书。根据《18号规定》第八条的规定，在公证机关决定不予出具执行证书，当事人可以就公证债权文书涉及的民事权利义务争议直接向人民法院提起诉讼。在笔者团队代理的一宗案件中，在债务人出现违约情形时，债权人向公证机关申请出具执行证书，公证机关以多个理由拒绝向债权人出具执行证书，笔者团队建议债权人要求公正机关出具相应的不予出具执行证书的函件，从而债权人可根据《18号规定》第八条之规定化解僵局。

4. 原合同借款到期或违约，展期或针对违约新达成的补充协议等未办理强制执行公证。《办理具有强制执行效力债权文书公证及出具执行证书的指导意见》第四条规定："符合《联合通知》第二条规定未经公证的债权文书，当事人就履行过程中出现的争议或者违约订立新的协议，并就新的协议共同向公证机构申请办理具有强制执行效力债权文书公证的，公证机构可以受理，但应当要求当事人提供原债权真实、合法的证明材料，并对证明材料采取适当的方式进行核实。"

如债权人与债务人对原贷款合同进行了变更但未重新办理公证债权文书的，因债权基础已经发生变化，贷款到期后债权人只能就展期后的债权向法院提起诉讼，无法持原公证债权文书再行申请执行证书。

5. 当事人通过嗣后达成诉讼管辖合意等方式排除执行公证债权文书的限制。虽然《17号批复》与《6号规定》较为明确地排除了强制执行公证债权文书的诉讼管辖，但是司法实践中对于当事人能否直接就公证债权文书所涉债务纠纷提起诉讼问题的裁判思路及把握尺度并非如此绝对。

在（2014）民二终字第199号公报案例中，最高法院指出"合同当事人的意思表示是赋予强制执行效力的公证债权文书强制执行效力的重要来源，当事人可以通过合意的方式约定直接申请强制执行的内容，法律亦不禁止当事人变更直接申请强制执行的内容，放弃对债权的特殊保障。""本案中，虽然涉案债权存在有强制执行效力的公证债权文书，但双方后对部分利息又约定可以采取诉讼方式解决纠纷，是通过合意的方式变更了可以直接申请强制执行的内容"。

6. 强制执行公证文书一方主体直接选择诉讼，另一方未对法院受理问题提出异议。在长江证券（上海）资产管理有限公司与贾某、GW证券回购合同纠纷一审判决书（2017鄂民初39号）中，湖北省高级人民法院认为"上述规定（《17号批复》与《6号规定》第三条第二款规定）的目的是通过诉讼外的途径更加快捷高效的处理当事人之间的民事争议。本案贾某在明知相关协议被公证机关赋予了强制执行效力的情况下，在答辩期内并未对本院受理本案提出异议，仅就本院是否具有管辖权提出异议，本院民事裁定书（最高人民法院（2018）最高法民辖终109号民事裁定书）均确认了本院对本案具有管辖权。贾某、GW在两级法院长达一年多的审理时间内不对法院受理问题提出异议，表明贾某、GW已默示接受了本院可对本案进行审理。贾某、GW在本案一审开庭时对本院受理本案提议异议，与其前述行为不符，具有明显通过程序问题拖延履行债务的故意，违背民事诉讼诚实信用原则。如本案按驳回起诉处理，既不利于快捷高效的解决纠纷，也与上述规定的目的相违背。故本院对贾某、GW关于本院不能继续审理本案的主张不予支持。"

湖北省高院的上述观点是否符合《6号规定》，有待商榷。是否因债权人向法院立案隐瞒已办理强制执行公证的事实、代理律师对强制执行公证优先于诉讼程序规定的不熟悉或法院立案时法院并未及时发现强制执行公证条款等多方面原因而导致债务人在庭审过程中才提出异议，但由此可见，在实践中，公证债权文书并非绝对地排斥诉讼，债权人仍有在不同行权路径间进行选择的可能。

四、公证债权文书强制执行主要流程

（一）向公证机关申请执行证书的主要流程

1. 债权人向公证机关提交申请资料。债权人需准备以下资料向原公证机关申请出具执行证书。

表1 债权人向公证机关提交申请资料

序号	资料类型	具体内容
1	出具执行证书申请书	注明交易种类及合同主要条款；申请办理强制执行公证的情况；此前的还款情况；逾期、催收、宣布提前到期及要求清偿的情况；列明被执行人、债权金额及计算方法等。
2	债权人身份证明	申请人为法人或其他组织的，提交营业执照复印件、法定代表人身份证明书、法定代表人身份证复印件；申请人为个人的，提交身份证复印件。
3	授权文件	委托律师代为申请的，提交授权委托书及受托人的身份证明文件。
4	公证债权文书	已办理强制执行公证的债权文书。
5	债权人履行义务的凭证	借款借据、银行转账凭证等。
6	办理质押/抵押的他项权证	抵押/质押担保的登记凭证或交付凭证。
7	债务人不履行义务的凭证	债务人还款、还息凭证、债权人催收及宣布贷款提前到期的函件及邮寄凭证等。
8	主张债权金额计算详细清单	在清单中列明主张债权金额计算详细清单。
9	债务人的联系方式	联系人、联系电话、通信地址等。
10	建议提交的其他材料	公证费、律师费等实现债权的费用支出凭据；债务人的财产线索等。

2. 公证机关审查及询问债务人。公证机关受理债权人提交的出具执行证书申请后，将审查债权人履行义务的事实、催收债务的情况，以及借款人、担保人未履行全部或部分义务的事实。审查过程中，公证机关将采取信函、电话或当事人约定的其他方式询问债务人对出具执行证书的异议和意见。如未能与债务人取得联系、债务人未有效回复，或提出异议而没有证据证明的，不影响公证机关出具执行证书。

3. 公证机关出具执行证书。如前述事项审查无误，或债务人向公证机关的回复不构成异议，公证机关将根据此前的债权文书出具执行证书。执行证书将记载截至出具之日（或经公证处认可的特定日期）已形成的债权金额和嗣后的计算公式、列明申请法院执行的期限、可供执行的财产线索等。

（二）向法院申请强制执行的主要流程

1. 债权人向法院提交申请材料。债权人需准备以下资料，向被执行人住所地或被执行财产所在地的法院申请强制执行立案。

表2 债权人向法院提交申请材料

序号	资料类型	具体内容
1	强制执行申请书	列明申请人及被申请人、执行依据、执行请求、事实及理由,详细列明贷款发放及债务人的还款情况,利息、罚息、复利、违约金等各项债权金额的计算方式、依据及具体数额。
2	申请执行人身份证明	申请人为法人或其他组织的,提交营业执照复印件、法定代表人身份证明书、法定代表人身份证复印件;申请人为个人的,提交身份证复印件。
3	授权文件	委托他人代为申请的,提交授权委托书及受托人的身份证明文件。
4	公证债权文书及执行证书	向法院提供公证债权文书及公证处出具的执行证书。
5	建议提交的其他材料	借款借据、银行转账凭证等债务人履行义务的凭证;债务人、担保人不履行义务或不完全履行义务的情况说明及相关证据;公证费、律师费等实现债权的费用支出凭据;债务人的财产线索等。

2. 审查受理。收到执行申请后,法院会对案件进行初步审查,存在《关于公证债权文书执行若干问题的规定》(法释〔2018〕18号,以下简称《18号规定》)第五条规定的情形之一的,法院将裁定不予受理,已经受理的,裁定驳回执行申请。

《18号规定》第五条规定的不符合受理条件的情形:①债权文书属于不得经公证赋予强制执行效力的文书;②公证债权文书未载明债务人接受强制执行的承诺;③公证证词载明的权利义务主体或者给付内容不明确;④债权人未提交执行证书;⑤其他不符合受理条件的情形。

债权人对不予受理、驳回执行申请裁定不服的,可以向上一级人民法院申请复议。申请复议期满未申请复议的,或者复议申请被驳回的,债权人可以就公证债权文书涉及的民事权利义务争议向人民法院提起诉讼。

3. 查封及处置被执行人财产。案件进入强制执行程序后,法院向被执行人发送执行通知书,要求被执行人报告财产,并根据被执行人报告财产、法院查询及债权人提供财产线索的情况,开展查封、冻结及财产的处置工作。

五、结语

强制执行公证为证券公司、银行、信托公司等金融机构提供了一条便捷、高效的债权实现路径,同时,由于办理强制执行公证的债权文书可不经诉讼、仲裁等争议解决程序直接进入执行程序的特点,公证机关和法院对于公证债权文书及执行证书的审核标准日趋严格。为避免出现公证机关不出具执行证书、执行证书被法院裁定不予执行或引发其他不必要争议，金融机构应在基础交易的各金融合同中合理、合规设计强制执行公证条款，真正发挥强制执行公证的效率优势。

（2019 年 6 月）

强制执行公证能否优先于仲裁条款问题探讨

文/王永敬 廖素芳

在某金融合同纠纷仲裁案件中,案涉合同已办理强制执行公证、取得强制执行公证书,同时,各方在合同中约定仲裁委争议解决方式。仲裁委在接受该案立案材料后,强调由于案涉合同已办理强制执行公证,因此,申请人需提交公证处不予出具执行证书的证明材料,仲裁委方可受理该仲裁案件,对于仲裁案件的处理是否符合我国法律规定,本文将研究分析。

一、本案仲裁立案时面临的实际问题

案涉合同签订时已经办理强制执行公证、取得公证书,对争议解决选择仲裁程序也作出了约定。

1. 案涉合同办理强制执行公证的相关约定。金融合同订立主体在签订案涉合同时,通过公证处将全套案涉合同办理强制执行公证,案涉合同成为具备强制执行效力的债权文书,债务人承诺,如其不履行、迟延履行或不完全履行协议项下约定的还本付息等义务时,自愿接受司法机关的强制执行,而无须经过诉讼程序,债权人可根据《民事诉讼法》第二百三十八条的规定,直接向有管辖权的人民法院申请强制执行,债务人自愿放弃对债权人直接申请强制执行的抗辩权。

2. 案涉合同争议解决条款的相关约定。案涉合同争议解决条款约定:向某仲裁机构提起仲裁或债权人注册所在地提起诉讼,在债务人不做选择时,默认选择为仲裁。案涉合同签订后,由于债务人未对争议处理条款进行填写选择,因此默认选择争议解决为向某仲裁机构提起仲裁。

3. 强制执行公证相关条款与争议解决条款优先适用的相关约定。案涉合同明确约定,案涉合同关于强制执行公证的约定优先于争议解决条款。

该仲裁委在接受本案立案材料后,强调由于案涉合同已办理强制执行公证,为公证债权文书,因此,申请人需提交公证处不予出具执行证书的证明材料，方可受理该仲裁案件，仲裁委提出此要求的依据为何？基于公证债权文书强制执行的司法解释或基于合同双方意思自治？

二、强制执行公证之司法解释可否适用于仲裁

（一）仲裁应否适用司法解释

1. 我国现行法律未规定仲裁应当适用司法解释。现行的《中华人民共和国仲裁法》未对仲裁的法律适用作出规定，且未规定仲裁应当适用最高人民法院发布的司法解释（以下简称司法解释），包括《中华人民共和国民法通则》《中华人民共和国民法总则》《中华人民共和国合同法》在内的其他法律亦未规定仲裁应当适用司法解释。

2. 最高人民法院发布的司法解释仅适用于人民法院的审判工作。最高人民法院进行司法解释的依据为全国人民代表大会常务委员会于1981年6月10日做出的《关于加强法律解释工作的决议》（以下简称《决议》）第一条规定："凡关于法律、法令条文本身需要进一步明确界限或作补充规定的，由全国人民代表大会常务委员会进行解释或用法令加以规定。"该《决议》第二条规定："凡属于法院审判工作中具体应用法律、法令的问题，由最高人民法院进行解释。凡属于检察院检察工作中具体应用法律、法令的问题，由最高人民检察院进行解释。最高人民法院和最高人民检察院的解释如果有原则性的分歧，报请全国人民代表大会常务委员会解释或决定。"

根据该《决议》的规定，最高人民法院于1997年发布了《关于司法解释工作的若干规定》（法发〔1997〕15号），后被2007年4月1日起施行的《关于司法解释工作的规定》（法发〔2007〕12号）取代。《关于司法解释工作的若干规定》及《关于司法解释工作的规定》，均明确规定："人民法院在审判工作中具体应用法律的问题，由最高人民法院作出司法解释"。《关于司法解释工作的规定》同时规定："司法解释应当根据法律和有关立法精神，结合审判工作实际需要制定。"由此可见，司法解释是为了满足法院审判工作的实际需要。

此外，就连最高人民法院发布的《关于适用〈中华人民共和国仲裁法〉若干问题的解释》都明确规定其是"对人民法院审理涉及仲裁案件适用法律的若干问题作如下解释"，也就是说，该解释也仅是适用于人民法院审理涉及仲裁案件适用法律的问题。

3. 我国主要仲裁机构的仲裁规则中关于作出裁决适用法律的规定均不包括司法解释。

（1）中国国际经济贸易仲裁委员会相关规则。中国国际经济贸易仲裁委员会现行规则第四十九条第（一）款对裁决作出的依据明确为："（一）仲裁庭应当根据事实和合同约定，依照法律规定，参考国际惯例，公平合理、独立公正地作出裁决。"

（2）深圳国际仲裁院相关规则。深圳国际仲裁院（又名华南国际经济贸易仲裁委员会、深圳仲裁委员会）2019年2月21日起施行的仲裁规则第五十一条第一款对裁决作出的依据明确为："（一）仲裁庭应当基于事实，依据可适用的法律及公认的法律原则，参考商业惯例，公平合理、独立公正地作出裁决。"该规则强调仲裁裁决作出应当基于可适用的"法律"及公认的法律原则。

（3）北京仲裁委员会相关规则。北京仲裁委员会现行实施的仲裁规则第三十七条第二款关于证据的认定规定："（二）仲裁庭在认定证据时，除依照相关法律、行政法规，参照司法解释外，还可以结合行业惯例、交易习惯等，综合案件整体情况进行认定。"

第六十九条对法律适用规定："（一）仲裁庭应当根据当事人选择适用的法律对争议作出裁决。除非当事人另有约定，选择适用的法律系指实体法，而非法律冲突法。（二）当事人未选择的，仲裁庭有权根据案件情况确定适用的法律。（三）根据当事人的约定，或者在仲裁程序中当事人一致同意，仲裁庭可以依据公平合理的原则作出裁决，但不得违背法律的强制性规定和社会公共利益。（四）在任何情况下，仲裁庭均应当根据有效的合同条款并考虑有关交易惯例作出裁决。"

由此可见，我国主要仲裁机构的仲裁规则中关于作出裁决适用法律的规定均不包括司法解释，都只是使用了"法律"这一词语，并强调仲裁裁决应当根据事实和合同约定作出，同时考虑有关交易惯例。

（二）仲裁是否必须适用强制执行公证之相关批复与司法解释

《最高人民法院关于当事人对具有强制执行效力的公证债权文书的内容有争议提起诉讼人民法院是否受理问题的批复》（法释〔2018〕17号，以下简称《17号批复》）规定："根据《中华人民共和国民事诉讼法》第二百一十四条和《中华人民共和国公证法》第三十七条的规定，经公证的以给付为内容并载明债务人愿意接受强制执行承诺的债权文书依法具有强制执行效力。债权人或者债务人对该债权文书的内容有争议直接向人民法院提起民事诉讼的，人民法院不予受理。但公证债权文书确有错误，人民法院裁定不予执行的，当事人、公证事项的利害关系人可以就争议内容向人民法院提起民事诉讼。"

《最高人民法院关于审理涉及公证活动相关民事案件的若干规定》（法释〔2014〕6号，以下简称《6号规定》）第三条规定："当事人、公证事项的利害关系人对公证书所公证的民事权利义务有争议的，可以依照公证法第四十条规定就该争议向人民法院提起民事诉讼。当事人、公证事项的利害关系人对具有强制执行效力的公证债权文书的民事权利义务有争议直接向人民法院提起民事诉讼的，人民法院依法不予受理。但是，公证债权文书被人民法院裁定不予执行的除外。"

《17号批复》与《6号规定》明确地排除了已办理强制执行公证债权文书的诉讼管辖，债权人原则上不能就公证债权文书涉及的民事权利义务争议直接向有管辖权的人民法院提起诉讼，而需基于已办理强制执行公证的债权文书向公证机关申请出具执行证书，向有管辖权的法院申请强制执行。

然而，《17号批复》与《6号规定》中关于"公证债权文书强制执行优先于诉讼程序"的规定，毫无疑问，法院系统必须适用，但根据笔者前文分析，我国主要仲裁机构的仲裁规则中关于作出裁决适用法律的规定均不包括司法解释，更不包括最高人民法院的相关批复，因此，笔者认为仲裁无须适用"公证债权文书强制执行优先于诉讼程序"的《17号批复》与《6号规定》司法解释。

三、当事人能否基于意思自治约定强制执行公证优先于仲裁条款

（一）目前仲裁机构实践倾向

通过上述分析，仲裁无须适用《17号批复》与《16号规定》。但根据笔者向仲裁机构咨询，目前仲裁机构实践倾向于认可仲裁机构应原则上遵循"强制执行公证优先于仲裁条款"，即对比适用司法解释"债权人原则上不能就公证债权文书涉及的民事权利义务争议直接向有管辖权的人民法院提起诉讼，而需基于已办理强制执行公证的债权文书向公证机关申请出具执行证书，向有管辖权的法院申请强制执行"。若能提供具备下列情形的相关证明，仲裁

机构方可按照争议解决条款受理仲裁申请：①公证债权文书被人民法院裁定不予执行；②公证债权文书载明的民事权利义务关系与事实不符或经公证的债权文书具有法律规定的无效、可撤销等情形；③公证机构决定不予出具执行证书；④原合同借款到期或违约，展期或针对违约新达成的补充协议等未办理强制执行公证；⑤其他相关法律、司法解释规定的情形。

为何仲裁机构会在仲裁相关法律及仲裁规则均未明确约定应适用司法解释的情况下，仍如此要求？笔者分析原因有二：①基于仲裁可参考司法解释；②基于案涉合同约定，即合同主体意思自治原则。

（二）意思自治能否变更程序选择的权利

若对"公证债权文书强制执行优先于诉讼程序"之司法解释不予考虑，当事人能否通过意思自治约定"强制执行公证优先于仲裁条款"？易言之，当事人能否通过意思自治变更程序选择的权利？

根据合同法基本原则，在法律框架范围内，当事人有意思自治确定合同条款的权利。经协商一致当事人可在合同中约定"强制执行公证优先于仲裁条款"，但该优先性仅能在债务人不履行或不完全履行合同约定的债务给付义务情况下发挥有效作用。公证书中载明的"债务人作出了自愿接受强制执行的意思表示"也可以体现该作用范围。

在债务人或债权人对合同效力、涉及除具体给付义务以外的合同履行问题产生争议时，无法确保该"优先性"，债权人或债务人必须通过仲裁程序解决相关争议，即此时无法根据当事人原约定条款优先适用强制执行公证条款。

（三）笔者观点

通过前文分析，在公证债权文书强制执行与仲裁程序面临选择时，仲裁机构若适用"公证债权文书强制执行优先于诉讼程序"之司法解释要求当事人先向管辖法院对公证债权文书申请强制执行，在出现公证处不予出具执行证书或法院不予执行等特定情形时，方受理仲裁案件，无任何法律依据。

若仲裁机构基于尊重当事人通过意思自治约定的"强制执行公证优先于仲裁条款"，在当事人履行被赋予强制执行效力的合同出现争议根据争议解决条款提起仲裁时，仲裁机构不应单纯以该合同条款为依据不予受理案件，而应区分具体情况。若债权人因主张债务人支付合同项下具体本息金额给付提起仲裁，仲裁机构可要求其优先通过强制执行程序解决，债权人提供公证处不予出具执行证书或法院不予执行等证明材料时，方受理仲裁案件；若因债务人因合同效力提起仲裁，仲裁机构不应考虑适用"强制执行公证优先于仲裁条款"。

（2019 年 8 月）

乡、村违法建筑物认定与强制拆除的中国法评述
——以粤东某镇违法拆除案为实景

文/王永敬

一、案情简介

行政复议申请人（行政诉讼原告）系广东省××市××镇高美西村小组村民，2019年5月9日该村民突然收到镇政府作出的（2019）第024号《限期拆除违法建筑通知书》（以下简称《通知书》），《通知书》以《中华人民共和国土地管理法》第三十六条、《中华人民共和国城乡规划法》第四十条、第六十四条、第六十五条和《中华人民共和国建筑法》第七条、第六十四条为依据，称该村民在高美西村建设的建筑物属于违法建筑，限其在收到通知书3日内自行拆除建筑物，并恢复土地原状。2019年5月10日，镇政府已组织相关人员启动强制拆除工作。2019年5月11日该村民又收到镇政府送达的城限拆催字2019第003号《限期强制拆除违法建筑催告书》（以下简称《催告书》），依据《行政强制法》第三十五条，要求该村民在收到《催告书》之日起1日内到上一级机关或人民政府进行陈述和申辩，逾期视为放弃上述权利。该村民在法律规定期限内向镇政府及市政府同时提出了陈述与申辩，未被采纳意见。该村民在规定期限内提起了行政复议，被受理后一直拖延不处理。该村民提起行政诉讼，被告知此类案件法院不管。行政复议期间，该涉案房屋被拆除上面三层。

二、法律评述

（一）集体土地上违建与国有土地上违建的法益侵害及违法程度应有不同

《宪法》第十条及《土地管理法》第九条均规定："城市的土地属于国家所有。农村和城市郊区的土地，除由法律规定属于国家所有的以外，属于集体所有；宅基地和自留地、自留山，也属于集体所有。"因此，就违法占用土

地的角度而言，占用国有土地的违建侵害的是国家的、全民的利益，强制拆除的法律规定更严苛，政府是国家的代表和执行机关，实施强制拆除的力度更大。反之，对集体土地上的违建，立法及执法程度应当较弱。

从城乡建设规划管理的角度而言，原《城市规划法》并未对乡村建设规划进行规范管理，更未规定集体土地上违法建筑的强制拆除。《城市规划法》升级为《城乡规划法》后，对乡村集体土地上的建设行为进行规划管理，对集体土地上的违法建筑物授权省级政府以地方立法方式规定是否强制拆除。

简言之，对国有土地上之违建，《土地管理法》《城乡规划法》规定是硬性强制拆除；对集体土地上之违建，《土地管理法》除在第七十四条规定非法将农用地改为建设用地的应强制拆除外，并未规定集体土地上的违建强制拆除，《城乡规划法》规定的是柔性强制拆除。本文后段将涉及详述。

（二）集体土地上违建的强制拆除应区分整体拆除和整改拆除

在《土地管理法》的法律框架下，违法占有国有土地的违建、违法占用农用地（耕地）的违建等违法占地性的违建，应当整体拆除。在《城乡规划法》的法律框架下，违反规划用途的集体土地上违建，如按地方立法规定予以强制拆除，应予以整体拆除，对于违反规划指标（如高度等）的，能通过整改性拆除的，不应该整体拆除。本案的建筑物建造在宅基地上，属于合法建设用地，但仍被拆除上面三层，政府的理由是建得太高了，乡村只让建四层，无意中体现了前述原则。

（三）集体土地上违建强制拆除应以行政裁决、行政决定（认定）为执行依据

《行政强制法》第三十四条规定："行政机关依法作出行政决定后，当事人在行政机关决定的期限内不履行义务的，具有行政强制执行权的行政机关依照本章规定强制执行。"据此，镇政府强制拆除违法建筑物，属于行政机关强制执行，应当以行政机关依法作出的行政决定作为执法依据。

《行政强制法》第三十五条规定："行政机关作出强制执行决定前，应当事先催告当事人履行义务。催告应当以书面形式作出，并载明下列事项：（一）履行义务的期限；（二）履行义务的方式；（三）涉及金钱给付的，应当有明确的金额和给付方式；（四）当事人依法享有的陈述权和申辩权。"据此，镇政府依据《行政强制法》第三十五条向执法对象发出自行拆除《催告书》的依据也应是行政机关依法作出的行政决定。

本案中，镇政府在不具备任何行政决定的情况下，发出《限期拆除违法建筑通知书》，显然违反了《行政强制法》第三十四条，其依据《行政强制法》第三十五条规定发出的《限期强制拆除违法建筑催告书》亦是空中楼阁。

（四）违法建筑物行政决定（认定）权属于县级以上规划行政部门

《城乡规划法》第十一条第二款规定："县级以上地方人民政府城乡规划主管部门负责本行政区域内的城乡规划管理工作。"第八十条规定："建设单位或者个人违反本条例第四十条规定，未依法取得建设工程规划许可证或者未按照建设工程规划许可证的规定进行建设的，由当地城市、县人民政府城乡规划主管部门责令停止建设。尚可采取改正措施消除对规划实施的影响的，责令限期改正，并处建设工程造价百分之五以上百分之十以下的罚款。无法采取改正措施消除影响的，责令限期拆除；不能拆除的，没收实物或者违法收入，可以并处建设工程造价百分之十以下的罚款。"

可见，城乡规划的法定管理机关为当地城市、县人民政府城乡规划主管部门，相关行政决定及行政处罚应当由其作出。镇政府并非城乡规划的主管机关，无权就建筑物的违法与否作出行政认定及行政处罚。镇政府只能作为执法机关，执行县级以上政府城乡规划主管部门作出的违法建筑物认定及拆除决定。

（五）认定集体土地上违建不适用《中华人民共和国土地管理法》第三十六条、《中华人民共和国城乡规划法》第四十条、第六十四条、第六十五条和《中华人民共和国建筑法》第七条、第六十四条

本案中，镇政府在《通知书》中认为涉案建筑物违反上述法律规定，应按违法建筑物拆除。①如上所述镇政府无权认定建筑物违法性，应由县级以上规划行政部门认定。②上述法律条文均不构成认定或拆除集体土地上违法建筑物的法律依据。

使用宅基地建设房屋，不适用《中华人民共和国土地管理法》第三十六条。

《土地管理法》第三十六条规定："非农业建设必须节约使用土地，可以利用荒地的，不得占用耕地；可以利用劣地的，不得占用好地。禁止占用耕地建窑、建坟或者擅自在耕地上建房、挖砂、采石、采矿、取土等。禁止占用基本农田发展林果业和挖塘养鱼。"根据该条款之内容，系规定禁止占用耕地建房等内容。涉案住宅建设使用之土地系规划的统一宅基地，在合法、有效的宅基地上建设涉案建筑物，并未违反《土地管理法》第三十六条之规定。

乡村集体土地上违法建筑物的认定与拆除，也不适用《中华人民共和国城乡规划法》第四十条、第六十四条、第六十五条。

《城乡规划法》第四十条规定："在城市、镇规划区内进行建筑物、构筑物、道路、管线和其他工程建设的，建设单位或者个人应当向城市、县人民政府城乡规划主管部门或者省、自治区、直辖市人民政府确定的镇人民政府申请办理建设工程规划许可证……"第六十四条规定："未取得建设工程规划许可证或者未按照建设工程规划许可证的规定进行建设的，由县级以上地方人民政府城乡规划主管部门责令停止建设；尚可采取改正措施消除对规划实施的影响的，限期改正，处建设工程造价百分之五以上百分之十以下的罚款；无法采取改正措施消除影响的，限期拆除，不能拆除的，没收实物或者违法收入，可以并处建设工程造价百分之十以下的罚款。"

《城乡规划法》第四十条、第六十四条所规制和处罚的违建行为是针对城市、镇规划区内，案涉建筑物房屋根本不在城、镇规划范围内，不适用上述第四十条、第六十四条之规定。

《城乡规划法》第六十五条"在乡、村庄规划区内未依法取得乡村建设规划许可证或者未按照乡村建设规划许可证的规定进行建设的，由乡、镇人民政府责令停止建设、限期改正；逾期不改正的，可以拆除"也不能适用于乡、村集体土地上违法建筑物的强制拆除。理由是：①该条款规定是"可以拆除"，而不是"应当拆除"；②《城乡规划法》第四十一条第二款规定："在乡、村庄规划区内使用原有宅基地进行农村村民住宅建设的规划管理办法，由省、自治区、直辖市制定。"即是否需要强制拆除以各省市的地方立法为准。

《建筑法》第七条、第六十四条不能作为限期拆除行政决定和实施行政强制拆除的法律依据。《建筑法》第七条规定："建筑工程开工前，建设单位应当按照国家有关规定向工程所在地县级以上人民政府建设行政主管部门申请领取施工许可证；但是，国务院建设行政主管部门确定的限额以下的小型工程除外。"第六十四条规定："违反本法规定，未取得施工许可证或者开工报告未经批准擅自施工的，责令改正，对不符合开工条件的责令停止施工，可以处以罚款。"

显而易见,《建筑法》规范及处罚的是建筑施工的行为,不能据此去认定、处罚建筑物是否非法占用土地或违反城乡规划等违法行为。即使未办理施工许可,根据该法第六十四条规定,对建设单位(个人)的处罚措施也应为责令停止施工和罚款,不能作为强制拆除建筑物的法律依据。

(2019 年 11 月)

守正出奇：一宗翻转既往判例的股东清算责任诉讼案

文/王永敬律师团队

在民事责任体系中，股东清算责任系指有限责任公司的股东在公司解散后，未依照法定程序和期限履行清算义务而应当承担的损害赔偿责任。本文通过梳理深圳法院部分关于股东清算责任的案例及裁判要旨，发现既往的有限责任公司股东清算责任案例中，法院往往依据《最高人民法院关于适用〈中华人民共和国公司法〉若干问题的规定二》第十八条第二款之规定支持债权人诉讼请求，判决公司股东承担连带清偿责任。因此，往往债权人在起诉及执行有限公司财产无果的情况下，就会以股东未履行或怠于履行清算义务为由，要求有限责任公司股东承担连带清偿责任，但是否债权人的主张一定会获得支持呢？在本团队近期代理的一宗股东清算责任的案件中，审理法院采纳本团队的代理意见，依法驳回了原告的起诉。

一、深圳法院既往关于股东清算责任案件情况及裁判依据（部分）

案例一

案号：（2018）粤03民终2425号

法院：深圳市中级人民法院

裁判依据：《最高人民法院关于适用〈中华人民共和国公司法〉若干问题的规定二》第十八条第二款。

裁判观点

本院认为，股东以出资为限对公司承担责任，但清算亦是有限责任公司股东的法定义务，该义务并不因是否为公司实际控制人、是否参与公司经营管理而免除，当股东怠于履行清算义务导致公司债权人利益受损时，依法可适当突破股东有限责任限制。上诉人黄某1、袁某、黄某2与原审被告江某、洪某作为世源公司股东均负有清算义务，如其在公司解散清算事由出现后依法及时积极履行清算义务，则该公司无法清算之状况不会发生。因此，其怠于履行清算义务，与该公司财产、账册、重要文件等灭失导致无法清算之间具有因果关系。浙南公司系依据《最高人民法院关于适用〈中华人民共和国公司法〉若干问题的规定（二）》第十八条第二款规定诉请世源公司的五名股东承担责任，黄某1、袁某、黄某2有关其作为SY公司股东已依法履行全部出资义务，无须对超出其出资义务的公司债务承担连带清偿责任的上诉主张依据不足，本院不予支持。

案例二

案号：（2015）深中法商终字第11号

法院：深圳市中级人民法院

裁判依据：《最高人民法院关于适用〈中华人民共和国公司法〉若干问题的规定二》第十八条第二款。

裁判观点

关于HSD公司、NZ物业公司是否应对ZLX公司的债务承担连带清偿责任的问题。……本院认为，HSD公司、NZ物业公司作为分别持有中联信公司60%、40%股权的股东，负有对中联信公司主要财产、账册、重要文件的保管义务。华晟达公司、南证物业公司在中联信公司被吊销营业执照的情况下，应积极主动地采取措施保管好ZLX公司的账册及财产，但HSD公司、NZ物业公司未举证证明其履行了任何保管及清算义务，亦未举证证明其从南方证券公司脱离时曾向南方证券公司主张要求移交ZLX公司的财务账册等资料。故HSD公司、NZ物业公司怠于履行义务的行为与中联信公司账册、财产灭失，无法清算具有因果关系，HSD公司、NZ物业公司应对（2000）深盐法经初字第45号民事判决确定的中联信公司债务承担连带清偿责任。

案例三

案号：（2018）粤0306民初15084号

法院：深圳市宝安区人民法院

裁判依据：《最高人民法院关于适用〈中华人民共和国公司法〉若干问题的规定二》第十八条第二款。

裁判观点

本院认为，被告刘某、陈某作为深圳市BAXH实业有限公司的股东，未向本院提供该公司的主要财产、账册、重要文件等资料，视为上述资料已经灭失，根据《最高人民法院关于适用《中华人民共和国公司法》若干问题的规定二》第十八条第二款的规定，有限责任公司的股东、股份有限公司的董事和控股股东因怠于履行义务，导致公司主要财产、账册、重要文件等灭失，无法进行清算，债权人主张其对公司债务承担连带清偿责任的，人民法院应依法予以支持。因此，对于原告要求被告刘某、陈某对深圳市 BAXH 实业有限公司拖欠原告的债务承担连带清偿责任的诉讼请求，本院予以支持。

案例四

案号：（2017）粤 0303 民初 20231 号

法院：深圳市罗湖区人民法院

裁判依据：《最高人民法院关于适用〈中华人民共和国公司法〉若干问题的规定二》第十八条第二款。

裁判观点

本院认为，本案系股东损害公司债权人利益责任纠纷。根据《最高人民法院关于适用〈中华人民共和国公司法〉若干问题的规定（二）》第十八条第二款规定："有限责任公司的股东、股份有限公司的董事和控股股东因怠于履行义务，导致公司主要财产、账册、重要文件等灭失，无法进行清算，债权人主张其对公司债务承担连带清偿责任的，人民法院应依法予以支持"。本案中，原告依法受让了深圳发展银行沙头角支行对 JX 公司、HYD 公司的涉案债权，并履行了通知义务，是 HYD 公司的合法债权人。被告作为 HYD 公司的全资股东，在 HYD 公司于 2008 年 4 月 30 日出现法定解散事由后，直至 2013 年 3 月 26 日深圳市中级人民法院裁定受理原告申请 HYD 公司破产清算长达五年的时间里始终怠于履行清算义务，导致管理人无账册、文件可供审计，被告怠于履行义务的行为与浩运达公司的财产、账册、文件等灭失及无法清算具有因果关系，故被告应就原告对浩运达公司享有的债权承担连带清偿责任。

案例五

案号：（2017）粤 0303 民初 20452 号

法院：深圳市罗湖区人民法院

裁判依据：《最高人民法院关于适用〈中华人民共和国公司法〉若干问题的规定二》第十八条第二款。

裁判观点

本院认为，在深圳市中级人民法院依法受理了 JY 实业公司的破产清算案件后，依法指定管理人，但管理人未能接收到 JY 实业公司任何财产、账册、资料，导致公司无法清算，深圳市中级人民法院依法裁定终结 JY 实业公司的破产程序。JY 实业公司无法清算的事实已由深圳市中级人民法院作出（2014）深圳中法破字第 57-3 号民事裁定予以确定。因此，被告陈某、唐某作为金银实业公司的清算义务人，怠于履行义务，导致公司主要财产、账册、重要文件等灭失，无法进行清算，其应对金银实业公司在（1998）深福法梅民初字第 351 号民事判决项下的债务承担连带清偿责任。

案例六

案号：（2015）深宝法民二初字第 5755 号

法院：深圳市宝安区人民法院

裁判依据：《最高人民法院关于适用〈中华人民共和国公司法〉若干问题的规定二》第十八条第二款。

裁判观点

本院认为，最高人民法院《关于适用〈中华人民共和国公司法〉若干问题的规定（二）》第十八条第二款规定，有限责任公司的股东因怠于履行义务，导致公司主要财产、账册、重要文件等灭失，无法进行清算，债权人主张其对公司债务承担连带清偿责任的，人民法院应依法予以支持。本案中，深圳 JHD 公司于 2013 年 2 月 11 日被吊销营业执照后即出现清算事由，但四被告作为公司股东并未在法定期限内成立清算组开始清算，系怠于履行清算义务；根据被告喻某提交的深圳 JHD 公司 2012 年度资产负债表显示在 2012 年底公司资产总计 2843380.72 元，而原告诉深圳 JHD 公司的买卖合同纠纷案件 [（2013）深宝法观民初字第 960 号] 进入强制执行程序后，本院在执行过程中未发现深圳 JHD 公司有可供执行的财产，表明深圳 JHD 公司的主要财产此时已经灭失；被告喻某在庭审中也称公司的账册已经找不到了。因此，原告主张四被告对深圳 JHD 公司所负原告债务承担连带清偿责任，符合上述司法解释的规定，本院予以支持。

二、本团队代理的股东清算责任案件案情及分析

（一）基本案情

该案件原告王××系深圳市×××投资有限公司债权人，其依法对深圳市×××投资有限公司拥有股权转让款债权并经人民法院生效判决予以确认，依据该生效判决申请强制执行，以及申请法院对深圳市×××投资有限公司进行破产清算等程序后，其债权仍未获得清偿，故原告转而以深圳市×××投资有限公司的

股东未履行股东清算义务为由,依据《最高人民法院关于适用〈中华人民共和国公司法〉若干问题的规定二》第十八条第二款之规定要求本案三被告(深圳市×××投资有限公司的股东)承担连带清偿责任。本团队接受本案被告的委托担任其代理人,针对原告的诉求及事实及法律依据进行了答辩。

(二)案情分析

本案中,原告依据原破产法院关于终结破产程序的《民事裁定书》,已经取得了经破产法院认定的相关股东、人员未配合清算工作,导致无法清算的裁定,原告基于该裁定书认定的事实,及经查询的深圳市×××投资有限公司公司工商登记相关股东曾担任公司职务资料以及工商年检档案中公司资产状况,拟证明公司相关股东参与了公司的经营管理,并依据《最高人民法院关于适用〈中华人民共和国公司法〉若干问题的规定二》第十八条第二款"有限责任公司的股东、股份有限公司的董事和控股股东因怠于履行义务,导致公司主要财产、账册、重要文件等灭失,无法进行清算,债权人主张其对公司债务承担连带清偿责任的,人民法院应依法予以支持"之规定,看起来原告要求股东承担股东清算赔偿责任有理有据,符合公司法司法解释关于股东清算责任的规定。

本团队通过对本案法律适用问题进行专业的分析、论证,对原告提出的事实与本案的关联性提出质疑,以及对其提出的证据进行反驳,结合本团队在公司商事诉讼案件中拥有的庭审经验和技巧,以及对本案中涉及的相关司法解释的深入研究,提出符合案情及有针对性的答辩意见,法院最终驳回对方起诉。

(2020年3月)

要案评析

债之义务 OR 法定职责

——一则最高院行政再审判决引发的思考

文/王志红

一、导语

会议纪要系记载会议情况和议定事项的文书形式，在企业、事业单位、行政机关日常工作中均十分常见。会议纪要更是行政机关履行行政管理职责时常用的公文格式，那么它是否涉及民事责任？最高人民法院（2018）最高法行再205号再审判决给出了一个注解。该再审案件形式上看似一个不履行法定职责的行政诉讼，实则涉及一个未适当履行单方允诺行为所产生的民事权益争议，其判决内容关于会议纪要之性质及所产生法律关系之认定，有诸多判决理由有待商榷。

为此，就该案再审判决提出几点问题予以探讨，以求正确厘清该案的会议纪要法律性质及所产生的法律关系。

二、案情与事实

（一）案件情况

福建省长乐市KY房地产开发有限公司（以下简称KY公司）诉福州市长乐区人民政府（以下简称长乐区政府）不履行法定职责一案，经福建省莆田市中级人民法院于2016年8月15日作出（2016）闽03行初33号行政判决，驳回KY公司的诉讼请求。KY公司不服提起上诉，福建省高级人民法院于2017年2月28日作出（2016）闽行终695号行政判决，驳回上诉、维持一审判决。KY公司仍不服，在法定期限内向最高院申请再审，最高院于2018年12月20日作出（2017）最高法行申8917号行政裁定，提审该案，并依法组成合议庭对该案进行了审理。

（二）法院查明事实

位于长乐区金峰镇胪峰大道北侧尚未竣工的BS花园2号、3号、4

号、9号、10号、12号六幢商品房及规划中的原1号、11号楼地块（以下简称"涉案房地产"）是长乐区BS房地产开发有限公司开发的半成品商住楼，长乐区法院在执行案件中查封了涉案房地产，并曾于2000年1月组织对其进行公开拍卖，但未拍卖成功。2003年5月16日，长乐区政府召开"BS花园"资产处置有关问题协调会，对"BS花园"资产再次推出公开拍卖问题进行研究，并形成〔2003〕174号《会议纪要》，该《会议纪要》提出"四个允许"，即：①允许补办立项、建设、征地、消防等有关审批手续。②允许按照现状规划指标续建（除12号楼需保持现状完善建设外）。③两块未建空地共7.4亩允许适度放宽规划指标建设。④允许竞得者更改生活小区名称。2004年12月21日，在长乐区法院委托拍卖行举行的公开拍卖会上，KY公司以1379.6万元中标买受涉案房地产并已交足价款，长乐区法院裁定涉案房地产由KY公司买受并限期办理房屋产权及土地使用权变更登记手续。后KY公司多次向有关部门申请变更有关手续未果，遂于2016年1月13日向人民法院提起诉讼。

三、争议与辨析

（一）《会议纪要》之法律性质为何

（2018）最高法行再205号再审判决认为："法定职责的渊源甚广，既包括法律、法规、规章规定的行政机关职责，也包括上级和本级规范性文件以及"三定方案"确定的职责，还包括行政机关本不具有的但基于行政机关的先行行为、行政允诺、行政协议而形成的职责。会议纪要已经议定的事项，具有法定效力，非依法定程序不得否定其效力，无论是行政机关还是相对人均应遵照执行。会议纪要是行政机关常用的公文格式。原《国家行政机关公文处理办法》第二条规定，行政机关的公文，是行政机关在行政管理过程中形成的具有法定效力和规范体式的文书，是依法行政和进行公务活动的重要工具。第九条第十三项规定，会议纪要适用于记载、传达会议情况和议定事项。《党政机关公文处理工作条例》第八条第十五项规定，会议纪要适用于记载会议主要情况和议定事项。可见，会议纪要议定的行政机关职责，亦因此而转化为该行政机关的法定职责。"最高院判决似乎采取扩张解释，法定职责的渊源除法律、法规、规章、规范性文件和"三定方案"外，还包括行政机关的先行行为、行政允诺、行政协议。因此，会议纪要议定的行政机关职责，转化为该行政机关的法定职责，若其不履行的，可以提起行政诉讼方式以诉之。此项认定，违背行政职权法定原则，实不可采。行政职权依其来源一般分为两大类：固有职权和授予职权。前者以行政主体的设立而产生，并随行政主体的消灭而消灭；后者来自法律、法规或有权机关的授权行为。行政职权具有一项重要特征，即职权与职责的统一性。行政主体的职权与职责是一个事物的两个方面，行使职权也就是履行职责。行政职责是指行政主体在行使职权过程中必须承担的法定义务。

会议纪要根据内容详细程度和各方意思表示等情况，产生的法律效力不同，若会议纪要缺乏核心条款、内容未明确、当事人没有受拘束的意思表示，则其性质应属于不具备法律约束力的（商议性）磋商性文件。若虽名为会议纪要而实际具备合同的主要条款，当事人、标的、数量等内容确定，各方主体认可或通过履行行为表明愿意受条款约束，则亦可成立合同关系。若会议纪要是单方出具，为自身设定义务，内容具体明确，且有受拘束的意思表示，则可构成单方允诺行为。

在该案中，《会议纪要》"四个允许"之内容系长乐区政府向特定人作出的为自身设定特定之义务，且愿意受意思拘束之意思表示，该会议纪要具有以下特点：①区政府向特定人（取得涉案地产之人）作出，即KY公司；②为自身设定特定义务，即"四个允许"；③使特定人取得请求履行"四个允许"之权利；④内容具体明确。在法理上，单方允诺是指表意人向相对人作出的为自己设定某种义务，使相对人取得某种权利的意思表示。长乐区政府《会议纪要》符合单方允诺之定义、具备单方允诺之特点，可构成单方允诺行为。而坤元公司正是基于对该允诺之信赖，方才愿以拍卖取得涉案地产并付全款。

因此，最高院判决关于"会议纪要议定的行政机关职责，亦因此而转化为该行政机关的法定职责"之认定，实属于性质认定错误，"法定职责"之性质，实际上是长乐区政府单方允诺所生之民事义务，即使其自身负有一项民事义务，该项义务之履行是通过自身或促使政府工作部门行使相应行政职权（责）来完成。

（二）被告应该是区政府还是政府工作部门

最高院判决认为："市、县人民政府与其工作部门的关系，系领导与被领导关系。基于职权法定原则，依法属于工作部门的行政管理职权，市、县人民政府并不宜直接行使,也不因此即负有直接履行工作部门职责的义务,也即当事人因规划、土地出让等工作部门未依据相应的实体法规定及时履行其作为工作部门依法履行的职责,应当直接诉请该工作部门,而不能诉请市、县人民政府依法履职。"该项判决理由,亦有商榷余地。

盖允诺行为系长乐区政府作出的意思表示,与政府工作部门无关,区政府与政府工作部门二者均是独立的机关法人,在性质上和母公司与子公司关系类似,应独立承担责任。根据债之相对性原理,应诉之对象为长乐区政府。何至于由"基于职权法定原则,依法属于工作部门的行政管理职权,市、县人民政府并不宜直接行使,也不因此即负有直接履行工作部门职责的义务"而推导出应当直接诉请对象为政府工作部门?即使暂且认可《会议纪要》可转化为该行政机关的法定职责之认定是正确的,该项法定职责也仅为长乐区政府之法定职责,其可诉之对象也仅为长乐区政府,而与其政府工作部门无涉。至于其基于行政管理关系,去要求政府工作部门执行具体行政行为以履行,乃是另说。但绝不可因此不顾债之相对性原理,而认为坤元公司应诉之对象为区政府工作部门。

(三)法定职责说如何保护相对人利益

最高院判决一方面认为:"会议纪要已经议定的事项,具有法定效力,非依法定程序不得否定其效力,无论是行政机关还是相对人均应遵照执行。会议纪要议定的行政机关职责,亦因此而转化为该行政机关的法定职责。"另一方面又认为:"基于职权法定原则,依法属于工作部门的行政管理职权,市、县人民政府并不宜直接行使,也不因此即负有直接履行工作部门职责的义务;也即当事人因规划、土地出让等工作部门未依据相应的实体法规定及时履行其作为工作部门依法履行的职责,应当直接诉请该工作部门,而不能诉请市、县人民政府依法履职。"而后又认为:"一、二审法院均认为项目规划指标认定、土地管理等"四个允许"方面的约定,不属于人民政府职责而属于相应工作部门职责的认定,未充分考虑到相关职责系政府会议纪要所确定,构成认定事实不清、适用法律错误。"其逻辑是:①会议纪要形成区政府的法定职责;②区政府不能行使法定职责,因为行使职责涉及政府工作部门的行政职权;③因为是由政府工作部门行使行政管理职权,因此只能直接诉求该工作机关,不能诉求区政府直接履职;④"四项允许"不属于政府工作部门之法定职责。

在上述论述，我们知道存在两个法定职责：一个是区政府依《会议纪要》所转化的"法定职责"；另一个是政府工作部门依法律、法规所固有的法定职责。对此，笔者有以下质疑：①会议纪要和法律、法规均可形成法定职责，但为何二者形成的法定职责效力却大不相同？会议纪要形成的法定职责，不能通过自身行为来实现，而必须通过法律、法规设定的职权（责）来实现，会议纪要形成之"法定职责"之效力不可说不"弱"。②长乐区政府的"法定职责"是会议纪要所形成的，也是KY公司得以诉求履行之主要依据，然为何当事人不能诉请长乐区人民政府依法履职（依会议纪要产生之职责），仅能直接诉请政府工作部门履职（依法律、法规产生之职责）？盖诉政府工作部门依法履职乃是基于其违反法律、法规本身而消极履行职责而言，而不是依据《会议纪要》的承诺而应积极履行职责而言。③判决认为："基于职权法定原则，工作部门的行政管理职权，市、县人民政府并不宜直接行使，也不因此即负有直接履行工作部门职责的义务"并因此认为"应当直接诉请该工作部门，而不能诉请市、县人民政府依法履职"。其似将政府工作部门履行法定职权行为视为自身应履行"工作职责"的一部分，从行政法上考究，若认可会议纪要和法律、法规均可形成法律职责，则二者形成的法定职责必不相同，政府工作部门履行法定职权行为不应该也不可能成为区政府应履行的"工作职责"一部分。从民事法律关系角度来看，则可以解决此项矛盾，"四项允许"是政府单方允诺行为之内容，其必然负有完成允诺义务之责任，至于其是通过自身行为，或履行辅助人（政府工作部门）之行为完成，则在所不问。④本案判决系对长乐区政府作出，区政府之法定职责又无法直接履行，"四项允许"又不属于政府工作部门之职责，该判决对政府工作部门自无约束之效力，本判决胜诉后之履行问题该何去何从？

（四）该案之特殊性

该案之特殊性在于《会议纪要》所确定的"四个允许"所涉及的规划调整、土地出让与管理等内容，本属于长乐区政府下属之规划与土地管理等工作部门的法定职责（权），但其通过会议纪要其以单方允诺的方式，为其自身设定一项债之义务，该项义务即其应通过自身行使行政职（权）责或促使政府工作部门行使行政职权（责）等方式来完成。而不是其得以依据《会议纪要》转化为一项与政府工作部门法定职责（权）相同或相似的法定职责

（权）（此项职责早已存在，又何须转化）。此项转化，不仅违背职权法定原则，亦不具备行政职权权责统一性的特征，转化后之形成区政府"法定职责（权）"须政府工作部门行使依法律、法规授予之行政职（权）责方可完成，这样的法定职责（权），可谓是空中楼阁。

（2019年4月）

固定收益型股权投资的合法性边界：
（2016）沪民终第 497 号判决之评述

文/王永敬

基于公司法上的资本维持原则，股权投资者与被投资公司进行业绩对赌的协议无效的司法意见，已在 PE 对赌投资界的第一案——HF 投资诉甘肃 SH 业绩对赌案中得以确认。那么，是不是所有收取的固定收益的股权投资协议条款在司法诉讼中都将无效呢？

4 月 27 日，央行、银保监会、证监会、外汇局联合发布《关于规范金融机构资产管理业务的指导意见》（以下简称《资管新规》），以股权、股权收益权为基础资产的"明股实债"被监管认定为债权，且股权收益权在中国公司法的条文里并不存在。股权收益权的投资，似乎面临合法性保护及合规监管的双重风险。

（2016）沪民终第 497 号判决书为我们重新理解和分析上述问题，打开了一扇窗。

一、案情简介

浙江 NH 公司的原股东分别为陆某、高某夫妇，各持有 60.5%、39.5%。2011 年 9 月 28 日，陆某、高某与 LD 公司订立《股权转让合同》，陆某、高某分别将 NH 公司 20.5% 股权、39.5% 股权转让给 LD 公司，转让价格总计为 22860 万元，LD 公司分三期支付。双方同意由 LD 公司完全负责浙江 NH 公司的日常经营管理，陆某、高某不参与，LD 公司每年支付给陆某、高某股权转让基准日 40% 股权总价，计 15240 万元的 10% 作为约定收益（第八年起，双方另行评估商定每年递增比例）；陆某、高某承诺在实际收取约定收益的前提下，放弃对浙江 NH 公司分红和新增投资部分的净资产增值的权益。

2012 年 2 月 8 日，陆某与 LD 公司又签订《股东协议》，再次约定，不再按照出资比例分红；LD 公司每年支付给陆某股权转让基准日 40% 股权总价的 10% 是分红（1524 万元），同时陆某有权按公司法规定享有参与公司日常经营管理的权益。2012年2月22日，上述股权转让完成工商变更登记。

后LD公司未向陆某支付2012~2015年度的固定收益，陆某诉至法院，本案经上海市一中院一审，上海市高院二审，均判决LD公司应按合同约定向陆某支付固定收益及利息。

二、判决要旨

该案中，LD公司辩称固定收益条款违反了公司法关于公司治理和共担风险共享收益的强制性规定，以合法形式掩盖非法目的，应属无效。

法院认为，系争约定收益条款是案涉一系列股权转让协议中不可分割的部分，是股东间平等、自愿协商后对于公司管理权、股东分红权及一方股东支付另一方股东固定收益等的特别安排。该约定不违反公司法的强制性规定，亦不损害国家、集体以及第三人和公司的合法权益，应为有效。

三、法律分析

投资者从被投资公司收取固定分红或收益的约定应属无效的法理。首先，公司未来不能确保盈利，且公司的净利润在计提相关公积金后方可分红，固定分红违反该等公司法规定。其次，公司分红和利润分配，需要以董事会、股东会决议的方式通过，固定分红及固定收益安排，突破了该等公司法规定的必备程序。固定收益和固定分红，是对公司法领域资本维持原则的侵犯。

投资者之间转让风险及收益的约定应属有效的法理。首先，共担风险共享收益原则不是一个法律原则或准则，共担风险而共享收益与不担或少担风险而少享收益，都符合公平合理的法律原则，应受保护。本案中，陆某选择了固定收益（少担风险），而放弃了潜在的差额股权收益（少享收益）。其次，投资者之间对分红、收益、风险的转让和分配，属于投资者之间的事项，不突破与违背公司法规定的必备程序。投资者之间对分红、收益的转让和分配，实际上是一项股权收益权及其风险的交易，属于合同法的调整范畴，只要不触发《合同法》第五十二条规定的合同无效之情形，应属有效。

四、实务借鉴

依此判例的要旨，诉讼实务中，公司股权投资者之间作出的业绩对赌、风险分配、权益分割与转让等约定，均可延此思路向合法有效之方向论证。

根据该司法判例，实际上认可了股权收益权属于可获得法律保护的财产权利，转让股权收益权及其风险的一方，就有权获得另一方以固定收益方式支付的对价款。该司法判例为权益类金融资管产品设计提供了更为广阔的合法性边界与合规性阐释。

（2018 年 12 月）

关于《新疆 HD 股权投资有限合伙企业与 JF 有限责任公司王某 1 王某 2 合同纠纷一审民事判决书》的简评

文/王志红

一、案情简介

2011 年 8 月 24 日新疆 HD 股权投资有限合伙企业（以下简称 HD 合伙企业）与 JF 有限责任公司（以下简称 JF 公司）签订《投资合同书》及《HD 合伙企业与 JF 公司补充协议书》（以下简称《补充协议书》），约定 JF 公司整体增资变更为 6000 万元注册资本，其中 HD 合伙投资企业作为战略投资者，向 JF 公司注入 1080 万元注册资本，占增资后的 12% 股权。同时约定，JF 公司在三年内未进行合格 IPO 等情况下，HD 合伙企业有权要求 JF 公司进行交易回购，且 JF 公司股东有义务回购其持有的全部股权，回购额等于增资额加上被回购期间每年 20% 的收益率。

2014 年 6 月 13 日，王某 1、王某 2（甲方）与 HD 合伙企业（乙方）签订《回购条款补充协议》，约定：1. 截止到 2014 年 8 月，JF 公司不能实现 IPO，乙方有权要求甲方购回其持有的股权，甲方应向乙方支付 1728 万元购回款（购回款＝投资款+固定收益；投资款为 1080 万元，固定收益为 1080 万元×20%×3 年＝648 万元）。2. 王某 1、王某 2 针对以上债务的支付承担连带责任。3. 在新的股东北京 DFCX 国际资本管理有限公司（以下简称 DFCX 公司）进入 JF 公司之前，HD 合伙企业所投入股本 1080 万按年化 20% 计算的全部资本金收益产生的债权由王某 1、王某 2 以现金方式在 2014 年 12 月 30 日前偿付。HD 合伙企业股本金 1080 万元重组后在新公司保持不变。4. 如果《DFCX 公司与 JF 公司及其股东关于 JF 公司资产重组的一揽子协议》未能签署及执行，则回购事宜仍按照原协议《补充协议书》执行。

签订《回购条款补充协议》后，DFCX 公司与 JF 公司及其股东签订了关于 JF 公司资产重组的相关协议。DFCX 公司向 JF 公司出资,成为 JF 公司股东。

因偿付期限届满,王某 1、王某 2 未能向 HD 合伙企业支付 648 万元收益。HD 合伙企业将王某 1、王某 2 诉至人民法院,JF 公司作为第三人。

二、HD 合伙企业主张

2011 年 8 月 24 日其与 JF 公司签订《投资合同书》《补充协议书》,HD 合伙企业作为 JF 公司的战略投资者,向 JF 公司注入 1080 万元注册资本,占增资后的 12%股权。同时约定,JF 公司在三年内未进行合格 IPO 等情况,有权要求 JF 公司进行交易回购,且 JF 公司股东有义务回购其合伙企业所持有的全部股权,回购金额等于本轮增资加上自交割之日到被回购期间每年 20%的收益率。2014 年 6 月 13 日,王某 1、王某 2 在与其签订《回购条款补充协议》中约定按照前述补充协议的回购条款,在新的股东 DFCX 公司进入 JF 公司之前的其合伙企业的股本 1080 万元的资本收益率按照 20%计算,全部资本金收益产生的对其合伙企业的债务由王某 1、王某 2 以现金方式在 2014 年 12 月 30 日前偿付。

现已届 2016 年,王某 1、王某 2 未能履行合同义务,未向其合伙企业支付 648 万元收益。因此,请求法院判决:

1. 王某 1、王某 2 共同偿付 HD 合伙企业投入股本的资本收益 648 万元;

2. 王某 1、王某 2 共同赔偿利息损失 354 万元;

3. 王某 1、王某 2 赔偿保全申请费 5000 元。

三、王某 1、王某 2 答辩认为

1.《新疆 HD 股权投资有限合伙企业与 JF 果业有限公司补充协议书》无效。最高人民法院认定投资者与目标公司的对赌协议因违反《中华人民共和国公司法》第二十条规定而无效。

2.《补充协议》是针对《投资合同书》的部分条款签订的补充合同,补充合同的效力依附于主合同的效力。本案中,因《投资合同书》系对赌协议无效,《补充协议》亦无效。

3.《补充协议》内容超过了对赌协议即《投资合同书》的权利范围,是无效的。

4.《补充协议》签订的目的是掩盖 HD 合伙企业拥有对赌利益、对 JF 公司重大不利的事实，使得拟增资人无法作出正确判断，严重损害了第三人利益。

5. 依据对赌协议即《投资合同书》第三条的约定，对赌协议所指的 DFCX 公司重组目标公司已于 2014 年 7 月 18 日完成，回购机制已经触发，其余条件包括三年未能 IPO 在内均归于失效。

6. 年息 20%固定收益是变相的利益，在利息之上计算复利，不应得到支持。《补充协议》也没有约定逾期付款利息，HD 合伙企业主张 354 万元利息没有依据。

四、争议焦点

1. JF 公司与 HD 合伙企业于 2011 年 8 月 24 日签订的《投资合同书》及《补充协议书》中与本案争议有关的第三条"回购"条款是否具有法律效力。

2. HD 合伙企业与王某 1、王某 2 于 2014 年 6 月 13 日签订的《回购条款补充协议》是否具有法律效力。

3. HD 合伙企业请求王某 1、王某 2 偿付资本收益 648 万元及利息损失 354 万元有无事实及法律依据。

五、法院观点

1. 关于《投资合同书》《补充协议书》中与本案争议有关的第三条"回购"条款是否具有法律效力的问题。《投资合同书》系双方当事人的真实意思表示、内容合法，对 JF 公司权益、JF 公司股东权益均没有损害，依法为有效合同。《补充协议书》中第三条"回购"条款，因违反了《中华人民共和国公司法》第二十条第一款的规定，构成了股东滥用股东权利，实质上损害了 JF 公司及 JF 公司债权人利益而被认定为无效。

2. 关于 HD 公司与王某 1、王某 2 于 2014 年 6 月 13 日签订的《回购条款补充协议》是否具有法律效力的问题。《回购条款补充协议》是合同当事人真实意思表示，约定王某 1、王某 2 对 HD 合伙企业进行补偿的约定并不损害 JF 公司及公司债权人的利益，亦不违反法律法规的禁止性规定，协议依法具有法律效力。

3. 关于 HD 合伙企业请求王某 1、王某 2 偿付资本收益 648 万元及利息损失 354 万元有无事实及法律依据的问题。《回购条款补充协议》约定 JF 公司截至 2014 年 8 月，公司没有实现 IPO，HD 合伙企业有权要求 JF 公司股东回购股权、支付投资收益，并约定了年化20%的收益计算方式。因此，在2014年8月JF公司没有实现IPO的情况下，HD合伙企业主张JF公司股东王某1、王某2按照合同约定支付投资收益648万元有事实及法律依据，应予支持。对于354万元利息损失部分，法院认为，在本案中HD合伙企业对其投资款1080万元在本案中没有主张退还或主张股权转让，仍系JF公司股东，出资额及持股比例均未发生变更，享有JF公司股东权利，同时按照协议约定向王某1、王某2主张了投资收益648万元，在此情况下，HD合伙企业另行主张投资收益的利息，没有法律依据，亦有悖于公平原则，故本院对HD合伙企业的该主张不予支持。

六、并购重组先锋法律评述

1. 《投资合同书》《补充协议书》及第三条有效性问题。HD合伙企业与JF公司签订的《投资合同书》系双方当事人的真实意思表示，内容合法，应为有效，对于《补充协议书》第三条"回购"条款约定的HD合伙企业有权要求JF公司进行交易回购，因违反了《中华人民共和国公司法》第二十条第一款的规定，构成了股东滥用股东权利，实质上损害了JF公司及JF公司债权人利益应为无效。而约定的JF公司股东有义务回购HD合伙企业持有的全部股权条款，因JF公司股东并未参与签署该协议，且之后并未对协议中约定的义务表示认可，故该协议对JF公司股东应无约束力。

2. 《回购条款补充协议》的有效性问题。HD合伙企业与JF公司股东王某1、王某2于2014年6月13日签订的《回购条款补充协议》系双方真实意思表示，内容合法有效。其虽名为"回购条款补充协议"，但其签署主体与《投资合同书》《补充协议书》已然不同，实质乃为HD合伙企业与王某1、王某2签署的具有独立性的主协议，因此《补充协议书》中回购条款无效，并不能导致其无效。

3. 关于HD合伙企业请求王某1、王某2偿付资本收益648万元及利息损失354万元有无事实及法律依据的问题。《回购条款补充协议》约定，JF公司没有实现IPO情况下，乙方有权要求甲方购回其持有的股权，甲方应向乙方支付1728万元购回款，且在新的股东DFCX公司进入JF公司之前，HD合伙企业所投入股本1080万按年化20%计算的全部资本金收益产生的债权由王某1、王某2以现金方式在2014年12月30日前偿付，该约定合法有效，王某1、王某2应支付资本收益648万元。在法院已判决确定二人应支付资本收益648万元的前提下，却以二人并未退出公司为由认为不应支付利息损失有待商权的。该资本收益虽来源于 HD 合伙企业投资并持有的股权,但根据《回购条款补充协议》约定,该资本收益性质已然转换为 HD 合伙企业对王某 1、王某 2 二人的债权,在确认债权成立的前提下,要求二人支付延迟支付的利息也应属合法有据的。

(2016 年 11 月)

江苏高院（2019）苏民再 62 号判决（江苏 HG 案）于公司法之背离

文/王永敬

近日，中国裁判文书网公布了江苏 HG 创业投资有限公司与扬州 YD 股份有限公司、潘某等请求公司收购股份纠纷一案（以下简称江苏 HG 案）的再审民事判决书〔(2019) 苏民再 62 号〕，该案再审判决被投资公司向投资者履行回购义务，原股东对该等回购义务承担连带清偿责任。

该再审判决书发布后，一时成为法律界、私募投资界的讨论及研究热点，并将该案与"对赌第一案"（即甘肃 SH 资源再利用有限公司、香港 DY 有限公司与苏州工业园区 HF 投资有限公司、陆某增资纠纷一案〔(2012) 民提字第 11 号以下简称甘肃 SH 案〕进行比较。甚者，将该再审案判决作为私募领域对赌回购案新的司法裁判思路，冀图模仿、复制、推广该等裁判之理念。

"江苏 HG 案"之再审判决对该案一、二审裁判观点的修正及对投资者与被投资公司利益权衡考量，或有其可取之处，但判决被投资公司直接向投资者履行股份回购义务，于《公司法》层面存在背离，特以本文探讨之。

一、案情简介

江苏 HG 创业投资有限公司（以下简称江苏 HG）与扬州 YD 股份有限公司（现为扬州 YD 集团有限公司，原为扬州 YD 股份有限公司，以下简称 YD 公司）及其股东，于 2011 年 7 月 6 日签订了《增资扩股协议》和《补充协议》，其中《补充协议》约定了对赌条款：若 YD 公司未能在 2014 年 12 月 31 日前完成境内资本市场的上市，江苏 HG 有权要求 YD 公司回购江苏 HG 持有 YD 公司的股份。

2017 年 7 月 20 日，江苏 HG 履行了《增资扩股协议》中的增资义务，向 YD 公司增资 2200 万元，其中 200 万元为注册资本，2000 万元为资本溢价。YD 公司于 2011 年 11 月 20 日召开股份公司创立大会，通过公司章程，成立

YD 股份有限公司，江苏 HG 为股东之一。其中章程明确了回购公司股份的情形："（一）减少公司注册资本；（二）与持有本公司股份的其他公司合并；（三）将股份奖励给本公司职工；（四）股东因对股东会作出的公司分立、合并决议持异议，要求公司回购其股份。除上述情形外，公司不进行买卖本公司股份的活动"，与对赌协议产生了矛盾。

2012 年 11 月至 2014 年 4 月，因证监会暂停 18 个月 IPO 申报，YD 公司于 2014 年 10 月 16 日召开临时股东大会通过申报新三板的议案，并于 2014 年 10 月 22 日致函江苏 HG 要求其明确是否支持公司申报新三板。

2014 年 11 月 25 日，江苏 HG 致函 YD 公司，述称江苏 HG 除口头提出请求外，亦以书面提出回购请求如下：根据《补充协议》，鉴于 YD 公司在 2014 年 12 月 31 日前不能在境内资本市场上市，现要求 YD 公司以现金形式回购江苏 HG 持有的全部公司股份，回购股份价格同《补充协议》的约定。

后 YD 公司未能履行回购义务，因此成讼。

二、案情重要事件时间序列

日期	事件
2011.07.06	投资者（包括原告江苏 HG 和其他投资者）与 YD 公司及原股东签订《增资扩股协议》。
2011.07.06	江苏 HG 与 YD 公司及原股东签订关于上市对赌和回购条款的《补充协议》。
2011.07.20	江苏 HG 向 YD 公司实际缴纳新增出资 2200 万元。其中注册资本 200 万元。资本溢价 2000 万元。YD 公司出具收据，载明收款事由为投资款。
2011.11.20	YD 公司就改制事宜召开创立大会，所有股东参加，股东一致表决同意通过新的公司章程。（以下称 YD 公司新章程）
2011.12.29	YD 公司经扬州工商行政管理局核准变更为股份有限公司。
2014.10.16	YD 公司召开临时股东大会通过申报新三板的议案。
2014.10.22	YD 公司致函江苏 HG 要求其明确是否支持公司申报新三板。
2014.11.25	江苏 HG 致函 YD 公司，述称江苏 HG 除口头提出请求外，亦以书面提出回购请求如下： 根据《补充协议》，鉴于 YD 公司在 2014 年 12 月 31 日前不能在境内资本市场上市，现要求 YD 公司以现金形式回购江苏 HG 持有的全部公司股份，回购股份价格同《补充协议》的约定。

三、主要争议焦点

(一)《补充协议》约定的股份回购义务主体除 YD 公司外是否还包括原股东

在本案中,江苏 HG 主张股份回购义务主体除 YD 公司外,还包括原股东。对此,审理的法院均认为股份回购的义务主体只有 YD 公司,理由在于:《补充协议》已经明确约定债权债务关系的主体,且协议内容并不能解释 YD 公司的原股东为《补充协议》的主体,故此认定回购的义务主体仅仅是 YD 公司。

(二) YD 公司改制后的章程是否对对赌协议作出了变更

YD 公司于 2011 年 11 月 20 日就改制事宜召开了创立大会,所有股东参加并一致表决同意通过了 YD 公司新章程。其中,YD 公司新章程第二十一条规定:公司在下列情况下可以依照法律、行政法规、部门规章和本章程的规定回购本公司的股份:(一)减少公司注册资本;(二)与持有本公司股份的其他公司合并;(三)将股份奖励给本公司职工;(四)股东因对股东会作出的公司分立、合并决议持异议,要求公司回购其股份。除上述情形外,公司不进行买卖本公司股份的活动。

一审、二审法院认为:章程的规定变更了对赌协议的内容。

一审法院认为,2011 年 11 月 20 日,YD 公司所有股东参加股东会一致表决通过并经工商部门变更登记备案的 YD 公司新章程第二十一条对公司回购股份的情形作了重新约定,并规定除上述情形外,公司不进行买卖本公司股份的活动。YD 公司新章程对公司回购股份情形的重新约定系各股东真实意思表示,构成对《补充协议》约定的否定,对江苏 HG 具有约束力。

二审法院认为,相关法律和 YD 公司新章程均明确 YD 公司不能从事本案所涉回购事宜,否则明显有悖公司资本维持这一基本原则和法律有关规定,故一审认定回购约定无效依据充分。

再审法院认为:章程与对赌协议之间没有产生冲突。

再审法院认为,YD 公司新章程虽然对公司回购股份作出明确的限制,但同时亦载明因符合该章程规定的事由,YD 公司仍然可以依据章程和法律规定回购本公司股份。其中,YD 公司新章程第二十一条第一款第一项规定公司可回购本公司股份的事由为"减少公司注册资本"。故再审法院认为"该规定与

《补充协议》约定的股份回购并不存在冲突，即 YD 公司可在不违反《公司法》及公司章程关于股份回购强制性规定的情形下，通过履行法定手续和法定程序的方式合法回购江苏 HG 持有的股份。故 YD 公司和原股东关于 YD 公司新章程对原对赌协议作出变更的辩解理由，不能成立。"

（三）案涉股份回购约定是否有效

一审、二审法院判决：股份回购约定无效。

本案一审法院认为：案涉股份回购约定因违反《公司法》禁止性规定且违背公司资本维持和法人独立财产原则，以及违反了《公司法》第一百四十二条对于四种法定情形外公司不得收购本公司股份的规定而无效。在公司有效存续期间，股东基于其投资可以从公司获得财产的途径只能是依法从公司分配利润或者通过减资程序退出公司，而公司回购股东股份必须基于法定情形并经法定程序。

二审法院进而认为：相关法律和 YD 公司章程均明确公司不能从事该回购事宜，否则明显有悖公司资本维持这一基本原则和法律有关规定，故一审认定回购约定无效依据充分。

再审法院判决：股份回购约定有效。

再审法院在认定回购义务主体是 YD 公司的基础上，认定本案所涉股份回购约定有效，理由在于：

1. 我国《公司法》并不禁止有限责任公司回购本公司股份，有限责任公司回购本公司股份不当然违反我国《公司法》的强制性规定。本次股份回购行为，不会减损公司的资产。有限责任公司在履行法定程序后回购本公司股份，亦不会损害公司股东及债权人利益，亦不会构成对公司资本维持原则的违反。

2. 在有限责任公司作为对赌协议约定的股份回购主体的情形下，投资者根据对赌协议向对方所负担的义务不仅限于投入资金成本，还包括激励完善公司治理结构以及以公司上市为目标的资本运作等。投资者在进入 YD 公司后，亦应依《公司法》的规定，对 YD 公司经营亏损等问题按照合同约定或者持股比例承担相应责任。

3. 案涉对赌协议中关于股份回购的条款内容，是当事人特别设立的保护投资者利益的条款，属于缔约过程中当事人对投资合作商业风险的安排，系各方当事人的真实意思表示。

上述第 2 点及第 3 点理由的前提是，再审法院认定江苏 HG 成为 YD 公司股东后，不影响江苏 HG 对 YD 公司的债权人身份，仍可基于合同债权人身份主张合同利益。

4. 江苏 HG、YD 公司及 YD 公司全体股东关于江苏 HG 上述投资收益的约定，不违反国家法律、行政法规的禁止性规定，不存在《中华人民共和国合同法》第五十二条规定的合同无效的情形，不属于《合同法》所规定的格式合同或者格式条款，亦不存在显失公平的问题。

5. 案涉回购协议具备履行可能性。《公司法》第三十七条、第四十六条、第一百七十七条及第一百七十九条已明确规定了股份有限公司通过减少注册资本回购本公司股份的合法途径，如股份有限公司应由公司董事会制定减资方案，股东会作出减资决议，公司编制资产负债表及财产清单，通知债权人并公告，债权人有权要求公司清偿债务或提供担保，办理工商变更登记。扬锻公司履行法定程序，支付股份回购款项，并不违反《公司法》的强制性规定，亦不会损害公司股东及债权人的利益。

四、再审判决理由之研讨：以《公司法》为基准

（一）裁判基准：《公司法》优于《合同法》

再审判决十分强调案涉补充协议回购条款不存在《合同法》第五十二条规定的合同无效的情形，亦不属于合同法所规定的格式合同或者格式条款，不存在显失公平的问题。似乎《合同法》第五十二条乃本案裁判之基准法律理由。

1. 《合同法》第五十二条固然属于效力性法律规范，可基于其规定界定合同有效或无效。但该条款本身具有概括性条款、援引性条款的属性，简言之，并具体到本案，须先行考量分析回购约定是否违反《公司法》强制性规定及其内涵基本原则，才可进而适用《合同法》第五十二条。

2. 按照一般法与特别法的关系分析，《合同法》是民事合同的一般法，不能成为所有合同的效力问题的最终依据，在具体效力问题上应以特别法的规定为优先考量。按照特别法优于一般法的法律适用原则，关于股份回购条款的效力问题，《公司法》应优于《合同法》得以适用。

（二）股东与债权人身份不可叠加

再审法院认为，江苏 HG 成为 YD 公司股东后，仍基于补充协议回购条款

具有 YD 公司债权人身份，该观点存在事实、逻辑、法理三个层面的背离。

1. 江苏 HG 与 YD 公司签订投资协议、补充协议的目的在于江苏 HG 成为 YD 公司的股东，事实上江苏 HG 已成为 YD 公司的股东，认定其属于债权人与事实不符。

2. 公司股东与公司债权人属于完全不同的概念，取得相应身份的合同基础应各有不同，基于一种法律关系及其合同取得两种性质不同的身份，在逻辑上无法自足。

3.《公司法》关于财产独立、有限责任之法律拟制，是以债权人及社会公众利益之有效保护为前提，否则应否认公司人格而穿透至股东承担责任，是故，公司股东与公司债权人之身份及其权利义务应严格区分、分别保护。认定股权投资行为既取得股东身份又取得债权人身份，属于对公司法基本原则的违反。

（三）固定收益股份入股约定违反《公司法》

案涉补充协议股份回购条款的实质，是约定江苏 HG 在股权投资期间（投资日至回购完成日）享有投资本金及年化 8% 的固定收益，该等约定与公司法基本原理及规定不符。

1. 公司有限责任以分散商业风险之功能及其独立人格之法律拟制，乃以股东实际出资并以出资承担风险、享受收益为前提。允许公司股东保本保收益不承担投资责任及风险，并且由公司作为本金及收益的支付责任主体，违反了公司财产及其人格独立法律拟制的基准，破坏公司独立人格之完整，实有侵害债权人及社会公众利益之虞。

2. 有利润且积累是《公司法》规制下股东投资收益分配的强制性规则。《公司法》第一百六十七条已经明确规定了公司必须产生税后利润并提取法定盈余公积金后方可分配利润。因此，不考虑盈利、完税、提取公积金、持股比例而直接对部分或全部股东实施年化固定收益分红的做法及其约定，不符合《公司法》的强制性规定。

3. 于股份有限公司而言，按《公司法》第八十一条规定：以章程规定利润分配方式是《公司法》的强制性规定，利润分配条款是章程的必备条款。公司股东从公司分配利润，涉及公司对其财产之维持，关涉公司债权人及相关各方利益之保护，应以公司章程规定为昭示、供查询。故对股东实施章程未做规定的利润分配，应构成违反《公司法》强制性规定。

4. 无决议不分配是《公司法》的强制性规定。《公司法》不仅是实体法，更是程序法，而公司运作的程序性规则往往是一种必需的、强制性规则。按《公司法》第三十七条第六项规定，公司利润分配方案须由股东会（股东大会）决议。由此而言，未经股东大会决议而实施对股东利润或收益分配，违反《公司法》之规则。

（四）案涉公司章程未构成对补充协议回购条款之修改

一审及二审法院认为YD公司新章程第二十一条对公司回购股份的情形作了重新约定。新章程第二十一条规定：公司在下列情况下可以依照法律、行政法规、部门规章和本章程的规定回购本公司的股份：（一）减少公司注册资本；（二）与持有本公司股份的其他公司合并；（三）将股份奖励给本公司职工；（四）股东因对股东会作出的公司分立、合并决议持异议，要求公司回购其股份。除上述情形外，公司不进行买卖本公司股份的活动。

一审、二审的观点旨在否定股份回购条款的现实存续性，回避矛盾焦点，该观点存在偏颇，再审法院认定新章程没有修改股份回购条款于法律及事实有据。

1. 从文字内容及表述形式而言，YD公司新章程第二十一条只不过是对《公司法》第一百三十四条内容的重述及复制，没有证据表明YD公司各股东存在对股份回购事宜进行了重新约定并将其落实到公司章程的事实及过程。"不协商、无协议"是合同约束力的基础，也是格式条款效力否定的法理来源，当一个合同条款在签署前未经提示或协商，其并不必然具有完整的法律约束力。

2. 如一个硬币的两面，案涉股份回购义务的履行，可以通过YD公司减资来落实，YD公司履行股份回购义务与YD公司新章程第二十一条并不冲突，新章程第二十一条并不构成对股份回购条款的修改。

3. 需要注意的是履行股份回购义务与公司减资相互之间不存在法律及事实上冲突，并不表示案涉股份回购于法可行，因为二者逻辑起点不同，其相互可行性的法律依据不同，本文后段笔者将予以详述。

（五）公司减资必然减少公司资产及净资产、必然影响债权人等相关方利益

再审判决所述"YD公司在持续正常经营，参考HG公司在YD公司所占股份比例及YD公司历年分红情况，案涉对赌协议约定的股份回购款项的支付

不会导致 YD 公司资产的减损，亦不会损害 YD 公司对其他债权人的清偿能力，不会因该义务的履行构成对其他债权人债权实现的障碍。"

从会计视角，按照公司资产=所有者权益+负债的公司资产构成与平衡基本原理，公司因偿还债务而用资产（现金或实物等）以公允价值进行偿付时，必然会减少公司资产总值，但不会减少净资产价值，不会损害债权人等相关方利益。用资产（现金或实物等）以低于公允价值进行偿付时，必然会减少公司资产总值，会减少净资产价值，会损害债权人等相关方利益。因公司减资而用资产（现金或实物等）进行偿付时，无论是否以公允价值偿付，均同时减少公司总资产及净资产，均影响债权人及相关方利益。只不过，以资产低于公允价值偿付减资金额，则对债权人及相关的利益损害更大。

从法律视角，当公司净资产价值低于实收资本时，或公司净资产小于 0 时（资不抵债）时，即使是按资产公允价值对减资额进行偿付，减资行为实质是在公司资本未能维持出资额或达到破产零界点以下时对股东进行个别清偿。而在破产零界点以下时，对债权人的个别清偿都是法律不允许的，何况乎股东？

显而易见，案涉股份回购行为及其减资不减少公司资产、不影响债权人利益的说法，于事实上不可能成立。

（六）案涉股份回购条款的履行可能性不确定

再审法院认为，案涉对赌协议具备履行可能性，如股份有限公司应由公司董事会制定减资方案，股东会做出减资决议，公司编制资产负债表及财产清单，通知债权人并公告，债权人有权要求公司清偿债务或提供担保，办理工商变更登记。

再审法院的该论断至少在三个层面存在不足。

1. 逻辑起点认知混乱。在《公司法》规制框架下，公司向股东支付股份回购的减资款（或财产）的逻辑起点是股东大会已经决议同意该股东减资为前提，而不是以某股东减资是必然逻辑前提、以股东会决议减资为配合手段。

2. 股东大会决议减资是必经程序，而股东大会决议行为不可强制履行。案涉股份回购约定，需以股东大会决议减资为实现方式及必然结果，再审判决并未判决股东大会必须做出减资决议及其责任，何况股东大会决议行为不是金钱债务，法院于法不适宜强令公司作出何种决议。没有股东大会减资决议，股份回购义务就没法履行。

3. 关键在于公司减资的决定权不仅仅在于股东大会，更在于债权人。按照《公司法》第一百七十七条规定，公司减资时如不能按债权人的要求清偿债务或提供担保，债权人将可能以公司及股东为被告诉请法院判决撤销减资决议及行为。

可见，案涉股份回购约定的履行可能性存在很大不确定性，再审判决给未来的履行及强制执行留下了潜在的纷争余地。进一步讲，再审判决所确认可以通过股东大会决议实施减资实现股份回购义务的履行，在裁判理由先天不足的情况下为判决事项的后天漏洞。

（七）返璞归真，案涉回购款由原股东承担更为妥当

在案涉增资扩股协议及其补充协议项下，江苏 HG 的相对方不仅仅在于 YD 公司，更在于原股东，增资扩股行为本质上更贴近于江苏华工与原股东之间构建合资经营协议，只有在入股、退股这个环节，YD 公司才是江苏华工的交易相对方。因此，增资扩股协议及其补充协议有关于《合同法》项下权利义务，更应在江苏华工与原股东分配和承担。

案涉补充协议关于股份回购虽然约定是由 YD 公司履行回购义务，但该等约定实际上是明示或隐含了 YD 公司与原股东的系列综合性义务安排：要履行回购款支付义务，YD 公司应实施减资，原股东须为减资作出决议（基于原股东签订的增资扩股补充协议）。况且，补充协议明确约定 YD 公司未能履行股份回购义务时原股东承担连带责任。

基于上述，以原股东未履行补充协议项下股份回购所需的股东大会决议等义务导致股份回购无法实施为由，并以原股东的连带责任条款为依据，判决原股东连带支付股份回购款、并获得回购股份的股东权益，在增资协议真实意思、补充协议合同目的、《公司法》与《合同法》的均衡适用、公平合理性等方面，更显得圆满而不突兀。同时，该裁判思路也更吻合"对赌第一案"（甘肃 SH 案）已建立起来的对赌协议不得违反公司资本维持原则这一司法理念，有利于维护司法理念的持续性、稳定性，从而树立其权威。

五、结语

题述再审判决的核心理据是案涉股份回购约定的履行并未违反公司资本维持原则。本文虽然没有专门去分析公司资本维持原则，但已从多个角度分析，认为该案再审判决没有真正符合公司资本维持原则。

（2019）苏民再 62 号判决书，判决理由存在诸多可供商榷、检讨之处，明显取合同法领域内的合同自由原则弱化了公司法规制下的公司资本维持原则，且其判决结果履行的可能性存在较大不确定。该再审判决将给《公司法》实务领域带来更大的理念错乱，应予以认真分析评判，不可盲目效仿、复制。

私募股权等投资协议项下对赌条款，涉及新股东、原股东、被投资公司、债权人等公司其他利益相关方的利益均衡和突破，其效力受到《公司法》《证券法》《合同法》法律法规的透射，其落地需要在法律、会计等方面综合考量。投资者与被投资公司在协商、签署该等协议时，不可仅一法例、一条文、一案例、单视角进行考虑，需审慎而为之。

（2019 年 6 月）

法理探究

未取得工程规划证的施工合同无效？
概念、法理、实践、逻辑的再探讨

文/王永敬

2019年1月3日，最高人民法院发布《关于审理建设工程施工合同纠纷案件适用法律问题的解释（二）》（以下简称《建筑工程合同解释（二）》）法律界、工程界热于传阅，但耽于审阅，按法律适用的规则，司法解释似乎不应该再需解释分析。然而，《建筑工程合同解释（二）》却留下了可解析和研讨的余地。

《建筑工程合同解释（二）》第二条规定："当事人以发包人未取得建设工程规划许可证等规划审批手续为由，请求确认建设工程施工合同无效的，人民法院应予支持，但发包人在起诉前取得建设工程规划许可证等规划审批手续的除外。发包人能够办理审批手续而未办理，并以未办理审批手续为由请求确认建设工程施工合同无效的，人民法院不予支持。"该条款涉及的概念、法理、实践、逻辑均存在深入探讨的余地。

一、建设工程不等于建筑工程，工程规划许可证不适用于所有的建设工程

建设工程施工合同与建筑工程施工合同不是完全等同的概念。建设工程按照属性可分为建筑工程、土木工程和机电工程三类，涵盖房屋建筑工程、铁路工程、公路工程、水利工程、市政工程、煤炭矿山工程、水运工程、海洋工程……而建筑工程，主要指房屋建筑物及其附属设施工程。

《建筑工程合同解释（二）》前言述明"为正确审理建设工程施工合同纠纷案件……"这里的建设工程施工合同应指的是上述各类建设工程的施工合同。在司法实践中，无论是《建筑工程合同解释（一）》，抑或《建筑工程合同解释（二）》也都是人民法院审理各类建设工程施工合同纠纷案件的司法指引。

《城乡规划法》第四十条规定："在城市、镇规划区内进行建筑物、构筑物、道路、管线和其他工程建设的，建设单位或者个人应当向城市、县人民

政府城乡规划主管部门或者省、自治区、直辖市人民政府确定的镇人民政府申请办理建设工程规划许可证。"《城乡规划法》第四十一条规定："在乡、村庄规划区内进行乡镇企业、乡村公共设施和公益事业建设，以及占用农地的住宅建设，需要办理乡村建设规划许可证。"《城乡规划法》第四十二条规定："不得在上述城乡规划确定的建设用地范围以外作出规划许可。显而易见，并非所有的建设工程都涉及用地规划许可和建设工程规划许可证。"

因此，《建筑工程合同解释（二）》应当首先界定清楚其"建设工程"或"建设工程施工合同"的定义及范围，才能据此进一步明确该等建设工程是否涉及用地规划及工程手续。另外，在语义和字面上，应完善为："对于城市、镇规划区内进行建筑物、构筑物、道路、管线和其他工程建设，当事人以发包人未取得建设工程规划许可证等规划审批手续为由，请求确认建设工程施工合同无效的，人民法院应予支持……""依法应办理建设工程规划许可证的工程建设项目，当事人以发包人未取得建设工程规划许可证等规划审批手续为由，请求确认建设工程施工合同无效的，人民法院应予支持……"

二、未取得工程规划许可证应认定施工合同无效，其法理有待商榷

建设工程施工合同，本质上是一种特殊的加工承揽法律关系，而不是建筑物的买卖或转让法律关系。因此，建设工程施工合同的标的是行为，是建筑业劳务和提供材料行为，其合同标的不是建筑物本身。因此，施工合同及工程劳务行为的合法性基准是：该行为是否具有法益危害性及行为者的行为能力或资质是否符合法定条件等。

《城乡规划法》要求办理建设工程规划手续的目的，在于确保工程项目符合城市或乡镇建设的规划技术规范，抑或说确保工程项目符合规划行政法规的要求，如果不涉及非法占用非建设用地、国有土地等行为，工程项目（包括房屋建筑物）即使未取得工程许可证，其标的物不能一概而论认定为非法亦不能认定建筑物等物为违法建。《建筑法》规定办理施工许可证的条件之一是具备建设工程规划许可证，其主旨并非对建设工程规划许可问题作出强制性规范，而是通过施工许可证制度对施工过程实施行政性管理。

易言之，完成建设工程施工合同后的结果工程项目，工程项目即使违反规划法规，也不等于作为施工合同提供工程劳务行为违法；工程项目的规划合法合规问题是建设单位（发包方）的单方责任，并非承包方的责任，因工

程规划问题而认定承包方作为权利义务一方的建设工程施工合同无效，略显武断而未见公平。

三、未取得工程规划许可证而认定施工合同无效，与《合同法》《城乡规划法》《建筑法》的立法条文不符

《建筑工程合同解释（二）》前言提及根据《合同法》《建筑法》《招标投标法》等法律规定，制定本解释。笔者认为，若要因建设工程规划许可证问题而认定施工合同的效力，则《城乡规划法》应当成为本解释的法律依据。《建筑工程合同解释（二）》未提及《城乡规划法》的原因，大概是认为《建筑法》第八条已规定了办理施工许可证时规划许可证是前置条件。其逻辑是：没有工程规划许可证就办不了施工许可证，其施工合同应按无效处理。

问题在于，根据《合同法》《城乡规划法》《建筑法》等法律的相关规定，也不能支持《建筑工程合同解释（二）》第二条规定的"没有建设工程规划许可证可判决施工合同无效"的司法规则。

《合同法》第五十二条规定了合同因违法而无效的法律依据是："（五）违反法律、行政法规的强制性规定。"最高法院发布的《合同法若干问题解释（二）》第十四条进一步明确："合同法第五十二条第五项规定的'强制性规定'，是指效力性强制性规定。"因此，只有存在违反法律的效力性强制性规定的情形，才能认定合同无效，违反法律的管理性强制性规定的情形，不能认定合同无效。

《城乡规划法》第一条规定："为了加强城乡规划管理，协调城乡空间布局，改善人居环境，促进城乡经济社会全面协调可持续发展，制定本法。"很显然，《城乡规划法》是关于城乡规划管理方面的行政法规。

《城乡规划法》第六十四条规定："未取得建设工程规划许可证或者未按照建设工程规划许可证的规定进行建设的，由县级以上地方人民政府城乡规划主管部门责令停止建设；尚可采取改正措施消除对规划实施的影响的，限期改正，处建设工程造价百分之五以上百分之十以下的罚款；无法采取改正措施消除影响的，限期拆除，不能拆除的，没收实物或者违法收入，可以并处建设工程造价百分之十以下的罚款。"可见，对于未取得建设工程规划许可证的工程项目，其法律责任是违反行政管理性强制性规定的责令停止、罚款、没收等责任，不涉及建设工程施工合同的效力性强制性规定。

《建筑法》第一条规定："为了加强对建筑活动的监督管理，维护建筑市

场秩序，保证建筑工程的质量和安全，促进建筑业健康发展，制定本法。"可见，《建筑法》及其有关条文的宗旨仍是行政管理。

《建筑法》第二条第二款规定："本法所称建筑活动，是指各类房屋建筑及其附属设施的建造和与其配套的线路、管道、设备的安装活动。"显而易见，《建筑法》只规范房屋建筑物及其附属设施的建筑行为，结合本文第一部分所述《建筑工程合同解释（二）》未区分建筑工程与建设工程，那么，《建筑工程合同解释（二）》依据《建筑法》关于建设工程规划许可证、施工许可证的相关规定来指导人民法院对各类建设工程施工合同效力认定的司法适用，明显缺乏法律依据。

《建筑法》第八条第一款第二项规定："申请领取施工许可证，应当具备下列条件：……（二）在城市规划区的建筑工程，已经取得规划许可证；……"所以，按现行《建筑法》，城市规划区内建筑工程的施工许可证办理才涉及建设工程规划许可证。《建筑工程合同解释（二）》依据《建筑法》关于建设工程规划许可证、施工许可证的相关规定来指导各类建设工程施工合同效力认定的司法适用，明显突破《建筑法》规定的法律依据。

《建筑法》并没有规定未取得建设工程施工许可证的法律后果。《建筑法》第六十四条规定："违反本法规定，未取得施工许可证或者开工报告未经批准擅自施工的，责令改正，对不符合开工条件的责令停止施工，可以处以罚款。"可见，因未取得建设工程规划许可证而导致未能办理施工许可证的，在《建筑法》上的法律后果是责令改正（补办）、责令停工、罚款，并未提及或涵摄建筑工程权利瑕疵或施工合同无效。

四、未取得工程规划许可证而认定施工合同无效，与建设工程的行业实践差距过大

由于前述提及的语义、概念、法律依据的不周全、不严谨，不仅会诱发对"以法律为准绳"的背离，也会导致《建筑工程合同解释（二）》第二条在很多方面会脱离建设工程的实际情况，从抽象理解层面，脱离建设工程的实际情况，也不符合"以事实为依据"的原则。比如：在土地一级开发或政府园区开发的过程中，前期的道路、场地平整等工程，不涉及用地规划许可及建设工程规划许可问题，按《建筑工程合同解释（二）》规定，相关施工合同就可能被不合理、不切实际认定为无效。地方政府为经济建设和GDP指标，在县、市、甚至省级开发区、产业园区中，不乏大量（前些年比例超过50%）厂房、宿舍等建筑工程项目先开工、先建设、先投产的，施工许可证

都办了，工程也验收了。如果按《建筑工程合同解释（二）》认定施工合同因未取得建设工程规划许可证而无效，很可能引发政府诚信、建筑市场稳定、契约精神等方面的社会问题。

即使在房屋建筑物的建设工程施工过程中，前期的场地平整、土石方开挖、基础工程的施工及其施工合同，也不涉及建设工程规划许可证问题，且很多地方普遍的建筑施工行政管理实践，也是要求在施工主体工程前办理施工许可证即可。《建筑工程合同解释（二）》第二条，很容易导致当事人之间完全合意的、不违法的土石方工程、桩基础工程的施工合同等被无端认定无效。

五、以"起诉前"是否取得工程规划许可证作为施工合同无效与否的标准，不符合逻辑与情理

合同有效与否，原则上应以双方达成合意（签订合同时、法律行为实施时）时的法律法规及事实状态为依据。质言之，应规定在签订施工合同时未取得建设工程规划许可证的施工合同无效。以"起诉前"作为标准，不符合法理与逻辑。

"起诉前"是一个区间而不是一个时间点，易造成"想啥时候让施工合同无效就啥时候提出来"的很大随意性。而且，通过随时提出主张就可让施工合同无效，而不是依法界定合同成立时是否符合法律规定、是否有效，显然不科学、不合理。

"起诉前"是一个区间，导致了任何一方都可以主张合同无效，任何一方都可以轻易反言。甚至，会引导施工合同的当事人利用该司法解释，预埋合同陷阱，诱导和激励不诚信的施工合同缔约行为。

另外，为维护市场交易和合同效力，也为司法适用之变通，以往的司法解释一般是以一审辩论终结前、一审判决前等作为补充证据、合法性依据的时间标准。这样更加合理、公平。《建筑工程合同解释（二）》第二条将取得建设工程规划许可证的界限确定为"起诉前"，显得突兀和费解。笔者认为，即便建设工程规划许可证的取得与否可作为施工合同是否有效的依据，从逻辑上讲，在作出生效判决之前取得建设工程规划许可证的，均不应判决施工合同无效。

六、后记

"法律的生命不在于逻辑，而在于经验"，著名法学家霍姆斯一语道出了司法经验对法律从业者的重要性，但这只是从司法者或法律从业者视角的理

解。当数百页的 FIDIC 版本的国际工程承包合同被适用数百字的司法解释进行裁判，当涵盖金融市场收益与风险匹配规则与原理的结构化、嵌套式金融产品合约被简单当作债务、借贷法律关系来处理，当发现英国、香港等先进法域的建设工程合同纠纷多提交仲裁，而仲裁员多是咨询工程师时，你会认为"法律的生命不在于逻辑，而在于经验"中的"经验"不应局限于经验而应涵盖当下的实践，这个"经验"也不应只局限于法律经验，而应推及基本的行业或专业经验，俗称"懂行"。

"按照中国的权力配置制度，最高法院并无一般性解释法律的权力，仅有根据法律适用的需要解释法律的权力。1985 年全国人大常委会关于法律解释问题的决议，2000 年颁行的均做了如此规定。但在具体的法律实践中，由于立法机构立法供给的迟缓和已有立法本身的粗疏，造成了立法根本不敷实际之需要。这就给了最高法院大肆扩充法律解释的空间。司法解释事实上已由适用性解释发展为'造法性解释'。"所言极是，基于最高法院司法解释的适用性解释属性及权力上限，《建筑工程合同解释（二）》第二条的条文应当符合《合同法》《城乡规划法》《建筑法》的效力性强制性调控的要求，否则《建筑工程合同解释（二）》第二条就突破了适用性解释的边界，冒进为造法性解释，不仅会造成实践与司法的脱节、法律与逻辑的相悖，该类有意或无意顶替立法机构角色的行为，还容易违反《立法法》及突破宪制框架的嫌疑。

参 考 文 献

1．［美］小奥利弗·温德尔·霍姆斯著．冉昊、姚中秋译．普通法．中国政法大学出版社，2006．

2．秦前红．最高人民法院院长的角色及其权力．走出书斋看法．上海三联书店，2015．

3．《最高人民法院关于适用<中华人民共和国合同法>若干问题的解释（二）》，2009 年 2 月 9 日最高人民法院审判委员会第 1462 次会议通过，2009 年 5 月 13 日起施行。

4．《最高人民法院关于审理建设工程施工合同纠纷案件适用法律问题的解释》，2004 年 9 月 29 日最高人民法院审判委员会第 1327 次会议通过，2005 年 1 月 1 日起施行。

（2019 年 1 月）

《公司法司法解释（五）》徒法不足以自行

文/王永敬 王志红

一、导语

2019年4月28日，最高人民法院发布《最高人民法院关于适用〈中华人民共和国公司法〉若干问题的规定（五）》（以下简称《公司法司法解释（五）》），并自2019年4月29日起施行。《公司法司法解释（五）》主要意旨在于保护公司股东尤其中小股东权益。在大力推进资本市场法制建设、着力保护中小股东合法权益的背景之下，《公司法司法解释（五）》的颁布，具有重要的时代意义，但在实务和基础理论层面，《公司法司法解释（五）》仍存在可供深入思考或探讨之余地。

二、《公司法解释（五）》的要旨

纵观《公司法司法解释（五）》共六个条文，保护股东特别是中小股东的意图和意思非常明确。以下是四个要旨：一是，明确关联方仅以履行公司法定程序不能豁免赔偿责任，并进而强调公司不提起诉讼情况下，符合条件的股东可以提起股东代表诉讼请求赔偿，以及对关联交易合同请求确认无效或撤销。二是，规定股东大会对董事职务的无因解除（或任意解除），理清股东与董事的法律关系，提升股东权利有效行使，降低代理成本。三是，规定公司完成利润分配的最长时限（一年），实际落实（中小）股东利润分配。四是，强调法院解决纠纷的调解方式，引导股东协商机制，促进（中小）股东通过公司回购股权、其他股东受让、第三人受让、减资、分立等形式退出公司。

三、实务中及理论上可供探讨的问题

《公司法司法解释（五）》对于保护股东特别是中小股东的权益，确实具有很好的引导和推动作用，但是结合诉讼实务也有一些尚未明确和需要深入思考之处，其落地执行还需程序法上的配合。现仅以《公司法司法解释（五）》第一条、第二条为例，尝试探讨以下问题。

（一）原告公司起诉控股股东和实际控制人可行性问题

《公司法司法解释（五）》第一条第一款规定："关联交易损害公司利益，原告公司依据公司法第二十一条规定请求控股股东、实际控制人、董事、监事、高级管理人员赔偿所造成的损失，被告仅以该交易已经履行了信息披露、经股东会或者股东大会同意等法律、行政法规或者公司章程规定的程序为由抗辩的，人民法院不予支持。"然而在诉讼实务中，作为原告起诉一般要准备民事起诉状、公司主体资料、委托授权书等资料。例如深圳市中级人民法院2018年12月19日发布的《国内民商事案件立案指南（2018版）》要求申请立案应提交材料包括：①《民事起诉状》；②当事人主体材料和授权材料；③证据材料；④原被告地址送达确认书。以上各项起诉资料，无一不需要使用公司公章。然而，公司公章一般来说均是由公司控股股东或实际控制人，或其指定的人控制，在公司名义起诉控股股东、实际控制人的情况下，公司通常难以获得在起诉文件上用印"。

该类案件中，公司本身的起诉权实现将受到很大限制，其起诉可行性大打折扣，公司权益的保护预计多半将由公司股东依据《公司法司法解释（五）》第一条第二款、第二条规定通过行使股东代表诉讼权利（以股东自己的名义）形式进行。

（二）公司起诉公司控股股东、实际控制人、董事、监事、高级管理人员的意思表示及行为能力问题

公司可作为民事主体（诉讼主体），具有行为能力（诉讼能力），乃是基于法律的拟制。其对外的意思表示是通过公司的意思机关（股东会或董事会）所表达出来的，即公司之所以具有完整法人人格和具备行为能力，乃是基于其具有符合公司法规定的意思机关及该机关的意思表示。

具体到关联交易，若该交易事项属于董事会决议权限范围内事项，董事会可成为该交易的意思机关，董事会决议形成的董事会意思则代表公司的意思表示。若该交易事项属于需股东会决议事项，股东会则成为该交易的意思表示机关，股东会决议形成的意思表示则代表公司的意思表示。无论关联交易对公司来说是否有利于公司，若该交易已经履行经董事会、股东会或者股东大会同意等程序，该程序合法的董事会或股东会决议就形成了公司的意思

表示，成为该类事项中公司行为能力之基础。

公司起诉公司的控股股东、实际控制人、董事、监事、高级管理人员时，并非日常经营活动，公司具备应然的行为能力。若没有相应的公司意思机关（董事会或股东会）有效决议，公司起诉的行为能力缺乏意思表示之根源。何况，公司起诉行为本身同时也背离了之前公司意思机关（董事会或股东会）形成的有效意思表示。

公司在起诉控股股东、实际控制人、董事的时点，公司并未获得公司合法的意思机关形成的意思表示，而且其起诉行为是与公司以往形成的有效意思表示相矛盾的话，公司起诉时，公司作为拟制法人的意思表示能力是欠缺的，或者说公司作为原告资格是值得质疑的。从这个角度来说，公司权益保护亦只能通过股东代表诉讼（以股东自己的名义）形式进行，更加符合法理及逻辑。

（三）控股股东、实际控制人、董事、监事、高级管理人员作为合同相对方时，侵权损害赔偿请求权和不当得利请求权的竞合问题

若公司控股股东、实际控制人、董事、监事、高级管理人员自己与公司发生关联交易，受益者为控股股东、实际控制人、董事、监事、高级管理人员自己。该等情形下，公司（股东代表诉讼）起诉控股股东、实际控制人、董事、监事、高级管理人员因操纵关联交易而赔偿给公司造成的损失，公司（股东代表诉讼）也可起诉控股股东、实际控制人、董事、监事、高级管理人员确认合同无效或合同可撤销，诉求返还所受不当得利。在发生请求权竞合的情况下，根据民法和民事诉讼法原理，公司最终应仅得择一而行使。

（四）独立第三方作为合同相对方时，公司（股东代表诉讼）是单独起诉控股股东、实际控制人、董事、监事、高级管理人员，或是单独起诉受益者第三方，还是共同起诉二者承担连带赔偿责任的问题

若公司控股股东、实际控制人、董事、监事、高级管理人员通过董事会决议或股东会决议作出的关联交易，控股股东、实际控制人、董事、监事、高级管理人员并未作为交易相对方，而只是促成交易的第三方。在此情形下，交易相对方才是关联交易实际受益者，而控股股东、实际控制人、董事、监事、高级管理人员在关联交易中只是交易促成者，需考虑的是，公司（股东代表诉讼）是基于确认合同无效或撤销追回不正当利益，单独起诉相对方受益者，或是基于侵权行为单独起诉控股股东、实际控制人、董事、监事、高级管理人员，或是基于共同侵权行为共同起诉二者承担连带赔偿责任？若是

单独起诉交易相对方受益者并要求其返还不正当利益之后，控股股东、实际控制人、董事、监事、高级管理人员之赔偿责任是否因此完结。若是单独起诉控股股东、实际控制人、董事、监事、高级管理人员承担侵权损害赔偿，赔偿数额应该如何计算？因控股股东、实际控制人、董事、监事、高级管理人员并非交易直接获益方，其赔偿后向实际受益者追偿的问题又如何解决？另外，是否可以在起诉第三方受益者之际，同时另案起诉控股股东、实际控制人、董事、监事、高级管理人员，若是如此的话，该一个利益进行两案起诉是否合理，是否涉及合并审理，或是其中一方中止审理，等待另一方审理结果，以及中止审理情况下该中止审理哪一个诉讼的问题？如果是基于忠实义务起诉，实际涉及相关人员串谋损害公司利益，是否应该属于共同侵权，并由相关方承担连带赔偿责任的问题？

（五）《公司法司法解释（五）》第二条公司（股东代表诉讼）请求确认合同无效或撤销之诉与第一条第一款公司（股东代表诉讼）对控股股东、实际控制人、董事、监事、高级管理人员赔偿责任之诉的衔接和搭配问题

若公司（股东代位诉讼）先基于无效或撤销事由，确认与相对方的合同无效或撤销与相对方合同，并挽回公司全部损失后，公司是否可以基于侵权起诉控股股东、实际控制人、董事、监事、高级管理人员承担赔偿责任？若需要赔偿，赔偿金额怎么计算？若公司（股东代位诉讼）先基于无效或撤销事由，确认与相对方的合同无效或撤销与相对方合同，仅挽回部分损失，公司（股东代表诉讼）基于侵权起诉控股股东、实际控制人、董事、监事、高级管理人员承担赔偿责任是否合理？

综上所述，即便发布了《公司法司法解释（五）》，并规定了诸多保护股东尤其是中小股东权益的条款和举措，然而在具体实践中仍需要结合民商法的基本原理、原则以及民事诉讼法的技巧，合理规划诉讼策略和思路。

（2019 年 4 月）

公司发起人出资补缴责任评述

文/廖素芳

2013年12月28日修正通过的《中华人民共和国公司法》（以下简称《公司法》）在公司出资问题上确立了注册资本认缴制，立法对公司设立时的出资问题原则上不再进行最低注册资本、是否实缴出资等方面的强行监管，而是赋予了股东以公司章程形式自行约定各自的认缴出资额、出资方式、出资期限等方面的权利。本次注册资本缴纳制度的立法观念变更的实质在于贯彻以建立现代企业制度为核心的彰显自治的公司法理论。最高人民法院对《公司法》的系列司法解释对公司发起人未尽出资义务的出资补缴责任作出了规定。

一、现行司法规则

（一）公司法

《公司法》第二十八条、第三十条对有限责任公司发起人形式未出资和实质未出资问题做了规定，《公司法》第八十三条、第九十三条则对股份有限公司发起人未尽出资义务的法律责任做了规定：

第二十八条　股东应当按期足额缴纳公司章程中规定的各自所认缴的出资额。股东以货币出资的，应当将货币出资足额存入有限责任公司在银行开设的账户；以非货币财产出资的，应当依法办理其财产权的转移手续。

股东不按照前款规定缴纳出资的，除应当向公司足额缴纳外，还应当向已按期足额缴纳出资的股东承担违约责任。

第三十条　有限责任公司成立后，发现作为设立公司出资的非货币财产的实际价额显著低于公司章程所定价额的，应当由交付该出资的股东补足其差额；公司设立时的其他股东承担连带责任。

第八十三条　以发起设立方式设立股份有限公司的，发起人应当书面认足公司章程规定其认购的股份，并按照公司章程规定缴纳出资。以非货币财产出资的，应当依法办理其财产权的转移手续。

发起人不依照前款规定缴纳出资的，应当按照发起人协议承担违约责任。

发起人认足公司章程规定的出资后，应当选举董事会和监事会，由董事会向公司登记机关报送公司章程以及法律、行政法规规定的其他文件，申请设立登记。

第九十三条 股份有限公司成立后，发起人未按照公司章程的规定缴足出资的，应当补缴；其他发起人承担连带责任。

股份有限公司成立后，发现作为设立公司出资的非货币财产的实际价额显著低于公司章程所定价额的，应当由交付该出资的发起人补足其差额；其他发起人承担连带责任。

（二）司法解释

《最高人民法院关于适用〈中华人民共和国公司法〉若干问题的规定（二）》（以下简称《公司法司法解释二》）：

第二十二条 公司解散时，股东尚未缴纳的出资均应作为清算财产。股东尚未缴纳的出资，包括到期应缴未缴的出资，以及依照公司法第二十六条和第八十一条的规定分期缴纳尚未届满缴纳期限的出资。

公司财产不足以清偿债务时，债权人主张未缴出资股东，以及公司设立时的其他股东或者发起人在未缴出资范围内对公司债务承担连带清偿责任的，人民法院应依法予以支持。

《最高人民法院关于适用〈中华人民共和国公司法〉若干问题的规定（三）》（以下简称《公司法司法解释（三）》）：

第一条 为设立公司而签署公司章程、向公司认购出资或者股份并履行公司设立职责的人，应当认定为公司的发起人，包括有限责任公司设立时的股东。

第十三条 股东未履行或者未全面履行出资义务，公司或者其他股东请求其向公司依法全面履行出资义务的，人民法院应予支持。

公司债权人请求未履行或者未全面履行出资义务的股东在未出资本息范围内对公司债务不能清偿的部分承担补充赔偿责任的，人民法院应予支持；未履行或者未全面履行出资义务的股东已经承担上述责任，其他债权人提出相同请求的，人民法院不予支持。

股东在公司设立时未履行或者未全面履行出资义务，依照本条第一款或者第二款提起诉讼的原告，请求公司的发起人与被告股东承担连带责任的，人民法院应予支持；公司的发起人承担责任后，可以向被告股东追偿。

《公司法司法解释（二）》第二十二条对公司清算时尚有股东未缴纳出资的情形下债权人如何维护自己的权益做了规定，该规则自然适用于未尽出资义务的发起人。《公司法司法解释（三）》第十三条则对有发起人未尽出资义务时全体发起人如何承担出资责任以及债权人如何要求发起人在出资差额的本息范围内主张债权做了规定，《公司法司法解释（三）》第十三条在一定程度上可视为是对《公司法》第二十八条、第三十条、第八十三条、第九十三条的整合与完善。

二、对现行司法规则的具体解析

（一）司法解释对发起人的定义存在争议

根据《公司法》，"发起人"仅在股份有限公司相关条款范围内被提及，有限责任公司语境下均为"股东"，《公司法》未对"发起人"作明确定义，结合《公司法》全文法规，"发起人"应特指设立股份有限公司时的出资人。《公司法司法解释（三）》第一条规定："为设立公司而签署公司章程、向公司认购出资或者股份并履行公司设立职责的人，应当认定为公司的发起人，包括有限责任公司设立时的股东。"可视为《公司法司法解释（三）》对"发起人"重新进行了"定义"，对《公司法》中"发起人"仅代表股份有限公司设立时的发起人进行了扩大解释，从立法权限角度，最高人民法院通过司法解释将"发起人"做扩大解释一定程度上改变了《公司法》的原则或规则。

（二）股东与发起人承担补充赔偿责任的要件

通过解读《公司法》《公司法司法解释（二）》与《公司法司法解释（三）》对发起人出资补缴责任的规定，根据《公司法司法解释（三）》第十三条，发起人应与出资不到位的股东在未出资本息范围内就公司不能清偿的债务连带承担补充赔偿责任，股东承担补充赔偿责任需具备两个要件：①股东未履行或者未全面履行出资义务；②公司存在不能清偿的债务。

此外，当公司存在债务但尚未确定不能清偿时，公司债权人起诉请求公司履行债务时是否可以将出资不到位的股东及发起人一并列为被告？笔者认为，该点可参照一般保证责任同时起诉债务人和保证人时的做法，即公司债权人在起诉状中一并把债务公司和出资不到位的股东及发起人列为被告，然后由法院在判决书中列明出资不到位股东及发起人仅在对公司强制执行仍不能清偿债务时，才对债权人在未出资本息范围内连带承担补充赔偿责任。

（三）未尽出资义务发起人应承担出资补缴责任

目前不少学者的意见，将发起人的出资补缴责任认定为兼具资本充实责任和违约责任性质的法律责任，也正是因为未尽出资义务的发起人的出资补缴责任具有法定责任的性质，即使未尽出资义务的发起人将股权转让给他人，无论该他人对发起人未完全出资是否知情，发起人瑕疵出资填补责任也并不因此转移或消灭。

与此同时，引申出另一个问题，有限责任公司作为规模较小、私密性高的公司形式，保护股东之间的信任关系，是人合性与资合性的结合，公司运营上具有灵活性，其设立、运作步骤简单；股份有限公司则规模庞大，公众性强，通过发行股票融资，往往股东人数众多，公司的决策也按持股票数量掌握话语权，是典型的资合公司。出于保护公众的目的，无论从设立条件还是设立程序上说，股份有限公司的设立比有限责任公司的设立都更严格、更复杂。而现行司法规则对有限责任公司与股份责任公司未加区分，均将未尽出资义务的发起人承担出资补缴责任一概而论，有待商榷。

（四）已足额出资发起人应承担连带出资补缴责任

《公司法司法解释（三）》第十三条第三款规定："未尽出资义务发起人所需要承担的出资补缴责任，已足额出资的发起人经公司或者公司股东请求亦有义务承担，即在瑕疵出资的发起人怠于或者拒绝充实公司资本时，公司可以请求其他发起人对其承担连带责任。足额缴纳出资的发起人补缴出资后可以向未出资发起人予以追偿。"

有学者认为，未尽出资义务发起人向公司补缴出资既属于对已足额出资的发起人的违约责任的承担方式，也是公司自身的资本充实原则的必然要求。首先，从公司发起人的属性而言，发起人之间类似合伙关系，根据合伙的基础民事理论，合伙人需要对外承担连带责任。其次，连带补缴责任有利于加强股东之间的相互监督，若有发起人不履行出资义务造成公司资本不足的，全体发起人理应对公司资本的补缴承担连带责任。

《公司法司法解释（三）》对已足额出资发起人应承担连带出资补缴责任规定合理，除上述理由笔者予以认同外，另外的原因在于，《公司法司法解释（三）》同时对已足额出资发起人授予了一定的权利及职责，包括通过限制未履行或者未全面履行出资义务股东或者抽逃出资股东的权利、解除未履行出资义务或者抽逃全部出资股东的股东资格的方式，这些义务、职责与已履行出资义务的发起人在瑕疵出资的发起人怠于或者拒绝充实公司资本时承担连带责任具有一定的对等性。

《公司法司法解释（三）》第十六条规定："股东未履行或者未全面履行出资义务或者抽逃出资，公司根据公司章程或者股东会决议对其利润分配请求权、新股优先认购权、剩余财产分配请求权等股东权利作出相应的合理限制，该股东请求认定该限制无效的，人民法院不予支持。"

《公司法司法解释（三）》第十七条第一款规定："有限责任公司的股东未履行出资义务或者抽逃全部出资，经公司催告缴纳或者返还，其在合理期间内仍未缴纳或者返还出资，公司以股东会决议解除该股东的股东资格，该股东请求确认该解除行为无效的，人民法院不予支持。"

然而，现行司法规则对有限责任公司与股份责任公司未加区分，均要求已尽出资义务的发起人承担连带出资补缴责任，且《公司法司法解释（三）》第十七条仅对有限责任公司股东会决议解除未履行出资义务或者抽逃全部出资的股东资格及减资方式作出规定，未对股份有限责任公司相关内容作出明确规定，有待商榷。

（五）股权转让后原出资不到位股东及受让人应承担补充赔偿责任

《公司法司法解释（三）》第十八条规定："有限责任公司的股东未履行或者未全面履行出资义务即转让股权，受让人对此知道或者应当知道，公司请求该股东履行出资义务、受让人对此承担连带责任的，人民法院应予支持；公司债权人依照本规定第十三条第二款向该股东提起诉讼，同时请求前述受让人对此承担连带责任的，人民法院应予支持。受让人根据前款规定承担责任后，向该未履行或者未全面履行出资义务的股东追偿的，人民法院应予支持。但是，当事人另有约定的除外。"

根据前述规定，有限责任公司出资不到位股东即使转让了股权，其亦应在未履行出资义务范围内承担责任，原出资不到位股东足额出资的法定义务不会因股权转让而消灭；且受让人对该出资不到位事实知道或者应当知道，应与出资不到位股东对公司承担连带责任。

然而，该条仅对有限责任公司出现股权转让后原出资不到位股东及受让人应承担补充赔偿责任作出规定，未对股份有限公司作出相应规定。

综上，最高人民法院在有限责任公司与股份有限公司发起人如何及何时连带承担出资补缴责任的法律规则予以了部分统一，但部分仅对有限责任公司作出规定，存在不合理性，建议发布相应的指导规则，促使司法解释各规则间协调与统一。

（2016年12月）

未实际出资的股权，交易风险大

文/王志红

新的《公司法》实施后，删减了注册资本必须实缴的规定，转为由股东通过公司章程自行约定缴纳出资的时间。因此很多股份公司的发起人或有限公司设立时的股东（统称"发起人"）在申请设立公司时，对注册资本的多少往往缺乏综合考虑，认为反正不需要进行实缴，那就把注册资本注册设置得很高，这样也显得公司资本雄厚，况且如果在公司资不抵债前就已经将公司股权转给其他人，自己就无须承担责任，而是由受让股东承担。

然而司法解释将告诉你，在公司财产不足以清偿债务时，发起人对于未实缴出资的部分将承担连带责任，即使发起人此时早已退出公司，也是如此。

看司法解释是如何规定的：

《最高人民法院关于适用〈中华人民共和国公司法〉若干问题的规定（二）》（以下简称《公司法司法解释（二）》）第二十二条：

公司解散时，股东尚未缴纳的出资均应作为清算财产。股东尚未缴纳的出资，包括到期应缴未缴的出资，以及依照公司法第二十六条和第八十一条的规定分期缴纳尚未届满缴纳期限的出资。公司财产不足以清偿债务时，债权人主张未缴出资股东，以及公司设立时的其他股东或者发起人在未缴出资范围内对公司债务承担连带清偿责任的，人民法院应依法予以支持。

《最高人民法院关于适用〈中华人民共和国公司法〉若干问题的规定（三）》（以下简称《公司法司法解释（三）》）第十三条：

股东未履行或者未全面履行出资义务，公司或者其他股东请求其向公司依法全面履行出资义务的，人民法院应予支持。

公司债权人请求未履行或者未全面履行出资义务的股东在未出资本息范围内对公司债务不能清偿的部分承担补充赔偿责任的，人民法院应予支持；未履行或者未全面履行出资义务的股东已经承担上述责任，其他债权人提出相同请求的，人民法院不予支持。

股东在公司设立时未履行或者未全面履行出资义务，依照本条第一款或者第二款提起诉讼的原告，请求公司的发起人与被告股东承担连带责任的，人民法院应予支持；公司的发起人承担责任后，可以向被告股东追偿。

  由上述规定，可以看出，股份公司发起人或有限公司设立时股东持有的股权并非是转让后就完全实现了责任隔离，在公司资不抵债时，即使发起人此时已经将全部未出资的股权转让后他人（受让股东），债权人仍然有权请求公司的发起人与其他未缴纳出资股东在未缴纳出资范围内承担连带责任。当然，如果受让股东已将受让股权对应的注册资本全部实缴，则债权人不能请求受让股东再承担责任，自然也不能追及发起人。以及发起人在承担责任后，还可以向未出资股东追偿。

（2016 年 12 月）

私募投资基金风险隔离制度评述

文/王永敬　廖素芳

私募正享受着黄金时代。根据中国证券投资基金业协会披露的最新数据，"十一"前私募行业整体募集和管理资金规模已达8.57万亿元。在巨大的繁荣背后，往往附带着同样巨大的风险。风险难以依法得到有效隔离，不能不说这是目前私募投资基金运营中的巨大风险之一。

对于契约型私募基金，募集资金所购置的财产及其权益往往登记在基金管理人或其指定主体名下，如果该基金管理人或登记权益人受到债务追索或破产，基金财产可否隔离于该风险？

对于合伙型基金与公司型基金，基金财产通常会登记在有限合伙名下或公司名下，基金管理人自身债务风险、破产风险一般只及于基金管理人在有限合伙中的财产份额或公司中的股权利益。但是，当基金管理人（或执行合伙人）滥用管理权，擅自以有限合伙或公司名义对外从事与基金投资项目无关行为所引致的风险，能否隔离？

在目前私募基金的法律制度不完善、未能对私募基金的财产提供完整有效的风险隔离制度的情况下，需要基金管理人、基金投资人充分了解和判断基金的风险界限，以提高相关的风险控制和管理能力。

一、信托与证券投资基金的风险隔离制度

信托与基金是现代经济领域中两种主要的信托理财（资产管理）方式，其将委托人的信托财产隔离于管理人自身的债务及破产风险之外，是信托制度得以创立、存续与发展兴旺的制度源泉和基础。

《信托法》第十五条规定了信托财产独立于委托人未设立信托的其他财产，据此，信托财产隔离于委托人其他财产及相应的债务、破产风险。当然，这种隔离情形不在本文讨论之列。《信托法》第十六条规定了信托财产独立于受托人的财产并隔离于受托人的破产风险。具体法律条文详见附件。

《证券投资基金法》第五条规定了证券投资基金的财产独立于基金管理人

的财产；第六条规定了证券投资基金的债权不受基金管理人自身债务的抵销，这也是一种债务风险隔离规定。第七条规定非基金财产本身产生的债务，不能对基金财产强制执行，这本意在于基金投资标的以外的债务不得追及基金财产。

二、私募基金难以适用《信托法》或《证券投资基金法》的风险隔离制度

私募基金、公募基金、信托的基本原理都是受托理财，其法律制度的基石均是"信任+委托+代理"，均应属于信托制度之列，均应适用《信托法》，受信托财产破产隔离制度的保护。当然，若募集份额超过200份，另外应受《证券法》的规制。

然而，从《信托法》《证券投资基金法》的立法背景、立法目的、制度设计而言，《信托法》或《证券投资基金法》并没有对私募基金的投资运作提供有效的风险隔离保护。

《信托法》的立法背景和目的，源于20世纪末商事信托如雨后春笋，各省各行业几乎都成立信托公司，募集资金方式多样，投资领域繁杂，野蛮生长带来了很多社会问题，所以，21世纪初，银行业监督管理部门牵头制定《信托法》予以规制。因此，《信托法》中关于民事信托的制度设计很少，关于商事信托规定较多。关键是，《信托法》对商事信托主体资格设定了资格和门槛，信托公司及信托业务的归口管理部门是银监会。私募基金本来就不在《信托法》立法规范和银监会的管治范围之列，而私募基金显然属于商事行为而不是民事行为，且私募基金也没有被纳入《信托法》框架下。

《证券投资基金法》的立法背景和目的，源于21世纪初很多机构、个人募集资金在证券二级市场投资、投资证券的行为造成了很多问题，因此证监会牵头制定《证券投资基金法》加以规制。根据《证券投资基金法》第二条规定，其立法目的是规范和管理募集资金投资证券的行为，《证券投资基金法》同时还规定了对证券投资基金资格及业务的监管，自此以后，获得合法证券投资基金经营资格的几乎都是证券公司或证券资产管理机构，直到2014年证监会出台《私募投资基金监督管理暂行办法》，私募证券投资基金才获得阳光身份。显然，投资非证券的基金无法完整适用《证券投资基金法》。

三、私募基金寻求风险隔离保护的法律渊源

如前所述，除私募证券投资基金以外，私募基金难以从《信托法》《证券

投资基金法》的框架下找到风险隔离机制。

信托制度起源和繁荣于英、美、法系，信托法的实质含义是特定财产的特定化，弱化该财产与所有者之间的关系，让财产更加人格化，这在我国这样的大陆法系是难以找到配套上位法律制度。但私募基金的投资人与管理人之间、管理人与基金主体（有限合伙或公司）之间本身具有委托代理的法律属性，关于基金投资人与基金管理人之间的关系，在我国该关系在上位法上应归类为委托代理关系，民法中的诚实信用原则及相关委托代理制度对私募基金应该也是适用的。

基金投资人将资金交给基金管理人管理，由基金管理人去投资管理，本身属于资产管理领域的委托代理关系，如果基金管理人按照基金契约、协议、章程的约定目的、方式等去运营基金，则根据《民法通则》第六十三条规定，理财或资产管理的权利义务归于委托人，即与约定的基金投资行为有关的债权、债务由基金投资人承担。私募基金进行了备案登记，可公开查询。如果基金管理人超越基金合同、协议、章程的约定或授权，以基金名义（包括以有限合伙或公司）对外的行为，而第三人知道或应当知道该行为属于无权代理或越权代理的，根据《民法通则》第六十六条第三款、第四款的规定，以及《合同法》第四十八条的规定，该行为应由行为人（基金管理人和第三人）承担法律后果。

另外，在立法层面，没有任何法律、行政法规将私募基金纳入《信托法》或《证券投资基金法》项下的监管及风险隔离保护，但法院在审理此类案件时，可以充分考虑私募基金运营的委托代理关系及财产信托属性，除适用民法的诚实信用规定、委托代理规则外，还可以适用法理并参考《信托法》《证券投资基金法》的类似规定来进行判决认定风险隔离问题。

四、私募基金寻求风险隔离保护的事实基础

在私募基金的风险隔离法律制度不明确，需要求索于上位法、法律原则、法理或参考类似法律制度的法律环境下，私募基金要实现或强化风险隔离功能，则需在基金运作、基金财产独立与托管方面做到更加规范及合规。只有规范运作、且独立运行的私募基金，才有较多的机会被认定为独立于基金管理人的财产与债务、甚至独立于基金投资人的其他财产与债务，才能获得寻求风险隔离保护的事实基础。

中国证券投资基金业协会的《私募投资基金募集行为管理办法》第十四

条对私募基金的独立核算、运作进行了规定，《私募投资基金合同指引 1 号（契约型私募投资基金合同内容与格式指引）》也要求基金合同中需载明私募投资基金的独立性并建立风险隔离制度，该等合规要求在《私募投资基金合同指引 2 号（公司章程必备条款指引）》与《私募投资基金合同指引 3 号（合伙协议必备条款指引）》得以援引适用。

基金业协会的上述规定，虽然不是法律、法规或行政规章，但它为确保私募基金规范运作、独立运行起到了监督和帮助作用，严格按该等规定要求进行私募基金的募集和运作，有利于获得、夯实私募基金寻求风险隔离保护的事实基础。

总之，私募基金业务如滚滚洪流向前，难免泥沙俱下，为保护投资者利益，关于私募基金的专门立法应当及时跟进，基金业协会在监督管理基金规范运作方面需要下大功夫，基金管理人应当强化诚信意识和合规要求，基金投资人应当善用外部专业服务对基金的规范运作和独立运行加以监督，司法机关在裁判类似案件也需要务实而创新的适用法律。如是，方能实现对私募基金行业的综合治理，从而保护广大投资者的合法利益。

附：相关法律条文、行业规范

一、《民法通则》

第六十三条　公民、法人可以通过代理人实施民事法律行为。

代理人在代理权限内，以被代理人的名义实施民事法律行为。被代理人对代理人的代理行为，承担民事责任。

依照法律规定或者按照双方当事人约定，应当由本人实施的民事法律行为，不得代理。

第六十六条　没有代理权、超越代理权或者代理权终止后的行为，只有经过被代理人的追认，被代理人才承担民事责任。未经追认的行为，由行为人承担民事责任。本人知道他人以本人名义实施民事行为而不作否认表示的，视为同意。

代理人不履行职责而给被代理人造成损害的，应当承担民事责任。

代理人和第三人串通，损害被代理人的利益的，由代理人和第三人负连带责任。

第三人知道行为人没有代理权、超越代理权或者代理权已终止还与行为人实施民事行为给他人造成损害的，由第三人和行为人负连带责任。

二、《合同法》

第四十八条　行为人没有代理权、超越代理权或者代理权终止后以被代理人名义订立的合同，未经被代理人追认，对被代理人不发生效力，由行为人承担责任。

相对人可以催告被代理人在一个月内予以追认。被代理人未做表示的，视为拒绝追认。合同被追认之前，善意相对人有撤销的权利。撤销应当以通知的方式作出。

三、《信托法》

第十五条　信托财产与委托人未设立信托的其他财产相区别。设立信托后，委托人死亡或者依法解散、被依法撤销、被宣告破产时，委托人是唯一受益人的，信托终止，信托财产作为其遗产或者清算财产；委托人不是唯一受益人的，信托存续，信托财产不作为其遗产或者清算财产；但作为共同受益人的委托人死亡或者依法解散、被依法撤销、被宣告破产时，其信托受益权作为其遗产或者清算财产。

第十六条　信托财产与属于受托人所有的财产（以下简称固有财产）相区别，不得归入受托人的固有财产或者成为固有财产的一部分。

受托人死亡或者依法解散、被依法撤销、被宣告破产而终止，信托财产不属于其遗产或者清算财产。

第十七条　除因下列情形之一外，对信托财产不得强制执行：

（一）设立信托前债权人已对该信托财产享有优先受偿的权利，并依法行使该权利的；

（二）受托人处理信托事务所产生债务，债权人要求清偿该债务的；

（三）信托财产本身应担负的税款；

（四）法律规定的其他情形。

对于违反前款规定而强制执行信托财产，委托人、受托人或者受益人有权向人民法院提出异议。

第十八条　受托人管理运用、处分信托财产所产生的债权，不得与其固有财产产生的债务相抵销。

受托人管理运用、处分不同委托人的信托财产所产生的债权债务，不得相互抵销。

四、《证券投资基金法》

第五条　基金财产的债务由基金财产本身承担，基金份额持有人以其出资为限对基金财产的债务承担责任。但基金合同依照本法另有约定的，从其约定。

基金财产独立于基金管理人、基金托管人的固有财产。基金管理人、基金托管人不得将基金财产归入其固有财产。

基金管理人、基金托管人因基金财产的管理、运用或者其他情形而取得的财产和收益，归入基金财产。

基金管理人、基金托管人因依法解散、被依法撤销或者被依法宣告破产等原因进行清算的，基金财产不属于其清算财产。

第六条　基金财产的债权，不得与基金管理人、基金托管人固有财产的债务相抵销；不同基金财产的债权债务，不得相互抵销。

第七条　非因基金财产本身承担的债务，不得对基金财产强制执行。

五、《私募投资基金募集行为管理办法》

第十四条　涉及私募基金募集结算资金专用账户开立、使用的机构不得将私募基金募集结算资金归入其自有财产。禁止任何单位或者个人以任何形式挪用私募基金募集结算资金。

私募基金管理人、基金销售机构、基金销售支付机构或者基金份额登记机构破产或者清算时，私募基金募集结算资金不属于其破产财产或者清算财产。

六、《私募投资基金合同指引1号（契约型私募投资基金合同内容与格式指引）》

第三十八条　订明与私募基金财产有关的事项，包括但不限于：

（一）私募基金财产的保管与处分

1. 说明私募基金财产应独立于私募基金管理人、私募基金托管人的固有财产，并由私募基金托管人保管。私募基金管理人、私募基金托管人不得将私募基金财产归入其固有财产。

2. 说明私募基金管理人、私募基金托管人因私募基金财产的管理、运用或者其他情形而取得的财产和收益归入私募基金财产。

3. 说明私募基金管理人、私募基金托管人可以按照合同的约定收取管理费用、托管费用以及基金合同约定的其他费用。私募基金管理人、私募基金托管人以其固有财产承担法律责任，其债权人不得对私募基金财产行使请求冻结、扣押和其他权利。私募基金管理人、私募基金托管人因依法解散、被依法撤销或者被依法宣告破产等原因进行清算的，私募基金财产不属于其清算财产。

4. 说明私募基金管理人、私募基金托管人不得违反法律法规的规定和基金合同约定擅自将基金资产用于抵押、质押、担保或设定任何形式的优先权或其他第三方权利。

5. 说明私募基金财产产生的债权不得与不属于私募基金财产本身的债务相互抵消。非因私募基金财产本身承担的债务，私募基金管理人、私募基金托管人不得主张其债权人对私募基金财产强制执行。上述债权人对私募基金财产主张权利时，私募基金管理人、私募基金托管人应明确告知私募基金财产的独立性。

（2016年11月）

对赌协议的效力评判

文/王永敬

2012年11月7日,最高法院对苏州工业园区HF投资有限公司(以下简称HF公司)诉甘肃SH有色资源再利用有限公司(以下简称SH公司)、香港DY有限公司(以下简称DY公司)、陆某公司增资纠纷一案作出(2012)民提字第11号终审判决,认定投资方与被投资公司的股东之间的对赌有效,但投资方与被投资公司之间的对赌无效。

最高法院作出上述判决的理由是:《增资协议书》中约定,如果SH公司2008年实际净利润低于3000万元,则HF公司有权从SH公司处获得补偿,并约定了计算公式。这一约定使得HF公司的投资可以取得相对固定的收益,该收益脱离了SH公司的经营业绩,损害了公司利益和公司债权人利益,因此,该约定无效;但《增资协议书》中,DY公司对于HF公司的补偿承诺并不损害公司及公司债权人的利益,不违反法律法规的禁止性规定,是当事人的真实意思表示,是有效的。

由于社会各界对最高法院的上述判决已有不少解读、分析,本文从以下角度对最高法院的判决做如下评价。

一、可以获得固定收益的投资行为是否必然无效

1. 可以获得固定收益的投资行为是否属于《合同法》规定的合同无效情形?

《合同法》第五十二条规定有下列情形之一的,合同无效:(一)一方以欺诈、胁迫的手段订立合同,损害国家利益;(二)恶意串通,损害国家、集体或者第三人利益;(三)以合法形式掩盖非法目的;(四)损害社会公共利益;(五)违反法律、行政法规的强制性规定。由此可见,法律对合同效力的规制,在于考察其是否损害国家利益、社会公共利益以及合同以外第三人的合法利益;如果合同损害了国家、社会或者第三人的合法利益,则合同将被认定无效;否则,合同自成立时即具有法律效力。

那么，可以获得固定收益的投资行为到底有无法律效力？

在现实的商业环境中，融资方式呈现多元化和复杂化的现象，融资形式从单纯的债权融资（即借贷）和股权融资（即认购股权）发展到复合型的融资——融资方承诺给予投资方不少于银行同期贷款利率的资金回报，但回报的峰值取决于投资收益的高低（即上不封顶），此即为可以获得固定收益的投资行为。

从商业角度考量，融资双方在真实自愿的前提下订立的此类合同，一方愿意向对方投资换取具有固定收益的回报（即N+X%），对方愿意在支付固定收益的基础上，根据投资收益的高低再给予投资方额外的利益从而换取投资方的资金投入，如此交易安排，是双方你情我愿的事情，与他人无关。

从法律的角度考量，获取固定收益的投资行为，没有损害国家利益，也没有损害社会公共利益，更没有损害合同之外的第三人的合法利益，不为法律行政法规所禁止，当属有效。

2. 最高法院"保底条款"司法解释效力探究。最高法院曾于1990年发布了《关于审理联营合同纠纷案件若干问题的解答》。《关于审理联营合同纠纷案件若干问题的解答》第四条规定："保底条款（通常是指联营一方虽向联营体投资，并参与共同经营，分享联营的盈利，但不承担联营的亏损责任，在联营体亏损时，仍要收回其出资和收取固定利润的条款）违背了联营活动中应当遵循的共负盈亏、共担风险的原则，损害了其他联营方和联营体的债权人的合法权益，因此，应当确认无效。"

对于上述司法解释，由于《合同法》颁布实施于该司法解释之后，从而产生两个问题：一则对同一问题的规定，后法优于先法，即合同法优先于此前制定的司法解释；二则法律优先于司法解释，法律对同一问题的规范效力优先于司法解释的相应规范。因此，最高法院关于"保底条款"的司法解释应当自《合同法》颁布实施之日而废止。

综合上述对《合同法》五十二条与"保底条款"司法解释的考量，可以获得固定收益的投资行为并非无效。

二、投资人HF公司与目标公司SH公司签署的补偿约定并未损害目标公司的利益

1. HF公司认购SH公司增资的行为是一项交易行为。虽然HF公司认购SH公司增资的行为是一项投资行为，但任何一项投资行为本质上仍是交易行

为,只不过在该项认购增资的投资行为中,用于对价交换的分别是投资方的认购股款和目标公司的股权。

2. HF公司认购SH公司增资的行为是一项附条件的交易行为。本案中,投资方HF公司之所以愿意以2000万元的认购价款,认购价值仅约115万元的目标公司新增的4%的股权,其原因在于目标公司对投资方作出了相应的补偿承诺。换而言之,认购增资的交易行为是建立在补偿承诺的条件之基础上的。

3. 存在盈亏风险是交易行为的永恒问题。正如交易一方可能因为某项交易而发生亏损一样,本项认购股权的交易也可能导致交易一方(或为目标公司,或为投资方)发生亏损或盈利,这是市场交易永远存在的问题,不能因为认购股东和目标公司之间的特定关系就要求目标公司只能盈利而不能亏损,这样于理不通。

4. 条件行为与主行为的效力矛盾。在附条件的交易行为当中,若司法机关认为作为条件的民事法律行为无效,那么,作为主体的法律行为亦当认定无效。也就是说,投资人以2000万元认购当时价值115万元的股权的行为是无效的,则目标公司应向投资人返还认购款2000万元,投资人退还股权给目标公司。显然,最高法院一方面认定投资行为的有效性,另一方面,又否认作为投资行为之条件的补偿条款的效力,构成逻辑上的矛盾。

本案中,即便目标公司因与投资方的交易行为本身(即以4%的股权换取2000万元的认购价款)或交易条件(即补偿条款)而导致亏损,也是属于合同当事人双方之间的交易结果,在投资方并无欺诈胁迫等情形、或并无针对目标公司的侵权行为的情况下,上述交易行为并不构成对目标公司利益的损害。

三、投资人HF公司与目标公司SH公司签署的补偿约定并未损害债权人的利益

根据《公司法》规定,公司以其所有的财产为限对债权人承担责任。

由于公司财产(除注册资本以外)并不需要登记公示,且公司财产经常处于运营变化之中,其形态也在不断地发生变化(货币或实物或其他任何形态的财产形态)。因此,债权人除了可以信赖公司注册资本的债务担保功能以外,对公司其他财产并不知情也无法基于信赖而为交易行为。

纵观《公司法》《企业法》等相关法律法规,以下情形属于损害债权人利益的行为:

A. 恶意低价或无偿向外转移（出售）公司财产；

B. 在关联交易中，以高于市场同类产品的价格购进商品；

C. 抽逃出资；

D. 违反规定减资；

E. 低于票面价格发行股票等。

本案中，目标公司增发4%左右的股权，本应获得115万元的认购价款，但投资人却支付了2000万元的认购价款，且将超出注册资本以外的1885万元计入目标公司资本公积；根据权利义务的对等性原理，当目标公司业绩未能满足约定时，目标公司将其当初所额外收取的投资人的资本公积退还给投资人，并未损害目标公司的注册资本金和所有者权益；即便资本公积不足以补偿投资人，公司以其财产对投资人进行弥补，同样并未动摇目标公司的注册资本，从而并未侵犯债权人的利益。

综上，最高法院关于对赌协议的效力认定，虽然兼顾了公平性，但却失之严谨，值得商榷。

（2016年9月）

保险资金投资的基础产品合规性评述

文/王永敬 王志红

一、保险资金投资基础产品的监管框架和依据

保险资金投资基础产品的监管框架可简单概括为"一部法律""六个办法""多份文件"。

"一部法律":《中华人民共和国保险法》(2015年修正)。

"六个办法":中国保险监督管理委员会颁布的《保险资金运用管理暂行办法》《保险资金投资股权暂行办法》《保险资金投资不动产暂行办法》《保险资金间接投资基础设施项目管理办法》《保险资金委托投资管理暂行办法》及《资产支持计划业务管理暂行办法》。

"多份文件":保监会发布的其他与保险资金投资相关的规范性法律文件,如:《关于保险资金投资集合资金信托计划有关事项的通知》(保监发〔2014〕38号)、《中国保险监督管理委员会关于保险资金投资优先股有关事项的通知》(保监发〔2014〕80号)、《中国保险监督管理委员会关于保险资金投资创业板上市公司股票等有关问题的通知》(保监发〔2014〕1号)、《中国保险监督管理委员会关于规范保险资金银行存款业务的通知》(保监发〔2014〕18号)、《关于保险资金投资有关金融产品的通知》(保监发〔2012〕91号)、《关于保险资金投资股权和不动产有关问题的通知》(保监发〔2012〕59号)及《关于加强和改进保险资金运用比例监管的通知》(保监发〔2014〕13号)等。

二、保险资金投资基础产品的范围和限制

(一)可以投资的基础资产

根据《中华人民共和国保险法》第一百零六条规定:"保险公司的资金运用限于下列形式:(一)银行存款;(二)买卖债券、股票、证券投资基金份额等有价证券;(三)投资不动产;(四)国务院规定的其他资金运用形式。"

《保险资金运用管理暂行办法》对《保险法》规定保险资金运用形式进行进一步的细化：（一）对于投资的银行存款，应当选择符合后述条件的商业银行作为存款银行，包括资本充足率、净资产和拨备覆盖率等符合监管要求；治理结构规范、内控体系健全、经营业绩良好；最近三年未发现重大违法违规行为；连续三年信用评级在投资级别以上。（二）投资的债券，应达到中国保监会认可的信用评级机构评定的、且符合规定要求的信用级别，主要包括政府债券、金融债券、企业（公司）债券、非金融企业债务融资工具及符合规定的其他债券。（三）投资的股票，主要包括公开发行并上市交易的股票和上市公司向特定对象非公开发行的股票。（四）投资的证券投资基金，其基金管理人应当符合相应条件，包括公司治理良好，净资产连续三年保持在人民币一亿元以上；依法履行合同，维护投资者合法权益，最近三年没有不良记录；建立有效的证券投资基金和特定客户资产管理业务之间的防火墙机制；投资团队稳定，历史投资业绩良好，管理资产规模或者基金份额相对稳定。（五）投资的不动产，是指土地、建筑物及其他附着于土地上的定着物。（六）投资的股权，应当为境内依法设立和注册登记，且未在证券交易所公开上市的股份有限公司和有限责任公司的股权。

除上述投资范围外，根据《关于保险资金投资有关金融产品的通知》第一条规定："保险资金可以投资境内依法发行的商业银行理财产品、银行业金融机构信贷资产支持证券、信托公司集合资金信托计划、证券公司专项资产管理计划、保险资产管理公司基础设施投资计划、不动产投资计划和项目资产支持计划等金融产品（以下统称金融产品）。"

2014年2月19日，中国保险监督管理委员会（以下简称保监会）发布《关于加强和改进保险资金运用比例监管的通知》（保监发〔2014〕13号），将保险公司投资资产（不含独立账户资产）划分为流动性资产、固定收益类资产、权益类资产、不动产类资产和其他金融资产等五大类资产。保监会基于对保险资金投资过程各类资产比例进行监管，防范投资过于集中造成的风险，根据投资资产的期限、性质，将投资回收期限低于一年的活期存款、货币市场基金等归类为流动性资产；将定期收取固定投资收益的银行定期存款、企业债券、债券型基金等归类为固定收益类资产；将股票、股票型基金及股权、股权投资基金等类似的投资产品归类为权益类资产；将不动产及延伸产品归类为不动产类资产；将除上述分类以外的投资归类为其他金融产品。

针对上述法规规定，我们认为：

（1）《关于保险资金投资有关金融产品的通知》规定的商业银行理财产品、银行业金融机构信贷资产支持证券、信托公司集合资金信托计划、证券公司专项资产管理计划、保险资产管理公司基础设施投资计划、不动产投资计划和项目资产支持计划等证券化的金融产品，都属于有价证券类别。

（2）从表面上看，保监发〔2014〕13号文将保险公司投资资产（不含独立账户资产）划分为五大类资产，是基于保险资金投资比例限制和风险管理的维度，从流动性、安全性标准划定基础产品的属性，与《保险法》及《保险资金运用管理暂行办法》中规定的保险资金运用形式有所不同。而五大类投资资产类别中的任何一种资产最终也都可以划归为《保险法》所规定的基础资产范围。

（二）投资的限制与禁止

从保监会对保险资金运用的有关规定来看，主要是基于安全性原则的考虑，禁止或限制了保险资金投资的行为、行业领域及不符合规定条件的基础资产。

根据《保险资金运用管理暂行办法》第十五条规定："保险集团（控股）公司、保险公司从事保险资金运用，不得有下列行为：①存款于非银行金融机构；②买入被交易所实行"特别处理""警示存在终止上市风险的特别处理"的股票；③投资不具有稳定现金流回报预期或者资产增值价值、高污染等不符合国家产业政策项目的企业股权和不动产；④直接从事房地产开发建设；⑤从事创业风险投资；⑥将保险资金运用形成的投资资产用于向他人提供担保或者发放贷款，个人保单质押贷款除外；⑦中国保监会禁止的其他投资行为。"

同时还规定，中国保监会可以根据有关情况对保险资金运用的禁止性规定进行适当调整。

根据《保险资金投资股权暂行办法》第十二条第二款规定："保险资金不得投资不符合国家产业政策、不具有稳定现金流回报预期或者资产增值价值，高污染、高耗能、未达到国家节能和环保标准、技术附加值较低等企业股权。不得投资创业、风险投资基金。不得投资设立或者参股投资机构。"

根据《保险资金投资不动产暂行办法》第十六条规定："保险公司投资不动产，不得有下列行为：（一）提供无担保债权融资；（二）以所投资的不动产提供抵押担保；（三）投资开发或者销售商业住宅；（四）直接从事房地产开发建设（包括一级土地开发）；（五）投资设立房地产开发公司，或者投资未上市房地产企业股权（项目公司除外），或者以投资股票方式控股房地产企业。已投资设立或者已控股房地产企业的，应当限期撤销或者转让退出；（六）运用借贷、发债、回购、拆借等方式筹措的资金投资不动产，中国保监会对发债另有规定的除外；（七）违反本办法规定的投资比例；（八）法律法规和中国保监会禁止的其他行为。"

根据《保险资金间接投资基础设施项目管理办法》第十二条规定："投资计划不得投资有下列情形之一的基础设施项目：（一）国家明令禁止或者限制投资的；（二）国家规定应当取得但尚未取得合法有效许可的；（三）主体不确定或者权属不明确等存在法律风险的；（四）融资主体不符合融资的法定条件的；（五）中国保监会规定的其他情形。"

三、保险资金投资基础产品的方式

《保险资金运用管理暂行办法》第二十二条规定："保险集团（控股）公司、保险公司根据投资管理能力和风险管理能力，可以自行投资或者委托保险资产管理机构进行投资。"

在委托投资关系下，保险公司是基于委托代理关系的权利义务传递，直接享有投资权益并承担投资义务。委托投资与间接投资，属于泾渭分明的概念范畴，不存在混淆之余地。

根据《保险资金投资股权暂行办法》第三条规定："保险资金可以直接投资企业股权或者间接投资企业股权（以下简称直接投资股权和间接投资股权）。"

直接投资指保险公司通过一层投资关系直接享有被投资方的权益，间接投资是保险公司通过两层或以上投资关系最终持有被投资公司权益，比如：保险公司持有信托计划的份额、信托计划最终持有被投资公司股权。

根据《保险资金投资不动产暂行办法》第十三条规定："保险资金可以采用股权方式投资第十一条第一款第（一）项至第（四）项规定的不动产，采用债权方式投资第十一条第一款第（一）项至第（五）项规定的不动产，采用物权方式投资第十一条第一款第（三）（四）项规定的不动产。"

根据《保险资金间接投资基础设施项目管理办法》第十条规定："投资计划可以采取债权、股权、物权及其他可行方式投资基础设施项目。"

物权投资方式，即为保险公司直接持有物权，物权登记在保险公司名下。股权投资方式，即为保险公司直接或间接持有项目公司股权，物权登记在项目公司名下。债权投资方式，一般是在项目公司股权或物权上设定债权型信托计划、资管计划等，保险公司持有该等债权证券化的份额。

四、基础产品认定与穿透原则

保险资金投资的最终基础产品形式看起来虽然简单明了，但正如保监发〔2014〕13号将保险公司投资资产（不含独立账户资产）划分为流动性资产、固定收益类资产、权益类资产、不动产类资产和其他金融资产等五大类资产，其中每一大类资产中又包含若干小类资产类别，加上保险资金错综复杂、交叉组合的投资方式，判断和认定保险投资的基础资产究竟是什么，基础资产主体及基础资产本身是否符合保险法规投资要求，就显得格外重要，并且需要遵循一定的原则（穿透原则）来进行认定。

例如，如果保险资金投资集合基金信托计划（以下简称信托计划），信托计划投资股权投资管理机构发起设立的股权投资基金，而该股权投资基金确定的投资方向为与其他社会投资方合作成立项目公司（未上市）股权。那么，要本项投资的基础产品是什么，就需要使用穿透原则。

分析上面的投资结构共分为三级，保险资金投资信托—信托投资基金—基金投资具体未上市企业股权。通过一层层地往下追溯，我们发现保险资金投资的基础资产是未上市企业股权，且该股权不属于《保险资金投资股权暂行办法》所禁止的范围。

又如，保险资金投资信托计划，信托计划投资股权投资管理机构发起设立的股权投资基金，而该股权投资基金确定的投资目的为投资设立房地产开发公司，从事房地产开发业务。本项投资中保险资金投资指向的基础产品是什么呢？

分析上面的投资结构也分为三级，保险资金投资信托—信托投资基金—基金投资设立房地产开发企业。通过不断地往下追溯，我们发现保险资金投资的基础资产为不动产，且属于《保险资金投资不动产暂行办法》所禁止的投资范围。

目前，国内法规关于保险资金投资存在多层嵌套的情况下，如何认定基础资产的规定少之又少。比较有关联的是《中国保险监督管理委员会关于保险资金投资集合资金信托计划有关事项的通知》（保监发〔2014〕38号）第七条:"保险机构投资集合资金信托计划,存在以下情形之一的,应当于投资后15个工作日内向中国保监会报告:(一)信托公司募集资金未直接投向具体基础资产,存在两层或多层嵌套……"《资产支持计划业务管理暂行办法》提及基础资产依穿透原则确定。

五、违反基础产品投资范围进行投资的处罚措施

保险监管法规对违反基础产品投资范围的投资规定了诸如限制整改、责令调整有关责任人员、整顿、行政处罚等多项措施,本文不做详细论述。以下摘录《保险资金运用管理暂行办法》《保险资金投资股权暂行办法》中监管措施相关法条的具体规定:

根据《保险资金运用管理暂行办法》第五十一条规定:"中国保监会对保险资金运用的监督管理,采取现场监管与非现场监管相结合的方式。"第五十九条规定:"保险集团(控股)公司、保险公司违反资金运用形式和比例有关规定的,由中国保监会责令限期改正。"第六十一条规定:"保险集团(控股)公司、保险公司严重违反资金运用有关规定的,中国保监会可以责令调整负责人及有关管理人员。"第六十二条规定:"保险集团(控股)公司、保险公司严重违反保险资金运用有关规定,被责令限期改正逾期未改正的,中国保监会可以决定选派有关人员组成整顿组,对公司进行整顿。"第六十三条规定:"保险集团(控股)公司、保险公司违反本规定运用保险资金的,由中国保监会依法给予行政处罚。"第六十四条:"保险资金运用的其他当事人在参与保险资金运用活动中,违反有关法律、行政法规和本办法规定的,中国保监会应当记录其不良行为,并将有关情况通报其行业主管部门;情节严重的,中国保监会可以通报保险集团(控股)公司、保险公司3年内不得与其从事相关业务,并商有关监管部门依法给予行政处罚。"

根据《保险资金投资股权暂行办法》第三十六条规定:"中国保监会依法对保险资金投资企业股权进行现场监管和非现场监管,必要时可以聘请专业机构协助检查。保险公司投资企业股权,出现偿付能力不足、重大经营问题、存在重大投资风险,或者可能对金融体系、金融行业和金融市场产生不利影响的,中国保监会应当采取有关法律法规规定的停止投资业务、限制投资比例、调整投资人员、责令处置股权资产、限制股东分红和高管薪酬等监管措施。保险公司投资企业股权后,不能持续符合第九条规定的,中国保监会应当责令予以改正。违规投资的企业股权资产,中国保监会按照有关规定不计

入认可资产范围。突发事件或者市场变化等非主观因素，造成企业股权投资比例超过本办法规定的，保险公司应当在 3 个月内，按照规定调整投资比例。保险资金投资企业股权的资产评估标准、方法及风险因子的规则，由中国保监会另行规定。"第三十七条："保险公司高级管理人员、主要业务人员在职期间或者离任后，发现其在该公司工作期间，违反有关法律、行政法规和本办法规定投资企业股权的，中国保监会将依法追究责任。"

投资机构和专业机构参与保险资金投资股权活动，存在违反有关法律、行政法规和本办法规定行为的，中国保监会有权记录其不良行为，并将有关情况通报其监管或者主管部门。情节严重的，中国保监会将责令保险公司停止与该机构的业务，并商有关监管或者主管部门依法给予行政处罚。保险公司不得与列入不良记录名单的投资机构和专业机构发生业务往来。

（2016 年 9 月）

保险公司关联交易合规监管评述（二）：
关联交易比例限制、内部程序与监管要求

文/王永敬　廖素芳

一、合规监管框架

中国保险监督管理委员会（以下简称保监会）主要通过下述部门规章、规范性文件（包括但不限于）对保险公司及保险资产管理公司（以下简称保险公司）的关联交易进行合规监管：（一）《保险公司关联交易管理暂行办法》（保监发〔2007〕24号）；（二）《关于执行〈保险公司管理交易管理暂行办法〉有关问题的通知》（保监发〔2008〕88号）；（三）《保险公司资金运用信息披露准则第1号：关联交易》（保监发〔2014〕44号）；（四）《中国保监会关于进一步规范保险公司关联交易有关问题的通知》（保监发〔2015〕36号）；（五）《中国保监会关于进一步加强保险公司关联交易信息披露工作有关问题的通知》（保监发〔2016〕52号）。

二、保险公司资金运用关联交易的比例限制

根据《中国保监会关于进一步规范保险公司关联交易有关问题的通知》第三条，保险公司资金运用关联交易应符合以下比例要求：

1. 在保险公司投资未上市权益类资产、不动产类资产、其他金融资产的账面余额中，对关联方的投资金额分别不得超过该类资产投资限额的50%。

2. 保险公司对关联方中单一法人主体的投资余额，合计不得超过保险公司上季末总资产的15%与该法人主体上季末总资产的5%二者孰高。

3. 保险公司对关联方的全部投资余额，合计不得超过保险公司上季末总资产的30%，并不得超过保险公司上季末净资产。

4. 在计算人身保险公司和再保险公司总资产时，其高现金价值产品对应的资产按50%折算。

保险集团（控股）公司的关联交易适用本通知。保险集团（控股）公司与其保险子公司（包括保险资产管理公司），以及保险子公司之间发生的关联交易，不适用本条规定。

三、关联交易对保险公司内部程序的要求

（一）一般关联交易的要求

根据《保险公司关联交易管理暂行办法》第十二条，保险公司应当制定关联交易管理制度。关联交易管理制度包括关联方的报告、识别、确认和信息管理，关联交易的范围和定价方式，关联交易的内部审查程序，关联交易的信息披露、审计监督和违规处理等内容。保险集团（控股）公司可以制定统一的关联交易管理制度，规范集团（控股）公司内部以及集团（控股）公司及其控股子公司与其他关联方的关联交易行为。

根据《保险公司关联交易管理暂行办法》第十六条，一般关联交易按照保险公司内部授权程序审查。

根据《保险公司关联交易管理暂行办法》第十七条，保险公司与其关联方之间的长期、持续关联交易，可以制定统一的交易协议，按照本办法规定审查通过后执行。协议内的单笔交易可以不再进行关联交易审查。

前款规定的协议在执行过程中主要条款发生重大变化或者协议期满需要续签的，应当重新按照公司规定的管理制度进行审查。

（二）重大关联交易内部程序要求

1. 根据《保险公司关联交易管理暂行办法》第十四条，保险公司重大关联交易由董事会或股东大会批准。

保险公司董事会在审议关联交易时，关联董事不得行使表决权，也不得代理其他董事行使表决权。该董事会会议由过半数的非关联董事出席即可举行，董事会会议所作决议须经非关联董事过半数通过。出席董事会会议的非关联董事人数不足三人的，保险公司应当将交易提交股东大会审议。

保险公司股东大会审议关联交易时，关联股东不得参与表决。

保险集团（控股）公司、保险公司与其控股子公司之间及其子公司之间关联交易的审查程序，可不适用前两款的规定，由公司依照本办法的原则要求，在关联交易内部管理制度中予以明确。

本条所称关联董事和关联股东，是指交易的一方，或者在审议关联交易

时可能影响该交易公允性的董事和股东。

2. 根据《中国保监会关于进一步规范保险公司关联交易有关问题的通知》第四条，保险公司重大关联交易应由董事会批准的，董事会会议所作决议须经非关联董事2/3以上通过。已设立独立董事的保险公司与主要股东及其关联方的重大关联交易，必须获得独立董事的一致同意，同时主要股东应向保监会提交关于不存在不当利益输送的书面声明。保险集团（控股）公司的关联交易适用本通知。保险集团（控股）公司与其保险子公司（包括保险资产管理公司），以及保险子公司之间发生的关联交易，不适用本条规定。

四、保险公司关联交易监管框架

（一）保险公司关联交易监管的概括规定

1. 《保险公司关联交易管理暂行办法》第二十一条规定，保险公司关联交易管理制度应当报中国保监会备案。

2. 《保险公司关联交易管理暂行办法》第二十二条规定，保险公司重大关联交易应当在发生后十五个工作日内报告中国保监会。报告内容包括：

（1）交易协议；

（2）股东大会或董事会决议；

（3）独立董事的书面意见；

（4）交易的定价政策，成交价格与市场公允价格之间差异较大的，应当说明原因；

（5）交易目的及交易对公司本期和未来财务状况及经营成果的影响；

（6）本年度与该关联方累计已发生的关联交易金额总和；

（7）有助于说明交易情况的其他信息。

（二）保险公司资金运用关联交易信息披露的相关规定

1. 需进行信息披露的保险公司资金运用行为。根据《保险公司资金运用信息披露准则第1号：关联交易》第三条，保险公司与关联方之间开展下列保险资金运用行为的信息披露适用本准则：在关联方办理银行存款（活期存款除外）业务；投资关联方的股权、不动产及其他资产；投资关联方发行的金融产品，或投资基础资产包含关联方资产的金融产品；中国保监会认定的其他关联交易行为。

2. 要求披露的具体信息。根据《保险公司资金运用信息披露准则第1号：

关联交易》第四条，保险公司与关联方之间开展上述关联交易，应当按照相关格式要求编制信息披露公告，披露下列信息：交易概述及交易标的的基本情况；交易各方的关联关系和关联方基本情况；交易的定价政策及定价依据；交易协议的主要内容，包括交易价格、交易结算方式、协议生效条件、生效时间、履行期限等；交易决策及审议情况；中国保监会认为应当披露的其他信息。

3. 披露的时间。根据《保险公司资金运用信息披露准则第1号：关联交易》第五条，保险公司与关联方之间开展上述关联交易，应当于签订交易协议后10个工作日内（无交易协议的，自事项发生之日起10个工作日内），按照规定在保险公司网站和中国保险行业协会网站发布信息披露公告。

《保险公司关联交易管理暂行办法》第二十二条规定，保险公司重大关联交易应当在发生后十五个工作日内报告中国保监会。

五、违反保险公司关联交易监管规定的处罚措施

（一）对保险公司、股东及管理人员的处罚措施

根据《保险公司关联交易管理暂行办法》第二十三条，保险公司未按照本办法第二十一条和第二十二条规定向中国保监会备案或者报告的，中国保监会将根据有关法律、法规及规章予以处罚。

根据《保险公司关联交易管理暂行办法》第二十四条，保险公司关联交易未按照公司规定的管理制度进行审查的，中国保监会可以责令其限期改正；逾期不改正的，由中国保监会依法对保险公司及相关负责人予以处罚。

根据《保险公司关联交易管理暂行办法》第二十五条，保险公司关联方违反本办法规定，进行关联交易，给保险公司造成损失的，保险公司及其股东可以依法向人民法院提起诉讼。

根据《中国保监会关于进一步规范保险公司关联交易有关问题的通知》第六条，对于保险公司未能履行相关信息披露和报告义务的，保监会可以结合相关情况，调整该保险公司分类监管的评价类别。对于保险公司独立董事在审核关联交易过程中未能履行勤勉义务的，保监会可以对其进行监管谈话，并计入履职记录。监管谈话超过三次的，保监会可以限制其保险公司独立董事资格。对于保险公司股东利用关联交易严重损害保险公司利益的，保监会可以按照《中华人民共和国保险法》第一百五十二条规定，采取限制股东权

利、责令改正、责令转让股权等监管措施。

(二) 对中介机构的处罚措施

根据《中国保监会关于进一步规范保险公司关联交易有关问题的通知》第六条,对会计师事务所、专业评估机构、律师事务所等中介机构未能如实反映保险公司关联交易程序合法性、定价公允性等情形的,保监会可以设立诚信档案,并将有关情况通报其行业主管部门;情节严重的,保监会可以通报保险集团(控股)公司、保险公司、保险资产管理公司,三年内不得与其从事相关业务,并商有关监管部门依法给予行政处罚。

(2016 年 9 月)

私募投资基金"阴合同"一定无效吗

文/王永敬 廖素芳

一、困惑

目前,各基金产品的设立正如火如荼进行,设立的私募投资基金包括契约形式、公司形式、有限合伙形式等,各方签订相应契约型私募基金合同、公司章程或合伙协议等。以设立有限合伙型私募股权投资基金为例,基金公司及投资者在基金合同(合伙协议)备案过程中产生了类似困惑,GP与LP签订《有限合伙协议》,并按照基金业协会要求在基金业协会对《有限合伙协议》进行备案,在办理合伙协议备案过程中或完成备案后,GP与LP对私募股权投资基金的管理费用、利润分配等条款重新进行了商谈,并在提交备案的《有限合伙协议》基础上签订《补充协议》,但《补充协议》并未提交基金业协会进行备案,会产生何种风险?若已备案的《有限合伙协议》称之为阳合同,则未备案的《补充协议》可以称之为阴合同,那么阴合同是否必然无效?

二、背景

《私募投资基金合同指引3号(合伙协议必备条款指引)》《私募投资基金合同指引1号(契约型私募投资基金合同内容与格式指引)》及《私募投资基金合同指引2号(公司章程必备条款指引)》同时由中国基金业协会理事会表决通过,自二〇一六年七月十五日起施行,依据为《证券投资基金法》《私募投资基金监督管理暂行办法》有关规定。

《私募投资基金管理人登记和基金备案办法(试行)》(中基协发〔2014〕1号)第十一条规定:私募基金管理人应当在私募基金募集完毕后20个工作日内,通过私募基金登记备案系统进行备案,并根据私募基金的主要投资方向注明基金类别,如实填报基金名称、资本规模、投资者及基金合同(基金公司章程或者合伙协议,以下统称基金合同)等基本信息。

《私募投资基金合同指引 3 号（合伙协议必备条款指引）》第五条第十九款规定：合伙协议应明确规定当合伙协议的内容与合伙人之间的其他协议或文件内容相冲突的，以合伙协议为准。若合伙协议有多个版本且内容相冲突的，以在中国基金业协会备案的版本为准。

三、法律分析

1. 由于《私募投资基金合同指引 3 号（合伙协议必备条款指引）》规定若合伙协议存在多文件版本，且内容存在冲突，以备案的为准，因此从基金业协会角度，若签订的其他未备案文件与已备案的有限合伙协议存在不一致，将要求以备案的合伙协议即阳合同内容为准。

2. 若合伙协议签订的各方发生争议，根据已备案及未备案的协议之约定可以提起诉讼或仲裁，由于中国基金业协会为行业自律组织，颁布的《私募投资基金合同指引 3 号（合伙协议必备条款指引）》等指引，以及《私募投资基金管理人登记和基金备案办法（试行）》均为行业自律规范。根据《最高人民法院关于裁判文书引用法律、法规等规范性法律文件的规定》，并列引用多个规范性法律文件的，引用顺序如下：法律及法律解释、行政法规、地方性法规、自治条例或者单行条例、司法解释。

由于行业自律规范的法律效力层级低，法院在诉讼审判过程中很可能不予援引中国基金业协会颁布的各项行业自律规范，而认可各合伙人根据意思自治所签订的符合各方真实交易的补充协议或其他文件。在仲裁方式下，仲裁员的自由裁量权相对较大，采纳行业规则、惯例的可能性更大。

根据以上分析，未备案的阴合同若未涉及违反法律法规等强制性规定，并非必然无效，有可能被法院认定为有效。

若无法避免出现签订阴阳合同情况，建议如下：

1. 由于诉讼与仲裁时适用裁判规则的自由裁量权不同，建议若存在备案文件与实际执行文件不一致情况，建议在各份文件中均约定在发生争议时选择法院进行管辖更为有利。

2. 若各方选择以仲裁方式解决争议，可在备案与未备案的协议中均载明仲裁可以依据的规则限于"法律及法律解释、行政法规、地方性法规、自治条例或者单行条例、司法解释"，不适用行业自律规范。

3. 由于基金业协会要求对协议进行备案，建议若存在备案合伙协议与实际执行的合伙协议或其他法律文件不一致情况，将实际执行的合伙协议或其他法律文件的签署日期选择在合伙协议备案完成后，从而可以合理解释为实际执行文件与备案文件不一致的原因为：在签署用于备案的合伙协议后，各方对交易相关条款进行了让步或情况发生了新的变化，各方选择另行签订法律文件予以确认，以避免基金业协会、法院或仲裁机构认为各方是为规避行业自律规范或法律规定等有意签署阴阳合同。

（2016年8月）

解读《关于进一步加强保险公司管理有关事项的通知》

文/王永敬

2017年6月30日保监会发布《关于进一步加强保险公司关联交易管理有关事项的通知》（以下简称《通知》），对保险公司关联交易的监管加码。《通知》在《保险公司关联交易管理暂行办法》的基础上，从强化保险公司关联交易内部管理、按实质重于形式穿透认定关联交易、完善保险公司关联交易信息披露、强化对违规关联交易处罚力度等方面，强化对保险公司关联交易方监管与违规处罚。

本文将从发文目的、强化内部管理、实质重于形式原则及穿透认定标准、底层基础资产的内涵等四个方面，对《通知》进行解读。

一、《通知》的发文目的在于防止不正当利益输送，并要求及时、如实披露

《通知》前言明确："为进一步加强保险公司关联交易监管，有效防范不正当利益输送风险，维护保险公司和保险消费者利益……"《通知》的主要目的在于防止保险公司通过关联交易向关联方不正当输送利益，避免给保险消费者（投保人）和保险公司造成利益损失。"有效防范不正当利益输送风险"是此前的《保险公司关联交易管理暂行办法》等文件中并未提及的文字，也表明了《通知》的针对重点。

从合规的角度，关联交易并不被禁止，禁止的是不披露关联交易。无论是保险公司、银行等金融企业，还是上市公司、国有企业等公众性公司，其规范关联交易的目的均在于防止不正当输送利益。因此，在保险公司关联交易监管趋严趋紧的环境下，保险公司应保证其关联交易公平合理且按监管要求如实披露，才是防范因关联交易遭受监管风险、监管处罚的根本办法。

二、《通知》要求完善保险公司关于关联交易管理的自身建设

《通知》第一条，要求保险公司建立关联交易控制委员会来负责关联方识

别维护，关联交易的管理、审查、批准和风险控制，如果未建立关联交易控制委员会的，应指定审计委员会管理前述关联交易事务。并规定，一般关联交易由关联交易控制委员会或审计委员会批准，重大关联交易则由董事会批准。

《通知》第二条，要求保险公司进一步完善内部控制机制，优化关联交易管理流程，在关联交易的审批流程中，合规、业务、财务等关键环节的审查意见以及关联交易控制委员会等会议决议应当清晰留痕并存档。该规定，一方面是促进保险公司内部各职能部门强化关联交易管理，另一方面也为监管部门检查及监管提供依据。

三、《通知》明确了保监会将按实质重于形式原则及穿透认定标准认定关联方及关联交易，同时也是要求保险公司按此同等标准管理与披露关联方及关联交易

《通知》第三条第一项，穿透认定关联方。根据该项规定，保险公司投资信托计划、私募基金等金融产品时，不能因为保险公司与信托公司、基金管理人、被投资主体等主体不存在关联方关系就得出投资本金融产品不存在关联方关系的结论，而要穿透认定至该金融产品所最终投向的底层资产的实际权益人，应识别、认定该实际权益人与保险公司之间是否存在关联方关系，若存在，则本次投资金融产品的行为属于关联方交易。

《通知》第三条第二项，穿透认定资产。根据该项规定，保险公司投资信托计划、私募基金等金融产品时，不能因为保险公司的关联方在该等金融产品中未持有权益就认定为不属于关联交易，而要穿透认定之底层资产的持有情况，如果保险公司的关联方在该底层资产中持有份额，则应认定为本次投资金融产品属于关联交易。

《通知》第三条第三项，穿透间接关联交易。根据该项规定，保险公司具有股权关系的关联方与该保险公司其他关联方发生交易的，这种间接的关联交易如果属于重大，则应视为保险公司发生的关联交易。

值得注意的是，《通知》第三条第一款述明：保监会按照实质重于形式的原则穿透认定关联方和关联交易行为，是基于《保险公司关联交易管理暂行办法》和《企业会计准则》的有关规定。至于基于哪些具体有关规定，此处并未述明。

所述基于《保险公司关联交易管理暂行办法》的"有关规定",是指《保险公司关联交易管理暂行办法》第九条:"其他关联方是指不属于本办法第七条和第八条规定的关联方范围,但是能够对保险公司施加重大影响,不按市场独立第三方价格或者收费标准与保险公司进行交易的自然人、法人或者其他组织"。《通知》第三条第四项明确规定:"保监会按照实质重于形式的原则认定的其他关联关系以及关联交易行为"。有鉴于此,对于《保险公司关联交易管理暂行办法》第七条、第八条规定的基于股权关系、基于管理关系的关联方及其关联交易的认定,应按该条文的字面规定认定,不适用实质重于形式原则及穿透认定标准。

所述基于《企业会计准则》的"有关规定",是指《企业会计准则——基本准则》第十六条规定:"企业应当按照交易或者事项的经济实质进行会计确认、计量和报告,不应仅以交易或者事项的法律形式为依据",即实质重于形式原则。《通知》中的该"有关规定",不应延伸至《企业会计准则——关联方披露》第四条规定的关联方认定标准及第八条规定的关联交易认定标准。理由在于:《保险公司关联交易管理暂行办法》与《企业会计准则——关联方披露》的监管重点不同,前者在于防止不正当利益输送及防范风险,后者在于客观、公允披露财务报表,且《保险公司关联交易管理暂行办法》第七条、第八条、第九条、第十条已经对保险公司关联方关系及关联交易认定作出规定。

四、底层基础资产空间认定的"最终交易标的"标准与底层基础资产时间认定的"利益切断"标准

在保险公司通过投资金融产品(含多层嵌套)投向实体经济领域时,如何认定"底层基础资产"?比如,保险公司认购→信托计划份额→信托计划投资私募基金份额→私募基金增资 A 公司 80%股权→A 公司收购 B 公司所持有的 C 公司 100%股权→C 公司 100%股权价值指向一栋写字楼,在此投资结构中,基金份额、A 公司 80%股权、C 公司 100%股权、写字楼哪个属于底层基础资产?抛开关联方关系、关联交易的产品穿透原则,私募基金就已是底层基础资产,严格按照穿透认定原则与经济实质重于法律形式原则,则写字楼是底层基础资产。

在基础资产的空间认定标准上,笔者认为,不涉及关联方关系及交易的,无须穿透至底层认定,保险公司所投金融产品的下一层(上述案例中的基金

份额）即为基础资产，无须穿透到最底层；反之，当需要穿透到最底层认定时，应以多层嵌套交易结构中的最底层交易的交易标的作为底层基础资产。在上例中，最后一层交易是 A 公司收购 B 公司持有的 C 公司 100% 股权，故该 C 公司 100% 股权是最终交易标的，构成多层嵌套交易结构中的底层基础资产。

《通知》中关于认定底层基础资产时涉及时间标准，有人疑问是否涉及前后 12 个月的问题，即是否参照适用《中国保监会关于进一步规范保险公司关联交易有关问题的通知》第一条："在过去 12 个月内或者根据相关协议安排在未来 12 月内，存在《保险公司关联交易管理暂行办法》第七条、第八条和第九条规定的股权基础关联关系、经营管理权基础管理关系或其他关联关系情形之一的，视同保险公司关联方"。

对底层基础资产的认定与对关联方关系认定的标准应有不同，底层基础资产构建的是财产利益，是可以即时切断利益的，而关联方关系是影响力，影响力是延续的。易言之，切断资产权益可以避免关联交易，但切断关联方关系的前后 12 个月内不能切除关联交易。比如，在保险公司投资中，在投资时及之后保险公司关联方持有底层资产权益的，构成关联交易；在投资前该关联方已经切断与该底层资产的关系的，不够成关联交易。反过来，在保险公司投资中，前述关联方持有的底层资产权益份额在保险资金投资时及之后仍持有，但该关联方在保险资金投资前 12 个月内切除与保险公司关联方关系或在保险资金投资后 12 个月内才与保险公司形成关联方关系的，仍然要被认定为关联交易。

基于上面的主要内容，《通知》还对保险公司关联交易的披露责任主体、披露规范、违规处罚等问题进行了完善。

（2017 年 7 月）

跨境资金"对敲"法益危害及犯罪构成之辨析
——以"两高"司法解释严惩地下钱庄为背景

文/王永敬

中国刑法对中国人（公民或法人）犯罪及对危害中国境内受刑法保护的法益的犯罪具有追诉效力。非法经营罪危害的法益是受刑法保护的、以经营许可制度为基础而建立的市场秩序。"两高"司法解释严惩跨境资金"对敲"的理由是该行为引致巨额资本外流，社会危害巨大。然而，这并不属于非法经营罪条文所保护的法益。"两高"司法解释也未界定非经营性跨境资金"对敲"行为的性质及罪责，企业或个人因日常投资、经营所需的偶发性跨境资金"对敲"不应被认定为非法经营罪。

2019年1月31日，最高人民法院、最高人民检察院联合发布《关于办理非法从事资金支付结算业务、非法买卖外汇刑事案件适用法律若干问题的解释》（以下简称《解释》）。《解释》第二条规定："违反国家规定，实施倒买倒卖外汇或者变相买卖外汇等非法买卖外汇行为，扰乱金融市场秩序，情节严重的，按照刑法第二百二十五条第四项的规定，以非法经营罪定罪处罚"。最高人民法院刑三庭、最高人民检察院政策研究室在就《解释》答记者问时解释称：跨境"对敲"行为是典型的变相买卖外汇，导致巨额资本外流，社会危害性巨大，属重点打击对象，因此，应按《解释》第二条严惩地下钱庄跨境资金"对敲"。

一、跨境资金"对敲"的行为主体并非全是中国人（公民或法人）、外汇买卖行为未全部在中国境内完成，适用刑法追诉罪责时应该慎之又慎

中国《刑法》的属人管辖权是针对中国人，属地管辖权是针对中国境内发生的、侵犯受刑法保护的制度利益（法益）的行为。当前，跨境资金"对敲"的典型做法是：境内主体之间支付人民币，境外关联主体之间交割外币。外汇的交割行为发生在境外（法域境外），若交割外汇的主体是外国人（公民

或法人）且不受境内主体完全控制，对该等行为适用中国《刑法》追究犯罪的标准应该更加严格和谨慎。

二、《解释》颁布之前的刑法及相关司法解释仅针对境内主体、境内交易、危害境内金融秩序的非法买卖（包括变相买卖）外汇行为追诉刑事责任

《刑法》第二百二十五条第一项规定：未经许可经营法律、行政法规规定的专营、专卖物品或者其他限制买卖的物品的，属于非法经营行为。《外汇管理条例》第二十六规定，取得外汇经营许可证的金融机构，方可经营外汇买卖业务。《外汇管理条例》已确立了外汇买卖的特许经营许可制度，其保护的法益是基于外汇经营许可制度而构建的外汇交易金融秩序，该法益亦受《刑法》保护。因此，未取得外汇经营许可证的机构或个人经营外汇买卖的，均属于非法经营行为，达到追责标准的，构成犯罪。

鉴于《刑法》第二百二十五条所保护的法益是市场秩序（包括金融秩序），是指中国境内的市场秩序，而非国际市场秩序，其规制及惩处的也应限于境内的非法买卖外汇行为。《全国人大常委会关于惩治骗购外汇、逃汇和非法买卖外汇犯罪的决定》以及《最高人民法院关于审理骗购外汇、非法买卖外汇刑事案件具体应用法律若干问题的解释》（法释〔1998〕20号）也都是规制、追诉和惩处在中国境内骗购外汇、非法买卖外汇的行为。

三、《解释》第二条是专为跨境资金"对敲"行为量身定做的口袋罪

非法经营罪的《刑法》条文，一直是被诟病较多的口袋罪条文，也是冤假错案的滋生地。此次，又将跨境资金"对敲"增设为新型口袋罪。

最高人民法院、最高人民检察院相关业务处室的负责人已明确说明《解释》第二条是专门用于惩治地下钱庄的跨境资金"对敲"犯罪。

《刑法》第二百二十五条第四项规定的犯罪情形是："从事其他非法经营活动，扰乱市场秩序，情节严重的行为。"如跨境资金"对敲"属于未取得外汇经营许可、非法买卖（包括变相买卖）外汇的非法经营行为，完全可以直接根据《外汇管理条例》《刑法》第二百二十五第一项，直接追诉定罪。《解释》第二条援引适用《刑法》第二百二十五条第四项作为追诉定罪的法律依

据，可见《解释》并未确认跨境资金"对敲"违反外汇特许经营制度、危害金融秩序，而是确认为其他非法经营行为。

四、适用《解释》第二条及《刑法》二百二十五条第四项对地下钱庄跨境"对敲"追究罪责的法益考量

《刑法》第二百二十五条第四项虽然规定了不涉及特许经营、特卖物品等的其他非法经营行为的罪责，但仍以"扰乱市场秩序"作为犯罪构成的要件。

跨境资金"对敲"的外汇出售行为发生在境外，并未造成外汇在境内非法流通和持有的犯罪后果，并未实质上危害境内外汇应由持有外汇经营权的金融机构经营的金融秩序。

如上所述，跨境资金"对敲"因缺失危害外汇经营许可制度及金融秩序这一危害法益要件，故最高人民法院、最高人民检察院相关业务处室解释为：地下钱庄跨境资金"对敲"导致巨额资本外流、社会危害巨大。笔者认为，这种似是而非、模棱两可的解释存在以下几方面可研讨之处：

1. 非法买卖外汇罪危害的到底是外汇经营许可制度及金融市场秩序，还是国家外汇资本额度？按《刑法》和全国人大常委会的《决定》，显然是危害金融市场秩序而非国家外汇资本额度。

2. 如将维持国家外汇资本额度纳入受刑法保护的国家利益或社会公共利益范畴，则应该另循涉及危害公共利益的相关刑法条文来追诉跨境资金"对敲"的罪责，而不应适用非法经营罪追责。

3. 跨境资金"对敲"，在境内将向金融机构购汇的资金支出，通过跨境"对敲"以境外主体的境外外汇来支付，实际上恰恰是减少了国家外汇额度支出、变相增加了国家外汇资本额度，并未导致巨额外汇资本流出。

4. 近年来，因外汇储备吃紧，通过正常途径购汇、换汇的难度和周期加大，这是不争的事实。在这种现实背景下，非法买卖外汇行为的罪责，无论从扰乱金融秩序或危害外汇资本额度公共利益的角度，均应从轻认定。

5. 跨境资金"对敲"获得人民币的境内机构，如将该等人民币转移到境外成为离岸人民币的时候，离岸人民币具有外汇负债属性，最终需要以国家外汇额度兑付，在此情形下，国家外汇额度利益和外汇管理秩序受到危害。

可见，《解释》对跨境资金"对敲"究竟是危害金融秩序还是危害外汇资本额度公共利益似乎举棋不定，对究竟如何导致了外汇资本额度流出也语焉不详，因此定罪量刑需慎之又慎，方能符合罪刑法定及罪刑相当原则。

五、对跨境资金"对敲"定罪的几点意见

1. 因正常经营、投资行为而发生的资金"对敲"不应定罪。非法买卖外汇所涉的非法经营行为,其行为实质是以买入并卖出外汇作为日常经营和牟利手段。企业或个人因正常经营、投资活动的外汇支付所需,所发生的偶发性跨境资金"对敲",不应按犯罪追究刑事责任,特别是在正常购汇未能被审批的情形下。

2. 外汇需求方及其关联方不应轻易作为犯罪主体追究。非法买卖外汇所涉的非法经营行为,其本质是经营外汇买卖,即:既有买入外汇,同时也卖出外汇,买、卖不分离。而基于日常生产经营所需外汇者,往往只是单项买入外汇,不属于外汇买卖的经营行为。

3. 地下钱庄为不具备实质性经营及投资活动者提供跨境资金"对敲",可以追诉定罪,但似乎按《解释》所述的非法结算(跨境结算)资金的罚则来追诉定罪更符合法律和事实。

4. 地下钱庄将"对敲"所得人民币通过转移到境外时,构成对外汇管理制度、市场秩序、外汇额度利益的危害,可以追诉定罪。

5. 地下钱庄通过跨境资金"对敲"谋取暴利或低价竞争,冲击正常外汇兑换汇率、破坏金融秩序时,可按《刑法》第二百二十五条第四项追诉定罪。

(2019年2月)

私募基金35%个税问题刍议：制度、法理与对策

文/王永敬

一、事件与政策背景

国家税务总局稽查局在《关于2018年股权转让检查工作的指导意见》中称，发现有些地方政府为发展地方经济，引进投资类企业，自行规定投资类合伙企业的自然合伙人，按照"利息、股息、红利所得"或者"财产转让所得"项目征收个人所得税，适用税率20%，属于执行税收政策不当。

2018年5月，《财政部 税务总局关于创业投资企业和天使投资个人有关税收政策的通知》（财税〔2018〕55号）出台。2018年7月30日，《国家税务总局关于创业投资企业和天使投资个人税收政策有关问题的公告》（国家税务总局公告2018年第43号）出台。2018年8月初，国家税务总局发布了《关于〈国家税务总局关于创业投资企业和天使投资个人税收政策有关问题的公告〉的解读》。

根据前述税收政策，2018年8月30日，国家税务总局在第三季度政策解读现场问答表示，合伙企业的自然人合伙人的分配所得，应按照"个体工商户的生产、经营所得"项目缴纳个人所得税。这意味合伙型基金中自然人LP的收益所得，将适用5%~35%的超额累进税率征税。"个体工商户的生产、经营所得"的相关税率累进如下：

按此累进税率，收益10万元以上的部分就会触发35%的税率，私募LP的收益动辄千万元、上亿元，收益越高，其实际税率越接近35%。

上述政策及消息一出，私募基金行业哀鸿遍野，"私募股权投资迎来至暗时代""生于2004年，卒于2018年"等文章如雪飘零。如果该政策执行落地，合伙型私募基金中自然人LP的实际税负将达到30%~35%区间，私募基金行业及其产品或将面临洗牌。

对私募有限合伙的自然人LP按5%~35%的累进税率征税，具有制度上的理由，不符合征税的法理，也存在避让的对策，最终加大了征税的非效率。

二、按 5%~35% 累进税率对有限合伙的自然人 LP 征税，具有制度上的表面理由

《财政部 税务总局关于创业投资企业和天使投资个人有关税收政策的通知》（财税〔2018〕55号）第三条第三项规定："合伙创投企业的合伙人对初创科技型企业的投资额，按照合伙创投企业对初创科技型企业的实缴投资额和合伙协议约定的合伙人占合伙创投企业的出资比例计算确定。合伙人从合伙创投企业分得的所得，按照《财务部 国家税务总局关于合伙企业合伙人所得税问题的通知》（财税〔2008〕159号）规定计算。"

《财政部 国家税务总局关于合伙企业合伙人所得税问题的通知》（财税〔2008〕159号）第三条规定："合伙企业生产经营所得和其他所得采取"先分后税"的原则。具体应纳税所得额的计算按照《关于个人独资企业和合伙企业投资者征收个人所得税的规定》（财税〔2000〕91号）及《财政部 国家税务总局关于调整个体工商户个人独资企业和合伙企业个人所得税税前扣除标准有关问题的通知》（财税〔2008〕65号）的有关规定执行。"

《关于个人独资企业和合伙企业投资者征收个人所得税的规定》（财税〔2000〕91号）第三条规定："个人独资企业以投资者为纳税义务人，合伙企业以每一个合伙人为纳税义务人（以下简称投资者）。"《财政部国家税务总局关于调整个体工商户、个人独资企业和合伙企业个人所得税税前扣除标准有关问题的通知》（财税〔2008〕65号）主要对个体工商户、合伙企业纳税义务人税前扣除支出及费用的标准进行了规定。

上述各项合伙企业合伙人所得税政策的制订依据是《国务院关于个人独资企业和合伙企业征收所得税问题的通知》（国发〔2000〕16号）及《个人所得税法》。《国务院关于个人独资企业和合伙企业征收所得税问题的通知》（国发〔2000〕16号）规定："为公平税负，支持和鼓励个人投资兴办企业，促进国民经济持续、快速、健康发展，国务院决定，自2000年1月1日起，对个人独资企业和合伙企业停止征收企业所得税，其投资者的生产经营所得，比照个体工商户的生产、经营所得征收个人所得税"。《个人所得税法》（修订前）第三条第二项规定："个体工商户的生产、经营所得和对企事业单位的承包经营、承租经营所得，适用5%~35%的超额累进税率（税率表附后）。"

可见，从过往的税法及税收政策条款来看，国税总局对有限合伙的自然人合伙人（不分 GP 或 LP）按个体工商户 5%~35% 累进税率征税，具有法律

及政策理由。

三、按5%~35%累进税率对有限合伙的自然人LP征税，不符合法理、法律、事实与逻辑

（一）税收政策应当依据基础法律的修订而调整，老政策不应机械适用于新法律、新情况

税法是对民商事交易行为或所得实施公共财政征收的法律，因此，纳税义务的界定不仅要考虑税法或税收政策的规定，也要考虑基础交易行为的法律属性及其变化，并适时地、准确地适用税法。

修订前的《合伙企业法》（1997年颁布）只规定了普通合伙企业，普通合伙企业的合伙人可以用劳务出资，都有权参与经营管理，其所得按个体工商户生产、经营所得纳税，符合事实与逻辑。修订后的《合伙企业法》（2006年颁布）规定了普通合伙企业和有限合伙企业，有限合伙企业的合伙人只能且必须以货币资金或财产出资，无权参与经营管理，由执行事务合伙人（GP担任）来负责经营管理。在这种情况下，仍旧按个体工商户生产、经营所得对有限合伙人征税，不符合事实与逻辑。

（二）有限合伙企业，不是受益实体（纳税实体），而是SPV（导管实体），LP的纳税义务应从自然人个体角度去界定，而不应从合伙人的身份角度去界定

基于纳税与受益相对应与平衡，促进征税的透明、公平、效率，税法在征税、适用税收优惠政策等领域适用纳税主体与受益实体同一的原则。合伙企业虽然具有商业经营（企业）的目的，但因为不具备独立承担民事权利义务的资格，不是独立受益实体，因此不作为纳税主体。《国务院关于个人独资企业和合伙企业征收所得税问题的通知》（国发〔2000〕16号）的实施效果，实际上贯彻了该原则。

有一定生产、经营活动的普通合伙企业，都没有被认定为受益实体，有限合伙更不应被认为受益实体，私募有限合伙实质上就是一个无实际经营的投融资载体（SPV），或者说属于金融产品的一种。《国务院关于个人独资企业和合伙企业征收所得税问题的通知》（国发〔2000〕16号）的文件精神的实质是：对于合伙企业，按合伙人（作为自然人）所得的性质和金额适用税法进行征税，其着眼点和关注点是自然人的相关税法及政策，而非合伙企业

的相关税法及政策。

因此，对于毫无受益实体（纳税主体）属性的私募有限合伙，对于其自然人LP的应税所得，应当站在自然人的视角去界定所得的性质，而不是站在合伙企业视角去界定所得性质并进而去适用一系列的合伙企业涉税政策。否则，在税法及税收政策的适用上将陷入表面有据、实则无理的境地。

（三）自然人LP的所得实质上属于股息、红利所得或财产转让所得，而不是经营所得

即使是在生产经营型的有限合伙企业中，LP并不参与生产经营和管理，以个体工商户生产经营所得界定其纳税义务都是存在争议的。更何况，私募有限合伙企业是基金产品类型之一，其本身没有生产和经营，是投融资的合约载体而已，甚至于GP的经营行为也是通过其基金管理公司的经营行为来实现。质言之，GP在有限合伙基金里都没有独立的经营活动，遑论LP存在经营活动？

契约型基金、有限合伙基金、公司型基金、集合资金信托都是投融资载体，自然人对其所获得的收益在经济实质上都是利息、股息、红利所得或财产转让所得。同样性质的投资收益，通过有限合伙基金就属于经营所得，通过契约型基金等方式投资就不属于经营所得，这显然不符合事实和逻辑。

根据《国务院关于修改〈中华人民共和国个人所得税法实施条例〉的决定》（国务院令第600号）第八条第二款的规定，个体工商户的生产、经营所得，是指：①个体工商户从事工业、手工业、建筑业、交通运输业、商业、饮食业、服务业、修理业以及其他行业生产、经营取得的所得；②个人经政府有关部门批准，取得执照，从事办学、医疗、咨询以及其他有偿服务活动取得的所得；③其他个人从事个体工商业生产、经营取得的所得；④上述个体工商户和个人取得的与生产、经营有关的各项应纳税所得。很显然，从税务行政法规的界定而言，有限合伙基金的投融资行为不是经营行为，有限合伙LP所获的利息、股息、红利也不属于经营所得。

所以，LP通过有限合伙基金从投资标的取得分红、利息等，形式上及实质上都属于利息、股息、红利类所得，从转让投资标的获得的收益形式上及实质上也属于转让财产所得。

(四)对私募有限合伙的 LP 适用个体工商户生产、经营所得征税,不符合税收公平原则

公平原则应是税收立法、税率确定、税收执法的基本原则。生产经营型的合伙企业、个体工商户将产生日常性的业务收入,并可抵扣本文前述所提及税收政策中规定的各项支出和费用,扣除成本与费用后,其应税所得率大约为10%至30%区间,即应纳税额约占收入额的5%~30%,适用5%~35%的差额累进税率后,其实际税负率约为0.5%~10%。而私募有限合伙没有日常性收入,更无法抵扣本文前述所提及税收政策中规定的各项支出和费用,其所得额直接纳税,应税所得率几乎为100%,实际税负贴近35%,十分不公平。

私募有限合伙的自然人 LP 获得分红或分配前,私募基金所投资的企业已经按照增值税、企业所得税等税法及政策承担高税负,基金分红环节再按5%~35%征税,将导致有限合伙基金所投资的各产业及投融资链的累加税负十分不公平。

(五)对私募有限合伙的 LP 适用个体工商户生产、经营所得征税,违反税法中的"实质重于形式"原则

税法中的"实质重于形式"原则,滥觞于美国最高法院 1935 年的 Gregory v. Helevring 一案的判决,被引用于 1945 年的 Commissioner v. Court Holding Co 的判决中,在 1959 年的 Commissioner v. Hansen 案中被再一次重申。根据该原则,税务机关在征税、适用税收政策时以纳税基础行为的经济实质而非法律形式来界定纳税义务。国税总局在非居民企业"受益所有人"认定、关联方关系及交易认定、特别纳税调整等相关税收执法领域出台了相关文件,认可并贯彻落实"实质重于形式"原则。可以说,"实质重于形式"原则已成为我国乃至世界多数国家的征税原则。

就私募有限合伙自然人 LP 的所得之性质而言,其经济实质就是投资获得回报和收益,而并非参与生产和经营,税务机关应当以该所得的经济实质(投资获得利息、股息、红利等)为准进行征税,而不应有意或无意停留在 LP 是合伙企业的合伙人这一法律形式上,从而导致经济实质上属于股息、红利或财产转让的所得被不适当地按个体工商户生产、经营所得进行征税。

(六)对私募有限合伙的 LP 适用个体工商户生产、经营所得征税,难以与修订后的《个人所得税法》衔接

修订后并于 2018 年 10 月 1 日起施行的《中华人民共和国个人所得税法》

第二条第一款第三项，已将个体工商户、个人独资企业等生产经营性所得合并为"经营所得"；第二条第一款第六项保留了"利息、股息、红利所得"，第二条第一款第八项保留了"财产转让所得"。

经营所得，强调的是经营，其所得来源是经营行为，经营行为的本质是有销售、有管理、有经常性收入和成本、费用。将私募有限合伙自然人LP的所得归类为经营所得，不符合常识、事实与逻辑，与修订后的《个人所得税法》难以衔接。相反，将私募有限合伙自然人LP的所得归入利息、股息、红利所得或财产转让所得，则符合实际情况，也更容易与修订后的《个人所得税法》衔接适用。

四、按5%~35%累进税率对有限合伙的自然人LP征税，将损害社会经济效率

各经济主体单方或交易各方的微观经济学的立场而言，税收是插入社会经济交易轨道的楔子，减少了交易各方的净所得，也降低了经济交易的效率。从宏观经济学的角度，公平、透明的税收政策有利于调节级差性、垄断性收入，引导资源配置，以维护宏观层面社会经济的公平，进而促进整体经济效率。反之，则会损害社会经济效率。

对有限合伙基金LP按5%~35%征收个人所得税，该等投融资成本很容易传递到被投资企业，增加其实业经营的财务成本，导致接受有限合伙基金投资的众多行业及其企业的成本上升，扭曲金融资源配置成本，降低社会经济效率。有限合伙基金目前主要为投资三创企业的股权投资基金，属于一级市场投资，与实业关联度很大。当投资此类股权投资基金需面临贴近35%的税率，而投资其他金融产品仅按利息、股息、红利承担20%税率或零税率（二级市场股票买卖）时，该政策将引导社会投资资金更加脱实入虚、远离实业。

五、有限合伙基金的应对策略

当法律制度或政策不符合、不匹配经济现实或经济实质的需求时：一方面会导致制度层面的规定与社会经济的现实及逻辑产生较多的空隙（或称为漏洞）；另一方面也会反向激励了人们按经济理性来想方设法实施制度规避，最终导致制度无法有效实现其目的，虎头而蛇尾。

如果说有限合伙LP按35%左右实际税率征收个税是处于调节社会收入不

公平的美好愿望，那么有限合伙基金可以考虑的对策也是有的。按照个人所得税法等税法规则，投资收益在未实际实现前，有限合伙及其 LP 对其投资浮盈或估值增加额并不产生纳税义务，因此，存续中的有限合伙基金可以通过改变交易结构、重组有限合伙基金及其产品等方式来避免未来实际产生所得触发按 5%~35% 累进税率纳税义务。

比如，有限合伙型基金可以重组为契约型或公司型基金；LP 可以提前转让自己的投资份额（部分或全部）至适用 20% 税率的纳税实体；有限合伙型基金可将投资品提前销售同一批投资人持有的信托计划、资管计划或 ABS 等。在重组与销售过程中，只要处理好关联方交易及合理定价等纳税调整风险，有限合伙 LP 并不需要如政策所期去承担 5%~35% 差额累进税率。

（2018 年 9 月）

再论《宪法》实施与特别行政区宪制秩序之形成

文/王永敬

《东南学术》2018年12月刊原文《〈宪法〉实施与特别行政区宪制秩序之形成》一文指出：《宪法》在特别行政区的实施是全面的，而不仅是第三十一条。该文之意旨似乎在于：唯有《宪法》在特别行政区全面实施，方可建立与维持特别行政区之宪制秩序。

关于《宪法》在特别行政区的效力、适用、实施的问题，说法不一，争论太久。笔者认为，《宪法》的效力是普适于特别行政区，但就可否在特别行政区具体实施，可能需要先讨论、理清几个方面的问题和争议。

一、特别行政区及其社会制度与《基本法》的孰先孰后，即《宪法》是构建了社会基本制度，还是落实了基本制度诉求的问题

《宪法》是社会各阶层根本政治、经济诉求的落地安排，代表民意。因此，先有制度设想及其总体诉求，通过立法程序，落实为《宪法》或宪制性法律。现行1982《宪法》制定时，并未代表特别行政区的社会制度及民意诉求。

1982《宪法》是社会主义政治经济制度的根本性法律，《基本法》是港澳资本主义制度的宪制性文件。《基本法》是中英、中葡双方就主权问题、交接问题、过渡问题等谈判签约确定的制度基础上，《基本法》起草委员代表港澳民众对基本制度诉求与协商，通过立法程序而成。易言之，不是全国人大创设了《基本法》，也不是《基本法》创设了"一国两制"。相反，《基本法》是"一国两制"的制度落实或制度认同，需要特别的法律来保障既有资本主义制度，全国人大通过立法程序将这些诉求落实为《基本法》。

部分学者认为《宪法》创设了特别行政区概念和实体，该说法值得商榷。特别行政区的设想在邓小平同志提出"一国两制"方针时，通过外交谈判与民意征求解决中国香港、中国澳门的领土主权与社会治理问题时，以及在签署中英联合声明时已明确。《宪法》第三十一条只是对设立特别行政区予以立

法认可，并规定另行制订特别行政功能区的宪制性法律。

二、《宪法》如何实施的问题

《宪法》条文不能作为行政执法的依据、不能作为定罪判刑的条款依据、不能作为民事案件裁判的依据。《宪法》的实施，系指《宪法》文字上的、抽象的权利义务关系转化为现实生活中生动的、具体的权利义务关系，并进而将《宪法》规范所体现的人民意志转化为具体社会关系中的人的行为。

显而易见，《宪法》的实施就是立法机关通过对具体法律的立法来贯彻执行《宪法》的抽象法律权利义务，以及全国性立法机关对地方立法的合宪性审查。而并非在个案中以《宪法》条文作为执法或司法依据。

三、《宪法》第三十一条在特别行政区是如何实施的问题

《宪法》第三十一条规定："国家在必要时得设立特别行政区。在特别行政区内实行的制度按照具体情况由全国人民代表大会以法律规定。"显然，该条款是《宪法》对"一国两制"的制度认可，并明确可另行制订特别行政区的宪制性文件。该条款内容显然不具有实施与执行方面的表述，也未提及任何抽象或具体的权利义务。另外，如前所述，《宪法》条文本身不可具体实施执行，而是通过具体法律的立法与执法去实施《宪法》。

《基本法》第十一条规定："根据中华人民共和国《宪法》第三十一条，香港特别行政区的制度和政策，包括社会、经济制度，有关保障居民的基本权利和自由的制度，行政管理、立法和司法方面的制度，以及有关政策，均以本法的规定为依据。"显然易见，《宪法》在特别行政区的实施，是通过《基本法》的立法和实施来实现的。

四、《基本法》是否属于《宪法》的授权立法问题

有学者认为，根据《宪法》第三十一条，《宪法》授权全国人大对《基本法》进行立法，所以《基本法》是《宪法》的授权立法。这一说法存在可研讨之处。

1. 前已述及，《宪法》第三十一条是对"一国两制"及特别行政区可另行制订宪制性法律的认可，并非授权立法条款。

2. 全国人大本身是最高权力机关和立法机关，具有绝对的最高立法权，只有它授权给其他机关立法，全国人大不需要其他机关或法律的授权来立法。

3. 授权问题，应是权力主体授权，条款是文字，不是任何主体，不具有授权之资格及能力。

五、《宪法》与特区行政区《基本法》的基本关系问题

有学者基于《宪法》第三十一条的授权性出发，认为《宪法》是《基本法》的上位法，进而主张《基本法》应当绝对服从《宪法》。该种观点实际上也存在可进一步研讨的余地。

1. 《宪法》是社会根本制度的法律文件，将反映一种社会基本制度的《宪法》在另一种不同社会根本制度体系中施行并具有完全普适及实施效力，其法理并非顺畅。

2. 《基本法》也是国家承认"一国两制"制度、承认特别行政区基本制度与内地不同的基础上，由全国人大审议通过的关于特别行政区基本问题、基本制度的宪制性法律。

3. 如前述第三部分关于《宪法》的实施问题所述，《宪法》的最高效力与最高权威，在于立法领域，在于所有的立法根据《宪法》来制订，所有的立法不能违反《宪法》。《宪法》的最高效力，并非其具体条文可具体实施及适用于特别行政区的具体事务（案件），也并非其具体条文可具体实施及适用于中国内地的具体事务（案件）。按此法理与逻辑，前段时间有学者提出的《基本法》是关于特别行政区宪制问题而对《宪法》的修改与补充，构成中国宪法的组成部分，更有说服力。

六、直辖与直管的区别问题

《基本法》规定特别行政区直辖于中央人民政府，加之《基本法》规定特别行政区行政长官由中央人民政府任命，该等条款成为很多人主张中央人民政府对特别行政区享有最终管治权及监督权的法律依据，并引领无数学者在"港人治港、澳人治澳"与"中央人民政府最高管治权"这一逻辑悖论中反复推敲，进而推敲出"港人治港、澳人治澳"必须服从于"中央人民政府最高管治权"。

直辖不等于直管。

1. 《基本法》是规定特别行政区直辖于中央人民政府，并未规定特别行政区政府直管中央人民政府。

2. 特别行政区直辖于中央人民政府，乃是"一国两制"框架下中央人民

政府特别行政区领土的主权宣示，因为中央人民政府是中华人民共和国领土主权的最高代表，这并非特别行政区管治权直属于中央人民政府的管治权宣示。

3.《基本法》第十二条规定："香港特别行政区是中华人民共和国的一个享有高度自治权的地方行政区域，直辖于中央人民政府。"立法条文已明确是"行政区域"直辖于中央人民政府，而非管治权直辖于中央人民政府。

七、特首由选举产生与特首由中央人民政府任命及向中央人民政府负责的冲突问题

根据代议制政府基本原理，且根据我国《宪法》规定，中央及地方的一府两院的负责人由同级人民代表大会选举产生，并对同级人民代表大会负责。同理，特别行政区最高行政长官由特别行政区选民选举产生，应对特别行政区选民负责，效忠于特别行政区。

在港英统治时代，香港总督并无选举之程序，由英国政府派驻和王室任命，故其应对英国政府负责。《基本法》的起草者们，既想确定"港人治港、澳人治澳"的特首选举制度，又妥协沿袭了港英时代最高长官由中央人民政府任命的传统，因此设计出先天冲突的制度安排。

根据《基本法》，中央人民政府有权拒绝任命被选举出来的特首，但不可以改变决定特首人选，按《基本法》中央人民政府对特首也没有实质任免权。

根据《基本法》第五十二条，特首因拒绝签署立法会的法案或财政预算两次被立法会否决而必须辞职。由此而论，中央人民政府的任命，更像是一个主权彰显和国家威仪。甚至可以说有点类似一国政府对外国使节的接纳与认同。如果认为中央人民政府享有特首的实质任命权和罢免权，与代议制政府机制不符，也导致特别行政区立法机关（民意机构）与特区政府（行政机构）的内在的、深层次的裂痕缘由。

领导和负责的政治意义是不同的，领导是对工作的引领和指导，负责是受托责任，委托人（选民）可以罢免受托人（政府官员），但领导者不一定具有能罢免权。《宪法》第六十二条规定了中央人民政府（国务院）的总理由全国人大决定，第八十九条规定了国务院统一领导地方人民政府的工作，第九十二条规定中央人民政府对全国人大负责并受其监督。

《各级人民代表大会及地方各级人民政府组织法》第七条第五项规定，地方各级人民政府行政长官由同级人民代表大会决定，第三十二条规定地方各

级人民政府都对本级人民代表大会和上一级国家行政机关负责并报告工作。可见，即使在《宪法》体制内，各级政府行政长官均由同级人民代表大会决定和罢免，而不由上级人民政府决定和罢免。《各级人民代表大会及地方各级人民政府组织法》第三十二条规定的地方各级人民政府都对本级人民代表大会和上一级国家行政机关负责并报告工作，是基于民主集中制的宪制原则：权力由民主（同级人民代表大会）授予并受监督，行政管理职能及业务采取集中（上级政府领导）方式管理。

《基本法》第二条规定："全国人民代表大会授权香港特别行政区依照本法的规定实行高度自治，享有行政管理权、立法权、独立的司法权和终审权。"因此，特区政府及其特首对特别行政区享有高度行政自治权，不需要就所有行政事务向中央人民政府负责及汇报。

《基本法》第四十八条规定："香港特别行政区行政长官行使下列职权：……（二）负责执行本法和依照本法适用于香港特别行政区的其他法律……（五）提名并报请中央人民政府任命下列主要官员：各司司长、副司长，各局局长，廉政专员，审计署审计长，警务处处长，入境事务处处长，海关关长；建议中央人民政府免除上述官员职务……（八）执行中央人民政府就本法规定的有关事务发出的指令；（九）代表香港特别行政区政府处理中央授权的对外事务和其他事务……"

鉴于前述，《基本法》第四十二条第二款规定的"香港特别行政区行政长官依照本法的规定对中央人民政府和香港特别行政区负责"，是指特首仅应就《基本法》第四十八条第一款第二、五、八、九项规定的涉及特别行政区与中央关系的行政事务及职权行使向中央人民政府负责并报告工作，这本身符合"一国两制"框架下国防、外交属于中央人民政府的制度设计。若理解为特首就特别行政区行政事务及职权全面向中央人民政府负责，则是对《基本法》第二条规定的高度自治权、"港人治港、澳人治澳"原则的否定。

八、立法会向谁履行宪制责任的问题

该文中还重点强调特别行政区立法会根据《基本法》第二十三条推进并实施特别行政区国家安全问题的立法，是特别行政区立法会应向中央人民政府履行的宪制责任。然而，根据《基本法》，仅沿袭传统地规定了特别行政区行政长官由中央人民政府任命、对中央人民政府负责，且如前所述，这更多是礼节和主权的宣示型任命，负责仅涉及有限事项。

《基本法》更未规定特别行政区立法会议员由中央人民政府任命、对中央人民政府负责。特别行政区立法会根据《基本法》（宪制性法律）由选民选举产生，对选民负责、受选民监督，对选民负有宪制责任。特别行政区的国防、外交事务属于中央人民政府，国家安全问题在特别行政区的落地问题，就是特别行政区政治、社会的稳定及安全问题，更关涉特别行政区及居民切身利益。因此，《基本法》第二十三条之立法，更应是立法会在《基本法》框架下对特别行政区及其居民的宪制责任。有学者提及："……中央的监督权包括，监督特别行政区立法会履行香港《基本法》第二十三条之立法义务，对立法会制定的法律实施备案审查；解释《基本法》；任免行政长官和特别行政区政府高级官员；对法官之任免备案……"此处的"中央"显然混同了全国人大及其常委会、中央人民政府等概念，且所谓对法官的罢免、对特首的罢免、监督特别行政区立法会等权力，并不在《基本法》的制度之内。

九、如何建立特别行政区的宪制秩序问题

《基本法》的立法，受限于"文革"后恢复之初立法水平不高，受限于中国香港方参与起草人员商绅过多，受限于成文法系与普通法系法律思维、法律解释方法的差异等，因此《基本法》制度内的矛盾与冲突都不少见，更遑论《基本法》与《宪法》及其他全国性法律的外部性矛盾与冲突。

学术界和实务界近年来常以《宪法》最高权威做大旗，以《宪法》的最高效力作为放之四海而皆准的论据，忽略《宪法》与《基本法》的一般性与特殊性的差异，认为《基本法》与《宪法》不一致的地方均应执行《宪法》，认为特别行政区事务及做法与《宪法》不一致的地方均应纠正和批判。实际上，过分强调一国，是对两制的破坏或挑战，容易引发民间对"一国两制"的信任危机，进而引发对一国原则的挑战，这些年的港独抬头和香港民族党等事件，难说不含有此类因素影响。

不忘初心、方得始终，解决《基本法》制度内及制度外的矛盾与冲突，仍需如此。回归到"一国两制"的初衷：主权、国防、外交的问题按一国原则处理，经济发展、社会管理等治权按两制方针解决，维护与尊重特别行政区的自治权；承认《基本法》是依据《宪法》第三十一条，由最高立法机关确立的特别行政区宪制性法律，它建立在特别行政区特殊的社会制度基础上，必然与《宪法》不同，它应是就特别行政区宪制问题对《宪法》的补充和完善；认同《宪法》在特别行政区具有效力、但并非《宪法》条文可在特别行

政区实施，在特别行政区实施《基本法》，就是《宪法》在特别行政区的实施。

在特别行政区内，严格按照《基本法》处理相关事务，在特别行政区外的内地，承认与接受《基本法》与《宪法》差异性与特殊性，如之前有领导提出的两种制度"井水不犯河水"，才是特别行政区宪制秩序形成的基础。

（2019 年 1 月）

《合同法》第 51 条"无权处分合同效力待定"被抛弃了吗

文/王永敬

在国内法律界根本不适应德国法律人超级抽象思维模式的背景下,引入无权处分合同效力理论。无权处分合同效力理论一片混乱,无论立法例是确定效力待定还是有效,争议都将满天飞。

无权处分合同理论,与债权契约(负担行为)与物权契约(处分行为)在逻辑上相互独立这一超级抽象法律理论相依存。先按形象思维模式来举个例子,二手房买卖的交易合同类似于债权契约(负担行为),办理过户登记的登记合同类似于物权契约(处分行为)。进阶到在德国民法超级抽象法律思维模式下,你所签订的 500 元买张桌子的合同,即便基于该合同可以完成款项支付与桌子交货等全套流程,也被抽象为两个契约:双方答应按 500 元买卖 A 桌子的意思合意构成债权契约(负担行为);双方就交付与接受桌子转移所有权的合意构成物权契约(处分行为)。因此,无权处分合同,其实质是无权处分的物权契约(处分行为),与债权契约(负担行为)无关。易言之,即使涉及无权处分合同效力问题,债权契约(负担行为)项下的合意均应有效并得到法律保护;而物权契约(处分行为)如涉及无权处分,则可另行讨论是无效还是效力待定。具体到德国民法的司法实践,上述买卖桌子的合同若涉及卖方无桌子处分权的情形,若买方诉请卖方违约赔偿责任,应得以支持,理由是债权契约(负担行为)有效;若买方诉请卖方实际交付桌子(物权行为),则法院要看该物权契约(处分行为)是否得到了所有权人的追认,未被追认,则物权契约(处分行为)不生效力。

无权处分行为不影响合同中债权契约效力的立法与司法理论,实际上已被我国立法及司法实践吸收采纳。《民法典草案》第五百九十七条规定涉及无权处分的买卖合同有效,为该法律移植的立法成果。《最高人民法院关于审理买卖合同纠纷案件适用法律问题的解释》第三条:"当事人一方以出卖人在缔约时对标的物没有所有权或者处分权为由主张合同无效的,人民法院不予支持。出卖人因未取得所有权或者处分权致使标的物所有权不能转移，买受人要求出卖人承担违约责任或者要求解除合同并主张损害赔偿的，人民法院应予支持。"之规定，即是该法律移植之司法实践成果。

于是乎，法律学者及实务工作者一致认为这是对《合同法》第五十一条规定的"无权处分合同效力待定"的放弃，多数学者赞同无权处分合同将毫无争议的有效。真的是这样吗？偏差与误解源出何处？

问题一： 从逻辑与抽象思维上，学界不习惯吸纳与理解一份买卖合同中可抽象出两种真意表示：买卖交易的表示与转移所有权的表示。学界认为，此二者真意表示是同一的。

问题二： 从实践与形象思维上，学界忽略了合同不等于协议（契约），一份买卖合同可能由多条协议构成，简化之：按约定金额购买约定标的构成债权契约，在某时某地交付标的物构成物权契约。物权契约效力待定，并不影响债权契约有效。如果说物权契约与债权契约实在是抽象得难以理解，合同条款内容部分有效的理论则是其通俗版。

基于上述两个问题，学者们认为《最高人民法院关于审理买卖合同纠纷案件适用法律问题的解释》第三条及《民法典草案》第五百九十七条是对《合同法》第五十一条"无权处分合同效力待定"的抛弃。中国法律语境下，"合同"与"协议"混用，如将《合同法》第五十一条"无权处分合同效力待定"理解为"无权处分协议（条款）效力待定"，则相关分歧迎刃而解——买卖合同是有效的，但关于转移标的物所有权的条款效力待定。

实际上，《最高人民法院关于审理买卖合同纠纷案件适用法律问题的解释》第三条在相当大程度上有意或无意地采纳了买卖合同中债权契约与物权契约独立性理论。理论规定：合同是有效的，但买受人只能基于合同约定（债权契约、负担行为）要求出卖人承担违约责任，不能要求出卖人基于合同约定（物权契约）交付标的物。该司法解释，不仅不是抛弃《合同法》第五十一条规定，而是落实该条规定。如果认为无权处分合同完全有效，为什么不能要求强制履行交付呢？

学者们认为并主张无权处分合同有效论后，显然很难解释：既然无权处分合同有效，有效合同就应得以强制执行——交付标的物，无标的物交付或交付侵害所有权人怎么办？为了圆满这个逻辑漏洞，有学者又自圆其说：无标的物可交付，可鼓励通过远期交易来实现；强制交付侵害所有权人的问题，买受人以善意取得者及善意取得制度来免侵害之责。在我看来，漏洞越说越大。在这个问题上,《最高人民法院关于审理买卖合同纠纷案件适用法律问题的解释》第三条规定及在司法实践中不支持强行交付的做法,比学界的自圆其说更符合理论与客观实践。

问题聚焦。无权处分合同,实际上是无权处分的物权契约。无权处分合同效力问题的讨论,本应建立在民法制度中存在物权契约这一法律概念的理论基础上。在我们民法制度及传统认为合同就是合同,不区分或抽象出物权契约的背景下,讨论无权处分合同的效力,类似于无源之水无本之木,空谈也就罢了,但往往还误国。在我国的民法制度背景下,解决办法应为:

1. 不要再使用无权处分合同的概念,合同主体适格、意思表示真实、不违反效力性法律强制规定等,均有效。因无权处分交付标的物的,按违约处理。因交付标的物,导致所有权人被侵害但买受人符合善意取得的,出卖人向所有权人承担侵权责任。

2. 承认无权处分合同概念及其存在,但对无权处分合同按《最高人民法院关于审理买卖合同纠纷案件适用法律问题的解释》第三条规定的处理办法,支持违约责任诉求,不支持强制履行。

无权处分行为是与物权契约及其抽象性密不可分的,因没有厘清这一关系,对无权处分合同效力的认定和理解必然会出偏差。因没有厘清这一关系,实务界已经将投资协议中投资人与公司对赌条款无效的原因归结为无权处分合同,理由竟然是公司的该回购未经股东会授权,属于无权处分,法理相去千里。

(2020 年 1 月)

汇发〔2019〕28号文件背景下跨境担保若干法律问题评述

文/王永敬 王志红 孔维辉

跨境担保是国际金融、跨境投融资的重要增信手段。随着跨境投资融项目数据与金额的不断扩充，跨境担保在国际经济活动中的重要性及对国内经济秩序的影响力越发突出。主权国家通常需要预期或管理跨境担保对其经济秩序的影响，然而过于严格的管控又将影响国际贸易及资本流动的效率。2019年10月25日，国家外汇管理局发布《国家外汇管理局关于进一步促进跨境贸易投资便利化的通知》（以下简称《通知》）。《通知》进一步优化外汇管理政策措施，特别是改革了企业外债登记管理。该举措在提高国际贸易、国际资本流动效率的同时，对跨境担保法律实务和司法裁判的引导也具有重要影响。本文从跨境担保概述、目前我国跨境担保主要法律法规体系、当前司法实践情况及跨境担保风险防范等角度论述，以供读者参考。

一、跨境担保概述

（一）产生背景

跨境担保是指担保人向债权人书面作出的、具有法律约束力、承诺按照担保合同约定履行相关付款义务并可能产生资金跨境收付或资产所有权跨境转移等国际收支交易的担保行为。我国从2009年起启动跨境贸易人民币结算试点，人民币国际化由此拉开序幕，人民币如今已发展成为全球第五大支付货币。跨境担保业务因其流动资金占用少、境外融资成本低、不实行额度限制、充实银行保证金存款等特点，使得跨境投融资、跨境贷款、对外贸易、劳务出口、引进国外先进技术、设备及资金等涉外活动对其依赖度不断增加，对跨境担保行为的规范进程也随之加快。

（二）跨境担保类型

融资性跨境担保按照担保当事人的注册地可以分为三种：内保外贷，是指担保人注册地在境内、债务人和债权人注册地均在境外的跨境担保；外保内贷，是指担保人注册地在境外、债务人和债权人注册地均在境内的跨境担保；其他形式跨境担保，是指除前述内保外贷和外保内贷以外的其他跨境担保情形。非融资性的跨境担保类型，类似于融资性跨境担保，唯其所担保的债权为非借贷、融资性金钱债权。

（三）跨境担保方式

按照担保法，担保方式从法理上分为协议担保方式和法定担保方式，前者主要包括保证、抵押、质押和定金，后者主要是留置。但跨境担保实务中，跨境担保以保证、抵押、质押最为常见，留置及定金两种方式则较少应用。

（四）跨境担保规范的必要性

一方面，跨境担保基于涉外经济交易而产生，属于一种增信措施，具有担保的法律属性；另一方面，跨境担保制度的实现会对国际收支具有潜在的影响，无论是融资性担保抑或非融资性担保，将可能引起货币或财产的跨境转移，需与我国外汇管理制度保持高度契合。鉴于此，跨境担保规范的必要性主要体现在以下几个方面：①在现行担保制度和外汇管理制度的前提下，跨境担保规范能够起到服务经济交易的目的，助力我国经济对外开放，助推人民币国际化进程；②跨境担保规范具有可操作性和灵活性，确保权利人的合法权益能够得到支持，并尽可能降低权利人的维权成本；③外汇稳定应当是跨境担保规范实现的前提，权利人权利的实现不能危及我国金融市场稳定和经济社会发展。主权国家通常认为，跨境担保涉及国际收支平衡、国内金融安全和经济秩序稳定，关涉社会公共经济利益，需要通过法律、法规等予以规范。

二、跨境担保涉及的主要法律法规

（一）法律

《担保法》我国采取的担保的形式、内容、效力等方面的内容进行一般规定，虽未针对跨境担保作出规定，但《担保法》是我国担保领域的基础性法律规范，对各类我国境内的各类担保行为均具有普遍规范作用。

（二）司法解释

（最高人民法院关于适用《中华人民共和国担保法》若干问题的解释）

（法释〔2000〕44号）（以下简称《担保法司法解释》）系最高人民法院针对法院审理担保案件实务中应用担保法问题进行解释，对人民法院审理该类案件具有指导意义。《担保法司法解释》第六条规定："有下列情形之一的，对外担保合同无效：（一）未经国家有关主管部门批准或者登记对外担保的；（二）……（三）……（四）……（五）……"

（三）行政法规

《中华人民共和国外汇管理条例》（以下简称《外汇管理条例》）系我国目前现行有效的关于跨境担保规定的行政法规。《外汇管理条例》第十九条规定："提供对外担保，应当向外汇管理机关提出申请，由外汇管理机关根据申请人的资产负债等情况作出批准或者不批准的决定……申请人签订对外担保合同后，应当到外汇管理机关办理对外担保登记……"

（四）部门规范性文件

1.《跨境担保外汇管理规定》（以下简称《管理规定》）系国家外汇管理局发布的针对跨境担保的规范性文件。《管理规定》第六条规定："外汇局对内保外贷和外保内贷实行登记管理……"第二十九条规定："外汇局对跨境担保合同的核准、登记或备案情况以及本规定明确的其他管理事项与管理要求，不构成跨境担保合同的生效要件。"

2.《外债登记管理办法》（以下简称《办法》）系国家外汇管理局发布的规范性文件，主要是对外债登记管理操作进行规定。

3.《国家外汇管理局关于进一步促进跨境贸易投资便利化的通知》（汇发〔2019〕28号）（以下简称《通知》）系国家外汇管理局2019年10月25日最新发布的部门规范性文件，《通知》进一步放宽外债登记备案条件，第六条改革企业外债登记管理第二款规定："试点取消非金融企业外债逐笔登记。试点地区非金融企业可按净资产2倍到所在地外汇局办理外债登记，非金融企业可在登记金额内自行借入外债资金，直接在银行办理资金汇出入和结购汇等手续，并按规定办理国际收支申报。"《通知》试点取消非金融企业外债逐笔登记，并试点额度登记，进一步优化了外汇管理措施，减轻了对外担保逐笔登记的负累，因而具有重要意义。法律业界似乎普遍认为外汇管理局这一举措进一步证明登记并非对外担保合同有效的信号，类似的观点和司法实践似乎偏离了现行有效的外汇管理行政法规及跨境担保相关司法解释，需要从逻辑、法理、法条等方面予以重新分析、考量。

三、司法实践与裁判观点

对于未经外汇管理机关登记的跨境担保合同，各地人民法院形成了许多宗案例，其中以内保外贷担保形式最多。内保外贷的案件中，除（2016）粤03民再36号案外，其他多数案例裁判意见均认为外汇管理局登记手续不影响跨境担保项下担保合同的效力。列举部分裁判案例观点如下：

案例一：交通银行股份有限公司香港分行、奥宏玛航运（香港）有限公司、陈崇傲等船舶营运借款合同纠纷二审案，案号：（2017）浙民终716号。

裁判观点：法院认为，由于我国实行外汇管制，对外担保是产生外债的途径之一，我国《担保法司法解释》第六条规定了对外担保未经有关主管部门批准或登记无效，其立法本意是为了维护社会经济秩序和保护社会公共利益，但改革开放以来我国外汇管理制度是沿着人民币走向自由兑换这一路径而开始演变历程的，实行人民币资本项目自由兑换是外汇体制改革的目标。随着我国经济体量和国际资本流动规模的增大，2014年国家外汇管理局发布施行的《跨境担保外汇管理规定》及《国家外汇管理局关于〈跨境担保外汇管理规定〉的通知》，明确外汇管理部门对跨境担保合同的核准、登记或备案等外汇管理要求，不构成跨境担保合同生效要件。在此背景下，未经批准的跨境担保行为实质上不会涉及国家外汇管理秩序，并不构成对我国社会公共利益和社会经济秩序的违反，涉案担保合同不宜再被认定为无效。

案例二：香港上海汇丰银行有限公司与河北四方通信设备有限公司金融借款合同纠纷一审案，案号：（2017）冀民初17号。

裁判观点：法院认为，被告四方通信公司签署《担保书》，为光纤网络集团提供担保，上述担保属于对外担保。《担保书》签署于2015年7月27日，签署时间在2014年6月1日之后，应适用2014年6月1日起实施的国家外汇管理局《跨境担保外汇管理规定》。依照《中华人民共和国外汇管理条例》及《跨境担保外汇管理规定》规定，为境外机构对外提供外汇担保，应报经外汇管理机关批准，并办理签约登记等核准手续。《跨境担保外汇管理规定》第二十九条规定："外汇局对跨境担保合同的核准、登记或备案情况以及本规定明确的其他管理事项与管理要求，不构成跨境担保合同的生效要件。"据此，涉案《担保书》虽未办理相关登记管理手续，但不能据此认定其无效，四方通信公司为光纤网络集团提供连带责任保证，不存在法定无效的情形。

案例三：华夏航运（新加坡）有限公司与大连大洋船舶工程有限公司保

证合同纠纷一审案，案号：（2015）朝民（商）初字第 02255 号。

裁判观点：法院认为，本案中大洋公司为大洋株式会社的债务，向境外法人华夏公司提供担保，应属对外担保……《最高人民法院关于适用〈中华人民共和国担保法〉若干问题的解释》第六条将核准和登记的规定认定为确认对外担保合同有效的前置条件，即未经国家有关主管部门批准或者登记的对外担保无效。2014 年 6 月 1 日开始实施的《跨境担保外汇管理规定》，第二十九条规定：外汇局对跨境担保合同的核准、登记或备案情况以及本规定明确的其他管理事项与管理要求，不构成跨境担保合同的生效要件。因此认为本案中大洋公司提供的担保应属有效。

案例四：利奥电脑国际有限公司与李荣国保证合同纠纷再审案，案号：（2016）粤 03 民再 36 号。

裁判观点：法院认为，利奥公司是在香港特别行政区注册的公司，李荣国向利奥公司出具的《保证函》属于对外担保。《最高人民法院关于适用〈中华人民共和国担保法〉若干问题的解释》第六条规定："有下列情形之一的，对外担保无效：（一）未经国家有关主管部门批准或者登记对外担保的。"李荣国主张涉案保证没有经过外汇管理部门批准和登记，且双方均未提交证据证明保证已经批准或登记。二审据此认定，李荣国向利奥公司提供的《保证函》属于未经国家有关主管部门批准或登记的对外担保，该担保无效，符合相关法律规定。

四、司法裁判观点评述

在上述列举司法判例中［（2016）粤 03 民再 36 号除外］，法院通过适用《跨境担保外汇管理规定》第二十九条的"外汇局对跨境担保合同的核准、登记或备案情况以及本规定明确的其他管理事项与管理要求，不构成跨境担保合同的生效要件。"认为未办理相关登记管理手续，不能据此认定其无效，并进而得出未办理登记的对外担保合同有效的结论有待检讨。试从五个方面进行探讨。

（一）"合同生效"不等于"合同有效"

根据《合同法》第四十四条："依法成立的合同，自成立时生效。法律、行政法规规定应当办理批准、登记等手续生效的，依照其规定。"第四十五条："当事人对合同的效力可以约定附条件。附生效条件的合同，自条件成就时生效……"第四十六条:"当事人对合同的效力可以约定附期限。附生效期限的合同,自期限届至时生效……"根据上述条款,可以将合同生效区分为法定生效和约定生效两种,法定生效根据是否需要满足特定法律要件,又可分为成立生效和满足法定要件生效;约定生效根据约定的生效要件不同可分为:附条件生效和附期限生效。可见,合同生效,更侧重对合同生效时间或生效条件等相关事实的认定,其法律后果为:双方合意之约束力开始生效,承诺生效,各方即刻受意思表示之约束。根据《合同法》第五十二条"有下列情形之一的,合同无效:(一)一方以欺诈、胁迫的手段订立合同,损害国家利益;(二)恶意串通,损害国家、集体或者第三人利益;(三)以合法形式掩盖非法目的;(四)损害社会公共利益;(五)违反法律、行政法规的强制性规定"以及合同法基本原理,合同有效是指合同具备以下要素:合同主体相应民事行为能力、意思表示真实、内容不违反法律或者社会公共利益、合同标的明确。因此,笔者认为,合同有效,是侧重对合同合法性的约束,其法律后果为:法律赋予合同法律之强制力,一方不履行时,司法将通过继续履行、违约责任等实施法律强制力。从《跨境担保外汇管理规定》第二十九条的规定看,该条款规定"外汇局对跨境担保合同的核准、登记或备案情况以及本规定明确的其他管理事项与管理要求,不构成跨境担保合同的生效要件",仅是说明核准、登记、备案等事项不是法律规定对外担保合同生效的要件,并未说明核准、登记、备案等事项不是法律规定对外担保合同合法有效的要件。反之,按《最高人民法院关于适用〈中华人民共和国担保法〉若干问题的解释》第六条规定:"有下列情形之一的,对外担保无效:(一)未经国家有关主管部门批准或者登记对外担保的。"以及国务院《外汇管理条例》第十九条规定的对外担保需办理批准和登记,则属于法律、行政法规的强制性规定,未办理批准或登记的,则当然属于无效合同。

(二)合同效力的逻辑起点是"合同有效"还是"合同生效"

合同效力,即合同对当事人的法律强制性约束力。笔者三人曾对合同效力的逻辑起点是合同生效和合同有效产生分歧。一种观点认为,合同效力应以合同生效为逻辑起点,因为只有合同生效,讨论合同效力才有意义。此观点认为,只有合同生效,合同才可能具有约束力,否则合同没有生效之前,无论合同是最终有效还是无效的,实际对当事人都是没有拘束力的。另一种观点认为,合同效力应以合同有效为逻辑起点,若合同无效,合同将发生自始无效的效果，合同也不可能生效（具有约束力）。该观点认为，如以合同生效为逻辑起点，合同生效实际上是指对合同生效时间或生效条件得以满足的事实状态，如以合同生效为逻辑起点，会产生合同生效条件满足后合同就具有法律约束力的错觉。然而，生效条件的满足并非合同生效本身（即产生约束力），合同生效应等于合同有效加满足生效条件。《合同法》第四十四条规定，依法成立的合同，自成立时生效。《合同法》第四十四条、四十五条、四十六条还分别规定了依法成立的合同依法定审批、登记，依所附条件、所附期限生效的情形。可见，合同生效的前提条件是合同依法成立，依法成立就是满足主体适格、意思自治及《合同法》五十二条规定的合法有效要件。关于合同效力逻辑起点是合同生效还是合同有效的观点，对于理解本文的观点至关重要。具体到上述列举法院裁判观点中，基于《跨境担保外汇管理规定》第二十九条"外汇局对跨境担保合同的核准、登记或备案情况以及本规定明确的其他管理事项与管理要求，不构成跨境担保合同的生效要件"的规定，多数法院因此认为不应或不宜认定对外担保无效，进而得出对外担保合同有效并具有约束力的结论。①若是持合同效力以合同生效为逻辑起点的观点，便容易得出多数法院的观点，因为核准、登记或备案不是担保合同生效要件，那么合同可以理解是成立即生效，合同既然已经成立，具有约束力是自然而然的事情。如此也就产生了合同生效条件满足后，合同生效的错觉。②若是持合同效力以合同有效为逻辑起点的观点，则会认为由"不构成跨境担保合同的生效要件"不足以得出"不应认定对外担保无效"的结论，因为"不构成跨境担保合同的生效要件"只是对合同生效条件约束的满足，生效约束条件满足之后，还应再判断合同有效的条件是否满足。

（三）《担保法司法解释》《外汇管理条例》与《管理规定》谁优先适用的问题

即使不考虑上述理论的描述，从审判实务中，法律适用选择上，《担保法司法解释》系最高人民法院针对法院审理担保案件实务中应用担保法问题进行解释，专门应用指导于法律审判实务的。在我国并未颁布外汇法或外汇管理法的立法背景下，《外汇管理条例》不仅是全国性行政法规，也是国家外汇管理的最权威法律依据。而《管理规定》属于部门规范性文件，对于法院裁判一般仅具有参考意义。因此，《担保法司法解释》《外汇管理条例》也应优先于《跨境担保外汇管理规定》适用。有鉴于上述法律适用顺序，基于司法的保守性、稳定性，根据《担保法司法解释》第六条、《外汇管理条例》第十九条，未经核准、登记的对外担保不宜判决有效。解决的方式，应当通过最高司法机关顺应外汇管理的需要，修改担保法司法解释。

（四）对外担保应办理核准、登记手续从效力性强制规定修改为管理性强制规定的问题

《外汇管理条例》第十九条规定的对外担保应当办理审批、登记手续，立法机关国务院、提议机关外汇管理局在立法之初均将该条款作为效力性强制规范来确定，但凡违反的，对外担保无效。这也是《担保法司法解释》第六条规定对外担保未经审批、登记则合同无效的法律依据。该等法律依据和司法实践已经贯彻多年，建立了信赖与秩序，不宜轻易更改。某一法律规范是效力性强制规定还是管理性强制规定，应当由制定颁布该规范的立法机关来设定、变更、解释。《外汇管理条例》第十九条规定的对外担保应当办理审批、登记手续，是国务院制定的法律规范，颁布以来也是按效力性强制规范来适用。《跨境担保外汇管理规定》作为部门规范性文件，将对外担保应办理核准、登记手续这一法律规范从效力性强制规定解释为管理性强制规定，值得探讨。

（五）未经核准、登记的对外担保合同有效之司法判决的法理自洽与执行力问题

《德国民法》第三百零六条规定，"以不能的给付为标的的契约，无效"。不仅如此，"合同标的的确定与可能"为合同依法成立的必要条件之一，已成民法法系合同法之基本准则，亦在《合同法》第十二条所规定合同内容必须有"标的"中体现。此处的标的，应理解为依法可给付的标的。在实施外汇管理与管制的社会经济背景下，根据《外汇管理条例》等相关外汇法规、政策，以及外汇管理部门、购售汇金融机构的实践，未经核准、登记的对外担保合同，将不能获得换汇的资格及条件。跨境担保合同之标的，是在担保责任产生时以外汇对债权承担次位清偿责任。而未经核准、登记的跨境担保合同，无法换汇，无法履行对外担保责任，属于合同标的不能履行的合同。不考虑核准、登记应否成为合同有效抑或生效条件的因素，该类合同亦应判决无效。如法院判决未经核准、登记的对外担保合同有效：一则，不宜判决各方当事人继续办理核准、登记手续；即使判决了，鉴于办理此类核准、登记所需的印章、文件和流程复杂，判决也难以强制执行。二则，如若不判决完善核准、登记手续，判决担保人履行外汇担保义务的判项将无法得以履行或执行，该等判决甚至与中国法制与政策不符合。

五、汇发〔2019〕28号文背景下跨境担保风险提示

（一）汇发〔2019〕28号文对备案条件放宽的内容和意义

汇发〔2019〕28号文第六条对企业外债登记管理改革进行了规定，主要内容为：非银债务人外债注销登记地点由所在地外汇局改为所在地外汇局辖内银行；取消非银债务人外债注销登记业务时间；取消非金融企业外债逐笔登记；非金融企业外债登记最高限额为净资产2倍，非金融企业可在登记金额内自行借入外债资金，直接在银行办理资金汇出入和结购汇等手续，且无需进行逐笔登记。上述规定是对《跨境担保外汇管理规定》及其操作指引关于外债登记的地点、时间、频率及限额的细化和完善，极大简化了跨境担保业务中外债登记的程序，有利于促进跨境担保业务的发展，丰富人民币国际化内涵。

（二）汇发〔2019〕28号文下跨境担保风险及其防范

根据上述规定，若非金融企业发生的外债登记额度未超过其净资产2倍的，只需要进行一次外债登记，即首次登记，后续继续发生的外债登记额度累计未超过前述限额的视为已进行外债登记；若非金融企业累计发生的外债登记额度累计超过前述限额，则需要进行外债登记。鉴于此，在信息不对称的情况下，跨境担保存在外债登记额度识别风险，其直接影响着担保合同的效力及合同主体的权利义务。笔者认为，在进行跨境担保业务过程中，外债登记最高限额和累计外债登记额度的确定是关键。债权人应当充分收集债务人的关键信息，包括但不限于经审计资产负债表、已提交外债登记资料、债务人已有的涉外担保债务情况（交易对手、金额、存续期和状态）等。另外，若非金融企业新增对外债务使得其累计发生的外债登记额度累计超过其净资产2倍时，此时外债登记是针对超过限额部分还是该新增债务尚不明确，债权人亦需关注此情形下的风险并采取防范措施。因此，笔者建议，在签订跨境担保合同时，不仅要对担保人的外汇担保额度进行认真细致的尽职调查，还需完善担保人的陈述与保证条款，以及明确担保被认定合同无效或无法履行时的责任承担或替代性补救措施。

(三) 汇发〔2019〕28 号文下跨境担保司法实践影响分析

在担保合同效力认定方面，根据前述关于跨境担保司法实践分析，对外担保合同的有效认定以进行登记为前提。汇发〔2019〕28 号文将外债登记由逐笔登记变更为净资产 2 倍的额度登记，登记与否的考量维度一分为二，在限额内，未进行外债登记的视为已登记；在额度之外，需通过是否进行逐笔登记作为判断标准。若非金融企业新增对外债务使得其累计发生的外债登记额度累计超过其净资产 2 倍时，担保合同的效力根据目前的规定缺乏明确的判断依据，存在部分无效和全部无效之争。此外，未登记外债有可能因前期存续已登记外债结束而变成视为已登记外债，此种情况如何判断其担保合同效力也存在无效和有效之争，前者因为合同签订时无效，后者是因为诉讼时有效。在举证方面，债权人需对债务人的外债登记限额和累计外债登记额度进行证明，司法机关在进行判断时也会存在一定的难度。首先，外债额度限额的计算需以其他证据为基础，还需审查登记机关的相关文件，证据数量增加；其次，累计外债登记额度的确定存在不确定性，因信息不对称，债权人很难证明其拥有的外债债权是否在限额内；最后，非金融企业净资产和登记外债处于动态变化之中，外债登记限额和外债登记额度亦会随之变化，债权人举证难度进一步增加。在执行方面，债权人合法权益获得司法认可之后，债务人能够在其限额内自由进行外债的偿付，更有利于债权人权利的实现。若债权人单笔债权超过该额度，债务人偿还该笔外债是需要全部进行登记还是仅超额部分进行登记尚不明确，这将会对债权人权利的实现产生一定的不确定性。

六、跨境担保中外保内贷法律规范存在供给不足

跨境担保无论是内保外贷抑或外保内贷，都会影响国际收支平衡和国内金融稳定，影响社会公共经济利益。因此，都需要完善相关的法律规范。我国现存跨境担保相关的规范制度虽相对完善，规范制度的供给却偏重于内保外贷。在跨境担保合同发生争议时，《外汇管理条例》及《担保法司法解释》对跨境担保中的对外担保的合同效力问题有所规定，对外保内贷担保合同却未涉及。目前，针对外保内贷的规范制度《跨境担保外汇管理规定》为部门规章，属于较低层级的规范制度，相关业务的司法实践也将面临无法可依的窘境。随着中国经济对外开放力度和人民币国际化加速，外保内贷形式跨境

担保需求也随之增加,更大程度上影响外汇安全,进而影响到金融秩序和公共利益。因此,关于外保内贷担保合同的核准、登记等要求及效力认定等规范,应尽快纳入行政法规、司法解释以上的法律规范体系。

(2019 年 11 月)

《全国法院民商事审判工作会议纪要》中"对赌协议"裁判规则之指摘

——兼投资方"对赌协议"之完善建议

文/王永敬

最高人民法院于2019年11月8日颁布了《全国法院民商事审判工作会议纪要》（以下简称《会议纪要》）。《会议纪要》虽不等同于司法解释可作为法院判决书援引的法律依据，但可作为法庭理解和适用法律、司法解释的司法理念指引，写进"本院认为"部分。因此，《会议纪要》对当前及今后相当长时期的民商事争议解决和司法审判实务意义功效深远，民商事主体在交易设计、合约拟定、争议解决过程中应当充分参考、采纳《会议纪要》的司法理念，以防范风险。《会议纪要》对公司投融资中"对赌协议"的效力与履行问题进行了规范指引，结束了以"HF案""江苏HG案"等个案司法判决指引影响"对赌协议"司法审判实践的尴尬局面。本文拟从《会议纪要》确立的"对赌协议"司法理念、存在的不足、如何在投融资实务中完善"对赌协议"等方面展开论述。

一、《会议纪要》确定的"对赌协议"司法理念

（一）明确了投资方与目标公司股东或实际控制人订立的"对赌协议"有效已为司法实践所接受，但违反公司法与合同法的除外

《会议纪要》明确："对于投资方与目标公司的股东或者实际控制人订立的'对赌协议'，如无其他无效事由，认定有效并支持实际履行，实践中并无争议。"可见，《会议纪要》以认可既往司法实践中普遍判决投资方与目标公司股东或实际控制人订立的"对赌协议"有效的方式，以普适性规范文件的方式，认定投资方与目标公司股东或实际控制人订立的"对赌协议"有效。

《会议纪要》就投资方与目标公司股东或实际控制人订立的"对赌协议"有效，也给出了除外性规定，即"如无其他无效事由"。《会议纪要》规定

"人民法院在审理'对赌协议'纠纷案件时，不仅应当适用合同法的相关规定，还应当适用公司法的相关规定"。此处的"其他无效事由"至少涉及公司法与合同法、民法总则、民法通则几个层面，具体如下：

对于投资方与目标公司实际控制人或自然人股东订立的"对赌协议"，因对赌义务人为自然人，对赌义务并不涉及对公司法规定的资本维持原则、对债权人的责任、对中小股东的责任等，故该类"对赌协议"的无效事由主要涉及《合同法》第五十二条规定的合同无效事由及《民法总则》《民法通则》规定的民事行为有效性的主体适格、意思表示真实等规定。

对于投资方与目标公司或目标公司法人股东订立的"对赌协议"，因对赌义务人为公司法人，则该类"对赌协议"的效力不仅要考虑《合同法》第五十二条规定的合同无效事由及《民法总则》《民法通则》规定的民事行为有效性的主体适格、意思表示真实等规定，也要考虑对赌义务签订该"对赌协议"是否违反了资本维持原则、利润分配规则、内外部决策及批准程序等。

（二）原则上认定投资方与目标公司订立的"对赌协议"有效，但以符合资本维持原则、股份回购强制性规则作为强制履行投资方与目标公司"对赌协议"的要件

《会议纪要》规定"投资方与目标公司订立的'对赌协议'在不存在法定无效事由的情况下，目标公司仅以存在股权回购或者金钱补偿约定为由，主张'对赌协议'无效的，人民法院不予支持"。可见，投资方与目标公司订立的"对赌协议"只要符合《民法总则》《民法通则》规定的民事行为有效性的主体适格、意思表示真实等规定，且不违反《合同法》第五十二条规定的合同无效事由，人民法院不支持对赌义务人提出的"对赌协议"无效之主张。

《会议纪要》规定"投资方请求目标公司回购股权的，人民法院应当依据《公司法》第35条关于'股东不得抽逃出资'或者第142条关于股份回购的强制性规定进行审查。经审查，目标公司未完成减资程序的，人民法院应当驳回其诉讼请求"。《公司法》第三十五条关于"股东不得抽逃出资"是资本维持原则在《公司法》中的最重要规定，且该法律条款写入了《公司法》第二章"有限责任公司的设立和组织机构"中。目标公司未经合法减资程序向投资方支付款项履行回购义务的行为，实质上属于股东抽出资本金，违反了资本维持原则及《公司法》第三十五条的规定。所以，在对赌义务人（目标公司）为有限责任公司的情形，《会议纪要》认为：目标公司通过减资程序履行回购义务，具有履行可能性，不应认定无效，但未履行减资程序的，不通过司法判决强制履行。

《公司法》第一百四十二条规定了公司回购股份的六项强制性规定：即（一）减少公司注册资本；（二）与持有本公司股份的其他公司合并；（三）将股份用于员工持股计划或者股权激励；（四）股东因对股东大会作出的公司合并、分立决议持异议，要求公司收购其股份；（五）将股份用于转换上市公司发行的可转换为股票的公司债券；（六）上市公司为维护公司价值及股东权益所必需。既然是强制性规定，则没有规定的回购情形就不得回购，没有任何一条明确规定可为了履行"对赌协议"而回购股份，原则上给"对赌协议"股份回购关上了法律之门。即使要参考借用上述股份回购通道，因二、四、五项并不涉及回购的资产支付故无法用于履行"对赌协议"，实际上只剩下一、三、六项可用。

《公司法》第一百六十六条规定："公司分配当年税后利润时，应当提取利润的百分之十列入公司法定公积金。公司法定公积金累计额为公司注册资本的百分之五十以上的，可以不再提取。公司的法定公积金不足以弥补以前年度亏损的，在依照前款规定提取法定公积金之前，应当先用当年利润弥补亏损。公司从税后利润中提取法定公积金后，经股东会或者股东大会决议，还可以从税后利润中提取任意公积金。公司弥补亏损和提取公积金后所余税后利润，有限责任公司依照本法第三十四条的规定分配；股份有限公司按照股东持有的股份比例分配，但股份有限公司章程规定不按持股比例分配的除外。股东会、股东大会或者董事会违反前款规定，在公司弥补亏损和提取法定公积金之前向股东分配利润的，股东必须将违反规定分配的利润退还公司。公司持有的本公司股份不得分配利润。"

这是资本维持原则在《公司法》上的另一处具体实现。《会议纪要》规定"投资方请求目标公司承担金钱补偿义务的，人民法院应当依据《公司法》第35条关于'股东不得抽逃出资'和第一百六十六条关于利润分配的强制性规定进行审查。经审查，目标公司没有利润或者虽有利润但不足以补偿投资方的，人民法院应当驳回或者部分支持其诉讼请求。今后目标公司有利润时，投资方还可以依据该事实另行提起诉讼"。其本意在于，在目标公司不以股份回购来履行"对赌协议"而是以直接承担金钱补偿义务来履行"对赌协议"时，目标公司当年应当具备符合第一百六十六条规定的可分配利润，方可用金钱履行对赌补偿义务，否则应等今后目标公司有利润时，人民法院方支持相应金额的金钱补偿诉讼请求。该司法理念是"资产＝负债+所有者权益"及"所有者权益＝实收资本+资本公积+盈余公积+未分配利润"会计平衡等式在"对赌协议"法律强制履行性方面的体现，理由是：目标公司支付现金补偿导致资产较少，如目标公司无合法税后可分配利润时，将导致目标公司减少核心资本权益（实收资本+资本公积）来对应支付，有违资本维持原则。

二、《会议纪要》关于"对赌协议"司法理念的不足

公司及其投融资等领域权利义务设定及争议解决，不仅涉及公司法、合同法等法律专业领域，也涉及公司经营管理、公司财务会计等公司实务领域。缺乏公司经营管理、公司财务会计等领域的知识、经验，难以准确地确立公司及相关权利义务和争议解决规则，在公司实务领域适用法律也容易出现偏差或误解，该等问题在《会议纪要》已有显现。另外，为快速以《会议纪要》方式出台司法政策以应对指导当前日益复杂的民商法实践，忙中易失，《会议纪要》关于"对赌协议"司法理念涉及的法律条款等也有不足。

（一）法律依据的援引及适用不周全

作为"对赌协议"回购义务主体的目标公司，实践中可能是有限责任公司，也可能是股份有限公司。关于为履行"对赌协议"而回购义务的问题，《会议纪要》规定以不违反《公司法》第三十五条关于股东不得抽逃出资的规定。然而，《公司法》第三十五条专门写入了《公司法》第二章"有限责任公司的设立和组织机构"中，应当只适用于有限责任公司。关于股份有限公司不得抽逃资金的类似规定，应依据《公司法》第九十一条"发起人、认股人缴纳股款或者交付抵作股款的出资后，除未按期募足股份、发起人未按期召开创立大会或者创立大会决议不设立公司的情形外，不得抽回其股本"。从有限责任公司与股份有限公司法律性质差异、《公司法》原文及条文体系、法律解释方法等而论，关于规制、禁止股份有限公司股东抽逃资本的问题，并不存在参考适用《公司法》第三十五条的余地和必要。因此，《会议纪要》在相应内容中未提及《公司法》第九十一条，应属漏洞。

另外，同前段逻辑与法理，《公司法》第一百六十六条规定的关于股份有限公司股份回购规定，如无特殊规定，只适用于股份有限公司。对于有限责任公司回购股权以履行"对赌协议"时，适用公司法哪一条，或可指引参照

《公司法》第一百六十六条，或有限责任公司不可回购股权等，均未予以说明。在司法实践中会产生新的争论和问题，亦属一处残缺。

（二）扩充理解、适用"出资""股本"概念，缩限了可用于履行"对赌协议"金钱补偿义务的利润或所有者权益范畴，不利于投资者利益保护。

关于资本维持原则下的禁止抽逃资本规则，对有限责任公司《公司法》第三十五条规定"公司成立后，股东不得抽逃出资"，对股份有限公司《公司法》第九十一条规定"发起人、认股人缴纳股款或者交付抵作股款的出资后，除未按期募足股份、发起人未按期召开创立大会或者创立大会决议不设立公司的情形外，不得抽回其股本"。出资不等于股本，出资、股本均不等于所有者权益。《公司法》第三条规定"公司是企业法人，有独立的法人财产，享有法人财产权。公司以其全部财产对公司的债务承担责任。有限责任公司的股东以其认缴的出资额为限对公司承担责任；股份有限公司的股东以其认购的股份为限对公司承担责任"。基于该等法律规定，有限责任公司股东对公司的经济责任以认缴（含实缴）的出资为限，股份有限公司股东对公司的经济责任以认缴（含实缴）的股份（股本）为限，故股东不得抽回出资或股本。基于前述法律规定，《会议纪要》就"对赌协议"效力及履行的规定，已经秉承了股份回购、金钱补偿的履行均不得构成抽逃资本、稀释资本及不得减轻或免除公司股东对公司的法定义务和责任这一理念。但因扩充理解、适用"出资""股本"将资本公积、盈余公积、累计未分配利润一概纳入《公司法》第三十五条、第九十一条规定的不得抽逃的出资或股份范畴，进而规定目标公司只可用当年提取法定盈余公积和任意盈余公积后的税后净利润向投资方支付"对赌协议"金钱补偿，缩限了可用于履行"对赌协议"金钱补偿义务的利润或所有者权益范畴，并未贯彻既符合《公司法》规定又充分保护投资者利益的原则，具体如下：

1. 累计的未分配利润应作为金钱补偿的资金来源。目标公司当年经营产生的税后净利润在依法提取盈余公积后应属可分配利润，公司以前年度的税后净利润在依法提取盈余公积后也属可分配利润。这些累计的可分配利润，均属于公司资本之外的经营盈余，在非破产及清算状态下，其权益属于股东，并不是债权人的偿债基础，应不受资本维持原则的限制。因此，以前年度累计未分配利润及当年可分配利润，均可作为目标公司履行"对赌协议"金钱补偿义务的资金来源，《会议纪要》援引《公司法》第一百六十六条关于公司分配当年利润的规定，存在将"对赌协议"金钱补偿的资金来源限定为当年利润之嫌，无必要的限制了"对赌协议"金钱补偿的履行可能性，且在司法实践会产生歧义。

另外，按公司实务和会计实务，《公司法》第一百六十六条关于公司分配当年利润规定中的"分配"，应属于一种额度与指标的划分与配置，而非通常认为的支付利润，即其本意是：将公司利润额提取盈余公积后的余额"分配"如未（可）分配利润中去。此处用"分配"一词，属于起草法条时未能贯通公司法与财务会计的概念和逻辑所致。所以，《公司法》第一百六十六条实际上规范的是公司利润额如何在盈余公积和可分配利润额之间分配的问题，而不是公司累进可分配、可支付利润额的概念。某种程度上，《会议纪要》援引《公司法》第一百六十六条规定，亦是缘于对公司实务、会计实务的理解不到位。

2. 应明确法定盈余公积不可用于"对赌协议"支付但任意盈余公积可以。公司按一定比例从税后利润中提取法定盈余公积，可一定程度防止股东资本金随社会经济和货币金融的发展而相对减值。因此，《公司法》第一百六十六条规定必须按比例提取法定盈余公积金，实为资本维持原则的另一体现。故，以法定盈余公积作为"对赌协议"支付的资金来源，有损股东出资的应有价值（而非原始价值），有违资本维持原则，不应支持。公司任意盈余公积金，是公司为发展壮大、加强积累而自主提留，不受《公司法》及资本维持原则强制要求，以任意盈余公积作为资金来源履行"对赌协议"支付义务，不违反公司法强制性规定。

3. 应明确资本公积不可用于"对赌协议"的金钱支付。在公司实务中，溢价出资已为常态。出资溢价在会计实务上形成资本公积，各类资本公积实际上是股东出资的一部分。按《公司法》第三十五条规定，有限责任公司股东按出资额对公司负责，有限责任公司股东出资形成的资本公积也不得抽逃，故该类资本公积不应作为履行"对赌协议"的资金来源。《公司法》第九十一条规定，股份有限公司不得抽逃的是股本而非出资，股东出资溢价在股本之外形成的资本公积不受"股东不得抽逃出资"规范所限制。因受赠、资产升值、政府补贴等形成的资本公积，不属于股东出资范畴，用于履行"对赌协议"的资金来源，无论对赌义务人属于有限责任公司还是股份有限公司，似乎不违反《公司法》第三十五条及第九十一条强制性规定及资本维持原则。然而，根据《公司法》第一百六十九条"公司的公积金用于弥补公司的亏损、扩大公司生产经营或者转为增加公司资本。但是，资本公积金不得用于弥补公司的亏损"，公司资本公积的用途受到限制，不可以向股东或第三方支付，因此资本公积不能作为履行"对赌协议"金钱支付的资金来源。

4. 规定以可分配利润履行"对赌协议"的金钱补偿义务，与《公司法》第三十四条冲突，也存在逻辑悖论。《公司法》第三十四条规定："股东按照实缴的出资比例分取红利；公司新增资本时，股东有权优先按照实缴的出资比例认缴出资。但是，全体股东约定不按照出资比例分取红利或者不按照出资比例优先认缴出资的除外。"当目标公司全体股东并未约定可分配利润可不按比例分红或甚至约定全部可分配利润优先用于支付"对赌协议"补偿款时，目标公司用可分配利润履行"对赌协议"补偿款支付义务，则该行为违反了《公司法》第三十条强制性规定且侵害了其他股东的合法权益。如果《会议纪要》相应内容的意图是希望"对赌协议"权利人以股东身份基于《公司法》第三十四条获得利润分红，不管该分红是按比例或非按比例，"对赌协议"权利人获得的是股东分红，与"业绩对赌"补偿有何关联？如"对赌协议"权利人以债权人身份要求目标公司按《公司法》第三十四条以公司可分配利润向其支付补偿，则其公司法依据何在？

5. 《会议纪要》关于"对赌协议"效力与履行的规定忽略了公司法程序问题，在争议上叠加新争议。无论通过减资实施股权回购及支付、实施符合《公司法》第一百六十六条规定的回购前提条件，还是公司最终实施利润和支付方案，都离不开目标公司董事会决策决议、股东会表决通过等公司法程序。这些程序涉及行为，如目标公司不按公司法实施、履行，司法难以强制执行。认定投资方与目标公司的"对赌协议"有效，但目标公司董事会、股东会一直不实施减资、分红等法定程序，"对赌协议"权利人就得无限期等待，被一纸有效但无法强制执行的合同绑定，有时候不如主张合同无效获得相互返还和赔偿。《会议纪要》相关规定，实际上等于把投资方与目标公司已诉至人民法院的"对赌协议"的争议又抛回给争议双方，比如，等公司履行减资程序后再来起诉，等公司有红可分后再来起诉。一方面，争议双方在"对赌协议"效力争议之上又要去争议减资程序问题、分红程序问题等，另一方面，如果为履行"对赌协议"而必需的减资程序或分红程序已经履行，双方还需要争议"对赌协议"的效力与履行吗？《会议纪要》关于"对赌协议"效力与履行内容还有必要出台吗？

6.《会议纪要》关于"对赌协议"效力与履行的规定，可能对市场引起误导。鉴于前述，《会议纪要》关于"对赌协议"效力与履行的规定站在维护市场经济、维护合同效力的角度确立，但因未能估计公司实务、实体法与程序法衔接等问题，导致有样无用之嫌。然而，确立投资方与目标公司"对赌协议"有效这一司法理念，将对投资界产生极大的误导，纷纷签订此类"对赌协议"。殊不知，投资方与目标公司"对赌协议"效力与履行的路上，有多少资本维持原则的风险及难以逾越的公司法强制程序，所谓可望而不可得！

三、《会议纪要》新时代，订立"对赌协议"的几点建议

我们有理由相信，《会议纪要》将会在很长一段时期稳定地指引司法审判，开启了民商事审判的新时代。《会议纪要》关于"对赌协议"效力与履行的规定，给投资界、法律界同时带来了机遇和挑战：设计得好有法可依，设计不好于法更乱。在《会议纪要》大背景下，未来投融资合作中投资方订立"对赌协议"时，初步建议如下：

1. 投资方尽量与股东、实际控制人签订"对赌协议"，而不是与目标公司签订。

2. 投资方尽量与股东、实际控制人签订"对赌协议"的，可由目标公司提供担保，但应经目标公司内外部决策、决议程序。

3. 投资方与目标公司签订"对赌协议"的，应由实际控制人、控股股东等提供担保或最好是替代性救济承诺。

4. 投资方与目标公司签订"对赌协议"的，在《公司法》框架内预先获得与回购、分红有关的决策文件或股东决议、协议等。

5. 从法律和会计及公司实务视角厘清和准确适用出资、资本、股本、净利润、累进未分配利润、所有者权益等专业术语，并与《会议纪要》用词相对应。

6. 约定可行的、合理的、公平的对赌条件，描述与说明对赌的市场商业逻辑和法律上的自愿、平等。

7. 委托法律、会计等专业人士协助。

（2019 年 11 月）

李某所受"训诫"之行政法分析：
不应对"造谣"施训诫

文/王永敬

李某医生令人敬仰，他的牺牲使人沉痛哀思！然而，他那"训诫书"并未作为行李带走，仍留在世间，供人省醒。对该训诫书，可批可判之必要性甚多，唯循"不以逝者而作文章消费"之善意，且受下述他人先前之分析所引发，今日方写。

关于李某医生所受之训诫书，广大群众议论纷纷是不妥当的，应当予以撤销以恢复李某医生的尊严。对此，近日的两种主要观点，激励笔者拟写此文，以供批判。

一种观点认为，公安机关是以李某医生的疫情言论违反《治安管理处罚法》为由施以训诫，《治安管理处罚法》第十条规定的处罚方式为警告、罚款、行政拘留、吊销公安机关发放的许可证，训诫非属《治安管理处罚法》所规定的行政处罚，只是批评教育，不具有行政诉讼法之可诉性。

另一种观点则认为，"通过分析训诫制度的法律构造可知，在行政执行领域，训诫其实是警告的书面表达形式，将其法律属性界定为一种行政处罚，有助于对训诫行为进行法律规制和诉讼救济，进而规范公安机关的执法行为"。（王学辉，《公安机关对李某的"训诫"行为的行政法分析》，公法之声，2020年2月8日）

公安机关基于违反《治安管理处罚法》之事由对李某医生施以的训诫，不属于警告的书面表达形式，不属于行政处罚，但仍属于具体行政行为，具有行政诉讼法上的可诉性。

为集中笔力而作简明扼要之辨析，本文专注于讨论行政法，特别是治安管理行政领域的训诫，对刑法、刑事诉讼法、民事诉讼法等领域的训诫，不作讨论。另外，笔者尊崇逻辑与理性优先，始终认为就认识与分析我们所处的复杂社会现象而言，坚持理性与展开逻辑，其功用往往大于艰深的学理探讨。

一、训诫不是《治安管理处罚法》规定的行政处罚

"法无明文规定不处罚"是《行政处罚法》的基本原则，其也涵盖了处罚的方式、类型应以法律明文规定为准之合法性要求。《行政处罚法》第四条后段规定：对违法行为给予行政处罚的规定必须公布；未经公布的，不得作为行政处罚的依据。《行政处罚法》第八条规定：行政处罚的种类：（一）警告；（二）罚款；（三）没收违法所得、没收非法财物；（四）责令停产停业；（五）暂扣或者吊销许可证、暂扣或者吊销执照；（六）行政拘留；（七）法律、行政法规规定的其他行政处罚。依据上位法《行政处罚法》的前述规定，《治安管理处罚法》第十条规定：治安管理处罚的种类分为：（一）警告；（二）罚款；（三）行政拘留；（四）吊销公安机关发放的许可证。对违反治安管理的外国人，可以附加适用限期出境或者驱逐出境。

显而易见，《治安管理处罚法》及《行政处罚法》均未规定训诫属于行政处罚的种类之一。

二、训诫也非行政警告的具体表现形式

有学者认为，"应将训诫看作一种行政处罚的新形态。因为训诫制度包含了声誉罚或者精神罚的性质，应将其视为行政处罚。实际上，除警告以外的其他处罚形式也都具有警告的性质，但训诫不同于一般的处罚，其处罚程度相对来说并不强烈；在行政执行领域，训诫其实是警告的书面表达形式"。（王学辉，《公安机关对李某的"训诫"行为的行政法分析》，公法之声，2020年2月8日）

该种论断从逻辑和学理上，均存探讨之余地。

1. 法律规定的明确性及法律词义的准确性是立法、司法、执法的必然要求，法律语义应当清晰准确、严谨周全，也是准确立法、司法、执法的语义逻辑基础。基于"清晰、准确"的法律语义要求，《行政处罚法》及《治安管理处罚法》如需设定"训诫"作为处罚种类，自应也自会在相应法条中语义明确规定"训诫"字样。基于"严谨、周全"的法律语义逻辑要求，"行政警告"的概念内涵与外延应当是周全的、边界清晰的，不应有可囊括"训诫、批评"等其他概念。据此，法律语义上而言，"行政警告"不应包含"行政训诫"。

2. "训诫"已为部分行政管理单行法所提及却未规定为行政处罚，从体

系解释的角度，已可明确"行政训诫"不属于行政处罚。《预防未成年人犯罪法》第三十七条、《国家安全法实施细则》第二十二条、《信访条例》第四十七条、《保安服务管理条例》第四十五条等，均规定公安（国安）行政机关等可对行政管理相对人施以训诫措施，但未规定"训诫"属于行政处罚。就此而言，"行政训诫"在行政管理措施中法律语义进一步明确，并主动将其与"行政警告"划清界限、泾渭分明。从法律解释的体系解释方法而论，前述法律的"训诫"与公安机关基于《治安管理处罚法》对李某施以的"训诫"均属于行政训诫，该类行政训诫在前述法律规定中未规定为行政处罚种类之一，则亦不可将其归类至《治安管理处罚法》的"警告"处罚项下。

3. 从立法及法律解释的历史方法而论，"训诫"也不属于或包含于"警告"。现行有效的《治安管理法》是《治安管理处罚条例》的沿革与进化，并予以替代。《治安管理处罚条例》第六条规定了警告、罚款、拘留三种行政处罚方式，同时该条例第九条规定：已满14岁不满18岁的人违反治安管理的，从轻处罚；不满14岁的人违反治安管理的，免予处罚，但是可以予以训诫，并责令其监护人严加管教。《治安管理处罚法》第十二条规定：已满14周岁不满18周岁的人违反治安管理的，从轻或者减轻处罚；不满14周岁的人违反治安管理的，不予处罚，但是应当责令其监护人严加管教。可见，在《治安管理处罚条例》中，训诫属于免于处罚的处理措施，不属于行政处罚，在《治安管理处罚法》中，取消了训诫。根据法解释的历史解释法，及行政处罚法治进步之依法行政的目的解释法，在《治安管理处罚法》中不属于行政处罚的训诫，不应当也不可能属于或包含于《治安管理处罚法》或《行政处罚法》中的警告。

三、训诫属于具体行政行为，具有可诉性

学者论证公安机关对李某医生施以的训诫实质上属于行政处罚的目的在于对训诫行为进行法律规制和诉讼救济，使其具有可诉性，据此规范公安机关的执法行为，其用心良苦但实无必要！该类训诫不属于行政处罚，但其实质仍属于公安机关对行政管理相对人施以的行政管理措施，仍属于具体行政行为，具有可诉性，简析如下。

《预防未成年人犯罪法》第三十七条、《国家安全法实施细则》第二十二条、《信访条例》第四十七条、《保安服务管理条例》第四十五条等，均规定公安（国安）行政机关等可对行政管理相对人施以训诫。可见，训诫是公安

机关实施行政管理中常用的一种处理措施，实质上属于行政执法行为。

公安机关对李某医生施以的训诫行为，符合具体行政行为的构成要件。具体行政行为是指国家行政机关和行政机关工作人员、法律法规授权的组织、行政机关委托的组织或者个人在行政管理活动中行使行政职权，针对特定的公民、法人或者其他组织，就特定的具体事项，作出的有关该公民、法人或者其他组织权利义务的单方行为。具体行政行为的概念采用了开放式的定义方法，即只要满足具体行政行为构成要件的均应认定为具体行政行为，包括但不限于：行政命令、行政征收、行政许可、行政确认、行政监督检查、行政处罚、行政强制、行政给付、行政奖励、行政裁决、行政合同、行政赔偿。具体行政行为构成要件包括四个方面：主体要件（行政机关），行为要件（单方行为），客体要件（行政相对人及其违法事实），内容要件（规定义务与责任）。公安机关对李某医生下达训诫书的行为，符合前述具体行政行为的构成要件，应属于具体行政行为。

公安机关对李某医生下达的训诫书，具有可诉性。《行政复议法》第二条规定：公民、法人或者其他组织认为具体行政行为侵犯其合法权益，向行政机关提出行政复议申请，行政机关受理行政复议申请、作出行政复议决定，适用本法。《行政诉讼法》第二条规定：公民、法人或者其他组织认为行政机关和行政机关工作人员的行政行为侵犯其合法权益，有权依照本法向人民法院提起诉讼。有人认为，训诫并不包含在《行政复议法》第六条、《行政诉讼法》第十二条列举的具体行政行为之列，故不可复议、不可诉讼。实则，《行政复议法》第六条、《行政诉讼法》第十二条对可诉具体行政行为采取了"列举+概括"的表述方式，并规定了兜底条款：认为行政机关侵犯其他人身权、财产权等合法权益的。公安机关对李某医生下达训诫书的行为，除满足具体行政行为的构成要件之外，也涉及对李某医生的公民权利进行限制、对其名誉构成影响，涉嫌侵犯其人身权利，具有行政复议法、行政诉讼法上的可诉性。

四、以违反《治安管理处罚法》为由施以训诫，属于错误执法

行政处罚，应以行政权力为前提，以《行政处罚法》为合法性基础，以行政管理单行法的具体规定为处罚依据。就公安行政管理的职责与权力而言，公安机关有施以训诫的合法权力。但是，合法权力必须依法行使，否则易生滥用权力之嫌。公安机关如依《预防未成年人犯罪法》第三十七条、《国家安

全法实施细则》第二十二条、《信访条例》第四十七条、《保安服务管理条例》第四十五条等，对有关的行政管理相对人施以训诫，则具有依法行使训诫权力的法律依据，训诫是否合法、适当，可考察其事实依据、处理程序。然而，《治安管理处罚法》并未规定将训诫作为治安行政管理的处理措施，公安机关以李某医生违反《治安管理处罚法》对其施以训诫，则无法律依据，难免有套用、借用前述相关法律法规中关于训诫措施之嫌疑，应受滥用权力、错误执法之检讨。简而言之，抛开是否属于造谣、程序是否合法等，仅无合法依据这一点，"训诫书"于法不能成立。

如果公安机关认为造谣的事实及结果成立，认为应当依据《治安管理处罚法》规定予以行政处罚的，也应当根据《治安管理处罚法》第十条的规定，选择适用警告、罚款、行政拘留之一的处罚方式。

五、就事实与法律而论，对李某的"训诫书"符合予以撤销的要件

回归到公安机关对李某医生的训诫书具体事实层面，李某医生传递疫情之行为，是否有造谣之主观故意，是否造成社会危害等，已无讨论分析之必要，疫情的灾难及事实摆在眼前，公众的评价及判断放在心里。当客观事实与法律事实矛盾的时候，法律事实应当向客观事实皈依，即当前当下，训诫书所认定李某医生造谣的法律事实已被颠覆和否定，基于该法律事实所作出训诫书，缺乏事实根据。结合上述法律评论：在《治安管理处罚法》制度下施以训诫无法律依据。公安机关对李某医生施以的训诫书符合依法应予撤销的要件。

行政机关作的行政决定、行政行为，如对行政管理相对人构成利益信赖，不可自行撤销。而对行政管理相对人施以的行政处理、处罚不构成信赖利益的，行政机关及其上级机关如发现错误的，应主动予以更正或撤销，此为"以事实为根据、以法律为准绳""有错必纠"的法治政府基本要求。逝者安息，李某医生的近亲属自然可以依据《行政复议法》第十条、《行政诉讼法》第二十四条，提起行政复议或行政诉讼。然而，急疫情当前、人心所向之需，笔者认为由公安机关或上级机关主动撤销相关训诫书，是为更妥。

（2020年2月）

新冠肺炎疫区外国撤侨与特别行政区撤回居民的法律疑难

文/王永敬

新冠肺炎暴发以来，湖北成为重灾区。美国、日本、韩国、法国等各个国家为保护本国国民，纷纷从湖北撤侨，接回本国居民（含绿卡持有者）。香港特区已包机从湖北灾区撤回香港居民500余人，澳门政区拟于2020年3月7日包机接回澳门居民。在依法治国、依法抗疫的背景下，其中的法律依据值得探究。

一、《传染病防治法》及《突发事件应对法》具有属地管辖性质

在发生类似新冠肺炎疫情等严重病疫灾害时，将其列为突发事件采取非常规性的应急措施，具有合法性。新冠肺炎疫情期间，停工、停课、停市、交通管制、停运、停航、封锁城镇等应急防疫措施，在《传染病防治法》第四十二条、第四十三条及《突发事件应对法》第四十九条规定找到法律渊源。

根据《传染病防治法》及《突发事件应对法》的立法目的和实施要求，上述交通管制、封锁城镇等应急强制性措施，在实施区域内对包括外国人、港澳居民在内的所有人有效，未经疫情防控指挥及其实施机构的官方许可，任何人不能离开被封锁的灾区。在此法律背景下，外国人与港澳居民均无法自行离开疫情灾区。

二、外国政府从疫情灾区撤侨的法律依据是国际条约

外国人虽然不能自行离开被封锁的疫情灾区，但可以通过疫情当地使领馆并由其本国政府统一组织撤离疫情灾区。此举显然是对《传染病防治法》及《突发事件应对法》制度框架下交通管制、城镇封锁等强制性法律措施的突破，也体现了国民待遇与外国人待遇在疫情灾害中的差别。

迄今为止，关于国际间撤侨，并无具体的、明确的国际条约予以规定，多是基于领事保护原则、人道主义保护出发，以散落在相关国际条约中的有

关内容作为依据，主要包括：

1.《维也纳外交关系公约》第三条中规定派遣国大使馆的职权之一为"于国际法许可之限度内，在接受国中保护派遣国及其国民之利益"。

2.《维也纳领事关系公约》第五条规定了领事职务包括"于国际法许可之限度内，在接受国内保护派遣国及其国民个人与法人之利益""帮助及协助派遣国国民个人与法人"，为一国领事馆在另一国境内行使领事保护提供了国际法依据。

3.《联合国宪章》简单规定了国家基于人道主义和国家属人管辖权可以作出撤侨行动。其第一章第二条第五款规定："五、各会员国对于联合国依本宪章规定而采取之行动，应尽力予以协助，联合国对于任何国家正在采取防止或执行行动时，各会员国对该国不得给予协助。"

新冠疫情期间，外国人如认为离开疫区更符合其自身利益需求，并向相关领事馆提出申请的情况下，外国领事馆实施撤侨措施属于行使领事职务，具有法律依据，加之人道主义与国际礼让的考虑，中国政府准许并协助，当属法、礼兼备。

三、特别行政区从湖北撤回居民在《基本法》上没有明确依据，需要予以明确或释法

按照《中华人民共和国香港特别行政区基本法》《中华人民共和国澳门特别行政区基本法》（以下合称为《基本法》）规定，特区居民具有中国国籍者属于中国公民。按照《基本法》中关于中央与特别行政区关系章节中规定：特别行政区属于中华人民共和国高度自治的地方行政区域，直辖于中央人民政府，特别行政区的外交与防务由中央人民政府负责管理。因此，特别行政区与中央之间根本不能按外交或领事关系来认识。

《中华人民共和国香港特别行政区基本法》第一百五十三条规定："中华人民共和国缔结的国际协议，中央人民政府可根据香港特别行政区的情况和需要，在征询香港特别行政区政府的意见后，决定是否适用于香港特别行政区。中华人民共和国尚未参加但已适用于香港的国际协议仍可继续适用。中央人民政府根据需要授权或协助香港特别行政区政府作出适当安排，使其他有关国际协议适用于香港特别行政区。"《中华人民共和国澳门特别行政区基本法》也有类似规定。据此，在"一国两制"背景下，特别行政区对特定事项享有高度自治权，中央人民政府同意特别行政区政府作为独立主体参与某

些特定国际条约，并在这些国际条约中与中央人民政府获得条约（多边合约）相对方关系，相互享有权利及承担义务。例如中国（内地）、香港、澳门都是WTO成员，皆为WTO框架协议的缔约主体。另外，就香港与中国内地均已经参与经贸、金融、税收国际条约或协定，中国内地给予香港居民的外商投资、外汇、税务待遇等确实是国际待遇。然而，香港特别行政区从未也不能成为《维也纳领事公约》等此类主权性、政治性国际条约的缔约方，在法律属性上把特别行政区政府撤回港澳居民归类或参照于撤侨，显然没有法律依据。

同样属于中国领土，同样属于中国居民，为什么别的地方政府不能撤离其滞留湖北的本省居民，而特别行政区可以撤回其特区居民。想必，其法律理由和依据只能来自"一国两制"及《基本法》的制度框架。如果涉及《基本法》的适用而不明确，在此类涉及香港与（中央）内地的关系上，应由全国人大常委会对特别行政区能参照外国政府从疫区撤回其居民的法律依据进行释明。如果属于"一国两制"新实践，无法从《基本法》里找到具体条文并予以释法，那么按照特别行政区与中央关系及特别行政区属于中央直辖这个层面，应当由全国人大常委会作出决定，或至少有中央人民政府颁布一个行政命令。

四、后记

新冠肺炎疫情目前得到了较好的控制，但是依法治国、依法抗疫的理念及方针并未在此过程中得以较好的体现，比如：各种抗疫公告及其措施，并未提及所依据的法律法规；封锁城镇也往往没有按《传染病防治法》先宣布为疫区并经上级政府（或更高级别政府）批准；等等。在特别行政区优于其他地方撤回其居民这个问题上，也没有看到官方公布的法律依据或行政逻辑。此文，正是基于这样的疑惑而起，探而无果。

（2020年3月）

财税实务

跨境重组外资股权适用特殊性税务处理的合规纲要

文/王永敬

改革开放 40 余年以来，中国强劲的经济增长势头已吸引了大量跨国公司来华投资。商务部数据显示，2018 年全国新增外资企业 6 万余家。跨国公司（含其子公司，下同）将其持有中国外资企业的股权在集团内部重组（直接转让、划转等，不包括间接转让等）已成为常态。跨国公司跨境重组外资企业股权，导致外资企业股权发生转让的，将涉及中国的企业所得税法的适用与规制。如何依据国际税收协议避免双重征税？当外资企业股权转让触发中国企业所得税纳税义务时如何合规适用特殊性税务处理获得递延纳税？以上问题成为跨国公司跨境重组外资企业股权时应认真考虑、事先规划的重要税务问题。

本文将以国际间防止漏税及避免双重征税的 OECD 范本，中国企业所得税法律、法规及政策为讨论依据，以两个涉税案例为背景，对跨国公司重组外资企业股权如何避免双重征税及适用特殊性税务处理合规问题等几个方面，提纲挈领。

一、哪些股权的重组触发中国纳税义务

按照多数国家税法及国际惯例的一般原则，对居民纳税人（含企业与个人）的纳税义务实行属人原则——属于纳税居民的，全球征税；对非居民纳税人的纳税义务实行属地原则——来源地实施源泉扣税权力。

截至 2018 年 12 月，中国已与 107 个国家及地区分别签署了双边的防止漏税及避免双重征税的税收协定（或税收安排）。该等税收协定，多数以 OECD 的范本作为基础，进行协商修订，总体框架及基本规则与 OECD 范本多数相同或类似。按照 OECD 范本和规则框架，外资企业的以下股权发生转让的，触发中国所得税纳税义务：

1. 任何经营性质的外资企业，外方股东转让外资企业 25% 以上股权的，视为其股权转让收入来源于中国，应在中国缴纳所得税。化整为零分次转让

的，可能受到合并认定为一次，具体看个案情况。

2. 被转让股权的外资企业，其主要资产是房地产的，则其权益根源是中国的不动产，其股权转让所得来源于中国，外方股东无论转让多少比例股权，均应在中国缴纳所得税。

二、成功案例

转让方 M 公司是一家在美国注册成立的非居民企业。2016 年 12 月，M 公司将其持有的中国境内 Q 公司的全部股权（共持有 75%）转让给 M 公司在英国注册成立的全资子公司 M1 公司。M1 公司以其自身的 49214 股普通股作为对价支付，交易不包含任何现金支付。

2017 年 4 月，M 公司就该项股权重组向主管税务机关进行特殊性税务处理备案，阐述转让具有合理的商业目的且未改变预提税负担。同时，受让方 M1 公司作出书面承诺，自股权转让工商变更登记之日起，连续 12 个月内不改变 Q 公司的实质性经营活动。M 公司也作出书面承诺，本次股权转让完成工商变更之日起 3 年内，不会转让 M1 公司的股权。

主管税务机关根据《财政部、国家税务总局关于企业重组业务企业所得税处理若干问题的通知》（财税〔2009〕59 号）及《国家税务总局关于非居民企业股权转让适用特殊性税务处理有关问题的公告》（国家税务总局公告 2013 年第 72 号）的相关规定，从备案资料是否完整、重组安排是否具有合理商业目的、重组交易对价中涉及的股权支付金额是否符合规定比例等方面，对此次重组安排进行核查，最终认定 M 公司的重组安排符合适用特殊性税务处理的条件。

三、失败案例

烟台 ZY 集团是中国最著名的葡萄酒生产经营企业，系中外合资企业。ZY 集团的外方股东意大利 SLN 投资有限公司（以下简称 SLN 投资公司）持有 ZY 集团 33% 的股权，持股成本 481424260.00 元，持股净资产 944845943.00 元（基准日 2012 年 6 月 30 日）。2012 年 7 月，SLN 投资公司的全资母公司 SLN 控股股份公司（以下简称 SLN 控股公司）实施集团内资产重组，SLN 控股公司吸收合并 SLN 投资公司，SLN 投资公司根据意大利公司法予以注销，该合并因属于同一控制下合并，未发生现金支付。此后，SLN 控股公司及 ZY 集团根据上述事实及相关文件，将 ZY 集团的外方股东变更为 SLN 控股公司。

烟台市芝罘国家税务局（以下简称被告）2013年9月9日作出烟芝国税外通〔2013〕002号《税务事项通知书》，认定SLN控股公司（以下简称原告）于2012年7月17日通过股东大会决议吸收合并了SLN投资公司，致使烟台ZY集团有限公司的股东由SLN投资公司变更为原告SLN控股公司。依据国税函〔2009〕698号文件第七条"非居民企业向其关联方转让中国居民企业股权，其转让价格不符合独立交易原则而减少应纳税所得额的，税务机关有权按照合理方法进行调整"之规定，应对该合并事宜进行纳税调整，以烟台ZY集团有限公司2012年6月30日账面净资产数额为基准，SLN控股公司应缴纳企业所得税46342168.32元，被告通知原告于2013年9月25日前到被告处进行纳税申报。

四、合规要点

结合上述成功及失败案例，我们将跨国公司重组中国外资企业股权适用特殊性税务处理的合规要点总结以下几点。

（一）应满足财税〔2009〕59号文的硬性要求

《财政部国家税务总局关于企业重组业务企业所得税处理若干问题的通知》（财税〔2009〕59号）对企业重组业务涉及的中国企业所得税处理区别了一般性税务处理和特殊性税务处理，并对符合特殊性税务处理的企业重组给予了暂免征税（递延纳税）的优惠政策。

1. 境内重组及跨境重组均需满足的条件。企业重组交易要适用特殊性税务处理，无论是否涉及跨境因素，均应满足财税〔2009〕59号文第五条规定的5个条件：

（1）具有合理的商业目的，且不以减少、免除或者推迟缴纳税款为主要目的。

（2）被收购、合并或分立部分的资产或股权比例符合本通知规定的比例。

（3）企业重组后的连续12个月内不改变重组资产原来的实质性经营活动。

（4）重组交易对价中涉及股权支付金额符合本通知规定比例。

（5）企业重组中取得股权支付的原主要股东，在重组后连续12个月内，不得转让所取得的股权。

2. 跨境重组另需满足的条件。跨国公司重组外资企业股权,涉及外资企业股权的跨境重组,如选择特殊性税务处理,除上述要求外,还需符合财税〔2009〕59号文第七条规定的3个要求,即:

(1) 非居民企业向其100%直接控股的另一非居民企业转让其拥有的居民企业股权,没有因此造成以后该项股权转让所得预提税负担变化,且转让方非居民企业向主管税务机关书面承诺在3年(含3年)内不转让其拥有受让方非居民企业的股权;

(2) 非居民企业向与其具有100%直接控股关系的居民企业转让其拥有的另一居民企业股权;

(3) 居民企业以其拥有的资产或股权向其100%直接控股的非居民企业进行投资;

(4) 财政部、国家税务总局核准的其他情形。

(二) 交易应避免存在明显的避税目的及避税投资架构

为了防止跨国集团利用企业重组进行国际避税,财税〔2009〕59号第七条还规定,不能因此次重组安排导致今后该项股权转让所得的预提税负担发生变化。前述成功案例中,M公司注册地为美国,M1公司注册地为英国,根据中美税收协定和中英税收协定中的规定,在股权转让方面我国均有征税权,其预提税税率均为10%。因此,如果受让方所在国的预提税税率低于转让方所在国的预提税税率,那么我国的税收利益很可能因为此次重组安排而受到损害,那么也就不可能享受到税收优惠政策了。

另外,重组前的持股主体及重组后的持股主体,均应避免被认定为没有实质经营和管理的箱体公司,否则将可能不被认定为国际税收协定项下的受益所有人,不适用相关税收协定中的预提所得税条款,从而最终导致预提所得税税负的实际变化。

(三) 重组过程中要加强对未分配利润的后续管理

即使非居民企业适用了特殊性税务处理,后续的税务管理也有很多细节之处需要注意。比如,未分配利润的归属就是关注的重点之一。根据国家税务总局2013年72号公告《非居民企业股权转让适用特殊性税务处理有关问题的公告》第八条规定,转让方与受让方不在同一国家或地区的,若被转让企业股权转让前的未分配利润在转让后分配给受让方的,不享受受让方所在国家(地区)与中国签订的税收协定(含税收安排)的股息减税优惠待遇,并由被转让企业按税法相关规定代扣代缴企业所得税。因此，受让方与被转让方应做好未分配利润的区分和准确核算，保证在未来分红时，能够正确进行相应税务处理，或者在转让前按照转让方所在国与中国的税收协定，实施先行分红派息。

五、结语

在中国《企业所得税法》较为严格的税制框架下，财税〔2009〕59号文及国税〔2013〕72号公告等涉及企业重组的税收优惠政策文件及中国已签署的国际税收协定，为外资企业股权跨境重组提供特殊性税务处理、纳税筹划等余地。该等跨境股权重组可能涉及重大的或复杂的国内及国际税务问题，应事先规划、认真研究，否则不但不能适用特殊性税务处理等优惠政策，还可能引致税务机关实施关联交易认定、反避税等特别纳税调整，产生不必要的税务风险和纳税成本。

（2019年5月）

资本公积转增股本的个人所得税评述

——基于经济与法律的逻辑

文/王永敬

一、资本公积转增股本个人所得税政策回顾

《国家税务总局关于股份制企业转增股本和派发红股征免个人所得税的通知》（国税发〔1997〕198号）规定：股份制企业用资本公积转增股本不属于股息、红利性质的分配，对个人取得的转增股本数额，不作为个人所得，不征收个人所得税。

《国家税务总局关于原城市信用社在转制为城市合作银行过程中个人股增值所得应纳个人所得税的批复》（国税函〔1998〕298号）规定，国税发〔1997〕198号中所表述的"资本公积金"是指股份制企业股票溢价发行所形成的资本公积金。将此转增股本由个人取得的数额，不作为应税所得征收个人所得税。而与此不相符合的其他资本公积金分配个人所得部分，应当依法征收个人所得税。

《财政部国家税务总局关于将国家自主创新示范区有关税收试点政策推广到全国范围实施的通知》（财税〔2015〕116号）第三条第1项：自2016年1月1日起，全国范围内的中小高新技术企业以未分配利润、盈余公积、资本公积向个人股东转增股本时，个人股东一次缴纳个人所得税确有困难的，可根据实际情况自行制定分期缴税计划，在不超过5个公历年度内（含）分期缴纳，并将有关资料报主管税务机关备案。该《通知》第三条第6项：上市中小高新技术企业或在全国中小企业股份转让系统挂牌的中小高新技术企业向个人股东转增股本，股东应纳的个人所得税，继续按照现行有关股息红利差别化个人所得税政策执行，不适用本通知规定的分期纳税政策。

《国家税务总局关于股权奖励和转增股本个人所得税征管问题的公告》（国家税务总局公告2015年第80号）第二节第一条：非上市及未在全国中小企业股份转让系统挂牌的中小高新技术企业以未分配利润、盈余公积、资本

公积向个人股东转增股本，并符合财税〔2015〕116号文件有关规定的，纳税人可分期缴纳个人所得税；非上市及未在全国中小企业股份转让系统挂牌的其他企业转增股本，应及时代扣代缴个人所得税。第二节第二条：上市公司或在全国中小企业股份转让系统挂牌的企业转增股本（不含以股票发行溢价形成的资本公积转增股本），按现行有关股息红利差别化政策执行。

从上述税收政策的沿革可见，资本公积转增股本的个人所得税纳税义务，是明显地从宽松到严格，逐步递进：资本公积转增股本不征税→出资溢价资本公积转增股本不征税→高新企业资本公积转增股本递延纳税、上市（挂牌）公司股票溢价资本公积转增股本不征税、一般企业所有资本公积转增股本立即征税。

二、资本公积转增股本个人所得税问题的争议

税收理论与实务界普遍能接受：出资溢价的资本公积转增股本时免征个人所得税；出资溢价以外（如被投资公司接受捐赠、评估增值等）形成资本公积转增股本应纳个人所得税。但对非上市（挂牌）公司的出资溢价资本公积转增股本需征收个人所得税的政策及做法，觉得不可思议，认为是"恶法，杀鸡取卵"。

也有不少税务专业人士赞成对非上市（挂牌）公司（特别是有限责任公司）包括出资溢价在内的所有类型资本公积转增股本予以征收个人所得税，主要理由是：其一，有限责任公司不能发行股票，不存在股票溢价，当然也就不适用国税发〔1997〕198号和国税函〔1998〕298号文件的除外规定；其二，中小高新技术企业以未分配利润、盈余公积、资本公积向个人股东转增股本，其实质是将公司的法人财产向其自然人股东进行分配，已实现了相关利益从法人向个人的转移，当然需要征收个人所得税；其三，税务当局在实际执法时应依据现行税法及政策的明确规定，而非创造性执法，不能随意改变税法。

三、基于经济与法律逻辑的研讨

就资本公积转增股本的个人所得税政策，上市（挂牌）公司与非上市（挂牌）公司应当保持一致，即出资溢价资本公积转增股本，无论是否属于上市（挂牌企业），根本不涉及税收义务；出资溢价以外的其他资本公积转增股本，无论是否属于上市（挂牌企业），也不应立即征收个人所得税。

（一）上市（挂牌）公司与非上市（挂牌）公司就资本公积转增股本的税收政策应当一致

就经济实质而言，自然人从上市（挂牌）公司取得的股权投资收益，属于股息、红利，从非上市（挂牌）公司取得的股权投资收益，也属于股息、红利，两者在经济性质上并无不同。向上市（挂牌）公司出资获得的对价称为股份（或股票，统称股份），向非上市（挂牌）公司出资获得的对价称为股权，称谓不同不影响其经济实质，股份的实质也是股权。股份的出资溢价与股权的出资溢价在经济实质上是一致的，根据经济实质重于法律形式原则，二者的税收政策标准应保持一致。

就法律规定而言，《个人所得税法》及其实施条例并未区分不同类型公司的股息、红利的性质，更未规定对从不同类型公司取得的股息、红利实行税收差异待遇。《个人所得税法实施条例》第九条授权财政部对股票转让行为制定优惠政策，根据财政部政策，自然人在二级市场转让上市公司股票免征个人所得税，但自然人转让上市股票获得的溢价，与自然人投资上市公司产生的出资溢价，是不同性质的溢价，前者属于资本利得，后者本身就属于出资成本。

目前的税收政策，似乎陷入了"自然人转让上市公司股票免征个人所得税，所以自然人股票出资溢价转增股本也免征个人所得税，自然人转让非上市（挂牌）公司股权征收个人所得税，所以自然人股权出资溢价转增股本也征个人所得税"这样的逻辑推演，但这样的逻辑在法理上和经济上都是错误的。

（二）出资溢价形成的资本公积，转增股本时不产生纳税义务

从经济逻辑而言，出资溢价产生的资本公积，不是公司在生产经营中产生的，而是股东当初溢价投资产生的，本身属于出资的原始成本。出资溢价转增股本，不改变公司的净资产价值，不对股东产生任何实际的、潜在的经济利益，没有应税利益产生。

从法律层面而言，股东出资早已完成，出资溢价已在出资时产生，出资溢价资本公积转增股本，是公司自身资本结构的调整，不涉及股东与公司、股东与股东的交易，没有交易就没有所得。出资溢价资本公积转增股本，股东持股比例不变、持股利益不变，没有产生税法规定的所得或利益。

（三）出资溢价以外的其他资本公积转增股本，只应产生递延纳税义务

从经济逻辑而言，其他资本公积，属于公司在生产经营中产生的，间接导致股东投资利益增加，但这是潜在的利益而非现时利益，对潜在利益征税缺乏公平与公义。该等资本公积对股东的潜在利益，在形成时、转增资本前已产生，转增股本并未改变其经济性质，为什么在转增时经济性质没变，税负却产生了？

从法律层面而言，出资溢价以外其他资本公积转增股本，也是公司自身资本结构的调整，不涉及股东与公司、股东与股东的交易，股东并没有实现所得。其他资本公积转增股本，股东持股比例不变、持股利益不变，没有因资本公积转增产生新的利益。

笔者认为，其他资本公积是股东的潜在利益，该潜在的利益实现，在形成资本公积时与资本公积转增股本时，利益形态未变：就是潜在的、未实现的收益。该等资本公积转增的股本只有在未来实际转让股权时，其经济利益表现形式才会改变，才会产生实际的经济利益流入，也才应征收个人所得税。

因此，即使是出资溢价以外的资本公积转增股本时，应只实施个人所得税递延纳税的税务备案管理，防止个人所得税的逃、漏，而不应该立即征税。

四、结语

主张有限责任公司的出资溢价资本公积转增股权应缴纳个人所得税的专家学者，一是未能正确理解国税发〔1997〕198号和国税函〔1998〕298号文件的语境，二是站在政策文字层面解析政策，缺乏法律思维。国税发〔1997〕198号和国税函〔1998〕298号文件发布时的法律与政策语境中，股份合作制企业包括有限责任公司、股份有限公司、股份合作公司等类型，所以有限责任公司当然适用国税发〔1997〕198号和国税函〔1998〕298号文件。税收应当针对应税行为，应税行为的基础法律关系受公司法、合同法、物权法等规制，准确理解基础法律关系才能准确适用税法和税务政策。

（2018年5月）

人民法院代扣、代征民间借贷利息个税的程序法依据探究

文/王永敬 刘双双

近期，原州区人民法院、彭阳县人民法院、郴州市人民法院、泗县人民法院分别与当地税务局发布联合公告，就执行民间借贷纠纷案件中当事人取得的利息收入按20%征收个人所得税，由当事人自行办理纳税申报缴纳税款或由法院代扣或代征税款，该种税务机关与人民法院联合执法的举措一时成为宣传热点，甚至有进一步被推广和被仿效的可能。

该种就个税征收的联合管控举措，在很大程度上确实能提高税款征收效率。但依法行政乃是行政效率的合法性前提，公权力之行使，应以法律之规定为依据。税务机关委托人民法院参与征税的管控，甚至代征代扣，是否具有《税收征收管理法》等税收程序法的依据？人民法院作为在《宪法》《人民法院组织法》等宪制性法律框架下的审判机关，是否有义务、权利、资格代征、代扣税款？人民法院代征、代扣税款的行为能否从《人民法院组织法》《民事诉讼法》等法律中找到依据？

带着这些问题，本文试从程序法角度对该事项是否合法合规进行探索和分析。

一、人民法院与税务局联合征税概况

表1 人民法院与税务局联合征税概况

法院名称	联合征管文件	签署日期	征税所得	税种及税率
泗县法院	《泗县法院、泗县地税局民间借贷个税征收联合管控合作备忘录》	2017年9月14日	民间借贷纠纷案件取得的利息收入	个人所得税20%
郴州市法院	《诉讼、执行案件涉税协作备忘录》	2018年11月27日	民间借贷纠纷案件取得的利息收入	个人所得税20%

续表

法院名称	联合征管文件	签署日期	征税所得	税种及税率
彭阳县法院	《关于联合征收民间借贷纠纷案件利息收入个人所得税的备忘录》	2018年12月11日	民间借贷纠纷案件取得的利息收入	个人所得税20%
原州区法院	《关于联合征收民间借贷纠纷案件利息收入个人所得税的实施意见》	2019年4月1日	民间借贷纠纷案件取得的利息收入	增值税3%个人所得税20%

二、人民法院作为司法审判机关，联合进行税收征管无法律依据，违反人民法院法定职责及宪制性责任

《人民法院组织法》第二条规定，人民法院是国家的审判机关。《人民法院组织法》第二十八条规定，人民法院根据工作需要，可以设必要的审判辅助机构和行政管理机构。因此，人民法院作为司法审判机关，依法履行审判、执行等职责，即便根据需要设立必要的行政管理机构，也是为审判工作提供辅助，而税收联合征管并非审判工作，也非审判辅助工作，无相关依据应由法院履行，违反了法院的法定职责，也违背了《宪法》《人民法院组织法》赋予法院的宪制性责任。

此外，按《税收征收管理法》等税收程序法，税款的征收属于税务机关的权力和职责，人民法院在税收程序法中并不享有征税权力及职责，因此，人民法院无权主动就税务机关尚未征税的所得作出征税决定或联合税务机关作出征税决定。

三、人民法院就民间借贷纠纷案件利息收入代扣代缴、强制扣留个税违反税法

《个人所得税扣缴申报管理办法（试行）》第二条对扣缴义务人做了明确定义，即指向个人支付所得的单位或者个人。这里的"支付"不是单纯的款项划转，而是作为接受服务的一方向提供服务的一方进行对价"支付"行为。但在民间借贷纠纷案件中，接受民间借贷服务的一方应是当事人一方，而非法院，即便要对利息收入征收个税，也应由支付利息的一方当事人作为法定的扣缴义务人，法院仅仅是资金的中转站，不属于法定的扣缴义务人。

《税收征收管理法》第三十条规定，扣缴义务人依照法律、行政法规的规定履行代扣、代收税款的义务。对法律、行政法规没有规定负有代扣、代收

税款义务的单位和个人，税务机关不得要求其履行代扣、代收税款义务。因此，对于税法上不负有代扣税款义务的法院，税务机关不得要求法院履行代扣税款义务，法院也不应自行代扣税款。

此外，原州区法院在当事人拒绝缴纳税款时强制代扣税款后集中向税务机关缴纳的行为也不符合法律规定。从代扣代缴的角度，若由税务机关之外的单位或个人行使该项扣税权利，则该单位也应属于法定扣缴义务人。原州区法院非法定的民间借贷利息个税扣缴义务人，不应对该利息收入的个税进行代扣。如果强制代扣税款是基于公权力，带有一定的公权强制力，则人民法院的此举有悖《税收征收管理法》及《人民法院组织法》，属于越权。

四、人民法院受托代征税款违反税法等行政法律法规

根据《委托代征管理办法》第四条规定：税务机关不得将法律、行政法规已确定的代扣代缴、代收代缴税收，委托他人代征。民间借贷利息收入的法定扣缴义务人应为支付利息的一方，税务机关将应由支付利息的一方履行的代扣代缴义务向法院委托代征，不符合该办法规定。

此外，《委托代征管理办法》第六条规定，代征人为行政、事业、企业单位及其他社会组织的，应当同时具备下列条件：……（三）有熟悉相关税收法律、法规的工作人员，能依法履行税收代征工作。《委托代征管理办法》仅规定税务机关可委托行政、事业、企业单位代征税款，并未规定可委托司法审判机关代征税款。按照行政法基本规则，行政委托是行政机关在其职权职责范围内依法将其行政职权或行政事项委托给有关行政机关、社会组织或者个人，受委托者以委托机关的名义实施管理行为和行使职权，并由委托机关承担法律责任。行政机关委托司法机关行使行政权力，违背基本的公法（权力法）基本准则。

人民法院不属于行政、事业、企业单位及其他社会组织，不具备行政委托的受托人主体资格，不属于《委托代征管理办法》规定的代征人主体类型，以任何形式为税务机关代征税款，除不符合其自身职能定位外，也违背了税法、行政法关于委托代征税款及行政委托的规定。

五、结语

从《宪法》到《全国人大组织法》《人民法院组织法》《地方各级人民代表大会和地方各级人民政府组织法》等组织法角度，各级人民法院具有同级

权力机关监督下的"一府两院一委"的权力定位，其在国家权力结构中的地位也是高于同级税务机关的，反过来直接或变相代税务机关履行征税职责，不仅与其司法专职不符，也是自降宪制性地位。

依法行政是税务机关的基本职责，而人民法院对依法行政具有司法审判权和合法性最终认定权。当人民法院代税务机关行使征税权时，将可能构成权力定位错位、混乱以及角色冲突。

人民法院属于司法审判机关，依法行使审判、执行等职能，不具备征税权或受托征税主体资格，不应由其履行税款联合征收职责，也无权决定或联合税务机关决定对某一税款进行征收。同时，人民法院不属于《税收征收管理法》等税收法律法规规定的扣缴义务人，也不存在代扣代缴税款的义务。

（2019 年 5 月）

一案悟透外资企业跨境重组涉税风险及筹划

文/王永敬

一、案情简介

烟台 ZY 集团是中国最著名的葡萄酒生产经营企业，系中外合资企业。ZY 集团的外方股东系意大利 SLN 投资有限公司（以下简称 SLN 投资公司），持有 ZY 集团 33% 的股权，金额表述修改为：481424260.00 元，持股净资产 944845943.00 元（基准日 2012 年 6 月 30 日）。2012 年 7 月，SLN 投资公司的全资母公司 SLN 控股股份公司（以下简称 SLN 控股公司）实施集团内资产重组，SLN 控股公司吸收合并 SLN 投资公司，SLN 投资公司根据意大利公司法予以注销，该合并因属于同一控制下合并，未发生现金支付。此后，SLN 控股公司及 ZY 集团根据上述事实及相关文件，将 ZY 集团的外方股东变更为 SLN 控股公司。

烟台市芝罘国家税务局（以下简称被告）2013 年 9 月 9 日作出烟芝国税外通〔2013〕002 号《税务事项通知书》，认定 SLN 控股公司（以下简称原告）于 2012 年 7 月 17 日通过股东大会决议吸收合并了 SLN 投资公司，致使烟台 ZY 集团有限公司的股东由 SLN 投资公司变更为原告 SLN 控股公司。依据国税函〔2009〕698 号文件第七条"非居民企业向其关联方转让中国居民企业股权，其转让价格不符合独立交易原则而减少应纳税所得额的，税务机关有权按照合理方法进行调整"之规定，应对该合并事宜进行纳税调整，以烟台 ZY 集团有限公司 2012 年 6 月 30 日账面净资产数额为基准，SLN 控股公司应缴纳企业所得税 46342168.32 元，被告通知原告于 2013 年 9 月 25 日前到被告处进行纳税申报。

原告对《税务事项通知书》所作决定不服，提出行政复议，但被烟台市国家税务局驳回。此后，原告于 2015 年 3 月向烟台市芝罘区人民法院提起行政诉讼，诉请撤销该《税务事项通知书》。

二、争议焦点

原告认为，其在意大利境内实施的吸收合并，符合财税〔2009〕59号文《财政部、国家税务总局关于企业重组业务企业所得税处理若干问题的通知》（以下简称《通知》）第五条以及第六条第四项的规定，应适用特殊性税务处理，暂免缴纳非居民转让居民企业股权的预提企业所得税。相关规定如下：

《通知》第五条：企业重组同时符合下列条件的，适用特殊性税务处理规定：（一）具有合理的商业目的，且不以减少、免除或者推迟缴纳税款为主要目的。（二）被收购、合并或分立部分的资产或股权比例符合本通知规定的比例。（三）企业重组后的连续12个月内不改变重组资产原来的实质性经营活动。（四）重组交易对价中涉及股权支付金额符合本通知规定比例。（五）企业重组中取得股权支付的原主要股东，在重组后连续12个月内，不得转让所取得的股权。

《通知》第六条：企业重组符合本通知第五条规定条件的，交易各方对其交易中的股权支付部分，可以按以下规定进行特殊性税务处理：……（四）企业合并，企业股东在该企业合并发生时取得的股权支付金额不低于其交易支付总额的85%，以及同一控制下且不需要支付对价的企业合并，可以选择按以下规定处理：

1. 合并企业接受被合并企业资产和负债的计税基础，以被合并企业的原有计税基础确定。

2. 被合并企业合并前的相关所得税事项由合并企业承继。

3. 可由合并企业弥补的被合并企业亏损的限额=被合并企业净资产公允价值×截至合并业务发生当年年末国家发行的最长期限的国债利率。

4. 被合并企业股东取得合并企业股权的计税基础，以其原持有的被合并企业股权的计税基础确定。

原告还援引《中华人民共和国政府与意大利政府关于对所得避免双重征税与防治偷漏税的协定》（以下简称《中意税收协定》）第二十四条及相关两个投资贸易促进协议等，诉称本次股权转让行为的税收政策适用应享受中国居民企业待遇。

被告认为，根据国家税务总局2013年72号公告《国家税务总局关于非居民企业股权转让适用特殊性税务处理有关问题的公告》（以下简称《公告》）第一条、第七条规定，原告的行为属于股权转让与受让，应缴纳企业所得税。相关规定如下：

《公告》第一条：本公告所称股权转让是指非居民企业发生《通知》第七条第一、二项规定的情形；其中《通知》第七条第（一）项规定的情形包括因境外企业分立、合并导致中国居民企业股权被转让的情形。

《通知》第七条第一项规定：企业发生涉及中国境内与境外之间（包括港澳台地区）的股权和资产收购交易，除应符合本通知第五条规定的条件外，还应同时符合下列条件，才可选择适用特殊性税务处理规定：（一）非居民企业向其100%直接控股的另一非居民企业转让其拥有的居民企业股权，没有因此造成以后该项股权转让所得预提税负担变化，且转让方非居民企业向主管税务机关书面承诺在3年（含3年）内不转让其拥有受让方非居民企业的股权。

《公告》第七条：非居民企业股权转让未进行特殊性税务处理备案或备案后经调查核实不符合条件的，适用一般性税务处理规定，应按照有关规定缴纳企业所得税。

被告还认为，依据国税函〔2009〕698号文件第七条"非居民企业向其关联方转让中国居民企业股权，其转让价格不符合独立交易原则而减少应纳税所得额的，税务机关有权按照合理方法进行调整"之规定，原告与意迤瓦萨隆诺投资公司之间的股权转让行为没有支付对价，所以税务机关有权按合理价格（净资产价值）调整。

三、一审判决

一审认为，关于原告的重组（合并行为），导致ZY集团的外资股东由原告的子公司变成原告。依据2013年12月12日国家税务总局72号文所载明的境外企业合并导致中国居民企业股权被转让属于非居民企业股权转让的规定，所以原告的重组行为属于股权转让。

一审认为，根据《通知》第七条，非居民企业的母公司向子公司转让其所持有的居民企业（合资公司）股权，即母转子公司，才适用特殊性税务处理，本案是子转母公司，不符合《通知》第七条规定的免税条件。

一审认为，被告根据《企业所得税法》及其实施细则、国税函〔2009〕698号文，对股权转让行为征税，对境内居民企业和境外非居民企业均适用，已经属于同等待遇。

一审判决：驳回原告的起诉。

二审判决：维持原判。

四、税法专家点评

（一）法院认定原告的吸收合并子公司 SLN 投资公司的行为属于股权转让行为，是错误的

从事实上来说，SLN 投资公司是原告全资设立的，股权就是原告的，原告吸收合并的是 SLN 投资公司整体资产，注销该子公司，属于撤回股权投资，而非股权转让，逻辑上也不可能发生原告将自己原持有的股权转给自己的情形。从法律上来说，原告公司的重组行为，是否属于股权转让，应援引原告注册地的公司法，不能依据国家税务总局 72 号《公告》行政部门文件来认定；即使参照中国公司法和企业法律制度，母公司注销子公司股权投资，吸收合并原子公司整体资产，也不可能被认定为股权转让。税法和税收政策对经济主体、经济行为征税过程中，经济主体的属性、经济行为的性质应按照《公司法》《合同法》等基础法律规定来认定。

（二）《公告》的名称容易引起误解

《公告》是对《通知》第七条第一、二项的进一步说明，《通知》第七条第一、二项规定的是非居民企业转让居民企业（合资公司）的股权，而不是非居民企业的股权被转让。《公告》中的"关于非居民企业股权转让"让人误解为对非居民企业股权的转让进行规定，所以本案原告和被告都把很多精力耗费在论述 SLN 投资公司与 SLN 控股公司是重组合并还是股权转让上，这是没有必要的。《公告》的规范名称应该是《国家税务总局关于非居民企业转让居民企业股权适用特殊性税务处理有关问题的公告》。

（三）根据国内税法和税收政策，本案的股权转让不应征税

《通知》第七条第一项的宗旨是：股权仍在同一控制下，且承诺三年内该同一控制关系不改变，即三年内该标的股权不发生转出同一控制外的公司，即可免税。本案的实际情形是子公司将居民企业股权转给母公司，没有改变标的股权的同一控制关系，其行为的涉税经济性质与《通知》第七条第一项一致。《通知》第七条第四项也规定了财政部、国家税务总局核定的与第一、二条款所述性质类似的情况亦可免税处理。非居民企业的纳税义务是弱于居民企业的，即使按照居民企业待遇处理，根据《公告》第五条及第六条第四项规定，居民企业发生合并时，被合并企业的资产（包括对外持股）划转登

记到合并企业名下的情形，该被划转（转让）的股权所得也是免税的。

（四）根据《中意税收协定》，本次涉税事项不应征税

《中意税收协定》第二十四条"无差别待遇"第一项规定："一、缔约国一方国民在缔约国另一方负担的税收或者有关条件，不应与该另一国国民在相同情况下，负担或可能负担的税收或者有关条件不同或比其更重。虽有第一条的规定，本款规定也应适用于不是缔约国一方或者双方居民的人。"非居民企业境外合并重组导致境内居民企业的股权发生转移的税务待遇不应低于境内居民企业合并导致的股权转让涉税义务。根据该税收协定，鉴于境内居民企业合并，即便不是同一控制下的合并，被合并企业所持股权投资利益转给合并企业过程中均可适用特殊性税务处理，则本案争议的涉税股权转让亦应适用特殊性税务处理。

（五）法律适用的位阶，也存在不当之处

根据《立法法》《税收征管法》《行政诉讼法》等法律法规，税务机关应优先适用国际条约（税收协议）、税收法律、税收行政法规来处理涉税事项或裁决涉税案件。很遗憾，法院和税务机关均没有对为何不适用《中意税收协定》第二十四条等规定进行说明。当然，作为纳税人的一方，也没有把《中意税收协定》第二十四条等相关条款在本案中如何适用、指向何种涉税事实说的足够明白或论述得足够清晰。

五、专家建议

1. 应当以中意两国税收协定为主要依据，阐明外资投资方境外合并导致境内企业股权被转让的纳税义务应视同境内企业合并导致其所持股权发生变更。

2. 根据《通知》第七条第四项，报请财政部、国家税务总局认定非居民企业转让居民企业股权时，子转母公司与母转子公司的经济实质相通，均可适用《通知》第七条第一项。

3. 通过意大利国家税务机关，启动税收协商，根据《中意税收协定》相关规定，提请中国税务机关退还该已入库税款。

（2018年6月）

《个人所得税法》对中国公民一定具有全球征税效力

文/王永敬 刘双双

具有中国国籍但不构成中国税收居民情形的,仅就境内所得纳税,无须就全球所得缴纳个税;无中国国籍但构成中国税收居民情形的,需就全球所得缴纳个税。此外,若既是中国税收居民又是另一方税收居民的,则按中国与另一方签订的双边国际税收协定处理。

《个人所得税法》(2018修订)、《个人所得税实施条例》(国务院令第707号)颁布以后,中国税务机关对中国公民在全球范围内取得收入的征税权,以及弃籍税等问题引起轰动,也成为公众和财税及法律专业人士热议的焦点。热议浪潮中,笔者迄今并未看到深度讨论和分析的观点。似乎中国税务机关对中国公民的全球征税权在《个人所得税法》框架内无可厚非。实则未必。

一、中国国籍不等于税收居民身份

《个人所得税法》(2018修订)第一条规定,在中国境内有住所,或者无住所而一个纳税年度内在中国境内居住累计满一百八十三天的个人,为居民个人……在中国境内无住所又不居住,或者无住所而一个纳税年度内在中国境内居住累计不满一百八十三天的个人,为非居民个人。

《个人所得税实施条例》(国务院令第707号)第二条规定,个人所得税法所称在中国境内有住所,是指因户籍、家庭、经济利益关系而在中国境内习惯性居住。

新个税法判定税收居民的标准是住所及居住时限而非国籍,且新个税法实施条例进一步明确住所的判定标准系习惯性居住,也即因户籍、家庭、经济利益关系而在中国境内习惯性居住。

若一名中国公民未在中国习惯性居住,且一个纳税年度内在中国累计居住未满183天,则该中国公民即便具有中国国籍也不能判定其为税收居民。

反之，如一名无中国国籍的外国公民，在中国习惯性居住或连续六个纳税年度内任一年在中国累计居住满 183 天（财税〔2019〕34 号公告），则该外国公民即便无中国国籍，仍会被判定为税收居民。因此，是否具有中国国籍并非判定中国税收居民的标准。

二、具有中国国籍但不构成中国税收居民的，无须承担全球纳税义务

《个人所得税法》（2018 修订）第一条规定，居民个人从中国境内和境外取得的所得，依照本法规定缴纳个人所得税……非居民个人从中国境内取得的所得，依照本法规定缴纳个人所得税。《个人所得税实施条例》（国务院令第 707 号）第二条规定，所称从中国境内和境外取得的所得，分别是指来源于中国境内的所得和来源于中国境外的所得。

具有中国国籍的公民在中国无住所且一个纳税年度在中国境内累计居住不满 183 天的，仅就来源于中国境内的所得缴纳个税，而无须就来源于全球的全部所得缴纳个税。

《关于在中国境内无住所的个人居住时间判定标准的公告》（财税〔2019〕34 号）规定，无住所个人一个纳税年度在中国境内累计居住满 183 天的，如果此前六年的任一年在中国境内累计居住天数不满 183 天或者单次离境超过 30 天，该纳税年度来源于中国境外且由境外单位或者个人支付的所得，免予缴纳个人所得税。

根据财税〔2019〕34 号公告，即便该中国公民在中国境内居住满 183 天，已成为《个人所得税法》下的中国税收居民，但因其在中国无住所且累计居住满 183 天的纳税年度连续不满六年，其仍然不属于实质性中国税收居民，仍可享受来源于中国境外且由境外单位或者个人支付的所得免缴个税的优惠政策。

因此，具有中国国籍的无住所公民不满足实质性中国税收居民情形的，无须就全球全部所得在中国缴纳个税。

三、无中国国籍但构成中国税收居民的，需承担全球纳税义务

根据新个税法实施条例规定，在中国境内有住所是指因户籍、家庭、经济利益关系而在中国境内习惯性居住。也就是说，即便未取得中国国籍，不属于中国公民，但其因家庭或经济利益关系而在中国习惯性居住，或其虽未在中国

习惯性居住但连续六个纳税年度内任一年在中国境内居住累计满183天且从未离境连续超过30天的，也会被认定为税收居民，从而就其来源于境内及境外的所得征收个人所得税，也即就其全球取得的全部所得在中国缴纳个税。

根据第财税〔2019〕34号公告，若无住所个人在中国境内居住累计满183天连续不超过六个纳税年度，则就该纳税年度来源于中国境外且由境外单位或者个人支付的所得免纳个人所得税。

因此，无中国国籍但构成中国税收居民情形的，需要就全球取得的全部所得在中国缴纳个税。

四、既是中国税收居民，又是他国税收居民的，按双边国际税收协定处理

若个人既满足中国税收居民标准，又满足他国税收居民标准，则应按中国与他国签订的双边税收协定处理，如中国与新加坡签订的《新加坡共和国政府和中华人民共和国政府关于对所得避免双重征税和防止偷漏税的协定》。

在身份认定方面，同时为缔约双方居民的个人，其税收居民身份应按规则予以认定，认定顺序依次为永久性住所、重要利益中心、习惯性居处所、国民所属缔约国（国籍）、双方主管当局协商。

综上，中国国籍并非是中国税收居民的认定标准，也不是全球所得缴纳个税的依据。即便具有中国国籍，也可能因不满足中国税收居民标准而无须就全球取得的全部所得在中国缴纳个税。

五、结语

是否构成某一国的税收居民，"住所"问题是一个非常关键的判别标准，而税收当局对"住所"的定义似乎语焉不详、甚至避而不谈，法律及财税对"住所"的解读也各持己见、偏颇常现。后续，我们将就此撰文发表自己的观点。

（2019年3月）

刍议换股并购企业所得税

——以"600506"换股并购为例

文/王永敬

一、引言

这是最好的时代，亦是最坏的时代。我们身处炙热仲夏，我们面临凋敝寒冬。这个市场满是机会，这个市场又暗藏危险。某些新锐企业高歌猛进，不少巨头企业日渐黯然。当投资的边际效益不断递减，当外贸的形势日趋严峻，依赖积极货币政策支撑下的需求拉动式经济政策日趋无效，我们尽情体验了"凯恩斯主义"经济刺激政策所带来的经济亢奋，也尝到这粒药丸余味中的深深苦涩。我们需要供给侧的改革，我们正在进行供给侧的改革。

供给侧改革的策略和路径表现为产业结构的调整，但其内核应是自由经济政策，抑或说是更加市场化的社会主义市场经济政策。自由经济政策的宗旨是：让市场在资源配置过程中起决定性作用；要让市场在资源配置中起决定性作用：一是需要减轻交易税负；二是需要减少交易审批，其中减轻交易税负是经济性策略，最贴近市场需求。

产业结构调整的最主要方式就是企业及其资产的并购重组。为配合国家推动的产业结构调整政策的实施，近年来财政部与国家税务总局出台或完善了许多针对企业并购重组的企业所得税政策。造船不易，出海更难，这些企业所得税政策与理念虽然已经比较完整周全，但在具体执行仍需准确适用。本文所述，即为例证之一。

二、案例简述

为方便理解和计算，案例中的数据、金额因本文研究需要进行了取整、模拟和重设，具体交易数据可见公开资料及信息所示。

新疆库尔勒XL股份有限公司（以下简称XL股份）系上海证券交易所主板上市公司，股票代码600506，主营业务为种植与销售新疆库尔勒XL。新疆

RS投资有限公司（以下简称RS投资）持有XL股份25.22%的股份，新疆XY国有资产经营有限公司（以下简称XY公司）持有RS投资100%的股权，新业公司通过间接持股方式持有XL股份的控股权。2011年11月8日，国务院国有资产监督管理委员会《关于新疆库尔勒XL股份有限公司国有股东所持股份间接转让有关问题的批复》（国资产权〔2011〕1161号），批准XY公司将所持融盛投资100%的股权转让给新疆CY水务集团有限公司（以下简称CY水务）。CY水务发布的《详式权益变动报告书》披露，本次交易的转让价格4.65亿元，CY水务全部以现金支付。在实际支付对价时，CYSW以其所持新疆FN有限责任公司（以下简称FN公司）17.7%的股权作为支付对价。

ZG水务投资有限公司（以下简称ZG水务）持有CY水务51%的股份，水利部综合事业局作为ZG水务的开办单位，是CY水务的实际控制人。

本次交易中，RS投资100%股权的账面价值为1亿元，经评估后的RS投资100%股权公允价值为4.65亿元；FN公司17.7%股权的投资成本为0.95亿元，经评估后的FN公司17.7%股权的公允价值为4.65亿元。为完成本次股权转让交易，XY公司与CY水务签订了股权转让合同及相关协议，CY水务基于该项交易成为上市公司XL股份的间接控股股东，实现买壳之目的。

XY公司对该项股权转让交易的账务处理如下：

借：长期股权投资——FN公司　　　　　　　　4.65亿元
　　贷：长期股权投资——RS投资　　　　　　　1.00亿元
　　　　资本公积——其他资本公积　　　　　　3.65亿元

为完成该项交易的税务申报与缴纳工作，XY公司和RS投资就本次股权转让事项向主管税务机关进行申报，并依据《财政部 国家税务总局关于企业重组业务企业所得税处理若干问题的通知》（财税〔2009〕59号，以下简称《通知》）的规定，申请主管税务机关核准对本次股权转让交易实行特殊性税务处理，即：XY公司转让所持RS公司100%股权所获得的溢价3.65亿元暂免征收企业所得税。XY公司要求暂免缴纳股权转让所涉及企业所得税的理由为本次股权转让满足"财税〔2009〕59号"《通知》关于股权转让特殊性税务处理的相关规定，同时满足了以下主要条件：

1. RS投资被转让的股权比例为100%，超过"财税〔2009〕59号"《通知》规定的所转让股权不低于全部股权的75%（目前的税收政策已改为

50%）的要求；

2. CY 水务支付的对价全部是股权，超过"财税〔2009〕59 号"《通知》规定的支付的对价中以股权支付的比例不低于 85% 的要求；

3. 本次股权转让具有合理的商业目的，间接转让上市公司 XL 股份控股权后，控股股东将对 XL 股份的业务进行调整。

主管税务机关认为，XY 公司和 RS 投资申请股权转让的特殊性税务处理的理由是充分的，但是账务处理错误。税务机关认为，XY 公司既然要求按特殊性税务处理，则 XY 公司所取得的 CY 税务支付的对价——FN 公司 17.7% 的股权应当按原成本入账，即 XY 公司的账务处理应调整为：

借：长期股权投资——FN 公司　　　　　　0.95 亿元
　　资本公积——其他资本公积　　　　　　0.05 亿元
　　贷：长期股权投资——RS 投资　　　　　1.00 亿元

XY 公司不同意税务机关作出的调账处理，认为企业会计处理应执行企业会计准则，按《企业会计准则——非货币性资产交易》规定，企业换入的非货币资产应按公允价值入账，即 XY 公司所取得 FN 公司 17.7% 的股权应按 4.65 亿元入账。征纳双方争执不下，遂以书面方式向国家税务总局某税务科研教学机构寻求解决方案。该机构回复意见为：

1. 会计准则规定和税法规定存在差异属于正常情况，企业应当按照企业会计准则进行账务处理，税务机关要求企业在非货币性资产交易中按成本入账是没有道理的，但企业在以后年度的企业所得税申报资料中按成本价列示所取得货币性资产价值，并在未来转让该非货币性资产取得的溢价收入时申报缴纳企业所得税。

2. 根据"财税〔2009〕59 号"《通知》第二条的规定，在股权转让过程中，收购方以股权支付是指收购方以本企业或其控股企业的股权支付，CY 水务仅持有 FN 公司 17.7% 的股权，该股权不属于 CY 水务控股企业的股权，用该股权作为支付对价，不符合"财税〔2009〕59 号"《通知》规定的特殊性税务处理的条件，应执行股权转让的一般性税务处理，即 XY 公司应就转让所持 RS 投资 100% 股权的转让溢价 3.65 亿元申报缴纳企业所得税。

主管税务机关得到该权威税务科研机构的咨询意见后，否决了 XY 公司提出的 RS 投资股权转让的特殊性税务处理申请，要求 XY 公司按一般性税务处理就股权转让溢价 3.65 亿元申报缴纳企业所得税。XY 公司提出纳税异议，但最终仍被申报缴纳了该项股权转让涉及的企业所得税。

三、案例争议要点

在该股权转让涉及企业所得税的税企争议中，税务机关认为 CY 水务以持股 17.7% 的 FN 公司股权向 XY 公司支付收购 RS 投资 100% 股权的对价，不属于以控股企业的股权进行支付，不构成以股权支付。XY 公司认为，国家税务总局 2010 年第 4 号公告《企业重组业务企业所得税管理办法》（以下简称《办法》）第六条规定："《通知》第二条所称控股企业，是指由本企业直接持有股份的企业。"因此，XY 公司收到 CY 水务直接持股的 FN 公司 17.7% 的股权作为对价，符合《通知》规定的股权支付。

综上，要分析该纳税争议案的事实与法理，争议要点归纳为：

1. 《通知》所述的控股企业的股权指的是什么？

2. XY 公司收到的 FN 公司 17.7% 股权对价，是否属于《通知》所述的股权支付？

3. 换股并购方式下，股权转让方应否就该项转让行为申报、缴纳企业所得税？

四、案例解析

（一）"财税〔2009〕59 号"《通知》所述的控股企业，应当所指本企业持有控股权或实际控制权的下属企业

在税收实务界，对"财税〔2009〕59 号"《通知》中所述的"控股企业"通常有三种理解：

1. 认为控股企业是指本企业的上级控股企业。该种理解看似难以理解，却在税收实务界和税务行政管理部门得到广泛认同。国家税务总局甚至在 2013 年 11 月发布的《企业重组业务企业所得税管理实施办法》中第四条第二款中规定："《通知》第二条所称控股企业，是指直接持有 80% 以上本企业股份的企业"。

2. 认为控股企业是指本企业拥有控股权的下属企业（子公司）。这是最符合商业常理和公司法理论的理解。

3. 认为控股企业是指本企业能够直接持有股份的企业。即，只要直接持有股权的下属企业，均属于本企业的控股企业，而不论持股比例是多少。

"财税〔2009〕59 号"《通知》中所述的"控股企业"不能理解和认定

为直接持有本企业控股权的上级企业。首先,从语义上理解,直接持有本企业控股权的企业,应当称为本企业的控股股东而非控股企业;其次,从公司法及合同法的角度理解,本企业作为股权交易的主体,对持有的下属企业的股权有处分权,而控股股东的股权是由控股股东的股东所拥有,中间隔了两层,本企业对控股股东的股权没有处分权,在控股股东的股东不作为交易主体的所有股权收购交易中,转让方将无法适用股权转让的特殊性税务处理;最后,如果作为交易主体的本企业的控股股东是自然人或国资委,该控股股东不发行股份或股权,则造成本企业作为收购方无论如何均不可能以股权支付方式收购其他企业的股权,也会造成以控股股东是自然人或国资委的企业作为收购方的所有股权收购交易中,转让方均不可能适用股权转让特殊性税务处理政策。

从公司法和商业角度而言,"财税〔2009〕59号"《通知》中所述的"控股企业"也不能简单理解为本企业直接持有股份的企业。根据持有下属企业股权的比例及是否拥有实际控制权,本企业直接持有的股权分为控股股权和参股股权。如果本企业直接持有股份的企业均算作本企业的控股企业,则直接持有千分之几、万分之几股权的企业也将成为本企业的控股企业,这极其违背公司法理和商业常识。

从"财税〔2009〕59号"《通知》出台的背景和目的分析,该《通知》中所述的"控股企业"原意应指本企业拥有控股权的下属企业(子公司)。首先,无论从公司法和商业常识的视角,还是从文义理解,控股企业应当指本企业拥有控股权的下属企业;其次,《通知》出台的背景和目的是鼓励和促进产业的调整,当互为股权交易的转让方与受让方之间以彼此持有的下属企业的控股权进行交换时,才属于企业产权及所附带整体经营资源的交换,才可以享受股权转让特殊性税务处理优惠政策。

(二)CY水务以FN公司17.7%股权作为股权收购的对价,不应属于《通知》所述的股权(股份)支付

FN公司并非CY水务拥有控股权的控股企业,CY水务将所持FN公司的17.7%股权作为对价支付给XY公司,不属于《通知》规定的股权(股份)支付,转让方XY公司不能适用股权转让的特殊性税务处理,理由如下:

1. 如上所述,"财税〔2009〕59号"《通知》的政策宗旨是通过税收优惠促进企业重组及产业整合,当一项股权转让的目的和结果是交易双方之间企业整体经营资产及其经营权互换或重组时，适用特殊性税务处理予以暂免纳税。否则，按一般性税务处理，对股权转让所得立即征税。当股权收购方以本企业股权作为支付对价时，属于发行股份购买整体经营性资产；当股权收购方以所持直接控股企业的控股权作为支付对价时，实质上等于股权收购方与转让方进行经营性整体资产的交换；在股权收购方不以本企业股份或直接控股企业的控股股份作为支付对价的情形下，收购方换出的仅是一项股权投资而非经营性的整体资产，该项换股交易在本质上更近似于一般的股权转让而非企业重组。

2.《企业重组业务企业所得税管理办法》（以下简称《办法》）第六条规定："《通知》第二条所称控股企业，是指由本企业直接持有股份的企业。"《办法》中该条款的本意并非扩充性解释，即将本企业直接持有股份的企业全部界定为控股企业；而是缩限性解释，即将本企业的控股企业直接确定为本企业直接持有控股权的下属企业，而不包括本企业以间接持股方式控制的企业（孙公司或曾孙公司）。在股权转让交易实践中，存在着股权收购方以孙公司、曾孙公司甚至第三方公司的股权作为支付对价的情形。从公司法与物权法的角度，孙公司股权并非本企业的财产，从税法的角度，孙公司股权转让的直接纳税义务人是本企业的子公司而非本企业。本企业只有以本企业直接控股权作为支付与交换，才产生本企业转让股权的企业所得税问题，才有基础和前提谈及是否适用股权转让的特殊性税务处理。

3.《办法》第四条规定："同一重组业务的当事各方应采取一致税务处理原则，即统一按一般性或特殊性税务处理。"在本案中，如果 CY 水务以所持 FN 公司 17.7% 的股权作为对价收购 XY 公司所持 RS 投资 100% 的股权，则 XY 公司并未基于该股权交易获得目标企业 FN 公司 75%以上股权，显然 XY 公司不能够依据《通知》使用特殊性税务处理，则 CY 水务也不能适用特殊性税务处理。因此，依照逻辑，《办法》第六条本意就不应该是规定无论直接持有股份多少的企业均属于控股企业。

（三）我国税法及税收政策应该明确规定：在换股并购中，以上市公司流通股作为支付对价的，转让方应当于当期申报缴纳企业所得税；以非上市公司股权或上市限售股作为支付对价的，应暂缓申报缴纳企业所得税

上述《通知》以及《办法》的主要条款内容基本出自美国联邦所得税法中企业并购重组所得税问题的相关条文。由于语义环境的差异、中美公司法及物权法领域存在的差异等，导致即便严格遵照《通知》及《办法》的原文来执行企业并购重组的企业所得税问题，也会出现多种理解、意见分歧甚至前后矛盾的情形，比如，本案争议的换股并购的企业所得税争议。这就促使我们回归本土的税法、公司法等领域的理论、政策与实践来重新研究企业换股并购的企业所得税问题。

所以，在换股并购中如果一方交换的股权并非本企业所控股企业的直接控股权的情况下，笔者建议不妨考虑跳出《通知》与《办法》的范畴限制，重新分析和研究此类换股并购涉及的企业所得税问题。笔者认为，在换股并购中，收购方作为对价所支付的股权如果属于非上市公司的股权或上市公司限售流通股，均应准许转让方暂免申报缴纳企业所得税，收购方以上市公司流通股作为支付对价的，转让方应就该股权转让所得申报缴纳企业所得税。

在换股并购中，如果转让方取得的对价是股权，即使转让方转让目标公司控股权获得的对价是另一企业的非控股企业股权，实质上也属于转让方将一项股权投资转为另一项股权投资，虽然投资的标的股权有所变化，但并未改变股权投资的实质属性。股权投资在实际转让前，并未发生实际的纳税义务。

在换股并购中，作为标的股权和作为对价支付的股权虽然以高于其投资成本的公允价格进行互换，但这种公允价格及其溢价实际上是基于双方或第三方机构的估值模拟，本质上属于一种账面浮盈，而非市场上真实的交易价格和溢价。

根据量能课税原则，税款征纳应考虑纳税人的税负承担能力和税款支付能力。《企业所得税法》《税收征管法》等法律法规允许国务院财税主管制定税收优惠政策，对企业的某些收入和所得进行纳税递延处理。税收实践中，国务院财税主管机关也已制定、执行了一些递延纳税的政策，如非货币资产投资的企业所得税、资本公积转增资本的所得税、上市公司限售流通股的所得税等政策。在换股并购中，涉及转让方整体经营资产和权益的出让，交易规模金额通常十分巨大，而转让方此时并未取得货币性收入，对其立即征纳巨额税款，不符合税收公平原则和量能课税原则，应对其转股交易的转让溢价实行递延纳税处理方为公平合理。

在递延纳税处理中，转让方获得的股权支付虽然以双方认可的公允价值入账，但在税法上该资产仍应以原交易时的成本作为计税基础，并继续负有纳税义务，在转让方未来转让该作为对价的股权时，仍需对实际转让价格与计税基础（原成本）之间的差额进行申报纳税。《通知》中所述的特殊性税务处理实际上也是一种递延纳税的优惠待遇。

换股并购中，当转让方获得的股权对价是上市公司的非限售流通股时，应当在交易当期申报缴纳股权转让企业所得税。理由在于：首先，上市公司非限售流通股具有公开的活跃市场，可以立即变现，上市公司非限售流通股的流动性近似于货币资金；其次，我国当前税法和税收政策对上市公司二级市场的股票免征资本利得税（转让溢价所得税），因此换股并购中，需对转让方获得该类股票时立即征纳企业所得税，以免转让方日后再行转让该等股票时税务机关无法征收转让溢价的企业所得税，造成税款流失。

换股并购中，当转让方获得的股权对价是上市公司的限售流通股时，也应当转让方的换股收益进行递延纳税处理。该等情形下，转让方换股收益的实际纳税义务发生时间并非该股票实际转让时，而是该等股票解除限售条件时即应申报缴纳企业所得税。

综上所述，在换股并购中，根据用于交换的股权比例和性质，换股并购的企业所得税处理可总结为以下主要情形：

1. 如果交易双方交换的股权均是其控股企业的控股权，则可毫无争议的适用《通知》规定的特殊性税务处理。

2. 如果一方用于交换的股权是其控股企业股权，另一方用于交换的是其直接持股的非控股的上市企业流通股，则转让控股权的一方应就本次交易立即申报缴纳企业所得税，另一方可准予递延纳税处理。

3. 如果一方用于交换的股权是其控股企业股权，另一方用于交换的是其直接持股的非控股的非上市企业股权，则双方均可准予递延纳税处理。

4. 由于客观上存在上述2、3所述的一方可递延纳税、另一方应当期纳税的合理情形，则《通知》第二条规定用于股权支付的股权必须是控股企业股权有失周全，《办法》第四条规定同一重组业务的当事各方应采取一致税务处理原则流于偏颇。

5. 如果交易双方交换的股权均不是其控股企业的控股权，则不属于《通知》《办法》规定的企业重组，其交易的税务问题按非货币资产交易的相关政策、法规执行。

五、后记

供给侧改革方兴未艾，企业并购重组作为重头戏任重道远。换股交易的双方期待更加健全和完善的税收政策及更加优惠的税收待遇，但更应该准确而深入地理解和运用现时有效的税收政策法规，做好交易前的税务筹划，避免承担多余的、不必要的交易税负。在包括换股并购在内的各种资本交易中，合理的交易结构的设计以及合法、完整、清晰的交易文本不仅是各参与方权利义务的载体、交易风险防控的手段，更是交易税收筹划的落脚点。参与资本交易的当事各方，应在相关的纳税义务发生前，充分进行分析、咨询，从而对资本交易的法律交易架构和税务方案作出准确的决策。

（2019年3月）

深圳市拆除重建类城市更新项目涉税概述

文/王永敬　刘双双

近年来,拆除重建类城市更新成了深圳市主要的供地来源,并在不断发展过程中形成了具有深圳特色的开发模式。

根据《深圳市城市更新办法》(深圳市人民政府令290号)相关规定,拆除重建类城市更新项目范围内的土地使用权人与地上建筑物、构筑物或者附着物所有权人相同且为单一权利主体的,可以由权利人依据该办法实施拆除重建,所有权人不同或者存在多个权利主体的,可以在多个权利主体通过协议方式明确权利义务后由单一主体实施城市更新,也可以由多个权利主体签订协议并依照《公司法》的规定以权利人拥有的房地产作价入股成立公司实施更新,并办理相关规划、用地、建设等手续。

拆除重建类城市更新一般采取自行开发、合作开发(含拆赔)模式进行开发,本文主要梳理拆除重建类城市更新项目几种主要开发模式涉及的税收问题。本文所述的开发模式主要从税法的视角进行分类和界定,所提及的开发模式不涵盖所有的常见模式,也不包括经过税务筹划后的变通模式。本文主要讨论开发主体(含合作开发者)的税务问题。

一、自行开发模式涉税分析

目前深圳市以净地方式取得土地使用权的项目大部分采用自行开发模式,部分城市更新项目改造后自用(大部分为工改工类项目)或者单一权利主体城市更新项目也大多采用自行开发模式。

自行开发模式,因项目实施主体为原土地权利主体,故搬迁环节不涉及与他方签订拆迁补偿协议,而是由原土地权利主体自行拆迁安置,也就不涉及搬迁补偿环节的税收问题。

(一)土地取得阶段的税收问题

自行开发模式下,原土地权利主体作为项目实施主体,在从国土部门重新取得土地使用权时应按规定缴纳契税及印花税。

1. 契税。根据《广东省契税实施办法》第六条规定，国有土地使用权出让、土地使用权出售、房屋买卖的契税计税依据为成交价格，也即土地、房屋权属转移合同确定的价格，包括承受者应交付的货币、实物、无形资产或者其他经济利益。同时根据《深圳市人民政府办公厅关于加强契税征收管理的通知》（深府办〔2005〕176号）规定：凡契税纳税义务时间发生在2006年1月1日（含当日）之后的，按照现行国家和省契税政策规定的税率执行，其他土地房屋权属转移一律按3%的税率执行。其他土地房屋权属转移，主要包括土地使用权出让、转让（含出售、赠与和交换）。

原土地权利主体作为城市更新项目的实施主体，在注销土地使用权证后通过出让方式从国土部门重新取得土地使用权，不属于享受契税优惠政策的情形，因此应由原土地权利主体按支付或补缴地价的3%缴纳契税。

2. 印花税。根据《财政部 国家税务总局关于印花税若干政策的通知》（财税〔2006〕162号）第三条规定：对土地使用权出让合同、土地使用权转让合同按产权转移书据征收印花税。

原土地权利主体通过出让方式重新取得土地使用权时，应按与国土部门签订的国有土地使用权出让合同或补充协议上所载金额的万分之五缴纳印花税。

（二）物业建成阶段的税收问题

1. 自建自用部分涉及的税种。原土地权利主体在物业建成后通常将部分或全部物业作为自用，对于这部分自用的物业，因权属未发生转移，故无须缴纳增值税、土地增值税。

但若原土地权利主体日后将自用房地产转让或销售的，则应按销售不动产缴纳相关增值税、土地增值税、印花税、企业所得税等。

2. 自建转让部分涉及的税种。原土地权利主体在物业建成后将部分物业转让的，应在转让环节按规定缴纳增值税及其附加、土地增值税、印花税、企业所得税。

（1）增值税及其附加。根据《增值税暂行条例》《增值税暂行条例实施细则》《纳税人转让不动产增值税征收管理暂行办法》（国家税务总局2016年第14号公告），原土地权利主体将建成的部分物业转让的，应按销售不动产缴纳增值税，以转让物业取得的全部价款和价外费用作为销售额，按10%缴纳增值税。同时，原土地权利主体还应按实际缴纳的增值税税额的12%缴纳附加税费（其中城市维护建设税7%、教育费附加3%、地方教育附加2%）。

（2）土地增值税。原土地权利主体以转让物业取得的收入（不含增值税）扣除规定的扣除项目后的余额作为增值额，按四级超率累进税率计算缴纳土地增值税。

根据《土地增值税暂行条例》及《土地增值税暂行条例实施细则》，新建房地产转让中，若原土地权利主体为非房地产开发企业，则扣除项目包括取得土地使用权所支付的金额；开发土地的成本、费用；新建房及配套设施的成本、费用；与转让房地产有关的税金。

其中，取得土地使用权所支付的金额，主要是指原土地权利主体在取得土地使用权时缴纳的地价款及其契税；开发土地和新建房及配套设施的成本，主要是指原土地权利主体在开发项目中实际发生的成本，包括土地征用及拆迁补偿费、前期工程费、建筑安装工程费、基础设施费、公共配套设施费、开发间接费用；开发土地和新建房及配套设施的费用，主要是指与开发项目有关的销售费用、管理费用、财务费用；而与转让房地产有关的税金，主要是指在转让物业时缴纳的城市维护建设税、印花税、教育费附加。

（3）印花税。原土地权利主体转让建成物业的，应按产权转移书据即转让合同所载金额的万分之五缴纳印花税。

（4）企业所得税。原土地权利主体应将转让物业取得的收入扣除相关成本及费用后的余额按规定缴纳企业所得税。

二、合作开发模式涉税分析

合作开发通常指以原土地权利主体与出资方对特定地块的建设项目以合资或合作方式进行共同开发的行为。合作开发模式也分为四种：一是原土地权利主体与出资方合作，以原土地权利主体名义开发；二是原土地权利主体与出资方合作，以出资方名义拆补开发；三是原土地权利主体以土地使用权作价入股，与出资方成立项目公司，以项目公司名义开发；四是原土地权利主体与出资方成立项目公司，以项目公司名义拆补开发。在这四种合作开发模式下，就原土地权利主体而言，其涉及的税收问题如下。

（一）以原土地权利主体名义开发

就原土地权利主体而言，这种合作开发模式涉及的税种与原土地权利主体自行开发模式涉及的税种相似。

1. 土地取得阶段的税收问题。在土地取得环节需缴纳契税 3% 及印花税 0.05%。

2. 物业分配阶段的税收问题。在物业分配阶段，建成后自用部分无须缴纳相关税费，而分配给出资方的物业则应视同销售不动产，按规定缴纳增值税及其附加、土地增值税、印花税、企业所得税等（同自行开发模式中建成后转让情形）。

（二）以出资方名义拆补开发

在这种开发模式下，通常是先由原土地权利主体与出资方签订搬迁补偿协议，拆迁后将原土地使用权证注销，再以出资方的名义与国土部门签订土地使用权出让合同，以出资方名义取得土地使用权进行项目开发，待物业建成后双方按照一定比例分配物业，或由一方取得全部建成的物业，另一方获得货币或其他形式的补偿。

此种开发模式下，开发项目实施主体为出资方，就原土地权利主体而言，主要涉及税收的环节包括搬迁补偿环节、物业建成分配环节，而土地取得环节的税负义务由取得土地的出资方承担。

1. 搬迁补偿阶段的税收问题。以出资方名义进行项目开发，需将土地使用权证交还国家并注销，出资方再与国土部门签订土地使用权出让合同，在这一过程中，并没有发生土地使用权的权属转移，故在注销土地使用权证之前的搬迁补偿阶段，对于原土地权利主体而言可能涉及的税种仅为企业所得税，如原土地权利主体的搬迁性质属于政策性搬迁，则可享受企业所得税的优惠政策。

（1）增值税。根据《财政部国家税务总局关于全面推开营业税改征增值税试点的通知》（财税〔2016〕36号）附件3《营业税改征增值税试点过渡政策的规定》第一条第三十七款规定，土地使用者将土地使用权归还给土地所有者免征增值税。根据深圳市《城市更新税收政策指引》（深地税办发〔2012〕37号）及116号文的规定，被拆迁方取得的拆迁安置补偿所得（含货币或回迁房补偿）免征增值税。

原土地权利主体与出资方签订搬迁补偿协议并搬迁后，将土地使用权证交还国家并注销，从而取得搬迁补偿收入，该行为实际是由土地使用者将土地使用权归还给土地所有者，原土地权利主体因此取得的搬迁补偿收入免征增值税。

（2）土地增值税。根据《中华人民共和国土地增值税暂行条例》及《中华人民共和国土地增值税暂行条例实施细则》规定，因国家建设需要依法征用、收回的房地产，也即因城市实施规划、国家建设的需要而被政府批准征用的房产或收回的土地使用权免征土地增值税。

当待开发的项目纳入城市规划范围，原土地权利主体将土地使用权证交还国家并注销，取得搬迁补偿收入，该行为则是因城市实施规划而被政府批准收回的土地使用权而获得的搬迁补偿，因此也免于征收土地增值税。

（3）印花税。根据《中华人民共和国印花税暂行条例》第二条规定的印花税征收范围为购销、加工承揽、建设工程承包、财产租赁、货物运输、仓储保管、借款、财产保险、技术合同或者具有合同性质的凭证；产权转移书据；营业账簿；权利、许可证照；经财政部确定征税的其他凭证。

《搬迁补偿协议》并不在印花税的征收范围内，因此《搬迁补偿协议》以及取得搬迁补偿所得不需缴纳印花税。

（4）企业所得税。

1）政策性搬迁。根据《国家税务总局关于发布〈企业政策性搬迁所得税管理办法〉的公告》（国家税务总局2012年第40号公告）第三条规定，企业政策性搬迁，是指由于社会公共利益的需要，在政府主导下企业进行整体搬迁或部分搬迁。原土地权利主体的搬迁属于政策性搬迁的情况下可按该办法的规定执行。

在符合政策性搬迁的情况下，原土地权利主体取得的搬迁补偿的收入及发生的搬迁支出单独核算，二者差额为应税所得额。企业应在搬迁完成年度计算缴纳该项所得税，若企业在五年内未实际完成搬迁的，应在搬迁时间满五年的年度计算搬迁所得，这也变相给了原土地权利主体5年递延纳税优惠。当然，根据第40号公告的规定，要享受该递延纳税的优惠政策，则应按规定完成申报工作。

2）非政策性搬迁。若原土地权利主体的搬迁行为不符合政策性搬迁规定情形的，则其应就取得的搬迁补偿收入作为应税收入，按规定计算缴纳企业所得税。

2. 物业分配阶段的税收问题。因是以出资方的名义重新取得土地使用权进而进行项目开发，故就原土地权利主体而言，在土地取得环节就不存在契税等税收问题，该环节的税收责任由出资方承担。在物业建成后，原土地权利主体与出资方约定按比例分配建成的物业或取得一定的现金分配。

原土地权利主体对于分配取得物业的部分，作为物业的承受者需缴纳契税和印花税；对分配取得物业或现金形成的合作利润部分，应按规定计算应税所得并缴纳企业所得税。

（三）土地入股项目公司开发

原土地权利主体以土地使用权（含物业，本文同）投资入股，与出资方成立项目公司，原土地权利主体将土地使用权转让给项目公司后，由项目公司将土地使用权证注销，再由项目公司重新与国土部门签订土地使用权出让合同，取得土地使用权后以项目公司名义进行项目开发，项目开发完成后由项目公司以向股东分配利润的形式向原土地权利主体及出资方分配建成的物业或利润。在该种模式下，原土地权利主体涉及的税收问题如下：

1. 土地使用权出资的税收问题。根据《增值税暂行条例》及"营改增"政策，原土地权利主体应按转让土地使用权缴纳增值税。根据《印花税暂行条例》，原土地权利主体按产权转移行为缴纳印花税。根据《契税暂行条例》，项目公司承受土地使用权，应由项目公司缴纳契税。

如果原土地权利主体以土地权利溢价出资注入项目公司，项目公司属于房地产开发企业，则该环节将涉及出资人（原土地权利主体）的企业所得税及土地增值税问题。

2. 项目公司开发的税收问题。项目公司开发、销售过程中的主要税收事项及义务，可参照原土地权利主体自行开发模式，相关税种的纳税义务人由原土地权利主体变为项目公司。

（四）以项目公司名义拆补开发

原土地权利主体与出资方成立项目公司，项目公司对原土地权利主体进行拆迁补偿获得开发资格，原土地权利主体注销土地使用权证后，由项目公司重新与国土部门签订土地使用权出让合同，取得土地使用权后以项目公司名义进行项目开发，项目开发完成后由项目公司以向股东分配利润的形式向原土地权利主体及出资方分配建成的物业或利润。在该种模式下，原土地权利主体涉及的税收问题如下：

1. 搬迁补偿阶段的税收问题。在此种合作开发模式下，原土地权利主体在搬迁补偿环节涉及的相关税费与第二种合作开发模式相似，也即仅需缴纳企业所得税，不同之处在于搬迁补偿的支付主体是项目公司而非出资方。

2. 土地取得阶段的税收问题。因是以项目公司的名义重新取得土地使用权，故在土地取得阶段涉及的契税（3%）及印花税（0.05%），则是由项目公司承担。

3. 物业分配阶段的税收问题。物业建成后，项目公司向原土地权利主体及出资方分配建成物业的，应由项目公司按视同销售不动产缴纳增值税及其附加、土地增值税、印花税、企业所得税等（相关比例及计算方式同前几种开发模式）。就原土地权利主体而言，就该环节取得的物业，应按规定缴纳契税（3%）和印花税（0.05%）。

综合上述各种开发模式涉及的税收问题梳理，就原土地权利主体而言，不同的开发模式需要承担的税费有所不同，总结如表1。

表1 不同的开发模式涉及的税种及税率

开发模式		不同阶段涉及的税种及税率		
		搬迁补偿阶段	土地取得阶段	物业分配阶段
自行开发模式		—	契税3%，印花税0.05%	建成自用部分：无须缴纳相关税费； 建成转让部分：增值税10%、附加税费12%（增值税额为税基）、土地增值税（核定征收、四级超率累进税率）、印花税（0.05%）、企业所得税25%。
合作开发模式	以原土地权利主体名义开发	—	契税3%，印花税0.05%	建成自用部分：无须缴纳相关税费； 分配给出资方部分：增值税10%、附加税费12%（增值税额为税基）、土地增值税（核定征收、四级超率累进税率）、印花税（0.05%）、企业所得税25%。
	以出资方名义拆补开发	企业所得税25%	—	取得物业部分：契税3%、印花税0.05%； 分配形成利润部分：补缴企业所得税。
	以项目公司名义拆补开发	企业所得税25%	—	取得物业部分：契税3%、印花税0.05%； 分配形成利润部分：缴纳企业所得税。
	土地入股项目公司开发	土地使用权出资阶段涉及的税种税率：增值税10%、附加税费12%（增值税额为税基）、土地增值税（核定征收、四级超率累进税率）、印花税（0.05%）、企业所得税25%（溢价出资）、契税3%。		

（2019年2月）

资本市场减税的六点建议

文/王永敬

2019年2月21日，开年大吉，中国证券业协会发布《关于就资本市场减税降费措施征集意见的通知》（中证协发〔2019〕24号）（以下简称《通知》），该《通知》一出，次日股市大涨，特别是券商类股票表现突出。该《通知》当然也将引起市场的热议和思考。据笔者的视界所至，过往几年，以"营改增"为主导的若干涉及资本市场的增资税、所得税政策未见宽松、趋于严苛，对资本市场信心的损害不言自明。借该《通知》的东风，结合自身的实践与观察，对资本市场减轻税负问题，提出如下建议：

1. 减轻或免除证券交易印花税。证券交易印花税目前按0.1%征收，虽然不高，但对大额交易和频繁交易造成的税负仍然不轻。另外，证券交易印花税的减免政策，国家财税减额不多，却能给市场一个强烈的政策信号。

2. 停止征收大小非减持的增值税。按当前的税法，股权转让是不涉及增值税的，大小非减持属于原始股权的首次流通，应按股权转让对待，不应征收增值税。"营改增"政策实施之前，大小非减持也不涉及营业税，"营改增"目的是将营业税涉税经济活动改征增值税，且加强征管和实现结构性税收优惠。因此，"营改增"政策对大小非减持征收增值税，在合法性、合理性方面均有不足，应拨乱反正。

3. 停止征收私募基金投资收益的增值税。私募基金份额总数一般不会超过50份，并未触发200份证券法监管界限，也达不到证券金融产品可自由转让的标准。自然人或非金融企业投资私募份额，在经济实质上与投资普通股权是一样的，都是属于一般性权益性投资。根据当前的增值税法规政策，股权投资的收益并不征收增值税。因此，根据"实质重于形式"的征税原则，私募股权投资的份额应参照股权投资，停止征收其收益的增值税。

4. 扩大二级市场股息、红利的所得税优惠政策适用范围。根据《企业所得税法》第二十六条、《企业所得税法实施条例》第八十三条的规定，企业连续持有公开发行并上市的股票超过12个月取得的股息、红利，属于免税收入。但该法规仅适用于缴纳企业所得税的公司制企业、国有企业等企业法人，目前并不适用于合伙企业、契约型基金。无论企业法人、合伙企业、契约型基金，其连续持股 12 月以上的二级市场股息、红利的经济实质是一样的，面临的风险和收益水平是一样的，应享受同等税收待遇。因此，建议通过税收法规或税收优惠文件将企业所得税法制度下的该优惠，扩大适用到所有投资主体。

5. 穿透适用二级市场买卖股票利得的个税优惠。根据《个人转让股票所得继续暂免征收个人所得税的通知》（财税〔1998〕61 号），个人在二级市场买卖股票的溢价利得是免税的。个人通过私募基金投资二级市场，其利得按份额分回给个人，无非是通过投资载体后的个人投资二级市场，应穿透适用前述个税优惠政策。至于，管理人从中分得的利得，正常征税即可。穿透适用该优惠政策，有利于推动散户投资为主的市场逐渐发展为机构投资为主的市场，回归市场理性，促进资本市场健康发展。

6. 优惠调整企业并购重组的特殊性税务（暂免征税）处理条件。按《企业重组业务企业所得税处理若干问题的通知》（财税〔2009〕59 号）及配套政策文件，企业重组适用特殊性税务处理的条件比较严苛，比如：换股比例 50% 以上，以及股份支付达到 85% 以上等条件在税收政策方面限制了资本市场上的企业重组。上市公司实际控股权比例低于 50% 的情形比比皆是，按此条件上市公司很难适用被重组的特殊性税务处理。85% 的股权支付条件，也限制了资金、实物资产、知识产权等资产参与特殊性税务处理企业重组的机会，限制了生产要素在资本市场的流通转换，也减少了资本市场企业重组、结构优化的机会。在资本市场，实际控股权的重组、以及股份支付 50% 以上的企业重组，应获得特殊性税务处理待遇。

按照经典市场经济理论，税收是为实现公平的、不得不为的负效率工具，是经济运行的楔子。资本市场的减税措施不仅可以减轻资本市场上市主体的经营税费负担，还可以提升资本市场经济和金融的效率，对提振资本市场投资者的信心也将助益良多。科学合理、落到实处是减税降费的起点，也应当成为终点。

（2019 年 2 月）

《个税法》的主要革新

文/刘双双

《中华人民共和国个人所得税法》于 2018 年 8 月 31 日完成第七次修正,随后国务院于 2018 年 12 月 18 日颁布第 707 号国务院令,通过《中华人民共和国个人所得税法实施条例》,此次新个税法及实施条例对 2011 年版的个税法进行了大刀阔斧的修改,主要焦点体现在以下几个方面。

1. 纳税主体划分标准变化,非居民个人范围有所扩大。新个税中首次出现了"居民个人"和"非居民个人"这一名词,对其的划分标准也发生了较大变化,从"境内居住满一年"变为"一个纳税年度在中国境内居住满 183 天",这里的一个纳税年度是指从 1 月 1 日至 12 月 31 日。同时将"境内"扩大到"中国境内",也就对纳税主体范围进行了扩大化。从另一方面考虑,若每次在中国境内居住虽然远远超过 183 天,但并非在一个纳税年度内居住的,且在一个纳税年度内快满 183 天时离境,待下一纳税年度再入境的,也不属于居民个人,如甲某 2018 年 8 月 1 日入境,2019 年 6 月 30 日离境,虽在境内居住了 334 天,但仍然不属于居民个人,因其在 2018 纳税年度中仅居住 153 天,在 2019 纳税年度仅居住 181 天。

表 1 纳税主体划分

居民个人	1. 在中国境内有住所。
	2. 在中国境内无住所,但在一个纳税年度居住满 183 天。
非居民个人	在中国境内无住所且在一个纳税年度居住不满 183 天。

同时,新个税实施条例对无住所的个人根据在中国境内的不同居住期限,明确了需在中国缴纳个税的所得如下:

表 2 不同居住期限的个税缴纳

居住时间		境内所得	境外所得
满 183 天的年度累计不满 6 年		全部所得	境内主体支付的部分
不超过 90 天	工薪所得	境内主体支付的部分	无须缴纳
	其他所得	境内境外支付的全部所得	境内主体支付的部分

前述居住时间均是指在一个纳税年度内，同时"满 183 天的年度累计不满 6 年"是指任一年度内离境超过 30 天的。

新个税法对居民个人与非居民个人不再一刀切，扩大了非居民个人的范围，在应税所得的范围方面也给予了特别考虑，但纳税主体的不同并非仅在这一方面有所区分，在应纳税所得额的分类计算方面也存在较大差异。

2. 应税所得项目精简整合为九项，分项纳税变为综合纳税与分项纳税相结合。新个税法精简整合了应税所得项目，从之前的十项整合为九项，主要是将原"个体工商户的成生产、经营所得"及"对企事业单位的承包经营、承租经营所得"整合为"经营所得"。同时为配合综合纳税与分项纳税的实施，将应税所得项目重新排序，经整合、排序后的应税所得项目分别为：工资、薪金所得；劳务报酬所得；稿酬所得；特许权使用费所得；经营所得；利息、股息、红利所得；财产租赁所得；财产转让所得；偶然所得。

居民个人取得的前四项所得为"综合所得"，按纳税年度合并计算个税，后五项仍按各个项目分别计算缴纳个税，也就是新个税的重大变化之一"综合纳税与分项纳税相结合"，这实际上增大了居民个人纳税基数。但非居民个人并无"综合所得"这一概念，仍是按九项所得分别缴纳个税。

3. 综合所得中扣除项目增多，扣除费用按年计算，对工薪家庭（个人）是利好消息。新个税中综合所得的收入额包括一个纳税年度内的工资薪金所得收入额（包括工资、薪金、奖金、年终加薪、劳动分红、津贴、补贴等）、劳务报酬所得收入额（收入×80%）、稿酬所得收入额（收入×80%×70%）、特许权使用费所得收入额（收入×80%）。综合所得的扣除项目也是以年度为标准计算，包括固定扣除费用 6 万元（每月 5000 元）、专项扣除、专项附加扣除及其他扣除。具体而言：

（1）固定费用 6 万元/年。这里的固定费用实际上是旧个税法中个人每月扣除的生计费的演化。

（2）专项扣除项目。按国家规定的范围和标准缴纳的基本养老保险、基本医疗保险、失业保险等社会保险费和住房公积金。

（3）专项附加扣除项目。该项目可谓是新个税的又一重大变化，其所含的扣除项目包括子女教育、继续教育（纳税人）、大病医疗、住房贷款利息或住房租金、赡养老人等六项专项附加扣除。根据国务院于 2018 年 12 月 13 日出台的《个人所得税专项附件扣除暂行办法》的相关规定，前述六项专项附件扣除具体如下：

1) 子女教育：每月定额扣除 1000 元。满足定额扣除的条件为：纳税人的子女需接受的是全日制学历教育（从子女年满 3 岁开始，包括学前教育、义务教育、高中阶段教育、高等教育），子女在中国境外接受教育的，需要留存录取通知书级留学签证等资料备查。具体扣除时，可由父母一方按标准 100%扣除，也可由双方分别按 50%扣除。

2) 继续教育：定额扣除 400 元/月、3600 元/年。定额扣除 400 元/月是指纳税人在中国境内接受的学历（学位）继续教育的支出，可以在教育期间按每月 400 元定额扣除，但同一学历（学位）的扣除期限不得超出 48 个月（4 年）。定额扣除 3600 元/年是指纳税人接受的技能人员职业资格教育的支出，在取得证书的当年按 3600 元定额扣除。一般情况下，继续教育的定额扣除只能由纳税人本人扣除，但若纳税人接受的是本科及以下学历（学位）继续教育的，也可选择由其父母扣除。

3) 大病医疗：8 万元/年内限额据实扣除。纳税人在一个纳税年度内发生的与基本医保相关的医药费用支出（自付部分）累计超过 1.5 万元的部分，可由纳税人本人或其配偶在办理年度汇算清缴时在 8 万元内据实扣除。若其未成年子女发生的上述医药费用可由父母一方扣除。纳税人、配偶、未成年子女的上述医药费用支出按规定分别计算扣除。

4) 住房贷款利息：定额扣除 1000 元/月，最长不超 20 年（仅首套住房贷款）。纳税人或配偶单独或共同在中国境内购买的享受首套住房贷款利率的住房贷款利息支出，在实际发生贷款利息的年度按 1000 元/月扣除，但最长扣除期限不超过 20 年。一般情况下，住房贷款利息可由夫妻双方一方扣除，特殊情况下，如夫妻双方婚前分别购买住房发生的首套住房贷款，婚后可选择一套由购买方 100%扣除，也可由双方分别按 50%扣除。

5) 住房租金：1500 元/月、1100 元/月、800 元/月。住房租金的扣除前提是纳税人及其配偶在纳税人的主要工作城市没有自有住房。主要工作城市在直辖市、省会（首府）城市、计划单列市的，扣除标准为每月定额 1500 元；主要工作城市在市辖区户籍人口超过 100 万的城市，扣除标准为每月定额 1100 元；主要工作城市在市辖区户籍人口不超过 100 万的城市，扣除标准为每月定额 800 元。若夫妻双方主要工作城市相同的，只能由一方扣除，即由签订租赁合同的承租人扣除。

纳税人及配偶在一个纳税年度内不能同时分别享受住房贷款利息和住房

租金专项附件扣除。

6）赡养老人：定额扣除2000元/月。扣除条件为被赡养人年满60周岁的父母及子女均去世的年满60周岁的祖父母、外祖父母。纳税人为独生子女的，每月定额扣除2000元；非独生子女的，应与兄弟姐妹分摊，但每人的分摊额度不得超过1000元/月。

以上专项附件扣除的规定，给予了纳税人较为宽松的个税筹划空间，对于仅有工薪收入的家庭而言，可进行各专项附件扣除的个税筹划，使家庭税负达到最低。

新个税法将以前每月计算工资薪金应纳税额时扣除的3500元/月生计费变为固定扣除费用每月5000元，实际是提高了综合所得应纳税额的起征点，由每月3500元提至每月5000元，但同时在收入额中增加了劳务报酬、稿酬、特许权使用费所得，对于一般只有工资薪金收入的职工来讲，综合所得仅有工资薪金，这部分收入额没有增长，而扣除项目增多、费用增大，所以应纳税所得额减少，大大降低了税负，但对于有多项收入来源的群体讲，则是扩充了其综合所得收入额，而扣除费用的增多远远达不到降低整体应纳税所得额的效果，所以会导致这一群体的税负加重。

4. 经营所得范围扩大，取得经营所得的个人扣除项目增多。新个税法规定的经营所得不仅包括旧个税法中的个体工商户从事生产经营所得及企事业单位承包经营所得，还包括个人独资企业投资人、合伙企业的个人合伙人来源于境内注册的个人独资企业、合伙企业生产经营所得，以及个人从事其他生产经营所得（办学、医疗、咨询及其他有偿服务）。

经营所得是以一个纳税年度内取得的收入总额减除成本、费用、损失后的余额为应纳税所得额，值得注意的是，如果取得经营所得的个人没有综合所得的，在计算其经营所得的应纳税所得额时还应当减除固定费用6万元、专项扣除、专项附加扣除级其他扣除，这些扣除项目与综合所得的扣除项目相同。但专项附加扣除是在办理年度汇算清缴时才予以减除，也就是说，取得经营所得的个人在按月或季度预缴个人所得税时不能预先扣除专项附加扣除，这也是与综合所得的不同。

5. 个税起征点提高至5000元/月（综合所得），5级、7级超额累进税率层级基数相对提高。新个税法明确了综合所得适用7级超额累进税率，税率仍是3%~45%，但各层级的基数及标准发生变化，以全年应纳税所得额作为各级的基数。如全年应纳税所得额不超过36000元的部分，按3%纳税，月均则为3000元，相比旧个税法而言，提高了1500元/月。

对于取得较低收入的纳税人而言，以新税率表计算出的应纳税额远远低于旧个税法所计算的应纳税额。而对于除取得高额的工资薪金外还有劳务报酬、稿酬、特许权使用费得收入的纳税人而言，因其综合所得的收入额增加，而专项附加扣除较少，全年的应纳税所得额突增，则可能适用新税率中的较高税率甚至最高税率45%（根据新税率表，全年应纳税所得额超过960000元的部分就要适用45%税率），结果直接导致高收入纳税人的个税税负增大。

经营所得适用的5级超额累进税率仍然为5%~35%，但每层级的计算基数也相应提高，如旧税率表中全年应纳税所得额不超过15000元的适用5%税率，而新税率表提高至30000元。[后附《个人所得税税率表一》（综合所得适用）、《个人所得税税率表二》（经营所得适用）]

6. 综合所得纳税申报复杂化。新个税法规定居民个人取得的综合所得按年计算，有扣缴义务人的由扣缴义务人按月或次预扣预缴税款。一般情况下，取得综合所得的个人由任职单位按月预扣预缴工资薪金应纳税款，劳务报酬、稿酬、特许权使用费则按每次预扣预缴，年度结束后对一个纳税年度的综合所得进行汇算清缴。

但年度终了的汇算清缴并非所有纳税人均需作的，一般需要进行汇算清缴的主要包括四种情形：①是纳税人从两处以上取得综合所得，且年收入额减除专项扣除后的余额超过6万元；②是取得劳务报酬、稿酬、特许权使用费所得中的一项或多项，且年收入额减除专项扣除后的余额超过6万元；③是纳税年度内预缴税额低于应纳税额（存在补缴的情况）；④是纳税人申请退税（预扣预缴的税额超过了年度应纳税额的情况）。第①、第②种情形主要是防止纳税人隐瞒其所取得的综合所得的获取范围，第③、第④种情形主要是用于预扣预缴税款后的多退少补。

7. 纳税调整使利用关联交易、税收洼地进行避税面临风险。新个税法增加了税务机关对特殊情形进行纳税调整的规条款，主要是两种情形：①个人与其关联方之间发生的业务往来不符合独立交易原则而减少了本人或其关联方的应纳税额，且无正当理由；②居民个人控制或居民个人和居民企业共同控制的设立在实际税负明显偏低的国家（地区）的企业，无合理经营需要，对应当归属于居民个人的利润不做分配或减少分配。

上述两种情形实际就是纳税人通过关联交易、在税收洼地设立持股平台等方式进行避税，而新个税法赋予了税务机关在该等情况下按照合理方法进行纳税调整的权利,对作出纳税调整且需补征税款的,同时还会依法加收利息。该条规定不仅使得纳税人很难通过关联交易、税收洼地达到降低税负的目的,而且还可能进一步增加纳税人的经济损失。除该等情形外,纳税人实施的其他不具有合理商业目的的安排而获取的不当税收利益都将面临税务机关的纳税调整。

8. 多部门、多机构加入税收征管过程,既是协助又是监控。新个税法规定公安、人民银行、金融监督管理等相关部门应协助税务机关确认纳税人的身份、金融账户信息,教育、卫生、医疗保障、民政、人力资源社会保障等部门应向税务机关提供专项附加扣除信息。虽然形式上是规定多部门协助税务机关确认纳税人身份、账户信息,但实质上是对纳税人的监控,纳税人的任何资金、交易的往来都将被税务机关实时掌握。

此外,新个税法还明确有关部门应将纳税人、扣缴义务人遵守新个税法的情况纳入信用信息系统,实施联合激励或奖惩,也即将纳税人的纳税情况纳入诚信系统,使纳税人无处遁形、无税可逃。

综合来讲,新个税法的颁布实施对普通工薪阶层是利好消息,扣除项目的增多、起征点的提高、税率层级计算基数的提高等都大大降低了税负,但对于高收入且多渠道收入群体而言,税负反而增大了。同时,纳税调整、信用信息系统、部门协助等条款的规定,使得个税的避税更加困难,且代价较大,这也对个税的税收筹划带来较大调整。

表3 个人所得税税率表一(综合所得适用)

级数	全年应纳税所得额	税率(%)
1	不超过36000元的	3
2	超过36000元至144000元的部分	10
3	超过144000元至300000元的部分	20
4	超过300000元至420000元的部分	25
5	超过420000元至660000元的部分	30
6	超过660000元至960000元的部分	35
7	超过960000元的部分	45

注1:本表所称全年应纳税所得额是指依照本法第六条的规定,居民个人取得综合所得以每一纳税年度收入额减除费用六万元以及专项扣除、专项附加扣除和依法确定的其他扣除后的余额。

注2:非居民个人取得工资、薪金所得,劳务报酬所得,稿酬所得和特许权使用费所得,依照本表按月换算后计算应纳税额。

表4　个人所得税税率表二（经营所得适用）

级数	全年应纳税所得额	税率（%）
1	不超过30000元的	5
2	超过30000元至90000元的部分	10
3	超过90000元至300000元的部分	20
4	超过300000元至500000元的部分	30
5	超过500000元的部分	35

注：本表所称全年应纳税所得额是指依照本法第六条的规定，以每一纳税年度的收入总额减除成本、费用以及损失后的余额。

（2019年1月）

范某税案结果与评论：99%的在误读

文/王永敬

范某"大小合同""阴阳合同"涉税一案，自2018年6月初曝光后，以当事人退避和主管税务机关的低调处理，沉寂数月。税务机关最终选择在10月3日公布涉税处理结果，这是一个不想引起太多媒体讨论和公众争议的休假期，毕竟，长假期间大家去自顾度假去了。

然而，涉税案的处理结果——补缴税款及罚款8.8亿元，仍然引起了巨大的公众讨论。媒体争先报道，公众拍手称快，这也就罢了，税务师、律师、财税法专家学者们也争相评论转发，却都缺乏理性、客观、全面的观点。财税教授们说："税务部门对于范某拆分合同的处罚较为严厉，体现了过罚相当的原则，对今后类似违法行为起到强烈教育警示作用。""税务部门处罚决定总体上兼顾了法律、社会和政策效果，体现了实事求是、区分情形、综合考量的宗旨。"而没有说清违法何在。律师们借本案分享与讨论逃税罪的"首罚不刑"制度，并试图深入讨论范某是否应为其担任法人代表的企业的逃税行为承担责任。

各种评论总是随着大流，满足公众的心理消费需求，涉税当事人也以道歉信方式配合这个结果。似乎一切都那么理所当然、无可非议，看不见客观、理性、专业与独立的观点。

一、涉税案8.8亿元税款及罚款的构成

江苏省税务局并未公布本税案的《涉税事项处理决定书》及《税务处罚决定书》的原文细节。从公开媒体获悉，本涉税行政案件的税务处理决定和税务处罚决定涉及的8.8亿元税款和处罚主要包括：①依据《中华人民共和国税收征管法》第三十二条、第五十二条规定对范某及其担任法定代表人的企业追缴税款2.55亿元，加收滞纳金0.33亿元。②依据《中华人民共和国税收征管法》第六十三条规定对范某采取拆分合同手段隐瞒收入偷逃税款处4倍罚款计2.4亿元；对其利用工作室账户隐匿个人报酬的真实性质偷逃税款

处 3 倍罚款计 2.39 亿元。③对其担任法定代表人的企业少计收入偷逃税款处 1 倍罚款计 94.6 万元。④超过规定期限不缴纳税款和滞纳金，不接受行政处罚的，税务机关将依法移送公安机关处理。

二、涉税处理决定及处罚决定的性质、金额及后果

（一）对范某及其担任法定代表人的企业追缴税款 2.55 亿元及加收滞纳金 0.33 亿元，不涉及税务违法和犯罪

严格来说，范某属于独立纳税义务人，范某担任法定代表人的企业属于另外的独立纳税义务人，各自承担纳税义务和责任，将范某与该等企业放在一起追缴范某的税款及该等企业的税款，在法律上是不严谨的表述。

税务机关追缴税款的理由和法律依据是：企业、自然人等纳税义务人的涉税会计处理与税法或税收政策或税务机关的理解有出入，税务机关依据行政职权要求纳税义务人按照税务机关的涉税事项处理决定书来纳税，并不涉及纳税义务人隐瞒收入、虚列成本等违法行为。这就是本案中《涉税事项处理决定书》涉及的税务责任部分。

《涉税事项处理决定书》本身不是税务行政处罚，更不涉及税务犯罪，只是税务机关对企业涉税事项的行政决定，具有可复议、可诉讼性，纳税义务人可提起税务行政复议及诉讼。

对该部分涉税处理决定事项，讨论与分析范某是否应为该等企业的涉税违法犯罪行为承当主要负责人的罪行或责任，是多余的，实属"本来无一物，何以染尘埃"。

（二）对范某采取拆分合同手段隐瞒收入偷逃税款处 4 倍罚款计 2.4 亿元，对其利用工作室账户隐匿个人报酬的真实性质偷逃税款处 3 倍罚款计 2.39 亿元，涉及个人的收入金额约 3.5 亿元

采取拆分合同手段隐瞒收入的 4 倍罚款为 2.4 亿元，则其税款本身为 0.6 亿元，按照巨额个人劳务收入接近 40% 的实际税率，涉及的收入为约 1.5 亿元。

利用工作室账户隐匿个人报酬的 3 倍罚款 2.39 亿元，则其税款本身为 0.796 亿元，按照巨额个人劳务收入接近 40% 的实际税率，涉及的收入为约 2 亿元。

（三）对其担任法定代表人的企业少计收入偷逃税款处 1 倍罚款计 94.6 万元，除非证明由范某指使，否则不构成主要负责人罪责

首先，少计收入和隐瞒收入是不同税法概念，隐瞒收入属于主观的故意，属于偷逃税，而少计收入往往源于税法和会计制度在计算收入时的口径不同，算是漏税。对少计收入，应该按照责令纳税调整、追缴税款处理，将其直接认定为偷逃税款，存在很大争议。

其次，该 94.6 万元税款涉及的少计收入行为，如果不属于主观故意，也不属于由范某本人指使企业经办人员所为，则不应追责或讨论其主要负责人涉税罪责问题。

（四）范某如不按期缴纳 2.4 亿元罚款、0.33 亿元滞纳金和 2.39 亿元罚款，将可能被刑事追诉

《刑法修正案（七）》对税收犯罪设置了"首罚不刑"制度："经税务机关依法下达追缴通知后，补缴应纳税款，缴纳滞纳金，已收行政处罚的，不予追究刑事责任。"本案税务机关也申明：超过规定期限不缴纳税款和滞纳金，不接受行政处罚的，税务机关将依法移送公安机关处理。

因此，如范某不按期缴纳涉及其个人的税款、滞纳金和罚款，将面临被启动刑事追诉程序的风险。

三、将拆分合同行为、利用个人工作室收款认定为以隐瞒、隐匿收入而追究偷逃税违法犯罪责任，在事实、逻辑与法律方面，均存在巨大争议

（一）范某通过个人工作室进行的申报，属于范某作为纳税义务人的申报，认定其隐瞒收入或隐匿报酬，理据不足

以公权力追究公民的行政或刑事责任，应当做到程序、事实证据、法律适用的无可争议，而不是倾向于理由及证据的优势原则：只要你收入高，而又少交了税，就有税务行政或刑事责任。

按照《税收征管法》及《刑法》，偷逃税行为的客观要件是虚假申报或不申报，即多列支出费用（虚假申报）或隐瞒收入（不申报收入）。范某将某个影视剧演出收入的一部分拆分给工作室（无论是个人独资企业、合伙企业或个体工商户形式，下同）来申报纳税（本案所述的拆分合同），或将某个影视剧演出收入的全部给工作室来签约收款并申报纳税（本案所述的利用工

作室隐匿个人报酬），并不属于隐瞒收入或隐匿报酬，而是属于自然人纳税申报的另一种方式，该部分收入以工作室形式进行了申报。

《国务院关于个人独资企业和合伙企业征收所得税问题的通知》规定，对个人独资企业和合伙企业按个体工商户征收个人所得税，《个体工商户个人所得税计税办法》第四条规定："个体工商户以业主为个人所得税纳税义务人"。据此，范某工作室的纳税义务人与范某同属一人：自然人范某。范某将其个人收入通过工作室进行申报，属于税法上的依法申报。

根据《个体工商户个人所得税计税办法》第三条第一款第三项："本办法所称个体工商户包括：……（三）经政府有关部门批准，从事教学、医疗、咨询等有偿服务的个人"以及税收工作实践，教育、培训、演艺、美容等均在个体工商户的经营范围之列。换言之，演员可以将自己的演艺行为以个体工商户的形式来经营和完税。所以，范某通过工作室来经营演出、演艺事业并申报纳税，符合税法规定，并非以工作室来隐匿个人收入和报酬。

（二）利用个人工作室节税或避税，责任不全在演艺明星，且不应涉及税务罪责

如上所言，范某开办工作室经营演艺事业并以工作室申报纳税是符合税法规定的。问题在于，范某工作室利用核定征收政策（一般采取核定应税所得率方式）享受了低税率的申报纳税，进行了巨额的避税操作。曝光后，明星收入如此之高，税率如此之低，成为社会热议话题，必须向人民群众给个交代。然后，范某利用个人工作室进行的节税、避税操作，其过程及结果均不应由其独自承担。

1. 核定征税制度是《税收征管法》第三十五条规定的制度，只不过同时规定了经办税务机关进行核定征收时的条件。

2. 根据《税收征管法》允许核定征收的上位法制度，国家税务总局和各地方税务局均配套了相关的核定征收税收政策。如《江苏省地方税务局关于明确若干税款征收标准的公告》（苏地税规〔2003〕2号）第五条就明确本省按照财政部、国家税务总局《关于个人独资企业和合伙企业投资者征收个人所得税的规定》第九条规定的应税所得率对个体工商户、个人独资企业、合伙人企业核定征收个人所得税。

3. 范某等影视明星入驻无锡影视基地、横店影视城等，也不全是个人行为，往往带有地方政府基于财税利益考虑而利用核定征收政策来招商引资、吸引入驻的因素。

最关键的是，核定征收政策，是一个行政审批事项，是否同意按个人工作室方式纳税、应税所得率确定为多少，审批权均在税务机关，审批后对工作室的纳税申报等也有监管等。

可见，利用个人工作室申报纳税及其方式（查账征收或核定征收）与标准（应税所得率），并非演艺明星自己可操控，发生少交税款的行为不应由纳税义务人承担全部责任。而如果该等核定征税行为的申报或审批适用如有不当或属于错误，应属于漏税行为，应采取《涉税事项处理决定书》方式予以纠正和追缴，而不是课以行政处罚甚至刑事责任。

（2018 年 10 月）

崔某别多话，范某有马甲

文/王永敬

2018年5月28日，崔某曝范某6000万天价片酬，并起底范某采用大小合同、阴阳合同等方式涉嫌逃漏税。爆料一出，持续成为媒体热点，各种叫骂与热评不断，有痛斥明星黑心赚钱的，有歌颂崔某无限正义的，甚至已出现《北京日报》、央视等官媒以力挺崔某方式介入事件传播的趋势，事件热度与上周的南方酷暑非常应景。事件爆料之初，笔者已发现事件的核心点并不是崔某所说的以收取"税后现金款"方式避税，也不是以大小合同、阴阳合同方式来逃税。所以，笔者持观棋不语的姿态，不评论娱乐圈的事件。

自从专业圈的参与评论后，这几天，忍不住要说点什么了。对该事件的专业评论，"1000万元（个人收取）+5000万元（工作室收取）"的大小合同、阴阳合同已坐实逃税，似乎成了法律及税务专业界的普遍共识。此外，有的律师认为，范某个人收取的1000万元，约定为税后实收现金涉嫌税务违法，并认为合同要求支付方承担税款后才开发票是无效的；有的律师认为，6000万元应该按照工资薪金所得适用最高税率45%，则范某逃税额达到2700万元；有的税务师认为，6000万元，至少要按个人劳务所得20%、30%、40%的三级累进税率征税，逃税额也有2000多万。好多律师甚至搬出了刑法及刑法修正案的逃税罪条款，认为范某涉嫌逃税金额十分巨大，似乎范某就快要变成了"范晓庆"。

很多群众评论和专业文章点评中，大有阿Q在刑场看砍头的兴奋劲和叫好声，"范某工作室"的反击声明也显得柔弱无力，不着边际，似乎又在刻意回避什么，反而吸引眼球。这种舆论一边倒的态势，激发了笔者凭借仅有知识及对事件的有限了解说说话的欲望。

1. "1000万元（个人收取）+5000万元（工作室收取）"不是阴阳合同、大小合同，而是对混合业务的收入分解。

阴阳合同或大小合同，是对同一应税行为签订金额不同的两份合同，小合同用于报税，大合同用于实收。明星参演影视剧的过程，分为接单运营和演出两个部分。演出属于明星个人的专业劳务，接单和运营则是一个影视业运营行为及过程。明星能接大单，不是靠她一个人，得靠背后的团队（工作室）统筹运作，采取与宣传、公关、包装、甚至商品广告相合作的方式进行。因此，制片方将演出部分的酬金1000万元给范某，把有关的后勤、宣传、化妆、公关等配套统筹服务费用支付给范某工作室（工作室也需要很多开支、成本）是具备事实基础的，既不是逃税，也不是阴阳合同或大小合同。除非，对同一演出行为，签了大小不同金额的合同，才属于阴阳合同。

范某工作室收到的该5000万元，只要在法定的期间申报纳税，就更是没有税收违法行为的嫌疑。

2. 范某个人的演出收入1000万元，应不存在逃税和拒开发票问题。

按照《个人所得税》第八条的规定："个人所得税，以所得人为纳税义务人，以支付所得的单位或者个人为扣缴义务人"。因此，相关表演（演出）合同中约定明星的收入为税后的现金款，涉及的税款应由支付单位代扣代缴，是符合税法规定的。至于发票问题，按照税务实操惯例，支付单位凭双方签订的《演出劳务合同》等资料，是可以在主管税务机关代开发票的。

3. "范某工作室"是独立的纳税义务申报主体，并可能执行个人所得税核定征收的政策。

据媒体"法制江苏"称，无锡税务机关已经开始调查设立在无锡的"范某工作室"的涉税情况。

实际上，对于明星工作室之类的个体工商户、个人独资企业等而言，虽然其最终的税负承担人是出资人和开办人，但它们是以个体工商户或独资企业作为纳税申报主体的，并且可适用与工资薪金、劳务所得不同的个人所得税政策。因此，"范某工作室"的最终税负虽可能需范某承担，但其申报纳税的主体仍然是"范某工作室"或"××独资企业"甚至"××公司"。从这个角度而言，1000万元+5000万元分别收入，且分开申报纳税是合法有据的。

个体工商户、个人独资企业在财务及税务管理上类似于经营体：需要以其收入扣除成本以后的利润作为所得额来缴个人所得税。由于这种经营体规模很小，建账建制比较困难，会计核算成本不经济，自20世纪90年代以来，对个体工商户和个人独资企业比较常用核定征收方式进行个人所得税征管。按照《税收征管法》《个人所得税法》以及国税总局、各地税务局的政策文件，核定征收主要分为定率征收与定额征收。定率征收就是按其收入额或成本额为基数乘以征收率，作为应交税额；定额征收，就是无须核实或关注纳税人的收入及成本，直接由主管税务机关确定每月应交税额。

核定征收制度本是为照顾规模小、核算能力弱的小经营体不堪承担会计人员成本、减少税务机关征税成本而设定的简化式税收征管制度。但在实践中，核定征收往往被实际用成了税收优惠工具。对于大量采用现金结算的行业（如餐饮、娱乐等服务业）而言，年实际营业额上千万的个体工商户或独资企业，其定额税可能还远远低于一个年薪五十万的伪中产交纳的个人所得税。

近十余年来，由于咨询、影视、创作等无形贸易的不断繁荣，而无形贸易的标的地和来源地难以界定和监管，西藏、新疆、江苏、上海等过半的中国省份都设立了此类行业的主题园区，吸引各类"大咖"落地注册并给予执行核定征收政策。以经验而言，无论是设立个人独资企业、合伙企业或公司，园区内该类企业的总体税负低于10%是容易实现的，这比起45%的工资薪金最高所得税率、40%的个人劳务所得税率（增值税税率及税负另计），优惠了好几倍，动辄节税几千万元也不稀罕。

其实，"范某们"及其工作室的身上穿着中国个人所得税、企业所得税制度与征管实践的护身马甲，崔某挑战的不是范某的巨额合同，而是现行的税收征管体制，其背后可能还涉及地方政府的财税利益及招商引资声誉。主管税务机关在制度与法律层面设计了有明显漏洞的、弹性的、可寻租的税收征管制度，就不应要求纳税人在道德层面的高度上拒绝享受制度套利的机会和可能。你要处罚一个制度套利者，就不应该放过其他制度套利者和权力寻租者。

（2018年10月）

深远的负激励：新个税法中的劳动性综合所得税制

文/王永敬

备受社会热烈关注的个人所得税法修正案草案2018年8月27日提交十三届全国人大常委会第五次会议二次审议，如果不出重大意外，最终颁布实施的新《个人所得税》将与目前的审议稿相差无几。在这个框架下，能者多劳多交税，中间阶层最受伤！

一、热点失偏于起征点

关于个人所得税法的修正案，社会关注点过多集中于个税起征点。热议个税起征点从每月3500元提高至5000元，似乎是个财税机关释放的社会福利。而专家与"砖家"们，乐衷于讨论综合所得个税起征点是10000元更好、还是8000元最合适。在我看来，在新《个人所得税法》框架下，个税综合所得起征点提到5000元、8000元、10000元的问题，是个痒痒，挠痒不能止痛，甚至于，起征点问题或许无关痛痒。

起征点的概念，在新《个人所得税法》中已经转变为工资薪金的每月费用扣除额。在实行综合所得、综合扣除的新个税法框架下，起征点扣除额是5000元还是10000元，基本上没什么意义。

二、"综合所得"税制，加了谁的税

新《个人所得税法》第二条第二款将工资薪金、劳务所得、稿酬、特许权使用费四项劳动性所得合并为综合所得。综合所得按年度累计且合并计算，扣除按新《个人所得税法》第六条规定的"居民个人的综合所得，以每一纳税年度的收入额减除费用六万元以及专项扣除、专项附加扣除和依法确定的其他扣除后的余额，为应纳税所得额。专项扣除包括居民个人按照国家规定的范围和标准缴纳的基本养老保险、基本医疗保险、失业保险等社会保险费和住房公积金等；专项附加扣除包括子女教育、继续教育、大病医疗、住房贷款利息和住房租金等支出"后，为综合所得的应税所得额，应税所得额按照金额大小适用5%~45%的差额累进税率。

在旧《个人所得税法》制度中，按国家规定的范围和标准缴纳的基本养老保险、基本医疗保险、失业保险等社会保险费和住房公积金等，也是税前扣除的，所以，新《个人所得税法》制度中增加扣除的只是子女教育、继续教育、大病医疗、住房贷款利息和住房租金等支出。从制度设计上看，增加扣除项目更加合理、更加人性化，但实际上，该综合所得新税制对不同社会群体的影响迥异。

（一）中低收入已婚群体受益

中低收入群体，多以工资薪金或劳务所得为其单一收入来源，扣除每年费用扣除额6万元，扣除养老、医疗、失业、住房公积金等专项扣除项，再扣除子女教育、住房贷款利息等专项附加扣除项，若月收入在1.5万元或以下的，几乎不存在应税所得额，不用交个人所得税。当然，养老保险、医疗保险、失业保险已经贴近费转税了，也是上缴的税费之一。

（二）中间阶层和知识阶层税负增加

勤奋的中间阶层，一个打几份工，起早贪黑，领取工资的同时，还赚取其他的劳务所得。知识阶层除了勤奋工作的所得外，还会获得稿酬所得、专利技术及商标等特许权使用费所得。在旧税制下，稿酬的实际税率为20%×70%=14%，新税制下则面临45%×70%=31.5%的最高税率，特许权使用费所得亦然。旧税制下，劳务收入可以按次计算所得，每次可扣除800元后为应纳税所得，每次应税所得不超过2万元的，税率20%，新税制下按年多次累计后计算应税所得额，面临最高45%的税率。

最关键的是，在旧税制下，各项所得单独计算应税所得，各单项应税所得额触发高税率的可能性和面积不大，在新税制下，合并计算各项综合所得，很容易就能达到适用高税率的额度。

（三）"单身税"和"无房税"来临

对于单身人士而言，无法扣除子女教育和未来可能增加规定的子女抚养等支出，应税所得额会相对增多，对中高劳动性收入的单身人士而言，更为明显。

住房贷款利息可以税前扣除，相当于政府承担了部分购房成本。租金虽然可以税前扣除，但没有获得房屋价值和保值升值，损失掉的价值相当于无房税。

三、财产及经营所得更应适用综合所得及差额累进税率

超额累进税率的目的在于调节过高的所得，实现税负公平和社会公平。新税制下的综合所得及其适用个人所得税税率中的超额累进税率，均是指向劳动性所得，而饶让了财产性和经营性所得，既不公平也不效率。

劳动性所得，单独的生命个体凭借消耗时间、生命、体力、脑力去挣得，即便殚精竭虑、消耗终身也所得有限。财产性所得，则带有资本获利的属性并与市场机遇有关，而且往往获利巨大，比如炒房和大小非减持所得。经营性所得，则可能含有社会剩余劳动价值和超额利润。因此，对财产性、经营性所得进行合并计算综合所得额并适用超额累进税率，更加合理。

劳动性所得，以体力或智力的付出为代价，而劳动力及智力的付出，构成生产力发展和社会进步的基本增量要素，多劳多得是一个正值博弈，应该以税收优惠等各种制度安排来激励。财产性和经营性所得，往往以控制和掌握资源、财富作为获得收入的基础，其盈亏往往是零和博弈，如果是巧取豪夺、过度投机或效率低下，还会造成负值博弈，消耗社会的资源和内生动力，应该通过超额累进税率及反垄断等制度安排来遏制。因此，对财产性、经营性所得进行合并计算综合所得并适用超额累进税率，更加公平。

当下，改革开放积累了很多财富和形成了巨大财富级的利益阶层，财富和阶层固化的迹象明显，产业金融化、金融空转现象明显，社会需要创新创业、劳动者勤劳来维持和激发社会活力，实现社会财富增量。财产性所得的税负低于劳动性、创造性所得，激励存量财富的投资与再投资，甚至是炒买炒卖，不利于劳动、生产和研发，而一个社会的真实财富增加来自生产和研发。因此，对财产性所得、经营性所得进行合并计算综合所得并适用超额累进税率，更加符合效率原则。

四、"移民税"时代也将来临

需要提示的是，新《个人所得税法》第十二条第七款还规定："纳税人因移居境外注销中国户籍的，应当在注销中国户籍前办理税款清算。"结合《国籍法》不承认双重国籍和强制注销户籍的政策，原财富阶层和未来的财富阶层移民的难度加大了，移出去了再回来就可能因为强制注销户籍和税务清算问题解决不了而出不去，交20%的税款或许可以接受，但历史的财富来源和完税合法合规如果说不清道不明，就经不起税法的监管和税务稽查，甚至偷

税、漏税刑事风险浮现。

五、综合所得税制的误导

如果对劳动性所得实行综合所得税制,并实行综合扣除,本身不是坏事,坏就坏在适用比财产性所得、经营性所得高得多的超额累进税率,压抑劳动和创造的积极性,扭曲社会经济的公平和效率。如果劳动性综合所得适用更低的税率,对刺激劳动和创新是正向激励的。

人的生命是由时间组成的,当他面临边际税率40%(年收入100万左右,按5%~45%平均累进税率)左右的税负,再消耗更多时间、精力去劳动和创造,于人生的意义不大,更加勤奋的激励消失甚至变为负激励,能干、勤奋和聪明的人们,宁可早睡晚起、享乐与逍遥,最终将导致社会劳动生产的积极性下降,不利于社会和国民经济的发展。

(2018年8月)

〔2018〕57号新政福利：除了房地产开发商，土地增值税都算白交

文/王永敬

土地及地上建筑物是大多数企业最主要的生产要素，其能否以低税负高效流转，对促进经济效率及效益至关重要！而土地增值税的税制目标，又在于调节土地的级差收益，并遏制土地的炒卖。有些时候，土地增值税制度在相当程度上构成了土地权益流转的制度桎梏。

为了在《土地增值税暂行条例》等土地增值税整体税制下促进企业并购重组、实现生产要素流通、再配置，近年来，财政部、国家税务总局相继出台了《财政部 国家税务总局关于企业改制重组有关土地增值税政策的通知》（财税〔2015〕5号，以下简称5号文）等土地增值税优惠政策。按此类政策，在企业改制重组中，通过企业整体改制、房地产出资、合并、分立等将房屋及建筑物所有权转移的，暂免征收土地增值税，但不适用于房地产企业。

近日，《财政部国家税务总局关于继续实施企业改制重组有关土地增值税政策的通知》（财税〔2018〕57号，以下简称57号文）横空出世，力度非凡。简单地说，该税收新政生效以后，如果双方都不是房地产企业，土地及建筑物的转让交易方案还触发了土地增值税的话，可以算是钱多人傻白交税了。

按照5号文和57号文，最普适优惠在于：在企业产权重组框架下整体改制、土地及建筑物出资、合并、分立等导致土地及房产所有权转移的，暂免征收土地增值税；可筹划优惠在于：很多交易目的是纯粹土地及建筑物转让的商业交易，也可以通过搭建"企业重组"这个框架，采取合并、分立、"合并+分立""分立+减资"等方式来适用土地增值税优惠政策，避免触发土地增值税纳税义务。

最关键的是，57号文第八条规定"本通知所称不改变原企业投资主体、投资主体相同，是指企业改制重组前后出资人不发生变动，出资人的出资比例可以发生变动；投资主体存续，是指原企业出资人必须存在于改制重组后

的企业，出资人的出资比例可以发生变动"中所明确的"出资人比例可以发生变动"是国内当前所有并购重组涉税（包括企业所得税、土地增值税、增值税、契税等）优惠政策中最优惠的条款。结合并购重组中的股权质押、股权托管、股权收益权转让等法律工具，57号文及该最优惠条款为土地增值税的税务筹划提供非常大的空间。

57号文第五条规定"上述改制重组有关土地增值税政策不适用于房地产转移任意一方为房地产开发企业的情形"似乎向房地产企业转让或受让土地及建筑物关闭了所有空间。其实，房地产企业的身份是依法界定的，应该按照《房地产管理法》的相关规定由住建行政部门来界定，而不应由税务机关自行认定。而且，是否获取房地产企业身份、什么时候获取房地产企业身份也是可以筹划的。

综上可见，不综合运用财税、法律等技能设计合法、合规、风险可控的交易方案来适用如此优惠的土地增值税新政，在各方面都属于巨大的资源浪费。

（2018年5月）

财税〔2017〕88号：关于境外投资者以分配利润直接投资暂不征收预提所得税政策问题的通知

文/王永敬

为积极应对特朗普签署的美国减税方案，我国也推出税收优惠政策。2017年12月28日，财政部、国家税务总局、国家发改委、商务部联合发布《关于境外投资者以分配利润直接投资暂不征收预提所得税政策问题的通知》（财税〔2017〕88号，以下简称《通知》），规定外商投资企业的外方以分配的利润在中国境内进行权益类投资的，暂不征收非居民企业预提所得税，向外商投资企业抛出大礼。为精准理解该优惠政策，我们对财税〔2017〕88号通知解读6个大的问题如下：

1. 税收优惠的适用主体仅限于外国企业。根据《通知》第九条规定，本政策所指境外投资者是非居民企业，即注册在外国的企业，外资企业的外方自然人股东不在优惠之列。

2. 涉税优惠的投资行为基本要求。

（1）股权投资行为，包括新设、收购、参股，但购买上市公司股票不在优惠之列（战略性投资与重组，亦可享受优惠）；

（2）投资的项目应在属于《外商投资产业指导目录》所列的鼓励外商投资产业目录或属于《中西部地区外商投资优势产业目录》之列；

（3）投资行为应当是直接投资，不得通过第三方账户或名义，不得通过金融产品等。

3. 投资款的来源必须是外资企业已经实现的留存收益。首先，不限于被投资企业的利润，还包括资本公积、盈余公积等留存收益的分配；其次，必须是已实现的留存收益，预期的或未来的留存收益分配不在其列。

4. 优惠政策不能自动享受。由于非居民预提所得税实行源泉扣缴，因此境外投资者应向被投资企业提供符合该税收优惠政策的文件资料，由被投资企业向主管税务机关申报备案后，方可享受优惠政策，被投资企业不进行扣缴。

5. 属于递延纳税优惠政策，且可传递。根据《通知》第七条规定，境外投资者以转让、回购、清算等方式实际收回投资的，应在实际收取相应款项后7日内，按规定程序向税务部门申报补缴当初递延的税款。但根据《通知》第八条规定，如果采取适用特殊性税务处理的并购重组方式进行转让或回收的，仍然递延纳税。

6. 追溯适用三年，已缴企业可申请退税。根据《通知》第五条规定，境外投资者在本政策生效前3年内的以分配利润进行的再投资行为，符合该政策规定的，可以申请退税。《通知》的生效时间是2017年1月1日，那么2014年1月1日后的涉及《通知》优惠政策的再投资行为均有机会申请退税。

（2018年1月）

房产税的正当性与合法性何在

文/王永敬

房地产税是个伪命题，土地是国有的，我不是所有权人，凭什么为该土地财产交税？如果土地是我的，我又为何为之交税？而且获得土地使用权环节已交了土地出让金及诸多税费，为何还要交关于土地的税？

至于房产税，可以算是个正概念。在土地私有制的国家和地区是比较通行的。因为即便你对土地拥有永久的、绝对的所有权，没有正当及合法理由对该土地征税，但你在私人土地上修房屋用于居住或经营，必然需要使用配套基础设施和公用设施（包括教育、医疗等），所以有正当理由开征房产税。可见，具有社区公益性，取自社区、用之社区，故而不同的社区房产税标准也不同。

我国房产税和土地使用费的起源对外资企业征收，因为土地实行全民所有制，外资企业不属于全民所有制的全民之列，其房产使用了土地就得交土地使用费（因为土地仅是使用，故称为土地使用费，而非税），其房产使用公共设施服务就得交房产税。后来经20世纪80年代中期陆续出台《房产税暂行条例》《城镇土地使用税暂行条例》后，推广至所有经营性房地产，其原理仍然是你的经营性使用了全民土地和配套公共设施。

自1992年《城镇国有土地使用权出让与转让条例》出台后，经营性房产（包括商品房）的土地使用权均通过缴纳土地出让金及基础设施配套费取得，而且基础设施配套费往往高于土地出让金，此条例出台以后，对经营性房产征收房产税的正当性已经丧失。进入21世纪，土地使用权出让合同中已隐去公共设施配套费概念，一并叫作土地出让金，以便征收房产税师出有名。我们拥有的房地产，已经缴纳了土地出让金、公共设施配套费、增值税、土地增值税、地方教育附加税、城市建设附加税等，该繁多税种在征收房产税的传统国家和地区（包括港澳台）是不存在的，这些税费已经超越了合理的房产税税负，现在再征收房地产税，不是雁过拔毛，而是剥皮剔骨了，缺乏正当性。

由上可见，房产税与土地使用税并非新税种，只不过目前可能要改头换面了。原房产税和土地使用税是对经营性房地产征收，以后可能根据家庭房产数量征收，无论用于什么用途。房产税及土地使用税，原来划归财产税类别，从之后的征税目的看，它们变形为收入调节税种类。但是，房产交了房产税后，按目前税制，租金收入还需要交所得税。

值得注意的是，《房产税暂行条例》及《城镇土地使用税》属于全国人大常委会在特定时期授权国务院制定的授权立法。人大授权立法具备法律的效力，其重大修订应当按法律，而非行政法规的立法程序完成。自2000年《立法法》出台后，关涉人民基本权利（包括财产权）的法律问题，也应当通过法律来规定。更何况，人大授权立法的授权，也不是永久的，退一步说，在《立法法》生效后，即使是永久的授权也因《立法法》的法律效力而终止。遗憾的是，关于房产税这一关涉人民重大权利的税种的全面开征的改革与修改意见，惯性般地充斥着财税行政机关的意见和目标，还完全走在通过行政法规、甚至是通过行政文件（命令）来修改及贯彻的老路子，让人看不到"无代议不征税"的税收法定原则的影子，也与现行有效《立法法》构建的立法体制相违背。回顾一下监察委改革与营改增改革，其实已经践行了行政超越立法而行事的、偏离依法治国方针的治理路径，这种路径不应被依赖，更不应被推崇。

（2017年12月）

限售股冤大头与营改增正当性：
从 HT 股份限售股转让涉税案说起

文/王永敬

HT 股份（600864）于 2016 年 10 月 26 日发布公告：公司于 2016 年 10 月 26 日收到哈尔滨市经济技术开发区地方税务局（以下简称哈经开地税局）税务事项通知书（哈经开地税通〔2016〕31005 号，以下简称通知），通知如下：

事由：你单位出售股票（原始股）未按规定的期限申报缴纳营业税及附加。

依据：《中华人民共和国营业税暂行条例》第五条第四款之规定，现对你单位下达《税务事项通知书》（哈经开地税通〔2016〕31005 号）。

通知内容："现通知你单位于 2016 年 10 月 24 日前据实自行计算并将上述营业税金及附加进行纳税申报。对本通知不服，可自收到本通知之日起六十日内按照本通知要求缴纳税款后，依法向哈尔滨市地方税务局申请行政复议。"

公告还称：根据该税务事项通知，公司需对以前年度出售股票（原始股）申报缴纳营业税金及附加。对该税项，此前公司对其征缴的法律依据和计算方法与税务部门多次沟通过，税务部门此前也未有明确意见，国家对于转让原始股是否征收营业税的政策不是很明确，造成各地税收实践不统一。此次接通知后，公司将继续与税务部门沟通咨询，对以前年度出售股票（原始股）所涉及的营业税金及附加进行测算，并根据测算结果研究处理方案，评估该事项可能对公司产生的影响。公司将对进展情况及时进行披露。

哈经开地税局对 HT 股份的限售股开征营业税，其政策依据显然来自国家税务总局 2016 年第 53 号公告《国家税务总局关于营改增试点若干征管问题的公告》（以下简称《公告》）的第五条和第十条规定。其中，该《公告》第五条规定是说明如何对限售股的转让计算增值税额；该《公告》第十条规定是 2016 年 5 月 1 日前（即营改增政策实施前）的上市公司限售股转让；该

《公告》第五条规定是单位将其持有的限售股在解禁流通后对外转让的,按照本公告的规定缴纳营业税。具体政策条文详见后附。基于前述税收文件依据,哈经开地税局遂依据《中华人民共和国营业税暂行条例》第五条第四款要求哈投股份缴纳营业税。

近期,关于减持上市公司限售股的案例层出不穷。对限售股减持的所得税问题,目前的政策边界是清晰的,相关政策也是基本符合税法的原则及具体规定。而与本案类似的上市公司限售股减持所涉及的营改增税收执法问题,则在税法领域和立法法领域存在比较大的争议,或者说其征税的法律依据不足,至少需要根据限售股的性质不同区别对待。

哈经开地税局对哈投股份持股股东在以前年度转让的限售股开征增值税,在实体法和程序法方面存在瑕疵。

本案程序法方面的瑕疵:

1. 根据"实体法从旧,程序法从新"的税收征管原则(这也是法律适用的一般原则),应当以经济行为发生时的税收实体法来界定该经济行为是否涉税、涉及什么税种和税目。2016年5月1日前,发生并完成交易的上市公司限售股转让行为,按当时实施有效的《营业税暂行条例》,并未开征营业税。2016年5月1日生效的《公告》,不应当对之前已经完成的限售股转让行为追溯征税。

2. 该《公告》的上位政策是《关于全面推开营业税改增值税试点的通知》(财税〔2016〕36号,以下简称《通知》)。该《通知》明确规定营改增政策自2016年5月1日实施,《通知》及其相关附件均没有规定用营改增的相关政策追溯解决营改增政策以前的涉税事项。因此,53号《公告》以营改增税收文件的方式追溯规定营改增实施前的经济行为的涉税问题,本身也违背了其上位政策。

本案在征税的税收实体法方面也缺乏依据,且看以下分解。

《通知》之附件1《营业税改征增值税试点实施办法》(以下简称《实施办法》)第十条规定,营改增以后销售不动产、无形资产等执行增值税及相关税率。该《实施办法》第二十八条规定,按《实施办法》所附的《销售服务、无形资产或者不动产注释》(以下简称《注释》)界定《实施办法》第十条项下的具体应税项目。在《注释》中,与限售股转让最接近的应税项目是《注释》第五项"金融服务"项下的"外汇、有价证券、期货等金融商品买卖业务"。所以,本案中哈经开地税局(包括国税总局53号《公告》中透露出的政策意图）依据《中华人民共和国营业税暂行条例》第五条第四款规定"外汇、有价证券、期货等金融商品买卖业务"来征收营业税的意图和导向，在应税行为性质认定以及税收实体法上是严重缺乏依据的：

1. 外汇、有价证券、期货等金融商品买卖业务等应税行为是归类到"金融服务"应税大类中的，限售股的原始取得基于股权投资行为，股权投资行为不应笼统界定为金融服务业务。

2. 外汇、有价证券、期货等金融商品买卖业务，其标的性质是商品，商品的特性是为卖出而买入持有，因此税法针对的是买卖行为，应税客体是在二级市场上可流通的金融商品，如外汇、债券、股票、期货、基金份额等，原始股明显不属于此类。

3. 基于第一及第二点税法及应税行为理据，《营业税暂行条例》实施后，按照国家税务总局的《营业税税目注释》以及国税总局的若干文件，均未将股权投资后转让行为列为应税项目，也没有在征税实践中对限售股转让征收营业税（流转税）。如前所述，股权投资与转让（包括限售股）不是商品转让行为，不应涉及流转税，二级市场的股票才应该视为金融商品。

4. 严格意义上分析，36号《通知》以及53号《公告》将限售股等股权转让行为列为增值税应税行为也是违反税收实体法的，即使在营改增政策实施后对上市公司限售股转让行为征收增值税也是没有法律依据的。理由如下：

（1）《通知》及其《实施办法》中所列的"外汇、有价证券、期货等金融商品买卖业务"实际上就是原《营业税税目注释》中的"金融业"下的"金融商品转让，是指转让外汇、有价证券或非货物期货的所有权的行为"。征税客体、种类、标准并没有改变。

（2）在《营业税暂行条例》及《营业税税目注释》项下，股权转让行为（包括限售股）并未列入营业税应税项目。营改增的原理和出发点，是原来的营业税应税项目改为征收增值税，而不是增加营业税税目种类。

（3）按原《增值税暂行条例》及其实施细则，股权转让行为（包括限售股）也不属于增值税的应税行为，全面营改增后，增值税的应税范围仅限于吸收合并原营业税的应税税目。营改增后，应执行《增值税暂行条例》及其实施细则，按该等增值税法律（授权立法）、法规，股权转让（含限售股）行为不属于增值税应税范围之列。

（4）36号《通知》以及53号《公告》若将股权转让行为（含限售股）列为增值税应税行为，实际上是将股权转让行为（含限售股）列为原营业税税目或现增值税税目。而开征新税种的权限在立法机关全国人大及其常务委员会,在原税种项下增加新税目的立法权限应当属于国务院(按 1977 年税收权限分配,现代法治意义上讲仍属于立法机关)。

综上,不仅哈经开地税局对 HT 股份限售股转让的征税行为依法不当,而且营改增后对限售股转让行为征收增值税的法律依据也是欠缺的。财政部和国家税务总局作为全国性财税主管机关,在税法的框架内享有税收政策制定和解释权。财税主管机关可以解释和规定 PE、风险投资、资管等金融类专业投资机构转让限售股的行为增收增值税,毕竟将该等机构的投资及转让股权的行为归类为金融商品买卖业务在主观和客观上是可以接受的,该等机构与上市公司创始人或战略投资者持有原始股的原因、目的及经营行为是明显不同。

附:相关法条

《中华人民共和国营业税暂行条例》第五条第四款:纳税人的营业额为纳税人提供应税劳务、转让无形资产或者销售不动产收取的全部价款和价外费用。但是,下列情形除外:(一)……(二)……(三)……(四)外汇、有价证券、期货等金融商品买卖业务,以卖出价减去买入价后的余额为营业额;(五)……

《国家税务总局关于营改增试点若干征管问题的公告》第五条:单位将其持有的限售股在解禁流通后对外转让的,按照以下规定确定买入价:

(一)上市公司实施股权分置改革时,在股票复牌之前形成的原非流通股股份,以及股票复牌首日至解禁日期间由上述股份孳生的送、转股,以该上市公司完成股权分置改革后股票复牌首日的开盘价为买入价。

(二)公司首次公开发行股票并上市形成的限售股,以及上市首日至解禁日期间由上述股份孳生的送、转股,以该上市公司股票首次公开发行(IPO)的发行价为买入价。

(三)因上市公司实施重大资产重组形成的限售股,以及股票复牌首日至解禁日期间由上述股份孳生的送、转股,以该上市公司因重大资产重组股票停牌前一交易日的收盘价为买入价。

《国家税务总局关于营改增试点若干征管问题的公告》第十条:本公告自 2016 年 9 月 1 日起施行,此前已发生未处理的事项,按照本公告规定执行。2016 年 5 月 1 日前,纳税人发生本公告第二、第五、第六条规定的应税行为,此前未处理的，比照本公告规定缴纳营业税。

《营业税改征增值税试点实施办法》第十条：销售服务、无形资产或者不动产，是指有偿提供服务、有偿转让无形资产或者不动产，但属于下列非经营活动的情形除外：

（一）行政单位收取的同时满足以下条件的政府性基金或者行政事业性收费。

1. 由国务院或者财政部批准设立的政府性基金，由国务院或者省级人民政府及其财政、价格主管部门批准设立的行政事业性收费；

2. 收取时开具省级以上（含省级）财政部门监（印）制的财政票据；

3. 所收款项全额上缴财政。

（二）单位或者个体工商户聘用的员工为本单位或者雇主提供取得工资的服务。

（三）单位或者个体工商户为聘用的员工提供服务。

（四）财政部和国家税务总局规定的其他情形。

（2016年10月）

企业并购的税务筹划及风险防控

文/王永敬

随着中国经济改革的进一步深化和中国市场的逐步开放，中外投资者的并购活动也呈现不断增加的趋势。

并购交易为提高税收绩效提供了独特的机会。在交易过程中，有效管理税务风险、选择合理的税务架构至关重要。同时，并购方的自身的管理架构及税务架构也需要被考虑在内。值得说明的是，对于并购方而言"最佳"的税务架构，对于站在转让股权或资产的被并购方而言，并不一定是最佳的。

企业并购前进行架构筹划是必须的。无论是股权交易还是资产交易，税务筹划都是必要的。因为税务筹划不仅能够让投资者充分地利用节税空间节约成本，而且能够帮助投资者更好地降低并购交易带来的各种税收风险。

构造高效的融资税务架构。无论债权融资还是股权融资，投资者在考虑投资成本的同时，需要仔细考虑中国的资本弱化相关规定。投资者不仅需要通过合理的税收筹划来降低利息收入在中国和外国投资者所属国的税负，还应当考虑最大限度地利用债务融资来获得更多的利息费用的所得税前抵扣从而获得额外的税收收益。

买方的税务尽职调查。全面深入实施税务尽职调查会令购买方更好识别并购的税务风险，这对衡量投资回报及风险来说是相当重要的。对于所有并购交易来说，目标公司的历史税务风险往往由被收购方所承继。为有效识别、管控交易税务风险，我们建议投资方进行适当的税务尽职调查以评估目标公司的税务风险并调整交易价格，同时建立充分的收购保障或赔偿保证。

卖方的税务尽职调查。越来越多的卖方企业为了在并购交易的谈判中把握主动性，确保自身权益在并购交易中获得价值最大化而进行税务尽职调查，以此向公众或拟投资方展现公司合法合规的健康形象。卖方的税务尽职调查也是卖方进行节税筹划降低交易税负的基础，我们为卖方提供高质量、独立及重点突出的税务尽职调查报告的之后，会就公司本身的税务状况寻求更有效的税收筹划空间。

税务尽职调查具体内容包含：激进的或不合理的税收安排及潜在风险；与当地税务机关的口头约定，或非正式的税项减免及其潜在风险；企业所得税、流转税及个人所得税等各种税收的不合规处理；没有文件支持的转移定价政策；及巨额的税务罚款、滞纳金风险。审查交易目标企业当前的运营模式及税务处理是否与相关的税收法规相符，并且列明不合规的操作所可能引起的后果，并提出改善建议。

并购交易支持服务：包括并购交易谈判支持服务；从税务和商业角度来审查合同草案，尤其是退出条款、担保条款和税收赔偿条款以及备选方案（例如托管代管安排）；文档翻译服务；协助与税务机关确认不明确的税务问题；技术转让的税务筹划、可行性分析、一般税务咨询服务及业务技术支持。

（2015年10月）

企业超投资比例分红享受免税待遇的前提条件

文/王永敬

《企业所得税法》及其实施条例规定，居民企业直接投资于其他居民企业取得的投资收益（不含连续持有居民企业公开发行并上市流通的股票不足12个月取得的投资收益），属于企业所得税的免税收入。那么，对于取得的超出投资比例的投资收益，能否享受"符合条件的居民企业之间的股息、红利等权益性投资收益免征企业所得税"的优惠呢？

国家税务总局《关于发布〈中华人民共和国企业所得税年度纳税申报表（A类，2014年版）〉的公告》（国家税务总局公告2014年第63号）附件2《〈中华人民共和国企业所得税年度纳税申报表〉填报说明》对居民企业之间的免税投资收益栏规定：此栏填报"纳税人按照投资比例计算的归属于本公司的股息、红利等权益性投资收益金额"。这一规定就意味着居民企业取得超出投资比例分配的股息、红利在年度所得税汇算清缴不能享受免税待遇。

国家税务总局2014年第63号公告限制超过投资比例分得的股息红利享受免税待遇，与《公司法》的相关规定不相符。《公司法》第三十四条规定："股东按照实缴的出资比例分取红利；公司新增资本时，股东有权优先按照实缴的出资比例认缴出资。但是，全体股东约定不按照出资比例分取红利或者不按照出资比例优先认缴出资的除外。"第一百六十六条第四款规定："公司弥补亏损和提取公积金后所余税后利润，有限责任公司依照本法第三十四条的规定分配；股份有限公司按照股东持有的股份比例分配，但股份有限公司章程规定不按持股比例分配的除外。"

因此，国家税务总局所得税司2015年3月17日发布的《关于企业所得税年度纳税申报表部分填报口径的通知》（税总所便函〔2015〕21号）之附件《关于企业所得税年度纳税申报表若干填报口径修改意见》第八条对将可予免税的居民企业之间股息红利修改为"填报纳税人按照投资比例或者其他方法计算的，实际归属于本公司的股息、红利等权益性投资收益金额"。此处的"其他方法"就包括"不按照出资比例分红（不按持股比例分配）"，应当注意，取得的必须是实际归属于本公司的股息、红利才能够免税，否则不能享受免税优惠。

国家税务总局2015年第76号公告发布的《企业所得税优惠政策事项办理办法》之附件1《企业所得税优惠事项备案管理目录（2015年版）》进一步规定，在办理"符合条件的居民企业之间的股息、红利等权益性投资收益免征企业所得税"优惠备案时，"若企业取得的是被投资企业未按股东持股比例分配的股息、红利等权益性投资收益，还需提供被投资企业的最新公司章程"。税务机关要求提供最新公司章程的目的在于核对公司章程有无专门约定特殊分配条款，从而既保障确实是采取该种分配方案的纳税人顺利享受此项免税，又防范少数纳税人明修栈道暗度陈仓，弄虚作假虚增免税收入少缴税款。

综上，根据《企业所得税法》第二十六条，《公司法》第三十四条和第一百六十六条规定，居民企业之间超出投资比例分配的股息、红利，享受"符合条件的居民企业之间的股息、红利等权益性投资收益"的条件主要有：

1. 有限责任公司超出股东投资比例分红，须有全体股东书面的事先约定（此处多指针对具体年度分红的约定），或有公司章程明确约定。

2. 股份有限公司超出股东投资比例分红，须有公司章程明确约定，不能采取全体股东书面约定方式。

3. 股东超过投资比例分到的股息、红利，必须是实际归属于本企业所有。

需要进一步提及的是，"实际归属于本企业"是难以直接认定的标准，是纳税人与征税者双方争夺的制高点。比如：超比例分红的免税待遇能否适用于该股东投资前被投资企业的滚存利润问题；其余股东、利害关系方、交易方利用超额分红免税待遇作为资金支付和税负转移的通道；等等。这些问题得以明确规定前，超额分红免税待遇将可能成为避税、节税的工具，同时也是税收风险的聚集地。

（2016年8月）

以土地使用权、房产投资入股应否缴纳增值税

文/王永敬

一、导语

营改增工作进展顺利，如火如荼，但至今未能出台专项的操作性文件来规定企业以不动产投资入股是否应该缴纳流转税（即增值税）。那么，对营改增后以土地使用权、房产等无形资产、不动产投资入股，参与接受投资方利润分配、共同承担投资风险的行为是否缴纳增值税的问题，目前税务机关和企业均只能依据《增值税暂行条例》《财政部 国家税务总局关于全面推开营业税改征增值税试点的通知》（财税〔2016〕36号）以及增值税的征纳原理来认定。

二、争议

第一种观点认为：营改增是对原营业税应税行为改征增值税，根据《营业税税目注释（试行稿）》（国税发〔1993〕149号）、《关于股权转让有关营业税问题的通知》（财税〔2002〕191号）文件的规定，不动产投资入股不属于营业税应税行为。因此，以不动产、无形资产投资入股不应缴纳增值税。

第二种观点认为：营改增在政策法规上的逻辑是对有关有形产品、无形产品的转让适用增值税的相关法律法规和政策，从而取消营业税。因此，某一交易行为是否应当缴纳增值税应以增值税相关法规政策为准。

三、观点

根据《增值税暂行条例》等现行有效的增值税法规政策，按照增值税征纳原理和逻辑，企业以不动产投资入股应当申报缴纳增值税。

四、理由

1. 从税法适用原则，营改增后，《营业税暂行条例》及其配套的政策法规均应失效，不能再按此前营业税相关政策法规来认定某一交易行为的纳税义务，而应按照《增值税暂行条例》等配套政策法规。

2. 根据《增值税暂行条例实施细则》第四条第六项规定，将自产、委托

加工或者购进的货物作为投资，提供给其他单位或者个体工商户，视同销售，属于增值税应税行为。财税〔2016〕36号文件附件一《营业税改征增值税试点实施办法》第十条规定："销售服务、无形资产或者不动产，是指有偿提供服务、有偿转让无形资产或者不动产。"第十一条规定："有偿，是指取得货币、货物或者其他经济利益。"显然，以不动产投资取得被投资企业的股权，属于有偿转让不动产，应缴纳增值税。

3. 财税〔2016〕36号文件附件二《营业税改征增值税试点有关事项的规定》第一条第四款"进项税额"规定：适用一般计税方法的试点纳税人，2016年5月1日后取得并在会计制度上按固定资产核算的不动产或者2016年5月1日后取得的不动产在建工程，其进项税额应自取得之日起分2年从销项税额中抵扣，第一年抵扣比例为60%，第二年抵扣比例为40%。取得不动产，包括以直接购买、接受捐赠、接受投资入股、自建以及抵债等各种形式取得不动产，不包括房地产开发企业自行开发的房地产项目。可见，营改增税收政策规定投资入股的不动产的进项税额可以抵扣，则从另一面规定了投资入股的不动产应当缴纳进项税额，即不动产投资入股环节应当缴纳增值税。

4. 增值税采取"环环相扣、增值征税"的征纳方法，采取对应税物品或劳务每个流转环节的增值额进行征税的方式，保持增值税的征收和抵扣价值链不中断，直至最终消费者。而无论销售、赠予、投资、福利分配等，均属于应税物品发生了流转，均应征纳增值税。当然，税收行政管理部门可以依法颁布税收优惠政策，对具体物品流通环节的应税行为暂免征收增值税。营业税不实行抵扣原理，其流通环节中某一环节不征税不影响营业税的价值链中断，因此营业税的税收政策不能套用到增值税应税行为。

五、结语

除了不动产、无形资产投资入股外，企业合并、分立、清算、资产收购等并购重组行为将面临不动产、无形资产的流通与划转等行为，为减少该类行为的增值税征纳关系争议，财政部、国家税务总局应尽快依据税法制定颁布相关税收政策文件。

（2016年8月）

新个人所得税法修订下的跨境个人所得税税收实务
——以香港为例

文/王永敬　刘双双

一、新个人所得税修订的要点

2018年8月31日，全国人大常委会审议通过了修改后的《中华人民共和国个人所得税法》，完成了该法自1980年颁布以来的第7次修订。修订后的《个人所得税法》分两步实施，其中，"综合所得"中的工资、薪金所得的"基本减除费用"金额（每月5000元）和调整3%~25%税率级距的月度税率表以及个体工商户的经营所得、对企事业单位的承包经营、承租经营所得适用的"经营所得"税率表从2018年10月1日开始实施，其他条款自2019年1月1日起施行。同时，自2018年10月1日起，对在中国境内的外商投资企业和外国企业中工作的外籍人员、应聘在中国境内的企事业单位、社会团体、国家机关中工作的外籍专家以及在中国境内有住所而在中国境外任职或受雇取得工资、薪金所得的个人，在计算其应纳税所得额时，不再允许扣除"附加减除费用"（目前，该附加费用扣除额为每月1300元（与"基本减除费用"每月3500元合计4800元））。

距2011年修法7年之后，本次《个人所得税法》的修订对税务居民身份的判定、个人所得税扣除项目、综合所得征税体系的创设、相关税率级距的调整、反避税规则的引入、税收法定原则的贯彻等诸多重要内容进行了较为全面的规定。下面将对新个税法修订的要点做简要综述：

(一) 引入"居民个人"与"非居民个人"的概念

1. 新旧法条对比。

表1 《个税法》新旧法条对比

2011年版个税法及实施条例	2018年版新个税法
第一条 在中国境内有住所，或者无住所而在境内居住满一年的个人，从中国境内和境外取得的所得，依照本法规定缴纳个人所得税。 在中国境内无住所又不居住或者无住所而在境内居住不满一年的个人，从中国境内取得的所得，依照本法规定缴纳个人所得税。 《中华人民共和国个人所得税法实施条例（2011修订）》： 第三条 税法第一条第一款所说的在境内居住满一年，是指在一个纳税年度中在中国境内居住365日。临时离境的，不扣减日数。 前款所说的临时离境，是指在一个纳税年度中一次不超过30日或者多次累计不超过90日的离境。 第六条 在中国境内无住所，但是居住一年以上五年以下的个人，其来源于中国境外的所得，经主管税务机关批准，可以只就由中国境内公司、企业以及其他经济组织或者个人支付的部分缴纳个人所得税；居住超过五年的个人，从第六年起，应当就其来源于中国境外的全部所得缴纳个人所得税。	第一条 在中国境内有住所，或者无住所而一个纳税年度内在中国境内居住累计满一百八十三天的个人，为居民个人。居民个人从中国境内和境外取得的所得，依照本法规定缴纳个人所得税。 在中国境内无住所又不居住，或者无住所而一个纳税年度内在中国境内居住累计不满一百八十三天的个人，为非居民个人。非居民个人从中国境内取得的所得，依照本法规定缴纳个人所得税。 纳税年度，自公历一月一日起至十二月三十一日止。

2. 修订要点评析。本次修法明确提出了"居民个人"与"非居民个人"的概念，与企业所得税法项下的"居民企业"及"非居民企业"的概念相呼应。在本次修法前，虽然个人所得税法规定了什么情况下相关个人须就全球所得在中国纳税以及什么情况下相关个人只需就来自中国的所得纳税，但相关规定未明确指出"负有全球所得纳税义务的人是居民纳税人"而"只负有中国所得纳税义务的人是非居民纳税人"。本次修法正式引入了"居民个人"和"非居民个人"的称谓，界定了其含义，是立法技术进步的体现。

此外，本次修法修改了判定"居民个人"及"非居民个人"身份的居住期限标准，以"183天"取代了"1年"的时间标准。在国际上，"183天"标准也被其他一些国家采用（如英国、加拿大、俄罗斯等），其中，有的国家在采用"183天"居住标准的同时，也采用一些并行的其他判断标准，如，"一年内平均每周当地工作时间标准""综合测试标准"等；有的国家在判断居住时间时，以"任意12个月内居住满183天"为衡量尺度。也有的国家（如日本），以1年和5年作为判断纳税义务范围的重要标准。

根据目前的个人所得税法及其实施条例的规定，如果某境外个人在一个纳税年度（通常理解为一个公历年度）内在"只离境一次"的情况下在中国境内居住满335天（闰年中为336天），或在"曾多次离境"（每次离境不超过30天）的情况下在中国境内居住满275天（闰年中为276天），则该境外个人将成为中国个人所得税法意义上的居民纳税人。本次修法未提及在计算183天的居住期限时，是否沿用目前实施条例中"临时离境照计不误"（即临时离境不扣减居留天数）的规定。如果在后续修订实施条例时，继续采用"临时离境照计不误"的规定，将使"183天"标准更容易被触发。

此次修法后，"中国居民个人"身份的"时间易达性"将使部分人群更容易成为中国与其他国家/地区的"双重税务居民"，从而使得这部分人群的合规压力增大。同时，"双重税务居民"问题可能会引发相关税收协定条款适用方面的争执，就此而言，规则主义的解释方法与路径将有助于定分止争。

需要注意的是，目前的实施条例中规定，针对在中国境内长期工作的境外个人，如果其在境内累计居住1年以上5年以下，经税务机关批准，其来源于中国境外的所得可以免交中国个人所得税。本次修法后，实施条例中的前述宽免政策是否会予以保留，值得关注。

（二）建立分类所得与综合所得并行的征税体系

1. 新旧法条对比。

表2 《个税法》新旧法条对比

2011年版个税法及实施条例	2018年版新个税法
第二条 下列各项个人所得，应纳个人所得税： 一、工资、薪金所得； 二、个体工商户的生产、经营所得； 三、对企事业单位的承包经营、承租经营所得； 四、劳务报酬所得； 五、稿酬所得； 六、特许权使用费所得； 七、利息、股息、红利所得； 八、财产租赁所得； 九、财产转让所得； 十、偶然所得； 十一、经国务院财政部门确定征税的其他所得。	第二条 下列各项个人所得，应当缴纳个人所得税： （一）工资、薪金所得； （二）劳务报酬所得； （三）稿酬所得； （四）特许权使用费所得； （五）经营所得； （六）利息、股息、红利所得； （七）财产租赁所得； （八）财产转让所得； （九）偶然所得。 居民个人取得前款第一项至第四项所得（以下称综合所得），按纳税年度合并计算个人所得税；非居民个人取得前款第一项至第四项所得，按月或者按次分项计算个人所得税。纳税人取得前款第五项至第九项所得，依照本法规定分别计算个人所得税。

续表

2011年版个税法及实施条例	2018年版新个税法
第三条　个人所得税的税率： 一、工资、薪金所得，适用超额累进税率，税率为百分之三至百分之四十五（税率表附后）。 二、个体工商户的生产、经营所得和对企事业单位的承包经营、承租经营所得，适用百分之五至百分之三十五的超额累进税率（税率表附后）。 三、稿酬所得，适用比例税率，税率为百分之二十，并按应纳税额减征百分之三十。 四、劳务报酬所得，适用比例税率，税率为百分之二十。对劳务报酬所得一次收入畸高的，可以实行加成征收，具体办法由国务院规定。 五、特许权使用费所得，利息、股息、红利所得，财产租赁所得，财产转让所得，偶然所得和其他所得，适用比例税率，税率为百分之二十。	第三条　个人所得税的税率： （一）综合所得，适用百分之三至百分之四十五的超额累进税率（税率表附后）； （二）经营所得，适用百分之五至百分之三十五的超额累进税率（税率表附后）； （三）利息、股息、红利所得，财产租赁所得，财产转让所得和偶然所得，适用比例税率，税率为百分之二十。
第六条　应纳税所得额的计算： 一、工资、薪金所得，以每月收入额减除费用三千五百元后的余额，为应纳税所得额。 二、个体工商户的生产、经营所得，以每一纳税年度的收入总额减除成本、费用以及损失后的余额，为应纳税所得额。 三、对企事业单位的承包经营、承租经营所得，以每一纳税年度的收入总额，减除必要费用后的余额，为应纳税所得额。 四、劳务报酬所得、稿酬所得、特许权使用费所得、财产租赁所得，每次收入不超过四千元的，减除费用八百元；四千元以上的，减除百分之二十的费用，其余额为应纳税所得额。 五、财产转让所得，以转让财产的收入额减除财产原值和合理费用后的余额，为应纳税所得额。 六、利息、股息、红利所得，偶然所得和其他所得，以每次收入额为应纳税所得额。 个人将其所得对教育事业和其他公益事业捐赠的部分，按照国务院有关规定从应纳税所得中扣除。 对在中国境内无住所而在中国境内取得工资、薪金所得的纳税义务人和在中国境内有住所而在中国境外取得工资、薪金所得的纳税义务人，可以根据其平均收入水平、生活水平以及汇率变化情况确定附加减除费用，附加减除费用适用的范围和标准由国务院规定。 《中华人民共和国个人所得税法实施条例（2011修订）》： 第二十四条　税法第六条第二款所说的个人将其所得对教育事业和其他公益事业的捐赠，是指个人将其所得通过中国境内的社会团体、国家机关向教育和其他社会公益事业以及遭受严重自然灾害地区、贫困地区的捐赠。 捐赠额未超过纳税义务人申报的应纳税所得额30%的部分，可以从其应纳税所得额中扣除。	第六条　应纳税所得额的计算： （一）居民个人的综合所得，以每一纳税年度的收入额减除费用六万元以及专项扣除、专项附加扣除和依法确定的其他扣除后的余额，为应纳税所得额。 （二）非居民个人的工资、薪金所得，以每月收入额减除费用五千元后的余额为应纳税所得额；劳务报酬所得、稿酬所得、特许权使用费所得，以每次收入额为应纳税所得额。 （三）经营所得，以每一纳税年度的收入总额减除成本、费用以及损失后的余额，为应纳税所得额。 （四）财产租赁所得，每次收入不超过四千元的，减除费用八百元；四千元以上的，减除百分之二十的费用，其余额为应纳税所得额。 （五）财产转让所得，以转让财产的收入额减除财产原值和合理费用后的余额，为应纳税所得额。 （六）利息、股息、红利所得和偶然所得，以每次收入额为应纳税所得额。 劳务报酬所得、稿酬所得、特许权使用费所得以收入减除百分之二十的费用后的余额为收入额。稿酬所得的收入额减按百分之七十计算。 个人将其所得对教育、扶贫、济困等公益慈善事业进行捐赠，捐赠额未超过纳税人申报的应纳税所得额百分之三十的部分，可以从其应纳税所得额中扣除；国务院规定对公益慈善事业捐赠实行全额税前扣除的，从其规定。 本条第一款第一项规定的专项扣除，包括居民个人按照国家规定的范围和标准缴纳的基本养老保险、基本医疗保险、失业保险等社会保险费和住房公积金等；专项附加扣除，包括子女教育、继续教育、大病医疗、住房贷款利息或者住房租金、赡养老人等支出，具体范围、标准和实施步骤由国务院确定，并报全国人民代表大会常务委员会备案。

2. 修订要点评析。

(1) 本次修法的一项重要变化，是将居民个人的工资、薪金所得、劳务报酬所得、稿酬所得和特许权使用费所得合并为"综合所得"，按年度计税。虽然综合计税方法仅限于"个人"而非"家庭"，且综合计税的范围仅限于4项所得，不是完整的综合计税安排，但毫无疑问，本次的"小综合"具有探索性意义。

(2) 本次修法，将以前国务院财税部门相关文件中的社保费和住房公积金扣除项目列入法律条款中（作为"专项扣除"项目），是税收法定原则在本法中的体现之一。

(3) 本次修法新增了"专项附加扣除"项目，包括子女教育、住房贷款利息/住房租金等扣除项目。"专项附加扣除"项目的增设，使纳税人有机会通过在税前额外扣除费用而降低税负。但是，与"基本减除费用"（每年6万元）和"专项扣除项目"（社保费、住房公积金）相比，"专项附加扣除项目"的实际发生金额因人因地而异，完全据实扣除可能难以实现。作为妥协安排，限额扣除可能有利于征管。

(4) 本次修法，将公益事业捐赠的税务处理从实施条例（行政法规）层面提升到了法律层面，并增加了全额扣除的授权（国务院）立法条款。

(三) 调整部分税率级距，部分群体减税幅度明显

1. 新旧法条对比。

表3 《个税法》新旧法条对比

2011年版个税法	2018年版新个税法	税率
应税所得额（综合所得适用）		
全月不超过1500元的	全年不超过36000元的（相当于每月不超过3000元的）	3%
全月超过1500元至4500元的部分	全年超过36000元至144000元的部分（相当于每月超过3000元至12000元的部分）	10%
全月超过4500元至9000元的部分	全年超过144000元至300000元的部分（相当于每月超过12000元至25000元的部分）	20%
全月超过9000元至35000元的部分	全年超过300000元至420000元的部分（相当于每月超过25000元至35000元的部分）	25%
全月超过35000元至55000元的部分	全年超过420000元至660000元的部分（相当于每月超过35000元至55000元的部分）	30%
全月超过55000元至80000元的部分	全年超过660000元至960000元的部分（相当于每月超过55000元至80000元的部分）	35%

续表

2011年版个税法	2018年版新个税法	税率
应税所得额（综合所得适用）		
全月超过80000元的部分	全面超过960000元的部分（相当于每月超过80000元的部分）	45%
注：本表所称全月应纳税所得额是指依照本法第六条的规定，以每月收入额减除费用3500元以及附件减除费用后的余额。	注：本表所称全年应纳税所得额是指依照本法第六条的规定，居民个人取得综合所得以每一纳税年度收入额减除费用六万元以及专项扣除、专项附加扣除和依法确定的其他扣除后的余额。非居民个人取得工资、薪金所得，劳务报酬所得，稿酬所得和特许权使用费所得，依照本表按月换算后计算应纳税额。	
应税所得额（经营所得适用）		
个体工商户的生产、经营所得和对企事业单位的承包经营、承租经营所得适用	经营所得适用	
不超过15000元的	不超过30000元的	5%
超过15000元至30000元的部分	超过30000元至90000元的部分	10%
超过30000元至60000元的部分	超过90000元至300000元的部分	20%
超过60000元至100000元的部分	超过300000元至500000元的部分	30%
超过100000元的部分	超过500000元的部分	35%
先予施行条款《关于2018年第四季度个人所得税减除费用和税率适用问题的通知》：(1) 工资、薪金所得：对纳税人在2018年10月1日（含）后实际取得的工资、薪金所得，减除费用统一按照5000元/月执行，并按照本通知所附个人所得税税率表一计算应纳税额。(2) 个体工商户的生产、经营所得和对企事业单位的承包经营、承租经营所得：2018年10月1日（含）后先行按新个税法税率表二计算缴纳税款。		

2. 修订要点评析。

（1）本次修法，将居民个人的工资、薪金所得归属于"综合所得"，按年计税，相应地，适用的税率也按年所得额的金额大小不同而逐级变动（超额累进）。而对于非居民个人，其工资、薪金所得不归入"综合所得"，相应地，其适用的税率按月所得额的金额大小不同而逐级变动（超额累进）。居民个人的综合所得税率表中的"全年应纳税所得额"除以12所得之商数，即为非居民个人的"工资、薪金所得""劳务报酬所得""稿酬所得"及"特许权使用费所得"4项所得的"按月应纳税所得额"级距金额。

（2）本次修法项下的"综合所得"的超额累进税率与目前"工资、薪金所得"的超额累进税率相同（3%~45%），但修订后的"全年应纳税所得额"

的月化级距金额与目前工资薪金所得的月度级距金额相比，其中的3%、10%和20%税率适用的级距金额范围均分别有所扩大，25%税率适用的级距金额范围则有所缩小，而30%、35%和45%税率适用的级距金额范围保持不变。就此而言，对于取得工资、薪金收入的不同收入水平的个人来说，虽然此次修法均产生一定减税效果，但相较而言，个人收入越低，减税幅度越大。例如，对于仅取得工薪所得的居民个人，如果仅考虑"基本减除费用"标准变动的影响以及税率级距金额范围变动的影响，那么，每月工薪收入分别为人民币1万元、2万元、3万元、5万元和8万元的个人在新法项下的个人所得税减税幅度依次约为60%、50%、35%、20%和10%。但另一方面，收入越高，实际减少的税款金额越多。

（3）在本次修法之前，劳务报酬所得、稿酬所得、特许权使用费所得均适用20%的税率（其中，劳务报酬所得适用加成征收的规定，使得该项所得实际适用20%、30%和40%的超额累进税率）。并入综合所得后，上述3类所得将统一适用3%~45%的超额累进税率。对于以上述3类所得作为唯一或主要收入来源的个人而言，本次修法的效果与工薪所得群体皆大欢喜的减税效果或许有所不同。具体而言，假设某人的所得仅包括劳务报酬所得或稿酬所得或特许权使用费所得，如果不考虑专项扣除和专项附加扣除的影响，那么，①针对劳务报酬所得，月收入约26万元是一个税负变化临界点，月收入低于临界点金额的，新法项下的税负将低于2011年版个人所得税法项下的税负；而月收入如果高于前述临界点金额，则新法项下的税负相较于2011版税法项下的税负将有所增加。②针对稿酬所得，税负变化的临界点约为每月收入11万元，高于此临界点的，新法项下的税负将增加。③针对特许权使用费所得，税负变化临界点约为每月收入7.5万元，高于此临界点的，新法项下的税负将增加。综上所述，就劳务报酬、稿酬、特许权使用费所得而言，高收入群体的相关税负将在跨越临界点后增加。

（4）本次修法取消了在中国境内无住所而在中国境内取得工资、薪金所得的纳税人（一般是外籍个人）和在中国境内有住所而在中国境外取得工资、薪金所得的纳税人（一般是派遣至海外工作的中国人）的"附加减除费用"，这意味着，相关个人将不再享有此项特殊优待。此外，非居民个人不实行综合与分类相结合的征税方法，其相关收入仍全部实行分类征收（分税目征收）。

（5）本次修法将"个体工商户的生产、经营所得"与"对企事业单位的承包经营、承租经营所得"税目合并为"经营所得"税目。在后续修订《个人所得税法实施条例》时，有必要进一步完善"经营所得"的含义。在本次修法中，"经营所得"沿用了 2011 版个人所得税法中"个体工商户的生产、经营所得"及"对企事业单位的承包经营、承租经营所得"适用的 5 级超额累进税率（5%~35%），但将每一档税率适用的所得级距金额范围予以扩大，在一定程度上呼应了经济现状，有助于降低相关经营者的税负。

（6）本次修法的部分条款（扣除项目及工薪所得和经营所得的税率表）于 2018 年 10 月 1 日起先行实施。2018 年 9 月 7 日，财政部和国家税务总局发布了《关于 2018 年第四季度个人所得税减除费用和税率适用问题的通知》（财税〔2018〕98 号）。根据该文件的规定，对纳税人在 2018 年 10 月 1 日（含）后实际取得的工薪所得，减除费用统一按照 5000 元/月执行，按新的税率表计算应纳税额；对纳税人在 2018 年 9 月 30 日（含）前实际取得的工薪所得，减除费用按修法前的规定执行（即，新法和旧法衔接时点的工薪所得个人所得税的计算，执行"收付实现制"）。而对于"经营所得"，根据该文件的规定，2018 年第四季度取得的生产经营所得，减除费用按 5000 元/月执行，前三季度减除费用按 3500 元/月执行。经营者的"应纳税所得额"的计算，按照《个体工商户个人所得税计税办法（2018 年修正）》的规定，遵循权责发生制原则。

（7）本次修法，将居民个人的"工资、薪金所得"等项目归入"综合所得"，按年计税，而非居民个人则仍实行"工资、薪金所得"按月计税。就此而言，目前适用的"全年一次性奖金"的相关计税安排在新法施行后是否予以保留以及是否针对居民/非居民个人区别适用，有待后续政策加以明确。

（四）引入反避税规则，高净值人士或将面临税收征管挑战

1. 新旧法条对比。

表 4 《个税法》新旧法条对比

2011 年版个税法	2018 年版新个税法
无	第八条 有下列情形之一的，税务机关有权按照合理方法进行纳税调整： （一）个人与其关联方之间的业务往来不符合独立交易原则而减少本人或者其关联方应纳税额，且无正当理由； （二）居民个人控制的，或者居民个人和居民企业共同控制的设立在实际税负明显偏低的国家（地区）的企业，无合理经营需要，对应当归属于居民个人的利润不作分配或者减少分配； （三）个人实施其他不具有合理商业目的的安排而获取不当税收利益。 税务机关依照前款规定作出纳税调整，需要补征税款的，应当补征税款，并依法加收利息。

2. 修订要点评析。本次修法,取消了国务院财政部门对"其他所得"规定征税的权力,这在一定程度上削弱了财政汲取能力。作为补偿,本次修法赋予税务机关在特定情形下针对相关个人进行"纳税调整"的权力(反避税调整权),以巩固税收能力。相关的反避税规则包括3类:

(1)转让定价调整规则(关联方交易定价不公允的,税务机关有权调高应税所得)。几十年来,大量个人在境内外设立了大量关联企业,相关个人与关联企业及其他关联方之间频繁发生交易。由于不同交易主体适用的税率、累积的亏损、可享受的税收优待存在差异,通过关联交易降低关联方整体税负日益成为纳税人的选项和税务机关的反制标的。本次修法将企业所得税领域惯用的转让定价调整机制引入到个人所得税领域中来,是一次重大的反避税尝试。

(2)受控外国企业调整规则(避税地受控实体无合理理由不对其居民个人股东分配利润的,税务机关可视为居民个人股东收到股息所得而予以征税)。本次修法规定,对于"居民个人控制的,或者居民个人和居民企业共同控制的设立在实际税负明显偏低的国家(地区)的企业,无合理经营需要,对应当归属于居民个人的利润不作分配或者减少分配"的情形,税务机关有权进行纳税调整。对照而言,现行企业所得税法的反避税条款中有类似规定〔即,由居民企业,或者由居民企业和居民个人控制的设立在实际税负明显低于25%税率水平(即,实际税负低于12.5%)的国家(地区)的企业,并非由于合理的经营需要而对利润不作分配或者减少分配的,该利润中应归属于该居民企业的部分,应当计入该居民企业的当期应税收入〕。此前,由于居民个人不适用企业所得税法,企业所得税法的前述规定只能用于查补居民企业的所得税,而无法查补居民个人的所得税。本次修法在个人所得税法中也引入"受控外国企业规则",使得该规则对居民企业和居民个人实现了"双覆盖"。此举将令在境外避税地(如,BVI、开曼、香港等地)设立无实质经营内容的壳公司的居民个人面临中国大陆税务机关的审视和调查,可能会令相关个人被查补调整应纳税款。特别需要注意的是,在CRS(海外金融账户信息共同申报准则)机制下,税务机关有权通过跨境信息批量交换渠道获得大量中国居民个人的境外金融资产信息,相应地,税务机关可能会发起大量的纳税调整调查。就此而言,拥有海外公司架构的高净值人士应重新审视其现有的投资架构,增强合规意识与合规能力。此外,由于本次修法对居民个人的认定标准进行了调整,可能会相应影响到CRS机制下需要被收集和交换金融账户信息的非居民个人的范围。

（3）一般反避税规则（个人实施其他不合理安排的，税务机关有权进行调整）。本次修法规定，针对"个人实施其他不具有合理商业目的的安排而获取不当税收利益"的情形，税务机关有权进行纳税调整。考虑到"合理"和"商业目的"的判断主观性较强，我们预计，在税务实践中，该条款的适用可能会引发税务机关和纳税人之间的税务争议。为了定分止争，双方需要在规则主义的解释路径方向上寻求解释结论的最大公约数。

上述3类反避税规则的设定，是借鉴了《企业所得税法》的立法成果（《企业所得税法》第六章特别纳税调整第四十一条、第四十五条、第四十七条）。在下文中，我们将逐条评析这3类规则。

（五）明确有关税收征管规定，加重税务合规成本

1. 新旧法条对比。

表5 《个税法》新旧法条对比

2011年版个税法	2018年版新个税法
第八条　个人所得税，以所得人为纳税义务人，以支付所得的单位或者个人为扣缴义务人。个人所得超过国务院规定数额的，在两处以上取得工资、薪金所得或者没有扣缴义务人的，以及具有国务院规定的其他情形的，纳税义务人应当按照国家规定办理纳税申报。扣缴义务人应当按照国家规定办理全员全额扣缴申报。 《中华人民共和国个人所得税法实施条例（2011修订）》： 第三十六条　纳税义务人有下列情形之一的，应当按照规定到主管税务机关办理纳税申报： （一）年所得12万元以上的； （二）从中国境内两处或者两处以上取得工资、薪金所得的； （三）从中国境外取得所得的； （四）取得应纳税所得，没有扣缴义务人的； （五）国务院规定的其他情形。 年所得12万元以上的纳税义务人，在年度终了后3个月内到主管税务机关办理纳税申报。 纳税义务人办理纳税申报的地点以及其他有关事项的管理办法，由国务院税务主管部门制定。	第九条　个人所得税以所得人为纳税人，以支付所得的单位或者个人为扣缴义务人。 纳税人有中国公民身份号码的，以中国公民身份号码为纳税人识别号；纳税人没有中国公民身份号码的，由税务机关赋予其纳税人识别号。扣缴义务人扣缴税款时，纳税人应当向扣缴义务人提供纳税人识别号。 第十条　有下列情形之一的，纳税人应当依法办理纳税申报： （一）取得综合所得需要办理汇算清缴； （二）取得应税所得没有扣缴义务人； （三）取得应税所得，扣缴义务人未扣缴税款； （四）取得境外所得； （五）因移居境外注销中国户籍； （六）非居民个人在中国境内从两处以上取得工资、薪金所得； （七）国务院规定的其他情形。 扣缴义务人应当按照国家规定办理全员全额扣缴申报，并向纳税人提供其个人所得和已扣缴税款等信息。

续表

2011年版个税法	2018年版新个税法
第九条 扣缴义务人每月所扣的税款，自行申报纳税人每月应纳的税款，都应当在次月十五日内缴入国库，并向税务机关报送纳税申报表。 工资、薪金所得应纳的税款，按月计征，由扣缴义务人或者纳税义务人在次月十五日内缴入国库，并向税务机关报送纳税申报表。特定行业的工资、薪金所得应纳的税款，可以实行按年计算、分月预缴的方式计征，具体办法由国务院规定。 个体工商户的生产、经营所得应纳的税款，按年计算，分月预缴，由纳税义务人在次月十五日内预缴，年度终了后三个月内汇算清缴，多退少补。 对企事业单位的承包经营、承租经营所得应纳的税款，按年计算，由纳税义务人在年度终了后三十日内缴入国库，并向税务机关报送纳税申报表。纳税义务人在一年内分次取得承包经营、承租经营所得的，应当在取得每次所得后的十五日内预缴，年度终了后三个月内汇算清缴，多退少补。 从中国境外取得所得的纳税义务人，应当在年度终了后三十日内，将应纳的税款缴入国库，并向税务机关报送纳税申报表。	第十一条 居民个人取得综合所得，按年计算个人所得税；有扣缴义务人的，由扣缴义务人按月或者按次预扣预缴税款；需要办理汇算清缴的，应当在取得所得的次年三月一日至六月三十日内办理汇算清缴。预扣预缴办法由国务院税务主管部门制定。 居民个人向扣缴义务人提供专项附加扣除信息的，扣缴义务人按月预扣预缴税款时应当按照规定予以扣除，不得拒绝。 非居民个人取得工资、薪金所得，劳务报酬所得，稿酬所得和特许权使用费所得，有扣缴义务人的，由扣缴义务人按月或者按次代扣代缴税款，不办理汇算清缴。 第十二条 纳税人取得经营所得，按年计算个人所得税，由纳税人在月度或者季度终了后十五日内向税务机关报送纳税申报表，并预缴税款；在取得所得的次年三月三十一日前办理汇算清缴。 纳税人取得利息、股息、红利所得，财产租赁所得，财产转让所得和偶然所得，按月或者按次计算个人所得税，有扣缴义务人的，由扣缴义务人按月或者按次代扣代缴税款。

2. 修订要点评析。

（1）本次修法对征管安排作出了多处规定。例如：

1)"取得综合所得需要办理汇算清缴"的，纳税人应当办理纳税申报。对于"需要办理汇算清缴"的具体情形，有待国务院在实施条例的修订文本中进一步解释和澄清。

2)增加了"因移居境外注销中国户籍"而需办理纳税申报的情形。对于此种"退籍申报"所涵盖的事项及期间范围，有待后续文件加以明确。如果税务机关拟对"退籍税务申报"进行实质性审查，则历史期间相关个人的税务风险可能因此而"变现"。

3)增加了"扣缴义务人未扣缴税款"而需由纳税人办理纳税申报的情形。

（2）自1980年《个人所得税法》颁布施行以来，历次版本的法条均包含"个人所得税，以所得人为纳税（义务）人，以支付所得的单位或个人为扣缴义务人""没有扣缴义务人的，由纳税（义务）人（自行）申报纳税"的表述。本次修法未对前述规定作实质性修订。需要思考的是，由于《个人所得税法》规定的几类应税所得均为"有支付人"的所得，因此，从逻辑角度讲，根据《个人所得税法》的前述规定，"（凡是）支付所得的单位或个人（皆）为扣缴义务人"是个"全称肯定判断"，也就是说，有所得必有扣缴义务人，不应存在"无扣缴义务人"的情形。就此而言，前述条款语言逻辑上的不协调，有必要通过设立"哪些情形支付人无须扣缴税款"的但书条款加以覆盖熨平。例如，相关的但书条款可以规定，如下所得，虽有支付人，但纳税人应自行办理纳税申报：

1）由境外主体支付的应税所得；

2）支付给个体工商户/合伙企业的应税所得；

……

(3) 本次修法可能会加重纳税人和扣缴义务人的合规成本。例如：

1）居民个人向扣缴义务人提供专项附加扣除信息的，扣缴义务人应当予以扣除，不得拒绝。据此，既然扣缴义务人不得拒绝扣除"专项附加扣除"，那么，相关"专项附加扣除"符合税法规定的合规责任就应由纳税人承担。不实提供"专项附加扣除"信息的个人将需承担不利的法律后果。

2）综合所得汇算清缴的新规定对于不熟悉税务技术要求的个人而言，可能会增加其合规成本（必要时，有关个人需借助税务专业人士办理前述汇算清缴事项）。

（六）明确各政府部门就税收征管的配合和信息共享

1. 新旧法条对比。

表6 《个税法》新旧法条对比

2011年版个税法	2018年版新个税法
无	第十五条 公安、人民银行、金融监督管理等相关部门应当协助税务机关确认纳税人的身份、金融账户信息。教育、卫生、医疗保障、民政、人力资源社会保障、住房城乡建设、公安、人民银行、金融监督管理等相关部门应当向税务机关提供纳税人子女教育、继续教育、大病医疗、住房贷款利息、住房租金、赡养老人等专项附加扣除信息。 个人转让不动产的，税务机关应当根据不动产登记等相关信息核验应缴的个人所得税，登记机构办理转移登记时，应当查验与该不动产转让相关的个人所得税的完税凭证。个人转让股权办理变更登记的，市场主体登记机关应当查验与该股权交易相关的个人所得税的完税凭证。 有关部门依法将纳税人、扣缴义务人遵守本法的情况纳入信用信息系统，并实施联合激励或者惩戒。

2. 修订要点评析。本次修法，从法律层面明确了有关政府部门对税务机关税收征管业务的配合义务，为税收征管的贯彻增加了助力因素。政府部门之间的全面"信息共享"会大幅增强税务机关及时、准确、全面掌握纳税人涉税信息的能力。特别应注意的是，此次修订新增的法条规定，相关的登记机关应在办理不动产转移登记和股权变更登记时，查验有关个人的个人所得税完税凭证。此种"前置程序要求"有利于对有关的交易应交税款"征管到位"，有利于统一登记机关在全国范围内的业务实践。

（七）明确与税收征管法及其他法律法规的衔接问题

1. 新旧法条对比。

表7 《个税法》新旧法条对比

2011年版个税法	2018年版新个税法
无	第十九条 纳税人、扣缴义务人和税务机关及其工作人员违反本法规定的，依照《中华人民共和国税收征收管理法》和有关法律法规的规定追究法律责任。
第十三条 个人所得税的征收管理，依照《中华人民共和国税收征收管理法》的规定执行。	第二十条 个人所得税的征收管理，依照本法和《中华人民共和国税收征收管理法》的规定执行。

2. 修订要点评析。违反个人所得税法的法律后果指向《税收征收管理法》及其他有关法律法规（如刑法等）的相关规定，是对法律责任和有关程序规定的法律渊源的申明。

（八）其他修订

1. 新旧法条对比。

表8 《个税法》新旧法条对比

2011年版个税法	2018年版新个税法
第七条 纳税义务人从中国境外取得的所得，准予其在应纳税额中扣除已在境外缴纳的个人所得税税额。但扣除额不得超过该纳税义务人境外所得依照本法规定计算的应纳税额。	第七条 居民个人从中国境外取得的所得，可以从其应纳税额中抵免已在境外缴纳的个人所得税税额，但抵免额不得超过该纳税人境外所得依照本法规定计算的应纳税额。
第十条 各项所得的计算，以人民币为单位。所得为外国货币的，按照国家外汇管理机关规定的外汇牌价折合成人民币缴纳税款。	第十六条 各项所得的计算，以人民币为单位。所得为人民币以外的货币的，按照人民币汇率中间价折合成人民币缴纳税款。

2. 修订要点评析。本次修法,将"境外税收抵免"制度下的相关用语予以规范化("扣除"改为"抵免");同时,将适用于"境外税收抵免"制度的纳税人明确为"居民个人"。就此而言,需要注意的是,对于"非居民个人",其从中国境内取得的所得,最好先在中国纳税,并随后在其居民国抵免在中国已纳的税款;不然的话,如果相关的"非居民个人"先行在其居民国就来源于中国的所得纳税,随后又须在中国补税,那么,相关个人就可能在一定情形下(如,无法向其居民国取得退税时)承受"双重纳税"的后果。

本次修法,将"外国货币"改为"人民币以外的货币",有助于提升本条规定的逻辑周严性(港澳台货币属于"人民币以外的货币",但不属于"外国货币")。此外,本次修法明确在将其他货币换算为人民币时,适用人民币汇率中间价,有利于减少纳税人与税务机关在币种换算问题上发生争执的可能性。从技术上讲,相关的汇率应为纳税人取得有关所得时的汇率。

二、跨境个税的关注焦点

(一) 税收居民身份的认定

在港人士是否须就香港收入缴纳内地个人所得税取决于税收居民身份。

(1) 在港人士有可能是内地税收居民,也可能是香港税收居民,还可能同时属于内地税收居民和香港税收居民。

(2) 税收居民与内地户籍、香港非永久居住、香港永久居住等身份状态并不完全等同。

(3) 未注销内地户籍、未取得香港永居,也有可能已经成为香港税收居民。

(4) 取得永居,甚至已注销内地户籍,也仍有可能是内地税收居民。

究竟是哪种税收居民身份,需要根据个案判断。

1. 内地税收居民身份的认定标准。

(1) 住所标准。

1) 户籍第一。"住所"不等于住房,即便在港人士已常年居于香港,且在境内无固定住所,名下无任何房产,但未注销内地户籍,仍属于在中国境内有住所,从而认定为内地税收居民。

2) 习惯性居住。若在港人士的家庭成员大多在境内,且有稳定住所,则也有可能因家庭、经济利益关系而视为在中国境内习惯性居住,从而被认定为内地税收居民。

《个人所得税法》（2018年修订）第一条规定，"在中国境内有住所，或者无住所而在境内居住满一年的个人，从中国境内和境外取得的所得，依照本法规定缴纳个人所得税。在中国境内无住所又不居住或者无住所而在境内居住不满一年的个人，从中国境内取得的所得，依照本法规定缴纳个人所得税。"

《个人所得税法实施条例》（2018年修订）第二条规定："个人所得税法所称在中国境内有住所，是指因户籍、家庭、经济利益关系而在中国境内习惯性居住……"

（2）居所标准。《内地和香港特别行政区关于所得避免双重征税和防止偷漏税的安排》第四条及《安排》第二议定书第二条规定："在本安排中，一方居民，在内地，是指按照内地法律，由于住所、居所、成立地、实际管理机构所在地，或者其他类似的标准，在内地负有纳税义务的人。"

这一条规定大多数情况是针对香港永居居民在内地有住所、居所的情况而设定，但同时也能看出，对于拥有内地户籍的在港人士即便不参考内地户籍标准，也可能会因家庭关系而被视为在内地有住所、居所，进而认定为内地税收居民是显而易见的。

2. 香港税收居民身份的认定标准。

（1）通常居于香港。根据香港税务局发布的《中港税收安排的14个问题解答》，在港人士即便取得永久性居民身份证，也未必一定是香港税收居民，而是因为通常居于香港而被认定为香港税收居民。在港人士大多常年在香港工作，多数甚至定居于香港，因此很容易满足《安排》中的"居于香港"的条件而成为香港税收居民。

一般而言，若个人在香港保留一永久性住所，用作他本人或其家人生活的地方，他会被视为通常居住于香港。

《安排》第四条第一款第二项规定，在本安排中，一方居民在香港特别行政区是指，通常居于香港特别行政区的个人……

（2）香港180天及300天标准。在港人士因仍为内地户籍，会因住所标准而直接认定为内地税收居民，所以不适用新个税法中规定的非居民个人183天标准，但其却仍可能与香港的天数标准有关。

在港人士因工作、家庭等原因在香港逗留时间满足一定标准时，也会触发香港税收居民的认定标准，该时间标准为在某课税年度内在香港特别行政区逗留超过 180 天或在两个课税年度内逗留超过 300 天的个人。

这里的 180 天及 300 天的认定标准，根据香港税务局发布的《中港税收安排的 14 个问题解答》，主要是采用「身处当地天数」的方法。根据国际惯例，入境或出境的当天及在内地停留的期间，不论每天停留时间多少或停留原因，均当作一天计算。

《安排》第四条第一款第二项规定，在本安排中，一方居民在香港特别行政区是指，在某课税年度内在香港特别行政区逗留超过 180 天或在连续两个课税年度（其中一个是有关的课税年度）内在香港特别行政区逗留超过 300 天的个人。

3. 双重税收居民身份的认定规则。因新个税法及实施条例以及《安排》等的规定，拥有内地户籍的在港人士有可能同时成为两地税收居民，在两地均负有税收居民的纳税义务。但根据《安排》的规定，同时为内地与香港税收居民的个人，可以按照顺序确定为一方居民，该顺序为：①永久性住所；②重要利益中心；③习惯性居处所在地；④两地协商解决。

《安排》第四条第二款规定，由于第一款的规定，同时为双方居民的个人，其身份应按以下规则确定：（一）应认为是其有永久性住所所在乙方的居民；如果双方同时有永久性住所，应认为是与其个人和经济关系更密切（重要利益中心）所在一方的居民；（二）如果其重要利益中心所在一方无法确定，或者在任何一方都没有永久性住所，应认为是其有习惯性居处所在一方的居民；（三）如果在双方都有，或者都没有习惯性居处，双方主管当局应通过协商解决。

根据该《安排》的规定，双重税收居民身份似乎通过规则要确定为单方税收居民，而不会因双重税收居民身份而导致负有双重纳税义务，但在实践中，两地主管当局很少为在税收居民身份的认定上下功夫，而是通过《安排》的其他规定，从而解决双重征税的问题，但有一点可以明确的是，只要在港人士满足内地税收居民身份的认定，则内地税务主管部门会因此对其按居民个人征税，但同时会根据《安排》中的相关规定解决实际纳税过程中的双重征税问题（该点在文章后面论述）。

（二）在港人士在香港取得的各项所得的纳税分析

在港人士多是因工作原因长居于香港，所以在香港取得的所得大多是工资薪金等，同时也有财产转让所得及其他所得。从第二部分第（一）点税收居民的身份认定来看，在港人士因户籍而被认定为内地税收居民（居民个人）的可能性极大，故其应就境内境外取得的所得在境内缴纳个人所得税，但其又可能因其他标准而被认定为香港税收居民，从而所得也面临在香港纳税的义务。

若在港人士被认定为内地居民纳税人，即新个税法定义的"居民个人"，则应就境内境外取得的所得按新个税法纳税，而综合所得是所得的一大类，包括工资薪金所得、劳务报酬所得、特许权使用费所得、稿酬所得。

1. 在港取得的工资薪金所得。

（1）在职期间的工资薪金。《安排》第十四条规定，除适用第十五条、第十七条、第十八条、第十九条和第二十条的规定以外，一方居民因受雇取得的薪金、工资和其他类似报酬，除在另一方从事受雇的获得以外，应仅在该一方征税。在另一方从事受雇的活动取得的报酬，可以在该另一方征税。

虽有本条第一款的规定，一方居民因在另一方从事受雇的活动取得的报酬，同时具有以下三个条件的，应仅在该一方征税：（一）收款人在有关纳税年度开始或终了的任何十二个月中在另一方停留连续或累计不超过一百八十三天；（二）该项报酬由并非该另一方居民的雇主支付或代表该雇主支付；（三）该项报酬不是由雇主设在另一方的常设机构所负担。

根据上述规定，在港人士在香港取得的工资薪金所得，虽无法全部满足3个条件，但根据第一项的规定，作为内地居民纳税人的在港人士因在另一方香港从事受雇的活动取得的报酬，可以在另一方香港征税，此处是"可以"而非必须，并未免除其在内地纳税的义务。因此，在港人士仍应就在香港取得的工资薪金按新个税法的规定按综合所得纳税。

（2）退休金。《安排》第十七条规定，除适用第十八条第二款的规定以外，因以前的雇佣关系支付给一方居民的退休金和其他类似报酬（不论是分次支付或一次支付），应仅在该一方征税。虽有本条第一款的规定，从以下退休金计划支付的退休金和其他类似款项（不论是分次支付或一次支付），即：（一）一方政府或地方当局作为社会保障制度一部分而推行的公共计划；（二）可让个别人士参与以确保取得退休福利的安排，且该等安排是按照一方法律为税务目的而获认可的，应仅在实施计划的一方征税。

根据安排，在港人士退休后在港取得的退休金，一般情况下仍需要在境内纳税，但其中包括的香港政府推出的社会保障计划的部分，应在香港纳税。

2. 在港取得的特许权使用费所得。《安排》第十二条规定，发生于一方而支付给另一方居民的特许权使用费，可以在该另一方征税。然而，这些特许权使用费也可以在其发生的一方，按照该一方的法律征税。

根据上述安排，在港人士在香港取得的特许权使用费既可以在境内纳税也可以在香港纳税，但这也不是免除在内地纳税的义务。如果选择在境内纳税，则应并入综合所得计算缴纳所得税。

3. 在港人士取得的其他所得。

（1）不动产所得（不是转让）。《安排》第六条规定，一方居民从位于另一方的不动产取得的所得（包括农业或林业所得），可以在该另一方征税。"不动产"一语应当具有财产所在地的一方的法律所规定的含义。该用语在任何情况下应包括附属于不动产的财产，农业和林业所使用的牲畜和设备，有关房地产的一般法律规定所适用的权利，不动产的用益权，以及由于开采或有权开采矿藏、资源和其他自然资源取得的不固定或固定收入的权利。船舶和飞机不应视为不动产。本条第一款的规定应适用于从直接使用、出租或者任何其他形式使用不动产取得的所得。

根据上述安排，在港人士因取得的香港的不动产所得，可以在香港纳税，此处也是"可以"。

（2）财产收益（包括转让不动产的收益）。《安排》第十三条规定，一方居民转让第六条所述位于另一方的不动产取得的收益，可以在该另一方征税……转让一个公司股份取得的收益，而该公司的财产主要直接或者间接由位于一方的不动产所组成，可以在该一方征税。转让第四款所述以外的任何股份取得的收益，而该项股份相当于一方居民公司至少25%的股权，可以在该一方征税。转让第一款至第五款所述财产以外的其他财产取得的收益，应仅在转让者为其居民的一方征税。

根据上述安排，在港人士转让位于香港的不动产取得的所得，或转让香港公司股权取得的所得，既可以在香港纳税，也可以在境内纳税，但转让除此以外的其他所得，应仅在境内纳税。按新个税法的相关规定，无论是转让不动产还是其他财产取得的所得，均是按财产转让所得20%缴纳个人所得税。（转让上市公司股票有例外规定）

（3）股息、利息所得。《安排》第十条规定，一方居民公司支付给另一方居民的股息，可以在该另一方征税。第十一条规定，发生于一方而支付给另一方居民的利息，可以在该另一方征税。然而，这些利息也可以在该利息发生的一方，按照该一方的法律征税。

根据上述安排,在港人士因持有香港公司的股票取得的股息或在香港取得的利息所得,既可以在香港纳税,也可以在境内纳税,在境内纳税则是按照利息、股息、红利所得按20%计算缴纳个人所得。

(4)其他所得。《安排》第二十条规定:一方居民取得的各项所得,不论在什么地方发生的,凡本安排上述各条未作规定的,应仅在该一方征税……虽有本条第一款和第二款的规定,一方居民取得的源于另一方的各项收入如在本安排以上各条中未有规定,亦可在该另一方按照该方的法律征税。

其他所得也包括稿酬所得、劳务费所得等,既可以在香港纳税,也可以在境内纳税。

(三)避免双重征税的安排

根据前述《安排》的规定,在港人士在香港取得的各类所得,大多是"既可又可",在实践中,只要在港人士满足新个税法中规定的"居民个人"的认定标准,则就按规定在境内纳税。但在港人士同时又可能满足香港税收居民身份,从而导师双重纳税,为解决这一问题,内地与香港通过签订《安排》及《议定书》采取避免双重征税的方法。

《安排》二十一条规定,内地居民从香港特别行政区取得的所得,按照本安排规定在香港特别行政区缴纳的税额,允许在对该居民征收的内地税收中抵免。但是,抵免额不应超过对该项所得按照内地税法和规章计算的内地税收数额。

根据上述安排,若在港人士因在香港取得的工资薪金而在香港已缴纳了薪俸税,则在按新个税法规定的综合所得缴纳个税时,可以将该部分已缴纳的薪俸税扣除(抵免额),但抵免额以不超过按新个税法计算缴纳的税额为限。取得的其他所得也如此。

(四)信息交换

部分在港人士认为内地税务机关无法获知其在香港取得的所得具体数额及项目,内地税务机关也就无法监督其在内地的纳税义务履行。但新个税法新增的相关规定及《安排》的相关规定,使两地各类与税务相关信息变得更加透明。

如《安排》第二十四条及第三议定书第一条规定,双方主管当局应交换可以预见的与执行本《安排》的规定相关的信息,或与执行双方征收本《安排》所涉及的税种的各自内部法律相关的信息(以根据这些法律征税与本《安排》不相抵触为限)。信息交换不受第一条的限制。

一方根据第一款收到的任何信息,都应和根据该一方的法律所获得的信息一样作密件处理,仅应告知与第一款规定所指税种有关的查定、征收、执行、起诉或裁决上诉有关的人员或当局(包括法院和行政管理部门)。上述人员或当局应仅为上述目的使用该信息,但可以在公开法庭的诉讼程序或司法裁定(就香港特别行政区而言,包括税务上诉委员会的裁定)中公开有关信息。

第一款和第二款的规定在任何情况下不应被理解为一方有以下义务:(一)采取与该一方或另一方的法律和行政惯例相违背的行政措施;(二)提供按照一方或另一方的法律或正常行政渠道不能得到的信息;(三)提供泄露任何贸易、经营、工业、商业、专业秘密或贸易过程的信息,或者如泄露便会违反公共政策的信息。

如果一方根据本条请求信息,另一方应使用其信息收集手段去取得所请求的信息,即使另一方可能并不因其税务目的需要该信息。前句所确定的义务受第三款规定的限制,但是这些限制在任何情况下不应理解为允许一方仅因该信息没有本土利益而拒绝提供。

本条第三款的规定任何情况下不应理解为允许一方仅因信息由银行、其他金融机构、名义代理人、代理人或受托人所持有,或因信息与某人的所有权权益有关,而拒绝提供。

三、跨境个税的纳税申报

(一)在港人士取得境外所得的纳税申报

1. 申报时间。取得所得的次年3月1日至6月30日内。

2. 申报地点。

(1)境内任职、受雇单位所在地主管税务机关。

(2)户籍所在地或中国境内经常居住地主管税务机关(不一致的,择其一)。

(3)经常居住地主管税务机关。

3. 申报方式(择其一)。

(1)远程办税端、邮寄等。

(2)直接到主管税务机关申报。

4. 税收协定待遇。纳税人在办理纳税申报时需要享受税收协定待遇的,按照享受税收协定待遇有关办法办理。

《国家税务总局关于个人所得税自行纳税申报有关问题的公告》国家税务总局公告（2018年第62号）第四条规定取得境外所得的纳税申报

居民个人从中国境外取得所得的，应当在取得所得的次年3月1日至6月30日内，向中国境内任职、受雇单位所在地主管税务机关办理纳税申报；在中国境内没有任职、受雇单位的，向户籍所在地或中国境内经常居住地主管税务机关办理纳税申报；户籍所在地与中国境内经常居住地不一致的，选择其中一地主管税务机关办理纳税申报；在中国境内没有户籍的，向中国境内经常居住地主管税务机关办理纳税申报。纳税人取得境外所得办理纳税申报的具体规定，另行公告。

（二）注销中国户籍的纳税申报

新个税法要求办理注销户籍手续前（包括因在香港通常居住满七年申请回乡证而注销户籍，以及因取得"单程证"赴港而注销户籍），必须向税局办理税款清算手续。新个税法及新个税条例没有对税款清算程序作出规定，但是根据第62号公告，在税款清算程序中，申请人需要办理汇算清缴、结清欠缴或未缴税款，申报方式及税收协定待遇与取得境外所得的情形相同。办理汇算清缴（申报）的范围根据收入类别不同而不同。

1. 综合所得的纳税申报。在港人士在注销户籍年度取得综合所得的，应当在注销户籍前，办理当年综合所得的汇算清缴，并报送《个人所得税年度自行纳税申报表》。尚未办理上一年度综合所得汇算清缴的，应当在办理注销户籍纳税申报时一并办理。

2. 经营所得的纳税申。在港人士在注销户籍年度取得经营所得的，应当在注销户籍前，办理当年经营所得的汇算清缴，并报送《个人所得税经营所得纳税申报表（B表）》。从两处以上取得经营所得的，还应当一并报送《个人所得税经营所得纳税申报表（C表）》。尚未办理上一年度经营所得汇算清缴的，应当在办理注销户籍纳税申报时一并办理。

3. 其他所得的纳税申报。在港人士在注销户籍当年取得利息、股息、红利所得，财产租赁所得，财产转让所得和偶然所得的，应当在注销户籍前，申报当年上述所得的完税情况，并报送《个人所得税自行纳税申报表（A表）》。

4. 其他纳税申报事项。在港人士有未缴或者少缴税款的，应当在注销户籍前，结清欠缴或未缴的税款。纳税人存在分期缴税且未缴纳完毕的，应当在注销户籍前,结清尚未缴纳的税款。

在港人士在办理注销户籍纳税申报时,需要办理专项附加扣除、依法确定的其他扣除的,应当向税务机关报送《个人所得税专项附加扣除信息表》《商业健康保险税前扣除情况明细表》《个人税收递延型商业养老保险税前扣除情况明细表》等。

税款清算程序不是"弃籍税","弃籍税"严格来说是因为"弃籍"或注销户籍本身而产生的独立税负。比如,美国的弃籍税,是在弃籍时,法律视为申请人对全部财产进行了一次转让并有所得,并据以征税的税负。而税款清算程序,只是针对过去已经发生的税负所进行审查的一项程序。

四、典型案例

1. 案情简述。2016 年 3 月 10 日,江苏 HC 铝厂有限公司财务经理李某向徐州地税局咨询拟向港籍投资人分配红利时对外支付开具证明及所得免征个人所得税问题。李某称,2015 年公司未分配利润 3172.65 万元,目前有分配意向,拟分配 3000 万元,港籍个人股东潘某依持股比例应分得 2142.9 万元。根据《财政部、国家税务总局关于个人所得税若干政策问题的通知》(财税字〔1994〕20 号)(先行有效)规定,外国人从外商投资企业取得红利所得应暂免征收个人所得税,企业提出应给潘某开具免税证明。

2. 事实查明。经查询发现,江苏 HC 铝厂有限公司成立于 2007 年 4 月 6 日,原注册资金 500 万美元,登记类型为中外合资企业。股权结构为广东 HC 铝厂有限公司 200 万美元,澳大利亚 HC 铝厂 300 万美元,无港籍投资个人信息。于是,税务机关约谈该公司财务经理李某。李某解释说,潘某是公司董事长,2014 年底,澳大利亚 HC 铝厂将持有股份转到潘某名下,同时增资 200 万美元。这样,江苏 HC 铝厂有限公司的股东就变为潘某和广东 HC 铝厂有限公司(私营有限责任公司)。其中,广东 HC 铝厂有限公司占有股份 28.57%,潘某占有股份 71.43%。该公司在工商部门做了股权变更登记,因故未在税务机关办理变更登记。

税务机关告知该公司,应先办理税务登记变更手续。2016 年 3 月 18 日,该公司完成税务登记变更。税务人员对相关情况进行调查确认,注意到政策差异带来税收结果的巨大差异:境内外资企业向非居民企业股东(澳大利亚 HC 铝厂)分配股息需要缴纳 10% 的预提所得税,而向外籍个人股东(潘某)分配股息则享受免税政策,由此认为 HC 铝厂此次股权变更及股息分红存在利用税收优惠政策避税的嫌疑。

3. 案件焦点。江苏 HC 铝厂有限公司股权转让和股息分红业务税收筹划痕迹明显,潘某所获股利分红是否应缴纳个人所得税?

江苏 HC 铝厂有限公司财务经理李某认为,该企业属外商投资企业,潘某持有香港居民身份证投资,符合《财政部、国家税务总局关于个人所得税若干政策问题的通知》关于外国人暂免征收个人所得税条件。

徐州地税局委托公安部门查询潘某户籍信息。公安部门"常住人口基本信息"查询显示:潘某,身份证号码为440621××××××4335,性别男,户籍地广东省佛山市南海区。通过上述工作,基本确定了潘某为大陆居民的身份。

同时税务机关通过互联网了解其香港身份证信息。经查询香港政府律政司所公布香港法例第177章《人事登记条例》,香港身份证共分为两类,分别为"香港永久性居民身份证"及"香港居民身份证"。香港永久性居民身份证是入境处签发给拥有香港居留权人士的身份证,俗称"三粒(颗)星",因永久性居民身份证上注有"＊＊＊"的标记。永久身份证所拥有权利比较完善,并且可以申请特区护照,内地人只有放弃了其内地户口,才能得到永久身份证。而香港居民身份证是入境处签发给没有香港居留权人士的身份证,仅有在港的居住权。

4. 处理结果。税务机关认定潘某的内地税收居民身份,不能享受免税政策,应按规定缴纳个人所得税。

(2018 年 9 月)

土地增值税法征求意见稿最核心概念解读

文/王永敬

一、导语

近年来,房地产税的立法不断走入立法日程。这部针对房地产的专门税法,在很多财税专家看来,应该涵盖和规范房地产开发、持有、转让的各专项税种。所以,普遍认为土地增值税会被房地产税吸收,土地增值税不会再从暂行条例专门立法。

2019年7月16日,财政部与国家税务总局联合发布《中华人民共和国土地增值税法(征求意见稿)》〔以下简称《土地增值税法(征求意见稿)》〕,打破了对不动产(房地产)税收专门领域一法统揽的设想,预示着不动产税收专门领域仍将保持房产税、土地使用税、增值税、契税等多税种并行状态。

《土地增值税法(征求意见稿)》发布后,国家最高财税主管机关发布新闻发布会进行了解释,众多财税专业机构和人员也对之进行了解读。解读的结论均集中停留在:土增税将延伸适用到集体土地使用权及其地上建筑物(以下简称集体房地产)的交易行为。

该解读是比较表面化的,并未触及本次《土地增值税法(征求意见稿)》的内在机理,不利于准确理解立法本意,更无从对征求意见稿提出建议和反馈。笔者拟从以下三个核心概念展开解读与建议。

1. 土地增值收益。现行《土地增值税暂行条例》第一条规定:"为了规范土地、房地产市场交易秩序,合理调节土地增值收益,维护国家权益,制定本条例。"可见,《土地增值税暂行条例》制度框架下开征土地增值税的立法目的是:通过调节土地增值收益,规范土地、房地产市场交易秩序,维护国家权益。

《土地增值税法(征求意见稿)》摒弃了立法目的,在第一条直接规定:"转移房地产并取得收入的单位和个人,为土地增值税的纳税人。"

（1）《土地增值税法（征求意见稿）》不再仅以"土地、房地产市场交易"（买卖与转让行为）作为课税对象。

（2）调节土地增值收益，也不再是土地增值税的立法与征税的基本目的。

（3）法律的订立与实施，均涉及社会公众权利义务的变更或调整，立法目的的阐明，常有宣示立法具备必要性、合理性、正当性等公义之诉求。《土地增值税法（征求意见稿）》摒弃立法目的之描述，显现征税无须理由之姿态，不甚妥当。

2. 转移。在《土地增值税暂行条例》中，课税对象是房地产"转让"行为。转让，一是指不动产的交易行为；二是指不动产产权的登记变动。

在《土地增值税法（征求意见稿）》中，课税对象是房地产"转移"行为。

（1）"转移"行为不仅包括国有土地使用权及其地上建筑物的转让，还包括集体房地产的出让或出资入股等，该等"出让"不能用"转让"概念来涵盖。

（2）"转移"更加强调的是实物存在及占有状态的变化，而"转让"则一般倾向于权属的变更。因当前集体房地产的流转暂未纳入不动产登记体系，无法办理产权变更登记，以"转移"概括其权利变动行为，为折中之词。

3. 出让。《土地增值税暂行条例》未将国有土地使用权的出让纳入征税范围。《土地增值税法（征求意见稿）》将集体房地产的出让和出资入股（实际上也是出让）纳入征税范围。

（1）《土地增值税法（征求意见稿）》仅是规定对集体房地产的出让，即对一级市场行为征税，并未对二级市场行为征税。原因在于，当前集体房地产流转的政策边界限定于一级市场行为，而限制或禁止二级市场行为。集体房地产的二级市场行为（如小产权房）不具有合法性，也不在征税之列。据此，小产权房业主不用担心被征税土地增值税；税务机关也不应突破该立法本意，通过实施条例或政策文件对集体房地产的二级市场行为征收土地增值税。

（2）因集体房地产（特别是土地所有权及使用权）的原始取得成本难以计量，甚至很多集体土地权利是基于宪法和法律直接无成本取得，采用"收入—成本"的方式计税将导致税负过重，故《土地增值税法（征求意见稿）》第十条规定授权各省级政府根据具体情况实施按集体房地产出让收入的一定比例征收，实际上类似核定征收。

二、结语

从以上核心概念，我们可管窥《土地增值税法（征求意见稿）》宗旨和概貌，也触及《土地增值税法（征求意见稿）》内在机理，对理解与适用土地增值税相关法规政策也许有所助益。

（2019 年 7 月）

财税〔2019〕8号创投企业合伙人个税政策解读
——以会计原理视角

文/王永敬

《财税〔2019〕8号关于创业投资企业个人合伙人所得税政策问题的通知》（以下简称《通知》）的主导意旨是将创投企业的投资收益区分为经营所得或投资收益，分别适用5%~35%累进税率征收合伙人经营所得个人所得税或适用20%税率征收合伙人资本利得个人所得税。近期，在自媒体看到圈内资深的税务及税法专业人士对此强加诟病，认为：创投企业从事投资活动取得的收益是投资所得，且是长期投资形成的资本利得，应按股息、红利征收20%的个人所得税，他们认为将该等收益界定为经营所得并按5%~35%累进税率征收个人所得税属于低级错误。仅从字面和税法的角度理解，《通知》的主要意旨及其逻辑基础似乎是不可理喻的，然而这只是没有领悟到《通知》有意或无意隐含其中的会计原理所致。

一、创投及基金的投资收益应属经营收入而非利得——收入确认视角

从法律的广义角度，为牟利而实施的提供商品、劳务的行为属于经营行为，如刑法上非法经营罪之"经营"，即为此义。而就会计及所得税原理而言，经营是指商业主体日常性、主要性的经济活动，因经营行为产生的经济利益流入属于收入。因非日常性、非主要的经济活动产生的经济利益流入则不纳入收入范畴，而属于非经营性损益事项。《企业会计准则14号——收入》第二条规定："收入，是指企业在日常活动中形成的、会导致所有者权益增加的、与所有者投入资本无关的经济利益的总流入。"另外，从一般经济实质区分而言，收入的来源主要有三种：销售商品；提供劳务；让渡资产使用权。

可见，就创投企业而言，从事投资行为是其主要的、日常性的经济活动，该等经济活动的实质就是将企业的资金使用权让渡给被投资企业。因此，创投企业从事投资行为属于经营行为，投资收益属于经营收入。正如发放贷款

是银行的日常主要经济活动，贷款利息属于银行收入，而不属于银行获得利息、股息或红利。

二、创投企业的投资收益按年度区分的，界定为经营所得——会计分期视角

会计分期假设（Accounting Period），是将企业持续不断的生产经营活动人为地分割成会计期间，分期核算经济活动和报告经营成果。这是由于与企业有经济利害关系的主体（包括税务机关）需要及时了解企业的财务状况和经营成果，需要企业定期核算经营成果。在会计理论与实务中，会计分期假设是会计核算的基本前提假设，是对会计核算之持续经营假设的补偿和修正。因为，没有会计分期假设，按持续经营假设，企业将永续经营而无法存界定具体期间来核算经营成果、盈亏情况。经营行为及其收入，亦可说是会计分期假设的前提，或者说会计分期是确认经营收入及成本的必然要求。简言之，有了经营收入，会计分期应随之而来；反之，存在确定的会计期限，则可对该等期间内的收入、支出作出确定性的核算。

根据我国会计准则及税法，以公历的1月1日至12月31日作为会计及所得税核算的年度期间。

《通知》第二条第二款规定："创投企业选择按年度所得整体核算的，其个人合伙人应从创投企业取得的所得，按照'经营所得'项目、5%~35%的超额累进税率计算缴纳个人所得税。"可见，当创投企业选择了按年度核算投资收益时，相应年度内的投资收益、成本、损失获得了按经营所得分期核算损益的会计分期基础。加之，如前所述投资收益本属于创投企业的经营收入，可界定会计期间的情况下，按期计算经营所得是为合理。

三、收支相抵逻辑归因对利润、应税所得的影响——以配比原则展开

会计上对经济行为损益的核算，税务上对应税所得的计算，一般有两种收支相抵逻辑归因方式：按期间归因与具体经济行为归因。该逻辑归因应用到会计原理中，演变为两种配比原则：按会计期间配比，或按具体经济行为配比。配比原则是会计基本原则之一，是指将一定的经济支出与之相关的经济收入进行匹配，以便于核算出经济收益。就配比原则而言，按会计期间配

比与按具体经济行为配比,均以因果关系为其逻辑基础:按会计期间配比以时间区间为因果关系,一定期间的所有支出与该期间的所有收入配比;按具体经济行为配比,以该具体经济行为发生及存续期间的所有支出与所有收入配比。可以说,按具体经济行为配比是收、支配比的自然属性、客观属性;而按会计期间配比是收、支配比的人为属性、主观属性,是会计上为了便于按期核算经济成果的一种假设性配比。

具体到创投企业,如果其选择按年度所得整体核算的,实际上是将年度内不同性质、不同类型的多只基金、多个投资项目的收入与支出概括性的配比相抵,得出经营损益和应税所得。而多只基金并行运作、综合核算,从经营管理和会计核算的角度上,其行为更符合对创投企业实施整体经营管理的外观与实质,则可按经营所得实施合伙人个人所得税征管。如果创投企业选择按单一基金核算损益,则具体的单一基金的存续期间与会计年度不一致,其收、支配比方式是按该单一基金生命周期内的全部支出与全部收入在基金清算时配比计算损益,则创投企业在年度内无法、也不必要确认所有基金的累计收入与累计支出,无年度整体经营收入与年度整体经营支出可言,不存在计算年度的经营利润或应税所得的前提条件。

另一方面,如创投企业选择按单一基金核算,每只基金的收益与支出均不在创投企业按年度综合核算,则每只基金的损益均可直接、无变动的穿透指向归最终的合伙人享有。在此情形下,创投企业对各单一基金已失去综合经营、统一管理之属性,创投企业及基金均变成了合伙人进行投资的通道。根据税法上经济实质重于法律形式原则,即便合伙人与被投资企业之间至少相隔创投企业及单一基金两层法律关系,亦应将该等投资行为视为合伙人借用通道对被投资企业投资,其投资所得应按股息、红利征缴20%的个人所得数。

基于该原理,《通知》第二条第一款规定:"创投企业选择按单一投资基金核算的,其个人合伙人从该基金应分得的股权转让所得和股息红利所得,按照20%税率计算缴纳个人所得税。"是为有理有据。

四、基金收益核算方式三年内不得改变——惯性原则的再现

惯性原则又称一致性原则,它要求企业会计处理方法前后各项应当一致,不得随意变更。《通知》第五条:"创投企业选择按单一投资基金核算或按创投企业年度所得整体核算后,3年内不能变更。"之规定,某种程度上是一致

性原则在税务领域的应用。在会计上，一致性原则旨在防止会计主体通过任意变更会计政策、会计估计等核算方法来调节、粉饰其财务状况。在税务上，一致性原则旨在防止纳税义务人通过任意变更会计政策、会计估计等核算方法来规避、递延纳税义务。创投企业根据其投资基金、投资项目的数量、各自周期、项目类型、收益情况的不同，如能随意变更核算方式，则存在规避、递延纳税义务的巨大空间。《通知》第五条意旨，就是为了确保创投行业税源透明、稳定，保障国家税收的反避税条款。

五、后记

《通知》对创投企业合伙人的个人所得税核算问题征收给予了更明确的规定。但因不同创投企业的投资风格、项目收益类型、项目周期等存在差异，因征税领域经济实质重于形式原则的贯彻，及合伙企业合伙人个人所得税核定征收政策客观存在，纳税义务人通过规划后，遵循核算方式三年不变的规定，或通过有限合伙等类创投企业形式进行股权投资的安排等，在节税与避税方面，仍存在较大的政策空间。

（2019年12月）

企业并购重组涉税业务指引

文/王永敬

目 录

第一章 总则

1.1 制定目的

1.2 制定依据

1.3 使用说明

1.4 概念界定

1.5 计税原则

第二章 并购重组形式及纳税义务

2.1 股权收购

2.2 整体资产转让

2.3 企业合并

2.4 企业分立

2.5 债务重组

2.6 增资扩股

2.7 企业减资

2.8 企业改变法律形式

2.9 并购重组特殊税务处理

第三章 并购重组税务风险及其管理

3.1 并购重组主要税务风险

3.2 并购重组税务风险管理

第四章 并购重组税务法规政策检索指引

4.1 税收法规政策体系

4.2 并购重组业务相关税务法规政策目录

第一章 总　则

1.1　制定目的

本指引旨在针对境内企业收购、合并、重组活动涉及的税务问题，从税法和税收政策的角度提供涉税知识概览、涉税风险识别、涉税方案判断与选择等方面的业务操作指引。

1.2　制定依据

本指引主要依据来源于中国现行的、涉及企业并购重组的税收法律、税收行政法规、税收行政规章、税收政策文件的相关规定。

1.3　使用说明

1.3.1　本业务指引并非强制性或规范性规定，也非具体的业务操作方案，在并购重组业务中根据实际情况进行参考。

1.3.2　本指引既不能保证穷尽所有的并购重组交易方式，也不能保证穷尽每一交易方式中所有的涉税事项。

1.3.3　本指引依据 2019 年 2 月 1 日前发布的法律、法规、政策制定，法律、法规及政策的变化可能导致指引相关内容部分或者全部过时，甚至出现错误，请读者自行甄别。

1.4　概念界定

1.4.1　本指引所述并购重组，是指一个或一个以上企业的股权收购、资产重组、重大的法律或经济结构改变，包括股权收购、资产收购、合并、分立、增资及减资、企业法律形式和地址的改变等。

1.4.2　企业的各项资产，按财务会计准则界定包括固定资产、生物资产、无形资产、长期待摊费用、投资资产、存货等；从税务法规的界定包括不动产、货物、无形资产、股权等；在涉及税务问题时，具体资产的概念和性质应当以税法的界定为准。企业的各项债务，包括应付账款、预收账款、其他应付款等。

1.4.3　各项资产或债务的交易以历史成本为计税基础。历史成本，是指企业取得该项资产时实际发生的支出。资产的计税基础，是指企业转让资产过程中，计算应纳税所得额时按照税法规定可以自应税经济利益中抵扣的金额。债务的计税基础，是指债务清偿时的账面应付债务金额。

1.4.4 并购重组过程中发生的各项资产或负债交易,凡已确认收益或者损失的,相关资产应当按交易价格重新确定计税基础。

1.4.5 并购重组交易中,在适用计算方法、确定计税基础、计算应纳税金额等方面,税收法规政策与财务会计规定不同的,应当以税收法规政策为准。

1.4.6 非货币性交易,是指交易双方均以非货币性资产作为主要交易内容和支付手段的资产或债务交易。

1.4.7 公允价值,通常是指熟悉市场情况的无关联买卖双方在公平交易的条件下和自愿的情况下所确定的价格,在公允价值难以认定时,一般会参考独立专业评估机构的评估值。

1.5 计税原则

1.5.1 损益确认一般原则。并购重组业务中,一般应在交易发生时确认有关资产转让或债务清偿的所得或损失。

1.5.2 所得计量一般原则。企业在资产转让业务中,转让方应当按照资产转让金额高于资产计税基础的差额,确认资产转让所得;反之,确认为资产转让损失。

企业在债务清偿业务中,债务人应当按照实际偿债金额低于债务计税基础的差额,确认债务重组所得;债权人应当按照实际收款金额低于债权计税基础的差额,确认债务重组损失。

1.5.3 分解交易原则。企业在并购重组业务中发生的以非货币性交易,各方交易主体应当分别针对具体非货币性资产将该货币性交易分解成各自独立的交易,以便于计算交易所得或损失。比如,以非货币资产清偿债务的,或者以非货币资产投资购买股权的,应当分解为转让资产和清偿债务或投资两项业务,确认有关资产的转让所得或损失。

1.5.4 独立交易原则。企业与其关联方之间的业务往来,应当按照与独立第三方的交易价格、方式等要素等进行确认计量。关联交易不符合独立交易原则而减少企业或者其关联方应纳税收入或者所得额的,税务机关有权按照合理方法调整。

企业不提供与其关联方之间业务往来资料,或者提供虚假、不完整资料,未能真实反映其关联业务往来情况的,税务机关有权依法核定其应纳税所得额。

1.5.5 合理商业目的原则。企业并购重组交易,应当具有合理的商业目的。并购重组不具有合理商业目的而减少其应纳税收入或者所得额的，税务机关有权按照合理方法调整。

不具有合理商业目的，是指以减少、免除或者推迟缴纳税款为主要目的。税收法规政策文件对不具有合理商业目的的情形进行了列举，可以参照。

1.5.6 实质重于形式原则。实质重于形式原则在税法领域又称为实质课税原则，是指税务机关有权根据交易行为的经济实质、目的认定调整税收征纳关系，而不仅仅局限于交易行为的外在形式及法律交易架构。

并购重组的税务事项，应当实现经济实质与法律形式的统一，应当在交易行为发生前，即纳税义务发生前，完善交易方案和法律架构，不应在事后通过架构调整规避税收。

企业法律形式和地址的改变，包括从一种法律形式企业转变为另一种法律形式的企业，以及企业登记地点的变化等。

资本结构调整，是指企业融资结构的改变，包括企业股东持有股份的金额和比例发生变更、增资扩股等股本结构的变化或负债结构的变化以及债务重组等。

第二章 并购重组形式及其纳税义务

2.1 股权收购

2.1.1 股权收购，是指股权受让方通过一系列交易安排以最终受让转让方所持有的被收购企业的股权的行为。股权收购，通常以获得被收购企业的控制权、经营权为目的。

2.1.2 股权收购，按支付方式不同主要分为：以货币资金支付；以实物资产支付；以股权支付；以前述两种以上方式混合支付。

2.1.3 以货币资金收购股权的，转让方就股权转让溢价的金额，根据相关税法的规定申报缴纳企业所得税或个人所得税；货币资金收购股权并不涉及增值税等流转税及其附加税种的纳税义务。

2.1.4 以实物资产作为支付对价收购股权的，收购方应按所转让实物资产的性质，根据相关税目，分别缴纳增值税等流转税及其附加；转让方就股权转让溢价的金额，根据相关税法的规定申报缴纳企业所得税或个人所得税。

收购方以企业整体资产作为股权收购支付方式的，参照本指引2.2条款所述的整体资产转让内容。

2.1.5 以股权支付实现股权收购的，交易双方均不涉及增值税等流转税及其附加。本次所收购的股权不低于被收购企业全部股权的50%，且收购方以股权方式支付金额不低于其交易支付总额的85%的，可以不申报缴纳本次收购的涉及企业所得税、个人所得税。不符合前述条件的，转让方应确认股权转让所得或损失，依法申报缴纳企业所得税或个人所得税。

2.1.6 以混合方式进行支付收购股权的，应根据各种支付方式的所占比例和税法规定，分别适用货币资金支付、资产支付、股权支付、整体资产转让等纳税规定。

2.1.7 企业并购重组涉及股权、产权转让的，均应按交易金额的万分之五缴纳印花税（下同）。涉及承受土地、房屋等不动产产权的，应按3%~5%缴纳契税，符合合并、分立、改制等免征契税条件的除外。

2.2 整体资产转让

2.2.1 企业整体资产转让，是指企业在资产重组过程中将实质上的全部资产或部分资产及其债务整体转让给另一家企业，由此取得对该另一家企业的股权、货币、资产。当前税务法规语境下，整体资产转让不等于全部资产转让，整体资产强调所转让资产与附带的债权、债务和劳动力作为一个整体。

2.2.2 符合上述条件的整体资产转让，转让方就其中的货物、不动产转让不缴纳增值税及其附加税负，受让方不缴纳契税。

2.2.3 整体资产转让收取货币资金的，溢价部分应依法申报缴纳企业所得税。整体资产转让获得股权的，所转让资产不低于转让企业全部资产的50%，且受让企业股权支付金额比例不低于其交易支付总额的85%，本次整体资产转让暂不征收所得税。

2.3 企业合并

2.3.1 是指一家或多家企业（以下称为被合并企业）将其全部资产和负债转让给另一家现存或新设企业（以下称为合并企业），被合并企业股东换取合并企业的股权或非股权支付。

2.3.2 企业合并过程中，被合并企业将货物、机器设备、不动产等转移到合并企业的，不缴纳增值税及其附加税负，合并企业不缴纳契税。

2.3.3 企业合并的，原则上被合并企业及其股东应按企业清算来处理所得税事项，依法申报缴纳企业所得税、个人所得税，被合并企业的累计亏损不得结转到合并企业。

2.3.4　企业合并时，被合并企业股东取得的股权支付金额比例不低于其交易支付总额的85%，以及同一控制下且不需要支付对价的企业合并，被合并企业及其股东可以不申报缴纳所得税，被合并企业合并前的相关所得税事项由合并企业承继；可由合并企业弥补的被合并企业亏损的限额＝被合并企业净资产公允价值×截至合并业务发生当年年末国家发行的最长期限的国债利率。

2.4　企业分立

2.4.1　企业分立，是指被分立企业将其部分或全部营业分离转让给两个或两个以上现存或新设的企业（以下简称分立企业），被分立企业股东据此取得分立企业的股权支付额或非股权支付额。

2.4.2　企业分立过程中，被分立企业将货物、机器设备、不动产等转移到分立企业的，不征收增值税及其附加税负，分立企业不缴纳契税。

2.4.3　企业分立的，被分立企业对分立出去的资产应按公允价值确认资产转让所得或损失，依法申报缴纳企业所得税；被分立企业存续的，其股东取得的对价应视同被分立企业分配进行处理；被分立企业不再存续的，被分立企业及其股东都应按清算进行所得税处理；企业分立相关企业的亏损不得相互结转弥补。

2.4.4　企业分立时，被分立企业所有股东按原持股比例取得分立企业的股权，分立企业和被分立企业均不改变原来的实质经营活动，且被分立企业股东在该企业分立发生时取得的股权支付金额不低于其交易支付总额的85%的，被分立企业及其股东可以不申报缴纳所得税，被分立企业已分立出去资产相应的所得税事项由分立企业承继，被分立企业未超过法定弥补期限的亏损额可按分立资产占全部资产的比例进行分配，由分立企业继续弥补。

2.5　债务重组

2.5.1　债务重组，是指在债务人发生财务困难的情况下或者债权人与债务人同意的其他情况下，双方根据达成的书面协议或者法院裁定书，就其债务人偿还债务的金额、方式、期限等偿债要素进行修改。

2.5.2　以非货币资产清偿债务，应当将该交易行为分解为转让相关非货币性资产、按非货币性资产公允价值清偿债务两项业务；债务人应就非货币性资产转让按税法的相关规定申报缴纳增值税、营业税及其附加税负，债权人应缴纳承受不动产产权的契税；债务人应根据偿债资产公允价值低于债务金额之间的差额，确认资产转让的所得或损失，并依法申报缴纳企业所得税；债权人应当根据债权金额高于偿债资产公允价值之间的差额，确认债务受偿的所得或损失，并依法申报缴纳企业所得税。

2.5.3 债权人以债权转为债务人的股权，应当将该交易分解为债务清偿和股权投资两项业务，不涉及增值税及其附加税负，对债务清偿和股权投资两项业务暂不确认有关债务清偿所得或损失，股权投资的计税基础以原债权的计税基础确定，企业的其他相关所得税事项保持不变。

2.5.4 以货币资金或非货币资产清偿债务（不含债转股）的，债务重组确认的应纳税所得额占该企业当年应纳税所得额50%以上，可以在5个纳税年度的期间内，均匀计入各年度的应纳税所得额。

2.6 增资扩股

2.6.1 增资扩股，是指企业为扩大股本金额，由原有投资者或引进新投资者对企业增加实收资本投资。

2.6.2 以货币资金、股权、未分配利润、盈余公积、资本公积等进行增资的，除印花税外，不涉及增值税及其附加税负等流转税。以货物、机器设备、不动产等增资的，应按税法规定分别缴纳增值税、营业税及其附加税负，符合税法规定的企业免税重组条件的除外。

2.6.3 投资者增资金额应当以货币出资额或非货币资产的公允价值计量，增资金额高于应享有的被投资企业实收资本数额的部分，为资本溢价，计入被投资企业的资本公积，对被投资企业获得的资本溢价不征收企业所得税。

2.6.4 原投资者以资本溢价形成的资本公积转增实收资本的，投资者及被投资企业均不涉及所得税处理。

2.6.5 原投资者以未分配利润、盈余公积、资本溢价以外的资本公积转增实收资本的，视为向原投资者分派红利或股息；原投资者系居民企业的，符合条件的居民企业之间的股息、红利等权益性投资收益免缴企业所得税；原投资者系非居民企业的，应当依法缴纳预提所得税；原投资者系自然人的，应当依法缴纳个人所得税。

2.6.6 对于未分配利润、盈余公积、资本公积转增资本涉及的个人所得税问题，中央及地方税务机关为了鼓励企业改制、上市及促进高新技术企业发展，会适时出台调整相关的减免税、分期纳税、延期纳税等优惠政策。可根据具体情况查询适用该类优惠政策。

2.7 企业减资

2.7.1 企业减资，是指公司制企业根据战略和经营管理的需要，由原投资者减少对企业的出资额。

2.7.2 在减少实收资本过程中，原投资者以货币资金方式回收实收资本的，既不涉及增值税及其附加税负，也不涉及契税的处理。原投资者以货物、机器设备、不动产等非货币资产方式回收实收资本的，被减资企业视同销售货物、转让不动产及无形资产等，应按税法规定分别缴纳增值税及其附加税负，符合税法规定的企业免税重组条件的除外。

2.7.3 在减资过程中，投资者从被投资企业撤回或减少投资，其取得的资产中，相当于初始出资的部分，应确认为投资收回；相当于被投资企业累计未分配利润和累计盈余公积按减少实收资本比例计算的部分，应确认为股息所得；其余部分确认为投资资产转让所得。

2.7.4 投资者在减资过程应确认的股息所得，原投资者系居民企业的，符合条件的居民企业之间的股息、红利等权益性投资收益免缴企业所得税；原投资者系非居民企业的，应当依法缴纳预提所得税；原投资者系自然人的，应当依法缴纳个人所得税。

2.7.5 以非货币性资产实现减资的，被投资企业在减资过程中的资产转让所得，应当依法申报缴纳企业所得税。

2.8 企业改变法律形式

2.8.1 企业由法人企业改制为个人独资企业、合伙企业等非法人组织，或由非法人组织改制为法人企业，或将登记注册地转移至中华人民共和国境外（包括港澳台地区）的，应视同企业进行清算、分配，股东重新投资成立新企业。企业的全部资产以及股东投资的计税基础均应以公允价值为基础确定。

2.8.2 在符合本指引2.8.1条款所述的情形下，企业投资者应对改制前企业进行清算，改制前企业及其投资者应当根据企业清算和分配情况依法申报缴纳企业所得税、个人所得税。

2.8.3 企业由有限责任公司改制由股份有限公司的，其企业主体持续存续，有限责任公司的所有税务事项有改制后的股份有限公司承继。该改制过程中的增资扩股、合并、分立、资产出售等所涉及的税务处理，可参照本指引的相关部分内容。

2.8.4 企业发生其他法律形式简单改变的，如变更名称、法定代表人、注册地址等，可直接变更税务登记，除另有规定外，有关企业所得税纳税事项（包括亏损结转、税收优惠等权益和义务）由变更后企业承继。

2.8.5 企业在变更注册地址时，律师应当告知企业可能因住所发生变化而不再符合税收优惠条件，并对此进行研究。

2.9 并购重组特殊税务处理

2.9.1 根据税收法规及政策文件，以及本指引中的2.1.4、2.2.3、2.3.4、2.4.4等条款所述，在企业重组、资产交易发生环节暂免征收企业所得税、个人所得税的处理方法，属于企业并购重组的特殊税务处理。

2.9.2 在使用特殊税务处理规定时，除了应满足各种交易方式下的支付方式、支付比例、收购比例等规定外，应共同满足如下条件：

（1）具有合理商业目的，且不以减少、免除或者推迟缴纳税款为主要目的。

（2）被收购、合并或分立部分的资产或股权比例符合税法及政策文件规定的比例。

（3）企业并购重组完成后的连续12个月内不改变重组资产原来的实质性经营活动。

（4）并购重组交易对价中涉及股权支付金额符合税法及税收政策文件规定比例。

（5）本次企业并购重组中取得股权支付的原主要股东，在重组后连续12个月内，不得转让所取得的股权。

第三章 并购重组税务风险及其管理

3.1 并购重组主要税务风险

3.1.1 并购重组业务的复杂性，决定并购重组涉及的税务事项较为复杂，可能引致较高的税务风险，律师应当提示收购方、重组方对并购重组的税务风险予以高度关注。

3.1.2 并购重组的税务风险，对并购重组具有较大的影响，包括：阻碍并购重组正常推进，侵蚀交易方的并购重组收益，导致并购重组目的的落空等。

3.1.3 根据发生的原因，并购重组涉及的税务风险主要包括：

（1）目标企业漏税、欠税、逃税风险；

（2）交易架构设计的税务风险；

（3）目标企业税务政策风险；

（4）并购重组涉税处理风险；

（5）并购重组税务备案及审批风险；

（6）代扣代缴税务风险；

（7）不具备合理商业目的风险；

（8）其他影响并购重组交易安全和预期收益的税务风险。

3.1.4 漏税是指因纳税人或征税机关因计算错误等客观原因导致税款漏缴；欠税是指纳税人拖欠已逾期的应缴税款；逃税是指纳税人采取隐蔽手段逃避纳税义务。漏税将可能导致并购重组交易完成后，目标企业被补缴税款和滞纳金；欠税和逃税将导致并购重组交易完成后，目标企业被补缴税款和滞纳金，并被处以罚款等税务行政处罚。

3.1.5 交易架构设计税务风险，是指并购重组交易各方在尚未考虑、研究、分析并购重组相关税务事项、税务法规政策的情况下，所设计、安排的交易架构、所签署、执行的交易合同在执行过程中及执行后给交易参与方带来预期税负增加、利益减少、或交易遭受税收法规障碍等风险。

3.1.6 目标企业税务政策风险，是指目标企业正在执行的税务政策、正在享受的税务优惠政策并未得到税务机关的正式认可，或虽然得以税务机关的认可，但该税收政策因不具备明确的税法依据，存在被调整修正的事由，因而可能给并购重组后的企业带来税收利益减损、甚至遭受税收补缴或处罚的风险。

3.1.7 并购重组涉税处理风险，是指在处理并购重组交易环节的税务问题时，因认定计税基础、应纳税额错误，适用税收政策错误、计算方式错误等，导致并购重组交易环节的税务处理被调整、补税、甚至税务行政处罚的风险。

3.1.8 并购重组税务备案及审批风险，是指并购重组及其税务处理方案未能依法报请主管税务机关备案或审批，导致并购重组完成后，相关税务处理结果被主管税务机关调整、否决，而导致的补税、罚款等不利税务后果的风险。

3.1.9 代扣代缴税务风险，是指在并购重组交易中，向非居民企业、自然人支付有关交易价款的一方，因未履行税法规定的代扣代缴义务，而被税务机关责令承担补缴税款、滞纳金及罚款的风险。

3.1.10 不具备合理商业目的风险，是指并购重组交易并无实质的商业目的，或其交易架构和交易方式安排不当明显带有以减少、逃避税收为唯一或主要目的的嫌疑，被税务机关进行税务调整、税务处罚的风险。

3.2 并购重组税务风险管理

3.2.1 鉴于税务问题对并购重组交易的重要性，在并购交易中，律师应当提示交易方对涉税风险加以管理，律师应在自身专业胜任能力范围内参与并购重组交易的税务风险管理。

3.2.2 并购重组的税务风险管理的主要方法包括风险识别、风险控制、风险转移、风险回避等，风险管理及其方法应当贯穿整个并购重组交易的全过程甚至是并购重组完成后的合理期间，循环递进使用。

3.2.3 律师在办理并购重组业务时，应当就并购重组目标企业的税务法律风险问题、本次交易本身涉及的税务法律风险问题进行专门的税务法律尽职调查，或者至少在法律尽职调查中增加涉税风险尽职调查的内容。

通过税务法律风险尽职调查，识别和评估并购重组相关的税务风险，尽可能发现潜在的税务风险对交易本身以及交易后的经营产生的影响。

3.2.4 尽职调查关注要点，一般包括：

（1）目标企业在既往的经营过程中对税务政策法规的执行与遵从情况，是否存在逃税、欠税或漏税的情况；

（2）目标企业所执行适用的相关纳税政策及财税优惠是否得到了有关财税机关的认可，该等税务政策是否具有合法性、稳定性、普遍性；

（3）目标企业的会计核算与纳税申报等事项是否一致，其差异是否合理、合法，并已根据税务法规政策在申报纳税时予以了调整；

（4）本次并购重组的交易目的，是否具有合理的商业目的，交易架构的意向性安排；

（5）本次并购重组涉及的主要交易要素包括哪些不动产、股权、无形资产、负债等，该等要素交易时在税务政策法规上的纳税义务如何规定；

（6）本次并购重组的参与方或交易主体的情况，税务政策法规对该等交易主体在本次交易中的纳税义务及申报方式如何规定；

（7）其他与本次交易目的相关的重要税务事项。

3.2.5 针对目标企业本身税务法律风险的尽职调查范围应当一般包括：

（1）企业的财务会计制度及账务处理政策、财务账册明细（包括发票领用簿），每月编制之资产负债表、损益表、现金流量表等报表；

（2）企业历年度汇算清缴的情况，包括经审计的各年度的资产负债表、损益表、利润分配和亏损弥补方案等财务会计报表；是否存在着隐匿收入或者不列、少列收入，虚列成本或者多列成本的情况，即有无税务隐患。

（3）企业的税收优惠等政策：

（a）企业涉及的税收种类及其税率等基本情况；

（b）企业适用的所得税政策，即定期定额、核定应税所得率、还是查账征收；

（c）企业是否享受税收优惠、财政补贴等政府给予的优惠政策，若有，则请提供批准文件及优惠依据；

（d）企业是否存在逾期未缴的税款，如果有，请提供具体金额与罚金；

（e）企业每月或者依法提交税务部门之纳税申报表及其缴税或完税凭证，包括营业税纳税申报表、增值税纳税申报表（若有）、房地产纳税申报表（若有）、城镇土地使用税纳税申报表（若有）、印花税纳税申报表、所得税纳税申报表；同时一并提供公司历年度所得税年度纳税申报表。

（4）企业银行开户资料及账户明细；

（5）企业种类印鉴样式明细；

（6）企业及其分支机构税务登记资料；

（7）财务人员构成及其会计资质。

3.2.6 针对并购重组交易行为税务法律风险的尽职调查范围应当一般包括：

（1）本次并购重组交易是否与企业既定的企业目标、经营战略、发展规划、经营范围及其产业链具有充分的相关性；

（2）参与本次并购重组交易的主体公司及载体公司，是否依法设立和存续，其设立是否具有合理商业目的，根据其存续时间、经营情况等，判断是否属于专为避税设立的壳公司；

（3）参与本次并购重组交易的主体身份情况，是居民纳税人、非居民纳税人、境内自然人或境外自然人，每个主体涉及本次交易的主要纳税义务情况及申报方式；

（4）本次并购重组的交易要素包括哪些，这些交易要素的转让和交割涉及的增值税、营业税、土地增值税、契税、所得税等纳税义务人、税率等；

（5）本次并购重组交易安排在现行有效的相关税务政策法规规定框架下，是否存在税法障碍，可选择的税务政策应具备的条件是否具备等。

3.2.7 并购重组过程中可以通过获取主管税务机关出具的目标企业完税报告、无违法纳税情况说明、税务检查或稽查结论报告、税务政策书面批复、决定等方式，控制和减轻目标企业在欠税、逃税、漏税以及纳税政策方面的风险。

3.2.8 并购重组交易的涉税处理方案，应当具备明确的、有效的税务法规及政策依据，同时并购重组相关参与方应当主动就并购重组的合法性、合理性、主要交易架构、主要纳税方案等事项依法向主管税务机关申报备案或审批，提供必要的、合理的、真实的文件资料，并与税务机关就有关纳税问题保持沟通协调，获得税务机关对纳税方案的理解，控制和减轻并购重组交易涉税方案被调整、否决，甚至面临被补税、罚款的风险。

3.2.9 并购重组投资方对无法规避、减轻的税务风险，可以通过调低交易价款、预留交易保证金、交易对方或第三方提供担保、设定对赌条款或回购条款等方式，进行并购重组风险转移。

3.2.10 当一项并购重组交易现时的或潜在的税务风险足以严重威胁目标企业合法存续及持续经营或严重减损甚至透支并购重组预期利益等，且不能达成税务风险转移安排或税务风险转移安排无效的，应当提示并购重组投资方及相关各方终止交易安排，回避并购重组税务风险。

第四章 并购重组税务法规政策检索指引

4.1 税收法规政策体系

4.1.1 税务法规政策的渊源按其效力高低排序为：国际税收协定、税收法律、税收行政法规、税收地方法规、税收部门规章、税收政策文件。

4.1.2 税收法律、税收行政法规、税收地方法规具有法定的适用效力，凡税收法律、税收行政法规、税收地方法规有明确规定的，应当适用。

4.1.3 税收行政规章，是财政部、国家税务总局等最高财税机关在自己的职权范围内发布的调整部门管理事项的规范性文件，一般为实施征税管理的程序性或组织性规定，不涉及实体性纳税法律权利义务规定。

4.1.4 税收政策文件，是财政部、国家税务总局等最高财税机关在执行国际税收协定、税收法律法规过程中，具体作出的说明性、解释性、修补性文件。鉴于国内税收法律、法规立法的滞后性、概况性，以及当前税收执法环境的过渡性，税务律师应该充分认识、重视和适用相关的税收政策文件。

4.1.5 税收政策文件按其适用范围和效力高低，其文号形式主要为：财税〔××××年份〕××号，国税〔××××年份〕××号，税总发〔××××年份〕××号，国税函〔××××年份〕××号等。

4.2 并购重组业务相关税务法规政策目录

4.2.1 主要法律法规（按重要性排列）

（1）《中华人民共和国企业所得税法》；

(2)《中华人民共和国企业所得税法实施条例》；

(3)《中华人民共和国个人所得税法》；

(4)《中华人民共和国个人所得税法实施条例》；

(5)《中华人民共和国税收征收管理法》；

(6)《中华人民共和国税收征收管理法实施条例》；

(7)《中华人民共和国增值税暂行条例》；

(8)《中华人民共和国增值税暂行条例实施细则》；

(9)《中华人民共和国营业税暂行条例》；

(10)《中华人民共和国营业税暂行条例实施细则》；

(11)《中华人民共和国契税暂行条例》；

(12)《中华人民共和国契税暂行条例细则》；

(13)《中华人民共和国印花税暂行条例》；

(14)《中华人民共和国印花税暂行条例施行细则》；

(15)《中华人民共和国土地增值税暂行条例》；

(16)《中华人民共和国土地增值税暂行条例实施细则》。

4.2.2　主要税收政策文件（按重要性排列）

(1)《财政部国家税务总局关于企业重组业务企业所得税处理若干问题的通知》（财税〔2009〕59号）；

(2)《企业重组业务企业所得税管理办法》（国税〔2010〕4号）；

(3)《关于企业重组业务企业所得税征收管理若干问题的公告》（国税〔2015〕48号）；

(4)《国家税务总局关于企业所得税若干问题的公告》（国家税务总局公告2011年第34号）；

(5)《特别纳税调整实施办法（试行）》（国税发〔2009〕2号）；

(6)《财政部国家税务总局关于促进企业重组有关企业所得税处理问题的通知》（财税〔2014〕109号）；

(7)《财政部国家税务总局关于非货币性资产投资企业所得税政策问题的通知》（财税〔2014〕116号）；

(8)《国家税务总局关于纳税人资产重组有关增值税问题的公告》（国家税务总局公告2011年第13号）；

(9)《国家税务总局关于纳税人资产重组有关营业税问题的公告》（国家税务总局公告2011年第51号）；

(10)《财政部国家税务总局关于企业改制重组有关土地增值税政策的通知》(财税〔2015〕5号);

(11)《关于进一步支持企业事业单位改制重组有关契税政策的通知》(财税〔2015〕37号);

(12)《国家税务总局关于企业所得税若干问题的公告》(国家税务总局公告2011年第34号);

(13)《财政部国家税务总局关于促进企业重组有关企业所得税处理问题的通知》(财税〔2014〕109号);

(14)《财政部国家税务总局关于非货币性资产投资企业所得税政策问题的通知》(财税〔2014〕116号);

(15)《财政部国家税务总局关于企业改制上市资产评估增值企业所得税处理政策的通知》(财税〔2015〕65号);

(16)《财政部国家税务总局关于全面推开营业税改征增值税试点的通知》(财税〔2016〕36号);

(17)《国家税务总局关于企业重组业务企业所得税征收管理若干问题的公告》(国家税务总局公告2015年第48号);

(18)《国家税务总局关于全民所有制企业公司制企业改制企业所得税处理问题的通知》(国家税务总局公告2017年第34号);

(19)《财政部 国家税务总局关于继续支持企业事业单位改制重组有关契税政策的通知》(财税〔2018〕17号);

(20)《财政部 国家税务总局关于继续实施企业改制重组有关土地增值税政策的通知》(财税〔2018〕57号)。

(2019年3月)

税筹思路

深圳某合资企业清算所得税筹划

文/王永敬

深圳甲公司与香港乙公司合资的 A 合资企业在 2004 年进入了清算程序，聘请了注册税务师进行税务清算与注销。A 合资企业应收乙公司的款项 600 万元在财务上已做了坏账认定，但法律追索权还在。A 合资企业的账面净资产与注册资本基本相同，乙公司具有偿债能力。

注册税务师提议将 A 合资企业的 600 万元收回，一并清算。收回后，清算净资产将超过注册资本约 600 万元，合资的甲乙双方需就清算净损益按合资比例缴纳所得税。

筹划方案

乙公司将 600 万元乘以甲公司合资比例后的款项，按合资公司指示直接偿还给了甲公司，600 万元乘以乙公司合资比例的部分免除偿还义务。据此，债务进行了清偿，合资各方分得了应得的金额（乙公司通过债务免除实现分配），同时减少了清算净损益及其税负。

（2014 年 7 月）

深圳某实业公司收购及税收筹划

文/王永敬

深圳甲公司通过收购深圳乙公司股权方式，拟获得乙公司名下约8000万元物业的权益。乙公司的注册资本约600万元，净资产约1200万元，企业资产公允价值约8000万元，收购价格约8000万元。股权转让溢价约7400万元，转让所得税约1500万元。如果双方以低价的阴阳合同方式转让，将引起税务局的质疑，根据税法：转让价格明显过低的，税务局有权评税调整、征收。交易双方希望合法减少交易税费。

筹划方案

双方先签订了框架协议，交付定金。约定以企业资产评估增值、净资产（资本公积）折股、现金增资投入等组合方式将乙公司注册资本增资到8000万元，甲公司予以协助。并将增资完成作为继续交易的前提条件。随后，乙公司将注册资本增至8000万元，双方对增资的有关细节进行了约定和安排。然后，双方按8000万元的价格转让注册资本为8000万元的乙公司。降低了交易税费。

（2014年7月）

"设壳载物"之房产收购，节税 3000 万元

文/王永敬

A 公司为房地产开发公司，看中了 B 公司名下 C 物业（价值约 6000 万元，账面价值约 1000 万元）具有非常良好的改造开发前景，拟收购之。

根据税法：6000 万元的物业转让，营业税约 300 万元，契税约 200 万元，土地增值税约 1800 万元，企业所得税约 900 万元。税费成本极高。

初始筹划方案

1. B 公司造壳：将 C 物业评估作价 3000 万元（资产增值所得税约 400 万元，且可递延），并向 A 公司借款 3000 万元，设立 SPV（特殊目的公司），成立一个注册资本 6000 万元的"壳"公司。

2. A 公司花费 6000 万元买壳（其中 3000 万元价款，作债务抵消）。

因税务局限制新设公司的转让（反避税），律师团队还对资产评估、债权债务关系理顺、公司及股权托管等交易细节进行了安排、筹划。

通过优化后的方案，实现了 A 公司实际控制 C 物业权益的目的，为 A 公司节省交易税费近 3000 万元。

（2014 年 7 月）

XL 股份（股票代码：600506）卖壳

文/王永敬

昌源水务以所持风电科技 17.7%（账面值约 1 亿元，评估值约 4.65 亿元）的间接交换 600506 的控股权（22%，账面价值约 4.65 亿元），路径为：600506 的控股股东为 RS 投资，RS 投资由新业集团 100% 控股。昌源水务将所持风电科技 17.7% 股权转让给新业集团，新业集团将所持 RS 投资 100% 股权转给昌源水务，昌源水务实现间接买壳。

主管税务机关同意新业公司按特殊性税务处理本次股权转让，但要求新业集团按投资成本 1 亿元计量取得的风电科技股权。因涉嫌国有资产流失，新业不同意。双方争议至税总党校教研室，给出意见：按财税 59 号文，股权转让方获得受让方支付的股权，应该是受让方所控股企业的股权，否则按一般性税务处理。

1. 税务局的做账要求合理吗？

本次重组的主导方是上市公司控股股东 RS 投资，主导方换出资产的账面值是 4.65 亿元，如换入资产按 1 亿元计，会导致主导方无端账面损失 3.65 亿元，且改变了原企业置换资产的计税基础。另外，会计上怎么处理是按会计准则，税务上怎么认定是按税收法规政策，税务机关不能要求企业按税务法规记账，因此，税会差异合理、合法存在。

2. 受让方控股企业的股权指什么？

按税总〔2010〕4 号公告：第六条：《通知》第二条所称控股企业，是指由本企业直接持有股份的企业。

3. 转让方新业集团实现了应税所得了吗？

至少应该递延纳税。

4. 特殊性税务处理的 50% 标准，在上市公司适用合理吗？

如果本次是直接转让上市公司 22%，不满足控股权交易（50% 比例以上）

的特殊性税务处理要求,是极为不合理的。上市公司控股权比例常常低于50%,机械套用特殊性税务处理的控股权交易(50%比例以上)要求,对上市公司治理及并购重组的实践。

(2017年10月)

深圳 PW 物业转让案、杨州 QP 案例

文/王永敬

一、深圳 PW 物业转让案

（一）原交易结构

深圳 PW 公司——香港 PW——台湾人，深圳 ZZ 地产——在批准旧改前 HOLD 住项目权益——PW 房地产 1.3 亿元（账面 1000 万）——营业税、土地增值税、契税、所得税（25%）合计约 6000 万元。卖方提出 1 亿元包税——风险在买方。目标公司注册资本 3000 万元——境外股东借款 2000 万元，累计亏损 700 万元。

（二）交易架构调整

股转 1.1 亿元+买方出借 2000 万元给目标公司+目标公司还股东借款 2000 万元——转让溢价 8000 万元——按税收安排 10%税率——交税 800 万元。

二、扬州 QP 案例

（一）原交易结构

全外资企业——注册资本 2 亿元（净资产）——股东的关联方（巨额亏损公司）欠款 1 亿元——合同买价 4 亿元（向卖家支付同时，卖家境内关联方偿还目标公司 1 亿元）——股转合同溢价 2 亿元——预提所得税 10%，计 2000 万元。

（二）交易架构调整

买方 3 亿元（股转合同）+1 亿元（承担关联方所欠债务）—股权交割——支付 3 亿元给卖方—买方承债 1 亿元—股转溢价 1 亿元—预提所得税 10%，计 1000 万元，计税 1000 万元。关联方承债利益，抵补亏损。相当于税负转移给亏损的关联方。

（2010 年 8 月）

新设子公司与分立比较案例

文/王永敬

一、原交易结构

企业（非房地产）房地产出资2亿元新设100%控股的子公司，原相关物业管理人员下方子公司工作，增值税11%、契税3%，合计约2800万元。

二、交易架构调整

"房地产+相关人员+相关应收应付"整体分立，设立新公司，节税2800万元。

注意：是被分立方（母公司）股东获得分立公司的股权，符合分立概念，不是母公司获得股权。否则，属于新设投资，不享受政策。

（2016年6月）

ZN 地产借壳大连 JN

文/王永敬

一、第一步买壳

向控股股东东北 TG 集团收购大连 JN 的控股权，代价 8.5 亿元。转让方涉及企业所得税。

二、第二步清壳

基于本次重组，大连 JN 将全部非现金资产（整体）转让给东北 TG，对价 8.5 亿元，东北 TG 再以 11 亿元转给 ZN 地产，ZN 地产用该资产换控股权。免除增值税、营业税、契税等、所得税特殊性处理。

三、第三步资产注入

大连 JN 发行股份购买资产，购入 ZN 地产旗下 10 家项目公司 100%股权，夯实控股比例，获得项目公司资产借壳上市。由于发行股权购买资产（项目公司 100%股权），符合并购重组财税 59 号文规定的特殊性税务处理，暂免征税。

（2017 年 5 月）

设壳载物
——元墩头项目转让案

文/王永敬

一、原交易结构

冷链公司名下绿本（500万元）+转红本1000万元——5000万元转让中房深圳——解除租约清场800万元——交付，转让溢价3500万元，土增税、营业税、所得税合计接近1800万元，卖方净收益5000－500－1000－800－1800＝900万元。

二、交易架构调整

中房1000万元设壳——壳借款1000万元给转红本——红本房出资1500万元，占股60%，注册资本2500万元——买方4200万元收购60%股权——卖方还项目公司1000万元借款——买方投入800万元清场，计入开发成本。

股权转让溢价4200－1500＝2700万元，所得税约700万元。买方成本不变，获得800万元拆迁抵税利益。卖方净得4200－500－1000－700＝2000万元。

（2014年7月）

文书荟萃

关于香港 FS 国际有限公司深圳代表处货物进出口贸易相关事项之法律咨询意见

SD & PARTNERS
Re: FS INTERNATIONAL CO., LTD. SHENZHEN REP OFFICE
Legal Advice on Matters Related to Import and Export Trade of Goods

文/王永敬 袁雯

致：香港 FS 国际有限公司深圳代表处
To: FS INTERNATIONAL CO., LTD. SHENZHEN REP OFFICE

广东晟典律师事务所（以下简称本所）接受香港 FS 国际有限公司深圳代表处（以下简称贵司或 FS 深圳代表处）的委托，就香港 FS 国际有限公司深圳代表处之母公司 F.A.S.A.（以下简称 FS）开展玩具进出口贸易相关事项出具本法律咨询意见。为出具本法律咨询意见，本所指派律师（以下简称本所律师）依据中国有关法律法规，对贵司提供的与出具本法律咨询意见相关的文件资料进行了查阅，并就有关事项向贵司的有关人员进行了询问并进行了必要的讨论。

SD & PARTNERS accepts the entrustment of FS INTERNATIONAL CO., LTD. SHENZHEN REP OFFICE (hereinafter referred to as 'the company' or 'FS Shenzhen') and delivers the legal advice on matters related to import and export trade of goods carrying out by F.A.S.A. (hereinafter referred to as 'FS'), which is the parent company of FS Shenzhen. In order to deliver the legal advice, SD & PARTNERS designates lawyers (hereinafter referred to as 'the lawyers') to consult relevant documents provided by the company related to issuing the legal advice and inquire and carry out necessary discussion about the relevant matters to the personnel of the company according to the relevant laws and regulations in China.

一、出具本法律咨询意见的交易背景
1. Transaction Background for Issuing the Legal Advice

FS 是一家在西班牙注册成立的公司,FS 拟与一家在中国境内注册成立的生产商/经销商(以下简称国内厂商)合作开展玩具进出口贸易,双方拟开展的交易模式如下:FS 向国内厂商以成本价采购由国内厂商生产、加工的 FS 品牌的玩具产品(以下简称玩具产品或货物),玩具产品由国内厂商运输至中国境内保税区后即视为交货给 FS,而后由 FS 以销售价销售玩具产品至国内厂商,玩具产品由中国境内保税区运输至国内厂商即完成交货。根据 FS 深圳代表处提供的资料,拟开展交易的流程图如下:

下单　　例如:RMB100

开发票
例如:RMB150

FS which is a company registered in Spain intends to cooperate with a manufacturer / distributor (hereinafter referred to as 'domestic manufacturer'), who registered in the territory of China, in import and export trade of toy-products. The mode of transaction states as follows. FS purchases toy-products of FS brand (hereinafter referred to as 'the toys' or 'products') at cost price from the domestic manufacturer who also produces the toys. The toys deem to be delivered to FS once the toys are transported from domestic manufacturer to the bonded areas in the territory of China (hereinafter referred to as 'bonded areas'). Then FS sells the toys at sale price to the domestic manufacturer, and the toys deem to be delivered to the domestic manufacturer once the toys are transported from the bonded areas to the domestic manufacturer. According to the documents provided by FS Shenzhen, the flow-process of the transaction is as follows.

Place order　　e. g. RMB 100
Delivery

Issue invoice
e. g. RMB 150

二、交易涉及的法律及税务问题
2. Legal and Tax-related Matters of the Transaction

（一）货物从保税区进入中华人民共和国境内的其他地区（以下简称非保税区），应按照货物进口办理手续；货物从非保税区进入保税区，应按照货物出口办理手续

2.1. Products should be handled import procedures as imported goods when products entered into other areas (hereinafter referred to as 'non-bonded areas') from bonded areas. Products should be handled export procedures as exported goods when products entered into bonded areas from non-bonded areas

（二）玩具产品由非保税区进入保税区内涉及的税收政策

2.2. Taxation Policy about the Toy-products Enter into Bonded Areas from Non-bonded Areas

1. 增值税税收政策。

A. Taxation Policy of Value Added Tax (VAT).

（1）国内厂商销售货物需按照16%的税率缴纳生产销售环节的增值税，由非保税区进入保税区但未实际出境的货物，不能享有增值税出口退（免）税政策。

根据《国家税务总局关于发布〈出口货物劳务增值税和消费税管理办法〉的公告》（国家税务总局公告2012年第24号）第七条第（二）项的规定，运入保税区的货物，如果属于出口企业销售给境外单位、个人，境外单位、个人将其存放在保税区内的仓储企业，离境时由仓储企业办理报关手续，海关在其全部离境后，签发进入保税区的出口货物报关单的，保税区外的生产企业和外贸企业申报退（免）税时，除分别提供本办法第四、第五条规定的资料外，还须提供仓储企业的出境货物备案清单。确定申报退（免）税期限的出口日期以最后一批出境货物备案清单上的出口日期为准。

货物由非保税区进入保税区即视为货物出口，但国内厂商向海关申报退（免）税须以货物实际出境为前提，并且需提供货物进入保税区的出口货物报关单（出口退税专用联）、仓储企业的出境货物备案清单及其他规定的凭证。因此，玩具产品如未实际出境，则不能享有增值税出口退（免）税政策。

a. VAT should be levied at a tax rate of 16% in the process of production and sale when domestic manufacturer sells products.

According to the Article 7 (2) of Announcement of the State Administration of Taxation on Issuing Administrative Measures for Value-added Tax and Consumption Tax on Export Goods and Labor Services (Announcement No. 24 [2012] of the State Administration of Taxation), for goods carried into bonded areas, if they are sold by export enterprises to overseas entities or individuals and are stored by the overseas entities or individuals at warehousing enterprises within bonded areas, such warehousing enterprises shall handle customs declaration when the goods leave the border of China. If customs have issued declaration forms for export goods entering bonded areas after all such goods leave China, when applying for tax refund (exemption), manufacturing enterprises and foreign trade enterprises outside bonded areas must also provide a filing list of exit goods of the warehousing enterprises in addition to those materials as set forth in Articles 4 and 5 of these Measures, respectively. The date of export used to calculate the time limit for tax refund (exemption) application shall be the date of export as indicated in the filing list of the last batch of exit goods.

The products enter into bonded areas from non-bonded areas could be seem as export goods. However, the products applying for tax refund (exemption) to the Customs by the domestic manufacturer shall take the actual departure of goods from China as the premise, and it is necessary to provide a declaration form for export goods (used for export tax refund), filing list of exit goods of the warehousing enterprises and other prescribed vouchers. Therefore, if the toys not leave the border of China actually, there is no tax refund (exemption) of VAT.

（2）出口货物无须缴纳增值税。

b. No VAT is required for export goods.

根据《中华人民共和国增值税暂行条例》的规定，纳税人出口货物，税率为零。因此，国内厂商出口货物无须缴纳增值税。

According to *Interim Regulation of the People's Republic of China on Value Added Tax*, tax payers who export goods might be levied VAT at a zero tax rate. Therefore, there is no VAT for domestic manufacture when exporting products.

2. 出口关税税收政策。

B. Taxation Policy of Export Tariff.

经本所律师查询中华人民共和国海关总署网站（www.customs.gov.cn），

玩具产品［包括三轮车、踏板车、踏板汽车和类似的带轮玩具；玩偶车；玩偶；其他玩具；缩小（按比例缩小）的模型及类似的娱乐用模型，不论是否活动；各种智力玩具］出口无须缴纳出口关税。

By enquiring the website of the General Administration of Customs P. R. China (www. customs. gov. cn), there is no need to pay export tariff for toy-products (including tricycles, scooters, cars with pedal and similar toys with wheel; doll-cars; dolls; other toys; reduced models [scale reduced] and similar entertainment models, no matter movable or not; kinds of intellectual toys).

（三）玩具产品由保税区进入非保税区涉及的税收政策

2.3. Taxation Policy about the Toys Enter into Non-bonded Areas from Bonded Areas

1. 增值税税收政策。

A. Taxation Policy of Value Added Tax (VAT).

根据《中华人民共和国增值税暂行条例》的规定，进口货物应按照组成计税价格及16%的税率缴纳增值税。组成计税价格和应纳税额的计算公式如下：

组成计税价格＝关税完税价格＋关税＋消费税

应纳税额＝组成计税价格×税率

根据《中华人民共和国进出口关税条例》（国务院令第676号）的规定，进口货物的完税价格由海关以符合条件的成交价格以及货物运抵中华人民共和国境内输入地点起卸前的运输及相关费用、保险费为基础审查确定。进口货物的成交价格为卖方向中华人民共和国境内销售货物时买方为进口该货物向卖方实付、应付的，并按照规定调整后的价款总额，包括直接支付的价款和间接支付的价款。

According to *Interim Regulation of the People's Republic of China on Value Added Tax*, import goods should pay VAT based on the composite assessable price and the tax rate of 16%. The formulas for computing the composite assessable price and the tax payable are as follows:

Composite assessable price = Customs dutiable value + Customs Duty + Consumption Tax

Tax payable = Composite assessable price× Tax rate

According to *Regulations of the People's Republic of China on Import and Export*

Duties (*Order No. 676 of the State Council*), the dutiable value for import goods shall be examined and determined by the customs on the basis of the transaction value in line with the prescribed requirements, and the freight, the associated expenses and the insurance premiums incurred prior to the arrival and unloading of the goods at the destination within the People's Republic of China. The transaction value of import goods refers to the actual total amount of the price, including the direct payments and indirect payments, that the buyer within the People's Republic of China shall pay the seller for the goods after prescribed readjustments.

2. 进口关税税收政策。

B. Taxation Policy of Import Tariff.

根据《中华人民共和国进出口关税条例》（国务院令第 676 号）第十条第一款的规定，原产于共同适用最惠国待遇条款的世界贸易组织成员的进口货物，原产于与中华人民共和国签订含有相互给予最惠国待遇条款的双边贸易协定的国家或者地区的进口货物，以及原产于中华人民共和国境内的进口货物，适用最惠国税率。因此，国内厂商生产的玩具产品为原产于中华人民共和国境内的进口货物，进口关税应当适用最惠国税率。

经本所律师查询中华人民共和国海关总署网站（www.customs.gov.cn），玩具产品［包括三轮车、踏板车、踏板汽车和类似的带轮玩具；玩偶车；玩偶；其他玩具；缩小（按比例缩小）的模型及类似的娱乐用模型，不论是否活动；各种智力玩具］的最惠国税率为 0，因此，玩具产品无须缴纳进口关税。

According to Article 10（1）of *Regulations of the People's Republic of China on Import and Export Duties* (*Order No. 676 of the State Council*), the most-favored-nation tariff rate shall be applicable to the import goods whose place of origin is a member of the WTO, to whom the clause of the most-favored-nation is commonly applicable, and the import goods whose place of origin is a country or region that has concluded with the People's Republic of China a bilateral trade agreement that contains clauses reciprocal most-favored-nation treatment, and the import goods whose place of origin is within the People's Republic of China. Therefore, the toys produced by domestic manufacturer are imported goods originating within the territory of China, and the most-favored-nation tariff rate would be applied.

By enquiring the website of the General Administration of Customs P. R. China (www.customs.gov.cn), the most-favored-nation tariff rate of toy-products (including tricycles, scooters, cars with pedal and similar toys with wheel; doll-cars; dolls; other toys; reduced models [scale reduced] and similar entertainment models, no matter movable or not; kinds of intellectual toys) is zero. Therefore, there is no need to pay import tariff of toy-products.

(四) 玩具产品出、进口涉税法律问题总结

2.4. Summary of Legal Issues about Taxation of Export and Import of Toy-products

按照拟开展的交易模式，国内厂商以低价将玩具产品从非保税区出口至保税区不能取得增值税出口退（免）税，FS 以高价将玩具产品从保税区进口至非保税区需按照 16% 的税率缴纳增值税，增加税收负担。

According to the proposed transaction model, the VAT could not be refunded or exempted when domestic manufacturer export the products from non-bonded areas into bonded areas at a low price, and FS could be levied VAT at a tax rate of 16% when the toys are imported from bonded areas into non-bonded areas at a high price. It would be increase the burden of taxation under the proposed transaction model.

三、设立外商投资企业的法律及税务问题

3. Legal and Tax-related Matters of Establishment of Wholly Foreign Owned Enterprise (WFOE)

（一）外商投资企业的注册资本采取认缴登记制，并且无最低注册资本、首次出资比例、货币出资比例和出资期限的限制

3.1. WFOE implements the subscription registration system for registered capital, and there is no restriction on the minimum amount of registered capital, proportions of initial capital contribution, proportions of monetary contribution and fulfillment periods of capital contribution

根据《商务部关于改进外资审核管理工作的通知》，取消对外商投资的公司首次出资比例、货币出资比例和出资期限的限制或规定。认缴出资额、出资方式、出资期限由公司投资者自主约定。除法律、行政法规以及国务院决定对特定行业注册资本最低限额另有规定外，取消公司最低注册资本的限制，特定行业如：外资银行、合资银行、外资财务公司、合资财务公司、国际旅行社、外商投资电信企业、基金管理公司等。除暂不实行注册资本认缴登记制的行业外,不再审核公司注册资本的缴付情况。

According to *Notice of the Ministry of Commerce on Improving the Administration of Foreign Investment Review*, requirements for or provisions on proportions of initial capital contribution, proportions of monetary contribution and fulfillment periods of capital contribution to a foreign-funded company shall be canceled. The requirements for minimum registered capital of a company shall be canceled, unless laws, administrative regulations or decisions of the State Council otherwise provide for the minimum amount of registered capital for a specific industry, such as foreign banks, joint venture banks, foreign-funded financial companies, joint financial companies, international travel agency, foreign-invested telecom enterprises, fund management company. Except the industries not implementing the subscription registration system for registered capital for the time being, the payment of a company's registered capital shall no longer be reviewed.

(二)外商投资企业设立后的交易模式
3.2. Transaction Model after Establishment of WFOE

外商投资企业设立后,由外商投资企业授权国内厂商生产玩具产品,并由外商投资企业在中国境内直接销售玩具产品。

After the establishment of WFOE, WFOE authorizes domestic manufacturer to produce the toy-products and sells the toy-products directly within the territory of China.

(三)外商投资企业需依照中华人民共和国的法律法规,缴纳企业所得税、增值税等
3.3. WFOE shall payenterprise income tax, VAT in accordance with the laws and regulations of China

外商投资企业销售货物应按照组成计税价格及16%的税率缴纳增值税,并且国内厂商在生产、加工、销售玩具产品环节的增值税可抵扣;外商投资企业应按照年度净利润的25%缴纳企业所得税;外商投资企业销售货物不涉及关税。

WFOE should pay VAT for the sale of goods based on the composite assessable price and a tax rate of 16%, and the VAT in the process which domestic manufacturer produce, process and sell could be refunded. WFOE should pay enterprise income tax at a tax rate of 25% based on the annual net profit. No custom tariff involved in selling goods of WFOE.

四、综合意见
4. Comprehensive Opinion

基于上述，FS 与国内厂商采取本法律咨询意见所述的交易模式，国内厂商在货物出口环节无法取得增值税退税，FS 在货物进口环节需按照组成计税价格及 16% 的税率缴纳增值税，税负较重。因此，建议由 FS 在中国境内设立一家外商投资企业，直接与国内厂商开展玩具产品贸易活动。

Based on the above analysis, if the transaction mode stated in the legal advice is adopted by FS and domestic manufacturer, VAT which has paid by domestic manufacturer could not be refunded in the process of exporting goods, and FS could pay VAT based on the composite assessable price and the tax rate of 16% in the process of importing goods, which would be a heavy burden of taxation. Therefore, it is suggested that FS establishes a WFOE in China and cooperated with the domestic manufacturer directly in trading toy-products.

本法律咨询意见中文与英文不一致之处，以中文为准。

If there is any inconsistence between Chinese and English version in the legal advice, the Chinese version shall prevail.

广东晟典律师事务所（盖章）
SD & PARTNERS（signature）
经办律师：王永敬
Designated Lawyer: Wang Yongjing
2018 年 9 月 27 日
Date: 2018/09/27

（2018 年 12 月）

SD & PARTNERS
Re：F. A. S. A.
Legal Advice on Matters Related to Establish a WFOE in Mainland China
关于 F. A. S. A. 公司或 FS 国际有限公司在中国内地设立外商独资企业相关事项法律意见书

文/王永敬

　　此为本团队接受香港 FS 国际有限公司深圳代表处委托，就其关联公司 F. A. S. A 或香港 FS 国际有限公司在中国内地设立外商独资企业相关事项出具的法律意见书。本法律意见书主要从比较不同投资者在中国内地设立外商独资企业情形及其可行性，外商独资企业运营有关许可证、执照等，外商独资企业运营涉及的税目、税率等问题以及外商独资企业运营有关会计处理四个方面进行阐述并给出法律意见。

　　Dated on November 5th, 2018

　　To：FS International CO. , Ltd. Shenzhen Rep Office

　　SD & PARTNERS accepts the entrustment of FS International CO. , Ltd. Shenzhen Rep Office (hereinafter referred to as 'FS Shenzhen') and delivers the legal advice on matters related to establish a Wholly Foreign Owned Enterprise (hereinafter referred to as 'WFOE') in mainland China by F. A. S. A. (hereinafter referred to as 'FS Spain') or FS International CO. , Ltd. (hereinafter referred to as 'FS HK'), which are the associated company of FS Shenzhen. In order to deliver the legal advice, SD & PARTNERS designates lawyers (hereinafter referred to as 'the lawyers') to consult relevant documents provided by FS Shenzhen related to issuing the legal advice and inquire and carry out necessary discussion about the relevant matters to the personnel of the company according to the relevant laws and regulations in China.

The legal advice is issued based on the existing laws, regulations and policies in China. Issues related to foreign exchange, profit distribution might vary according to the adjustment of laws, regulations, policies and the implementation of the government, and accounting and tax treatment of an enterprise may be complex and meticulous. The legal advice could not cover all of the matters about accounting and tax, which could be treated specifically. Therefore, the treatment of matters on accounting and tax in daily management of the WFOE should be handled according to the actual management situation.

1. Feasibility and Comparison of Establishing a WFOE in Mainland China by Different Investors

1.1. FS HK Established a WFOE in Mainland China as an Investor

A. Laws, Regulations, Policies of Foreign Exchange and Taxation

a. Legal Provisions

The WFOE intended to be established in mainland China may engage in the operation of toy-products, injection molds and roto molds which are not suitable for restrictive or prohibited industries (such as industries of radioactive mining, news media, book) listed in *Special Administrative Measures (Negative List) for the Access of Foreign Investment*. Therefor, according to Article 6 & 23 of *Law of the People's Republic of China on Wholly Foreign-Owned Enterprises* and Article 3 of *Interim Measures for the Recordation Administration of the Formation and Modification of Foreign-Funded Enterprises*, whether FS HK or FS Spain is the investor of the WFOE, it is sufficient for the WFOE to submit online information of establishment and record to the commerce authorities at a provincial level or relevant department of Pilot Free Trade Zone and national economic and technological development zone when the WFOE handle the procedure of registration of establishment to the department of industry & commence and state administration of market regulation, without other approval procedures.

According to Article 58 & 61 &78 of *Detailed Rules for the Implementation of the Law of the People's Republic of China on Wholly Foreign-owned Enterprises*, all kinds of insurance of WFOE shall be covered by insurance companies within the territory of

China. WFOE shall set up accounting books within the territory of China, and conduct independent accounting and accept the supervision of financial and tax authorities. If the annual accounting report of WFOE is made in foreign currencies, it is also needed to make an accounting statement converting foreign currencies into RMB at the same time, and employ a Chinese certified public accountant to verify and issue a report.

b. Policies of Foreign Exchange

According to Article 50 & 51 & 52 & 53 of *Detailed Rules for the Implementation of the Law of the People's Republic of China on Wholly Foreign-owned Enterprises*, the affairs of foreign exchange of WFOE shall be handled in accordance with the relevant laws and regulations governing foreign exchange administration in China. WFOE should open a bank account where income and expenditure of foreign exchange shall be carried out at a bank that has the right to operate business of foreign exchange (such as Bank of China), and report the receipts and payments of foreign exchange regularly and provide bank statements in accordance with the provisions of the foreign exchange administration. Wages and other legitimate foreign exchange earnings of Hong Kong employees in WFOE may be freely remitted after tax payment according to the Chinese Tax Law, and the legitimate profits, other legitimate incomes and liquidated funds obtained from WFOE could be remitted to Hong Kong.

c. Policies of Taxation

According to Article 7.1 of *Arrangements for the People's Republic of China and Hong Kong Special Administrative Region for the Avoidance of Double Taxation and the Prevention of Fiscal Evasion with respect to Taxes on Income*, profits arising from the daily operation of a WFOE in mainland China shall be taxed in China. Tax policies of FS HK received from WFOE on profit dividend, income of share transfer and income from royalties are as follows:

a) Profit Dividend

According to Article 10.2 & 10.3 & 21.3 of *Arrangements for the People's Republic of China and Hong Kong Special Administrative Region for the Avoidance of Double Taxation and the Prevention of Fiscal Evasion with respect to Taxes on Income*, the profit dividend received from WFOE by FS HK should be taxed in China. The tax dues shall not exceed 5% of the total profit dividends if the beneficial owner is a resident or company of Hong Kong, and the amount of tax payable in Hong Kong by the investor could deduct the tax dues above and the enterprise income tax paid in China which is arising from profit dividend.

b) Income of Share Transfer

According to Article 91 of *Regulation on the Implementation of the Enterprise Income Tax Law of the People's Republic of China* and Article 3.3 of *Enterprise Income Tax Law of the People's Republic of China*, for non-resident enterprise which has not set up any institutions or establishments in China, or it has done so but the income it earns is not actually relevant to the said institutions or establishments, it shall pay enterprise income tax on the portion of its income generated from inside China at a 10% reduced tax rate. Therefore, income tax on the premium income resulting from share transfer received from WFOE shall be levied at 10%.

c) Income from Royalties

FS HK authorizes WFOE to use its patents, trademarks and know-how and then collects royalties from WFOE. According to Article 12 of *Arrangements for the People's Republic of China and Hong Kong Special Administrative Region for the Avoidance of Double Taxation and the Prevention of Fiscal Evasion with respect to Taxes on Income*, the royalties collected from WFOE should be taxed in China, and the tax dues shall not exceed 7% of the royalties if the beneficial owner is a resident or company of Hong Kong. The above-mentioned royalties shall not exceed the amount that can be obtained from other independent enterprises without special relationship, and the excessive part shall still be taxed according to the laws of Hong Kong and China respectively.

If the above-mentioned profits, dividends, income of share transfer and royalties earned by FS HK from WFOE have been already taxed in China, according to Article 20 of *Arrangements for the People's Republic of China and Hong Kong Special Administrative Region for the Avoidance of Double Taxation and the Prevention of Fiscal Evasion with respect to Taxes on Income*, the payable tax amount in Hong Kong could deduct the tax amount already paid in China, however, the limit of the deduction shall not exceed the amount of income tax of income which calculated according to the Hong Kong tax law.

B. The Restriction in Laws if FS HK Establish a WFOE in Mainland China under the Circumstances that FS HK has already Set up a Resident Representative Offices of Foreign Enterprises in Mainland China that is FS Shenzhen.

In accordance with the search results by the lawyers, there is no restrictions in Chinese laws about foreign investor establish a WFOE in mainland China after has already set up resident representative offices in mainland China, which means can coexist. However, under the system of market supervision in China, the operation and management function of FS Shenzhen will be weakened and has less significance after FS HK established a WFOE in China. And for a better enjoyment of preferential policies of tax within the territory of China such as tax preferences of share transfer and make unified management, it is a suggestion to cancel FS Shenzhen.

1.2. FS Spain Established a WFOE in Mainland China as an Investor

A. Laws, Regulations and Policies of Foreign Exchange

The laws, regulations and policies of foreign exchange also apply to FS Spain to establish a WFOE in mainland China as an investor, such as *Law of the People's Republic of China on Wholly Foreign-Owned Enterprises*, *Detailed Rules for the Implementation of the Law of the People's Republic of China on Wholly Foreign-owned Enterprises*, *Special Administrative Measures (Negative List) for the Access of Foreign Investment* and *Interim Measures for the Recordation Administration of the Formation and Modification of Foreign-Funded Enterprises*. The specific content is consistent with aforementioned content of FS HK as an investor.

B. Policies of Taxation

According to Article 7 of *Agreement between the Government of the People's Republic of China and the Government of Spain for the Avoidance of Double Taxation and the Prevention of Fiscal Evasion with respect to Taxes on Income and Capital*, the profits arising from the daily operation of WFOE in mainland China shall be taxed in China. Tax policies of FS Spain received from WFOE on profit dividend, income of share transfer and income from royalties are as follows:

a. Profit Dividend

According to Article 10 of *Agreement between the Government of the People's Republic of China and the Government of Spain for the Avoidance of Double Taxation and the Prevention of Fiscal Evasion with respect to Taxes on Income and Capital*, the profit dividend received from WFOE by FS Spain should be taxed in China. The tax dues shall not exceed 10% of the total profit dividends if the payee is the beneficial owner.

b. Income of Share Transfer

According to Article 13 of *Agreement between the Government of the People's Republic of China and the Government of Spain for the Avoidance of Double Taxation and the Prevention of Fiscal Evasion with respect to Taxes on Income and Capital*, the premium income of share transfer arising from transfer share of WFOE belong to property income, and should be taxed in China. According to *Notice of the State Council on Income Tax Reduction on Foreign Enterprise Income from Interest etc.* Originated in China, for foreign enterprises which have no institutions and premises in China or have set up institutions and premises but having no practical connection with every item of its above income, an enterprise income tax will be levied upon their interest, rent, royalties and other income at a 10% reduced tax rate. Therefore, income tax on the premium income resulting from share transfer received from WFOE by FS Spain shall be levied at 10% in China.

c. Income from Royalties

FS Spain authorizes WFOE to use its patents, trademarks and know-how and then collects royalties from WFOE. According to Article12 of *Agreement between the Government of the People's Republic of China and the Government of Spain for the Avoidance of Double Taxation and the Prevention of Fiscal Evasion with respect to Taxes on Income and Capital* and relevant provision of *the protocol*, the royalties collected from WFOE should be taxed in China. If the payee is the beneficial owner, the payable tax should be calculated on the basis of sixty percent of royalties received and the tax dues shall not exceed 10% of the royalties. The above-mentioned royalties shall not exceed the amount that can be obtained from other independent enterprises without special relationship, and the excessive part shall still be taxed according to the laws of Spain and China respectively.

If the above-mentioned profits, dividends, income of share transfer and royalties earned by FS Spain from WFOE have been already taxed in China, according to Article 24 of *Agreement between the Government of the People's Republic of China and the Government of Spain for the Avoidance of Double Taxation and the Prevention of Fiscal Evasion with respect to Taxes on Income and Capital*, the payable tax amount in Spain could deduct the tax amount already paid in China, however, the limit of the deduction shall not exceed the amount of income tax of income which calculated according to the Spanish tax law.

1.3. Comparison of Different Investors

A. Comparison of Policies of Taxation

a. Comparison of Taxation about Profit Dividends

Under the circumstances that FS HK is the investor, according to *Announcement of the State Administration of Taxation on Issues Relating to Beneficial Owners in Tax Convention* (No.9 [2018]), FS HK could be considered as a beneficial owner if satisfied conditions that FS HK is registered in Hong Kong and has actual business premises, and has substantive business activities in Hong Kong, and has no obligation to pay the income to the other third parties in 12 months after obtaining the income. Therefore, the tax dues in China of profit dividends received from FS HK would not exceed 5% of total profit dividends.

Under the circumstances that FS Spain is the investor, the tax dues in China of profit dividends received from FS Spain would not exceed 10% of total profit dividends if the payee is the beneficial owner.

b. Comparison of Taxation about Royalties

Under the circumstances that FS HK is the investor, the tax dues in China of royalties received from FS HK would not exceed 7% of total royalties if the conditions of beneficial owner above-mentioned are satisfied.

Under the circumstances that FS Spain is the investor, the payable tax in China is only calculated on the basis of sixty percent of royalties received from FS Spain and the tax dues shall not exceed 10% of the royalties if the payee is the beneficial owner.

B. Conclusion

There is no significant difference between different investors in aspect of legal provisions, policies of foreign exchange and policies of taxation about income of share transfer. While when compare the profit dividends in policies of taxation and provisions of royalties, the lawyers consider that it is more convenient to choose FS HK as the investor, and will enjoy more tax preferences and a lower tax burden.

2. Issues of License involved in Operation of WFOE

In case that the established WFOE engage in the operation activities of purchasing, selling, importing and exporting toy-products, injection molds and roto molds, according to Article 9 of *Foreign Trade Law of the People's Republic of China*, any foreign enterprise that is engaged in the import and export of goods shall be registered for archival purposes through the Registration & Record Online System for Foreign Trade Business Operator.

According to relevant provisions of *Measures for the Administration of Automatic Import License for Goods* and *Detailed Rules for the Administration of Automatic Import Licenses of the Foreign-Funded Enterprises*, products like toy-products and injection molds etc. subject to products that automatically import. If WFOE imports toys and injection molds for sale, automatic import licenses shall be obtained in the relevant departments where the enterprise is located. If WFOE imports injection molds etc. for own use, there is no need to apply the automatic import licenses.

According to the provisions of *Measures for Licenses Management on Quality of Export Toys*, enterprises producing toys listed in the catalog for export shall apply for quality licenses for exports. As a result of WFOE only import, purchase and not produce toys, there is no need to apply for quality licenses for exports.

3. Items and Rates of Taxation involved in the Operation of WFOE

3.1. Items and Rates of Taxation in Links of Purchase, Sell, Import and Export

A. Stamp Tax (0.03%) in the Link of Purchase

According to *Interim Regulation of the People's Republic of China on Stamp Tax* and its attached *Table of Items and Rates for Stamp Tax*, stamp duty shall be paid by enterprises concluded the contract at a rate of 0.03% of the amount recorded in the contract for purchase and marketing.

B. Value-added Tax (16%) and Stamp Tax (0.03%) in the Link of Import

According to Article 1 & 2 & 14 of *Interim Regulation of the People's Republic of China on Value Added Tax* and *Notice of the Ministry of Finance and the State Administration of Taxation on Adjusting Value-added Tax Rates* (*No. 32 [2018] of the Ministry of Finance*), enterprise who import goods should pay VAT based on a tax rate of 16% of the composite assessable price which calculated as customs dutiable value plus customs duty plus consumption tax. Stamp tax is the same as the link of purchase.

C. Value-added Tax (16%), Urban Maintenance and Construction Tax (7%

of VAT), Educational Surcharge (3% of VAT), Local Educational Surcharge (2% of VAT) and Stamp Tax (0.03%) in the Link of Sale

According to Article 1 & 2 of *Interim Regulation of the People's Republic of China on Value Added Tax* and *Notice of the Ministry of Finance* and *the State Administration of Taxation on Adjusting Value-added Tax Rates* (*No. 32 [2018] of the Ministry of Finance*), entities that sell goods within the territory of China shall pay VAT at a rate of 16% of sale amounts which not include VAT.

According to Article 2 & 3 & 4 of *Interim Regulation of the People's Republic of China on Urban Maintenance and Construction Tax*, relevant provisions of *Interim Provisions on the Collection of Educational Surcharges* and *Notice of the Ministry of Finance on the Relevant Matters on Unifying the Policies on Local Education Surcharges* (*No. 98 [2010] of the Ministry of Finance*), entities obliged to pay VAT shall pay urban maintenance and construction tax for the enterprise whose location is the urban district at a rate of 7%, educational surcharge at a rate of 3%, local educational surcharge at a rate of 2% based on amount of VAT actually paid. Stamp tax is the same as the link of purchase.

D. Refund of Value-added Tax (14%) and Stamp Tax (0.03%) in the Link of Export

According to *Notice by the State Council of Lower the Export Tax Refund Rates and Strengthen the Administration of Export Tax Refund*, when WFOE intended to be established export and sell goods, the input tax amount of VAT when purchasing the export goods could be export tax refunded at a rate of 14%. Stamp tax is the same as the link of purchase.

Notes:

According to relevant provisions of *Customs Law of the People's Republic of China*, import and export goods should be levied tariff by customs lawfully. In accordance with the search results of the *Query System of the General Administration of Customs of the People's Republic of China on Import and Export Tariffs* by the lawyers, there is no need to pay export tariff for toy-products. The general tariff rate for import tariff is 80% and most-favored-nation tariff rate is 0. There is no need to pay import and export tariffs for injection molds. According to *the announcement No. 21 [2001] of the General Administration of Customs of the People's Republic of China*,

Hong Kong and Spain are countries or regions that apply the preferential tariff rates for import.

If the place of origin of the toy-products is Hong Kong or Spain, the toy-products could apply the most-favored-nation tariff rate when WFOE import the toy-products from Hong Kong or Spain, the tariff rate for import is 0. If the place of origin of the toy-products is other country or region where not enjoy the preferential tariff rates, the tariff should be paid at a rate of 80% according to the general tariff rate for import tariff when importing the toy-products into China from other country or region via Hong Kong or Spain.

3.2. Examples of Deduction of Input Tax Amount of VAT and Export Tax Refund

In the operation of the WFOE, VAT is needed in the links of import and export, and the input tax amount of VAT in the link of purchase and import could deduct the output tax amount of VAT in the link of sell. There is no need to pay VAT in the link of export, and the input tax amount of VAT arising from the purchase or import of export-goods should be refunded.

Examples are as follows.

Foreign enterprise imported 50000 toy-products in July 3rd, 2018, and the unit price of toy-products is RMB 20. The customs dutiable value is RMB 1000000 that listed in the Special Bills of Payments for Import Value-added Tax and VAT is RMB 160,000.

Then the enterprise purchase 20000 toy-products within the territory of China in July 15th, 2018, and the unit price of toy-products is RMB 25. The amount of payment for goods is RMB 500000 and VAT is RMB 80000 according to the obtained VAT special invoice.

The enterprise sells 50000 toy-products within the territory of China in July 20th, 2018, and the amount of payment for goods is RMB 2000000 and VAT is RMB 320000 according to the obtained VAT special invoice.

The enterprise exports 20000 toy-products in July 20th, 2018, and the offshore price is RMB 800000.

Methods of calculation are as follows.

a) The output tax amount of VAT for domestic sale this month is RMB 320000.

b) Export-goods are VAT free levied. The amount of refunded input tax amount of VAT for export-goods shall be calculated at a tax refund rate of 14%. The differences between the tax refund rate and applicable rate should be transferred from input tax amount.

Refundable amount of input tax amount of VAT = (1000000+500000)/70000×20000×14% = RMB 60000

Transferred amount from input tax amount = (1000000+500000)/70000×20000×(16%-14%) = RMB 8571.43

c) Deductible input tax amount after deducting the input tax amount paid for purchasing the export products.

Deductible input tax amount = 160000 + 80000 - 60000 - 8571.43 = RMB 171428.57

d) Final payable VAT = Output tax amount - Deductible input tax amount

Payable VAT = 320000 - 171428.57 = RMB 148571.43

The conclusion is the refundable amount of VAT is RMB 60000 and the payable VAT is RMB 148571.43.

Tips:

Foreign enterprise shall keep separate accounts for export goods to account the amount of purchase and input tax amount. If the purchased goods not determined for export or domestic sale at that time, all goods should enter into the account of export inventory. If then the purchased goods sell domestically, the goods must be transferred from the account of export inventory to the account of domestic inventory, and relevant input tax amount could be deducted according to the Proof of Export Goods Transfer to Domestic Sale.

Vouchers for deductable input tax amount are the Special Customs Bills of Payments for Import Value-added Tax and the Offset Page of a Special VAT Invoice.

Term for deduction of input tax amount is within 360 days from the date of obtaining the certificate of deduction according to relevant provisions. Once beyond the above-mentioned deadline, the input tax amount could not be deducted.

4. Accounting Treatment involved in the Operation of WFOE

4.1. Accounts and the accounting treatment for WFOE under the circumstance that WFOE purchases goods from Yinghao who is the manufacturer of the toy-products, and then sells the goods to the domestic distributor or consumer.

WFOE should set up accounts like sales revenue, procurement costs, expenses, operating profit etc. Specific accounting treatment is as follows.

Price of products, freight and miscellaneous charges, relevant taxes and fees which not include deductable input tax amount of VAT, insurance, handling charges, etc. occurred when purchase goods should be accounted as procurement costs.

Warehouse charges, wages for managersand other daily management expenses occurred after purchase goods should be recognized as expenses.

Incomes without VAT which obtained from the sale to domestic distributor or consumer should be recognized as sales revenue.

Remaining sum after sales revenue deducting procurement costs and expenses should be recognized as operating profit.

4.2. Examples of Profit and Loss Account of WFOE and Enterprise Income Tax

According to the actual situation of the intended established WFOE, besides the item of 4.1 above, the profit and loss account in the operation could set up other business profits (balance of payments for other business), non-operating income (such as inventory profit for assets), non-operating expenditure (such as scrap and loss for goods or assets), etc.

Examples of Enterprise Income Tax are as follows.

If the WFOE's sales revenue is RMB 30 million, procurement costs is RMB 10 million, management expenses is RMB 2 million, selling expenses is RMB 3 million, financial expenses is RMB 500 thousand, other business income is RMB 300 thousand, other operating income is RMB 300 thousand, other operating expenses is RMB 200 thousand, non-operating income is RMB 500 thousand, non-operating expenditure is RMB 400 thousand this year, the payable enterprise income tax of the WFOE = (sales revenue RMB 30 million-procurement costs RMB 10 million-selling expenses RMB 3 million-management expenses RMB 2 million-financial expenses RMB 500 thousand + other business income RMB 300 thousand-other operating expenses RMB 200 thousand+non-operating income RMB 500 thousand- non-operating expenditure RMB 400 thousand)×25% = RMB 367.5 million.

Notes:

According to Article 53 & 54 of *Enterprise Income Tax Law of the People's Re-*

public of China*, enterprise income tax shall be calculated on the basis of the tax year and be prepaid on a monthly or quarterly basis, that is enterprise shall prepay the enterprise income tax within 15 days from the end of a month or quarter, and submit an enterprise income tax return for consolidation of payment within 5 months from the end of a tax year and settle the payable and refundable tax.

4.3. Issues related to Incomes from Sale of Products Domestically Transfer to Hong Kong or Spain

If the Hong Kong or Spanish investor sells the products to the WFOE and the WFOE sells the products again, incomes from sale of products could be remitted by the WFOE to Hong Kong or Spain by regular means of sale and payment. However, if the WFOE purchases the products domestically and then sells the products domestically, there is no relationship of contract between the WFOE and FS HK or FS Spain, and no actual process and fact of sale. Therefore, revenues or incomes from sale of products domestically cannot be remitted directly to Hong Kong or Spain, and can only be remitted through the form of profit distribution by the WFOE.

4.4. Issues Related to the Remittance of Profit Dividends to Spain after Audit and Terms of Profit Distribution

According to the relevant provisions of *Company Law of the People's Republic of China*, an enterprise shall take 10% of the net profits which has been audited the year as statutory common reserve fund firstly, which no longer be taken once beyond 50% of the registered capital of the enterprise. Then the enterprise could distribute the remaining net profit next year according to the constitution of company. WFOE remits the profits which arising from the distribution next year as the profit dividends of the investor to Hong Kong or Spain through the bank of deposit. If FS HK is the investor, after the above-mentioned profits dividends remitting to Hong Kong, FS HK remits the profits dividends to Spain according to relevant laws and regulations of Hong Kong.

Terms of profit distribution always be once a year, that is the net profits formed in this year could be distributed next year. While the terms of distribution for undistributed profits in the previous year would not be subject to the above-mentioned restriction.

4.5. Restrictions on the Minimum Scale of Workplace and Number of Staff of WFOE

According to the current laws and regulations of China, there are no restrictions on the scale of workplace and number of staff of a WFOE.

The Legal Advice shall be made in two copies in original with the same legal force and will come into effect by attorney's signature and the firm's seal.

SD & PARTNERS

Attorney: Wang Yongjing

Attachment

Number	Activities of WFOE	Name of License	Type of Tax	Tax Rate	Remarks	Refundable	Example
1	Purchase	—	VAT	16%	Purchase from Inlad China	Refundable	
			Stamp Tax	0.03%		—	
2	Import	Automatic Import Licenses	VAT	16%	Purchase from Overseas/HK	Refundable	
			Stamp Tax	0.03%		—	
			Tariff	0		—	
3	Sales	—	VAT	16%	Inland China Distribution/ Retailers	—	Please refer to the 3rd part of the Legal Advice
			Urban Maintenance and Construction Tax	70%		—	
			Educational Surcharge	3%		—	
			Local Educational Surcharge	2%		—	
			Stamp Tax	0.03%		—	
4	Export	—	Stamp Tax	0.03%	Exports to Overseas/HK	—	
5	Account Treatment	—	Enterprise Income Tax	25%	sales revenue−procurement costs−expenses+ other business profits+non-operating income−non-operating expenditure		

股权远期转让协议

文/王永敬

本协议由下列各方于 2012 年月日在广东省深圳市订立。

甲方：深圳市 TCJT 发展有限公司
住所地：深圳市盐田区沙头角深沙路××号××大厦 A 座 2 楼。
法定代表人：×××

乙方：深圳市 ZF 房地产开发有限公司
住所地：深圳市盐田区沙头角沙盐路××号二楼
法定代表人：×××

鉴于：

甲方持有深圳市 SH 实业有限公司 22%的股权，并享有"深圳 SH 实业有限公司"厂房、宿舍物业 22%的相关权益。

甲方自愿按照本协议约定的方式、步骤及条件将上述股权和物业权益转让；乙方愿意按本协议约定的方式、步骤及条件收购该股权及物业权益。

根据《中华人民共和国合同法》《中华人民共和国公司法》《中华人民共和国信托法》等法律法规的规定，为明确双方关于本次股权收购（远期转让）的权利和义务，最终促成股权转让成交，双方经过充分友好协商，订立本协议，以期共同遵守。

1 释义

除非本协议另有所指，下列词语在本协议中应当按如下内容进行解释和定义。

1.1 目标公司

指深圳市 SH 实业有限公司。

标的股权：指甲方所持有的目标公司 22%的股权，以及该股权所对应的甲方对目标公司应享有权利和利益。

标的物业：指甲方述称的：根据《合作建设工业厂房和配套宿舍协议书》与 A 总公司、广东省 FZGM 进出口公司合作建设的，目前由甲方享有 22%权益份额、中国 GT 贸易有限公司享有 78%权益的厂房和工人宿舍。

甲方：指被收购方，深圳市 TCJT 发展有限公司。

乙方：指收购方，深圳市 ZF 房地产开发有限公司，以及收购方指定的或法定的权利义务继受主体。

本协议：指《股权收购协议》，包括经各方不时修改并签署的补充协议，以及本协议述明的与本协议不可分割或合并执行的其他合同协议，以及在其条款中述明与本协议不可分割或合并执行的其他合同协议。

交易目标：本次交易目标是实现标的股权的转让，即双方遵守本协议约定，完善相关手续，以促成标的股权和标的物业的权益在本协议签订后的未来时期依法合规的转让给乙方。

双方并非基于本协议直接实施标的股权及物业权益的即时转让。

交割：指（1）甲方将标的物业的占有、收益等权益移交给乙方；（2）甲方与乙方签订《股权转让协议》，并最终将标的股权乙方名下且目标公司办理了新营业执照。

1.2 其他定义

1.2.1 除非另有约定，本协议中标题仅为使用方便之目的，不影响本协议的解释；

1.2.2 除非本协议中另有说明，任何涉及某一法律的表述指的是不时被修改或替换的该法律；

1.2.3 如果本第 1 条中的定义与本协议任何其他条款中的定义有任何不一致，则为该等条款解释之目的，应以该等条款中的具体定义为准。

2 陈述与担保

2.1 甲方陈述与担保

2.1.1 甲方为合法设立并存续的公司，至本协议签署之日，未出现需依法终止、权利受限等类似的任何情形。

2.1.2 标的股权真实、合法有效，不存在权利瑕疵，未受到任何第三方的抵押、质押、托管、代持、债务追索等权利限制；标的物业的权益真实、合法，未受到任何第三方的抵押、质押、托管、债务追索等权利限制，甲方目前仍享有《合作建设工业厂房和配套工人宿舍协议书》项下的权益，且权益份额为 22%。

2.1.3 甲方就签署本协议，已获得了股东会、董事会、主管部门、职工的批准/授权/认可，该等机构、人员不会对本协议内容及履行提出任何异议。

2.1.4 签署本协议不会违反与任何第三方已达成的合同、协议，也不会侵害任何第三方的权益。

2.1.5 基于本协议交易目标、诚信原则及相关法律要求，已具备了签署本协议的其他必要前提及条件，并已为履行本协议作好准备。

2.2 乙方陈述与担保

2.2.1 乙方为合法设立并存续的公司，至本协议签署之日，未出现需依法终止、权利受限之任何情形。

2.2.2 乙方就签署本协议，已获得了股东会、董事会、主管部门、职工的批准/授权/认可，该等机构、人员不会对本协议内容及履行提出任何异议。

2.2.3 签署本协议不会违反与任何第三方已达成的合同、协议，也不会侵害任何第三方的权益。

2.2.4 基于本协议交易目标、诚信原则及相关法律要求，已具备了签署本协议的其他必要前提及条件，并已为履行本协议作好准备。

3 保障收购、促进转让的约定

3.1 本协议生效后，甲方将标的股权及其权益全权委托（信托）乙方管理和受益，具体细则另行签署《股权委托管理合同》约定。

3.2 本协议生效后，为锁定双方交易目标，甲方将标的股权质押登记到乙方名下，以担保乙方在本协议项下的权益得以实现。

如标的股权质押或其权益未能实现，甲方同意即时提供相当于收购价款1.5倍的资产担保。

3.3 本协议生效后，标的股权产生的分红、配股、增值、优先购买权等权益转均归乙方享有。

3.4 本协议生效后，乙方可随时根据需要，主张《合作建设工业厂房和配套工人宿舍协议书》项下 22% 的物业权益，包括但不限于占有、使用、收益、请求分割、完善产权等。

3.5 本协议生效后，乙方（以甲方名义）有权对目标公司实施尽职调查，以了解目标公司的相关情况。

3.6 本协议生效后，乙方有权向目标公司其他股东发出收购要约、实施收购行为，并享有股权的优先受让权。甲方应尽最大努力配合乙方对目标公司其余78%的股权实施收购。

3.7 本协议生效后，甲方不得实施任何妨碍或威胁交易目标实现的任何行为，甲方应当竭尽最大努力促成本次收购目标的完成。

3.8 标的股权符合转让过户条件时，甲方必须在三日内与乙方签署标准格式的《股权转让协议》，办理股权转让公证，全力配合乙方完成股权交割。

3.9 在标的股权完成转让前，乙方行使前述权利时需使用甲方名义的，甲方应全力予以配合，包括但不限于出具委托书、公函、加盖印章、出面洽商等。

乙方利用甲方名义行使上述权利获得的权益归乙方享有，对应的义务的也由乙方承担。

4 收购价款

4.1 双方同意：标的股权及标的物业权益的收购价款为人民币壹仟伍佰陆拾伍万伍仟肆佰贰拾元（RMB15,655,420元）。

4.2 收购价款按如下顺序，逐步支付给甲方：

4.2.1 本协议签订生效后三日内，支付200万元作为定金。

4.2.2 甲方根据3.2条款将标的股权质押登记到乙方名下以后三日内，乙方再支付200万元。

4.2.3 乙方完成对目标公司的尽职调查后，认为目标公司主体资格、资产负债情况等良好，且目标股权符合收购预期的，乙方支付200万元。

乙方经尽职调查后，认为目标股权不符合收购要求的，有权终止交易，双方在乙方决定终止交易后三日内恢复原状（退回款项，解押股权）。双方另有约定的除外。

4.2.4 甲方与乙方签署《股权委托管理合同》，并将甲方委派到目标公司的股东代表、董事、监事、经理等全部人选变更为乙方指定人员后的三日内，乙方再支付200万元。

4.2.5 符合股权转让过户条件后，标的股权依法交割到乙方名下后三日内，乙方支付尾款7,655,420元。

4.2.6 上述款项，乙方向甲方账户或甲方指定的其他账户支付后，均视同付讫。

4.2.7 签订正式《股权转让协议》前，乙方支付的款项均作为《股权转让协议》的预付款，预付款项在《股权转让协议》签订后自动转为等值股权转让价款。

5 权益分割

5.1 标的股权的质押登记日作为基准日。标的股权在基准日以前的权益由甲方享有，基准日之后标的股权的权益由乙方享有。

5.2 目标公司在基准日之前产生的债权债务，由甲方按其持股比例承担。目标公司在基准日之后产生的债权债务，由乙方按其持股比例承担，但乙方未能实际行使受托管理权（未实际参与）的事项所产生债权债务除外。

5.3 各方实际承担了应另一方承担的债权债务的，有权向另一方追偿承担额及其该金额的同期银行贷款利息，并优先从应付另一方的款项中扣留，不足抵扣的，另一方应予补足差额。

6 有效期、提前终止及其清算

6.1 本协议自签订之日起生效，至双方签署《股权转让协议》且完成股权交割后失效。

6.2 经双方协商一致的，可提前终止本协议，并协商责任承担及清算办法。

6.3 乙方拖延股权收购价款300万元以上，且拖延时间在60日以上的，甲方有权以书面通知形式提前终止本协议。

6.4 甲方违反本协议第3条"保障收购、促进转让的约定"项下相关条款的约定，导致乙方收购进度受阻或相关权益无法实现的，甲方应在接到乙方书面通知后10日内予以改正，否则乙方有权以书面通知形式提前终止本协议。

6.5 本协议应第三方主张权益而致提前终止的，若非因一方单独过错所致，则除按本协议6.7条款约定进行终止清算外，双方互不追究其他责任。

6.6 根据6.3条款提前终止本协议的，甲方退回所收乙方的价款（应抵扣乙方就标的股权的受益净额），收回乙方对标的股权、标的物业的一切权益。

6.7 根据6.4条款、6.5条款导致的本协议提前终止，或甲方无故单方终止本协议的，甲方应按终止时目标股权、标的物业的市场价值的1.3倍赔付乙方。

6.8 终止清算情形下，担保物将作为清算利益得以实现的担保。

7 推进交易承诺

7.1 除本协议已具体明确的时间外，为推进本协议项下的交易尽快完成，双方承诺：因完成本协议交易所需的资料移交、文件出具、合同文件提交及签署等所有工作事项，一方应在另一方提议后的 5 个工作日内完成。除非具备合法、合理之理由或另一方予以谅解，履行行为一方在另一方提议后 30 日内仍不予办理完成的，视为从根本上拒绝履行合同，另一方有权解除合同并要求赔偿损失；另一方同意继续履行合同的，不影响追索违约赔偿的权利。

8 税费承担

8.1 标的股权转让、标的股权质押涉及的工商变更、公证费等税费由双方共同承担，各承担 50%。

8.2 其他税费根据税收法律、法规政策的规定，各自承担。

8.3 在本次交易推进过程中，甲方能促成以标的物业所有权转移登记给乙方的方式完成交易的，双方另行协商具体的交易模式，依法减轻双方的税负。

9 通知与送达

9.1 与本合同有关的通知、文件、函件等，除采用被送达方签收方式送达外，送达方亦可采用 EMS 邮寄、纸质传真方式送达。

9.2 各方确认以下通信地址，如有变更须及时通知对方，在通知前原通信地址一直有效。

9.2.1 甲方的通信地址、收件人、收件方式为：

邮政地址：

邮政收件人：

传真电话：0755-

传真收件人：

9.2.2 乙方的通信地址、收件人、收件方式为：

邮政地址

邮政收件人及其电话：

传真电话：0755-

传真收件人及其电话：

9.3 送达认定标准

9.3.1 EMS 邮寄的，在发信邮戳日期后届满 5 日视为送达；

9.3.2 采用传真机送达的，在发出传真后即视为送达；

相关文件、函件在视为送达后，相应的法律后果和责任由被送达方承担。

9.4 任何一方改变联系方式的，应在改变前书面告知另一方。否则，原联系方式视为一直有效，相关责任由擅自变更一方自行承担。

10 保密

本协议任何一方对在本协议谈判、签署过程中从他方获悉的有关其经营、财务状况和其他商业秘密以及有关本次交易的所有信息、保密资料和专有资料（统称"保密资料"），负有保密义务。未经他方许可，任何一方不得将该等保密资料向与本协议交易无关的任何政府部门、媒体及第三方披露，但为本次交易转让之目的，各方向其法律顾问、审计机构、测量师、工程师及其他专业顾问提供、披露的除外。除非该等保密资料已为公众所知或已成为公众信息。

本条规定的保密责任期限为本协议失效或本协议终止之日起两年。

11 违约责任

11.1 倘若一方未能履行其在本协议项下之义务或一方根据本协议规定所作的声明或保证失实或严重有误，则该方应被视作违约。违约方除支付违约金外，还应当赔偿其他各方因其违约而遭受的损失。

11.2 除本协议另有规定外，由于一方不履行合同所规定的义务，致使本协议规定的交易无法继续履行或无法完成，守约方有权向违约方追回全部已支付款项并索取违约金的，违约金包括一方不履约而引致他方的直接和其他可预见的经济损失（包括预期利益）在内。

12 争议的解决

任何由于本协议及本协议签订、履行有关的争议，双方应通过友好协商解决。协商应在一方向其他各方送交书面协商申请后立即开始。如在该申请送达之日后__30__日内争议未能解决，则任何一方可将该争议提交中国国际经济贸易仲裁委员会华南分会仲裁。

13 费用和开支

凡各方为商谈、签署本协议和其他与本次交易相关的协议，以及为履行上述合同、协议而产生的费用和开支，包括但不限于各方聘请法律顾问、代理人、审计机构和其他专业顾问的费用、开支等款项，均由各方自行承担。

14 适用法律

本协议的订立、效力、解释、履行以及争议的解决均适用中国法律。

15 合同生效与文本

15.1 本协议自双方签字、盖章后立即生效。

15.2 本协议一式六份,各执三份。

甲方:深圳市 TCJT 发展有限公司　　乙方:深圳市 ZF 房地产开发有限公司
签署:　　　　　　　　　　　　　　签署:
职务:　　　　　　　　　　　　　　职务:

(2016 年 11 月)

股票质押合同

文/王永敬

甲方（出质人）：YR 公司
地址：
法定代表人：

乙方（质权人）：MS 企业（有限合伙）
地址：
委派代表：

鉴于：

甲方为依法注册成立并合法存续的企业法人，截至本合同签订之日，甲方持有 YH 证券股份有限公司（以下简称目标公司）的_____%股份（持股数量：_____股）。

乙方是一家在深圳市注册成立并合法存续的有限合伙，于_____年_____月_____日成立，主要从事股权投资基金管理，于_____年_____月_____日在中国证券投资基金业协会备案，可以依法开展私募基金募集活动。乙方拟受让受让 TSXZ 公司_____%股权（以下简称标的股权），甲方与乙方及其他交易方签署了编号为_____的《股权转让协议》（以下简称主合同），甲方持有 TSXZ 公司_____%股权，且甲方对 TSXZ 公司向乙方支付标的股权的分红负有差额补足义务、特定情形下对标的股权回购的义务及其他责任与义务。

为确保主合同项下各转让方履行主合同项下全部义务、责任、陈述、保证及承诺事项（以下简称主债务），甲方同意以其所持目标公司_____股限售股票为主债务的履行提供股票质押担保。

基于平等、互利、诚实、信用的原则，依据《中华人民共和国合同法》《中华人民共和国物权法》《中华人民共和国担保法》等相关法律法规的规定，甲乙双方经充分协商，就股票质押的相关事项达成如下协议，以遵照执行。

第一条 质押担保范围

本合同的股票质押担保范围为主合同下包括出质人在内的各转让方应履行主合同项下的主债务，包括但不限于以下内容：

1.1 甲方对主合同项下标的股权分红的差额补足义务、特定情形下对标的股权的回购义务、违约金、赔偿金。

1.2 乙方为实现股权分红的差额补足、标的股权回购与担保权利而发生的费用（包括但不限于诉讼费、仲裁费、财产保全费、差旅费、执行费、评估费、拍卖费、公证费、送达费、公告费、律师费等）。

1.3 主合同转让方违反其在主合同所做的陈述与保证的，由此产生对乙方因此造成的全部损失（包括直接损失和间接损失）赔偿金、违约金以及相关全部责任及后果。

1.4 如主合同被确认为无效或被撤销的，担保范围为乙方因此造成的全部损失（包括直接损失和间接损失）、主合同中各转让方应承担的全部责任及后果。

第二条 质押股票

2.1 出质人以其持有的 YH 证券股份有限公司（股票代码：_____）_____万股限售股票及其孳息（包括但不限于质押股票应得股息、红利、配股、送股、拆分股票及其他收益）向质权人提供质押担保。质权人为上述质押物上第一顺位且唯一的质押权人。

质押股票限售期为：_____。

质押股票限售原因为：出质人持有标的股票为_____，限售期_____。

2.2 若质押股票换发新的所有权或其他权利证书（证明），导致本合同或质押证明文件与上述新的权利证书（证明）或登记机关的登记簿相关记载不一致的，出质人不得以此为由拒绝承担担保责任。

2.3 若质押股票在质押期间因送股、公积金转增、拆分股票、增资等形成的派生股票须在上述事实形成后的_____个工作日内追加质押到本合同项下的质权人名下。

2.4 质押股票的孳息由质权人收取；孳息作为质押权利的一部分用于出质人债权的质押担保，出质人应在收到股票孳息后_____个工作日内将股票孳息支付给质权人指定的账户。

第三条 质押权利

3.1 出质人以本合同"质押权利清单"所列之权利设定质押。

3.2 如果"质押权利清单"记载的权利少于质权人实际接受的权利凭证、质权证书或质押证明文件或登记机关质押登记簿所表明的权利，以质权人实际接受的权利凭证、质权证书或质押证明文件或登记机关质押登记簿所表明的权利为质押权利；如果"质押权利清单"记载的权利多于质权人实际接受的权利凭证、质权证书或质押证明文件或登记机关质押登记簿所表明的权利，以"质押权利清单"记载的权利为质押权利，且出质人应按照本合同第六条规定及时办理登记或交付，将"质押权利清单"上记载权利的全部权利凭证、质权证书或质押证明文件或登记机关质押登记簿交付给质权人。

3.3 若质押权利换发新的所有权或其他权利证书，导致本合同"质押权利清单"或者质权人收执的质权证书或质押证明文件与上述新的权利证书（明）或登记机关的登记簿相关记载不一致的，出质人不得以此为由拒绝承担担保责任，且出质人应按照本合同第六条规定及时办理登记或交付。

3.4 出质人应以最大的谨慎维持质押权利的有效性和价值，防止因为超过规定的期限或者发生任何其他事由，导致质押权利失效或贬值。质押权利价值增加，增加的部分仍作为质权人债权的质押担保。

3.5 如果质押权利的价值减少，实质影响质权人债权实现，出质人应按照质权人要求提供新的担保。

第四条 公证

4.1 本合同订立后_____个工作日内，出质人应配合质权人到质权人指定的公证机关对本合同申请具有强制执行效力的债权文书公证。

4.2 关于强制执行公证的效力。

4.2.1 出质人、质权人共同确认：根据有关法律规定已经对强制执行公证的含义、内容、程序、效力等完全明确了解。经慎重考虑决定，自本合同签订之日，出质人、质权人自愿向北京市方圆公证处办理本合同公证并赋予强制执行效力。办理本合同强制执行公证手续所需的费用由出质人承担。

4.2.2 出质人保证：如地址、联系方式等发生变更时，自前述变更发生之日起3日内将变更通知送达质权人及公证处承办公证员并取得回执。否则，质权人因业务需要按照本合同所约定的双方联系方式对其送达有关文件时，不论出质人是否收悉，自发出之日起第_____日，视为质权人已履行了送达义务。在此情况下，出质人自愿放弃对质权人所负通知义务的抗辩权。

4.2.3 出质人、质权人对本合同中所约定的义务无异议,各方共同确认:如主债务人 YR 公司不履行、不能履行或不适当、不完全履行主合同项下的支付回购价款及差额补足款之给付义务,且出质人不履行其担保义务时,质权人有权向出质人发出《履行义务通知书》。如出质人在收到《履行义务通知书》的 5 个工作日内仍不履行其在合同项下的义务时,则:质权人可直接向公证处申请执行证书,向有管辖权的人民法院申请强制执行,而无须经过诉讼程序,同时,出质人放弃对质权人直接申请强制执行的抗辩权。

4.2.4 关于强制执行公证的约定优先于本合同争议解决条款执行。

第五条 质押权利的登记或交付

5.1 出质人应在主合同项下约定的首期股权转让价款支付之日起三个月内,到中国证券登记结算有限责任公司＿＿＿＿＿＿＿分公司办理出质登记及其他相关手续,并将质押登记证明文件交质权人保管。质权人对出质登记另有要求的,出质人也应当一并办理。出质人逾期办理或拒绝办理质押登记手续的,应按本合同约定向质权人承担连带保证责任并向质权人支付已签订的主合同项下股权转让总金额＿＿＿＿＿＿＿元×＿＿＿＿＿＿＿%的违约金。

5.2 质押登记事项发生变化,依法需进行变更登记的,出质人应在登记事项变更之日起＿＿＿＿＿＿＿日内到有关质押登记机关办理变更登记手续。

5.3 出质人应当将证明出质人对质物享有权利的相关文件如股权证、证券账户卡(如为复印件,出质人应在复印件上签字/签章确认)、股东出资证明书、记载质权的股东名册等,移交质权人保管。

5.4 质押期间,标的股权的派生股权产生后,出质人应于取得该派生股权后的＿＿＿＿＿＿＿个工作日内到质押登记机构办理相应的出质登记。

5.5 因办理出质登记、变更登记及其他相应手续所发生的所有费用由出质人承担。

5.6 如主债务已按主合同的约定履行完毕并且出质人在支付了本合同项下应由出质人承担的各项费用后,有权要求质权人返还质押权利凭证。质权人返还质押权利凭证时,出质人应当场验收,如有异议应当场提出,否则视为出质人无异议;已办理质押登记的,质权人应在出质人履行主债务及出质人支付本合同项下应由出质人承担的各项费用之日起＿＿＿＿＿＿＿日内与出质人共同办理质押登记注销或背书。

第六条 质押合同的效力

6.1 本合同自质权人的法定代表人或授权签字人签字且加盖质权人的单位公

章，且出质人的法定代表人或授权签字人签字且加盖单位公章时成立，并自主合同生效之时同时生效。本合同自主合同项下出质人及其他转让方的主债务全部履行完毕之日终止。

6.2 在符合法律规定的情况下，本合同独立于主合同，不因主合同的无效而无效。无论主合同是否被认定为部分或全部无效，均不影响本合同约定的全部效力和出质人所承担的担保责任。

第七条 主合同变更

7.1 如果质权人与出质人协议变更主合同条款，出质人同意对变更后的主合同项下主债务承担担保责任，无须另行取得出质人同意。

7.2 出质人的担保责任不因出现下列任一情况而减免。

7.2.1 质权人或出质人发生改制、合并、兼并、分立、增减资本、合资、联营、更名等情形。

7.2.2 质权人委托第三方享有其在主合同项下的权利。

7.2.3 第三方为主合同项下主债务提供其他担保。

7.3 主合同项下质权人收取标的股权分红的权利转移给第三人的，出质人应协助质权人及该第三人办理法律、法规、规章及规范性文件所要求的质押变更登记手续。

7.4 主合同项下主债务的转移行为未生效、无效、被撤销、被解除，出质人仍按照本合同对质权人承担担保责任。

第八条 对出质人处分质押权利的限制

8.1 未经质权人书面同意，出质人不得以任何方式处分质押权利的全部或部分，包括但不限于放弃、赠予、转让、出资、重复担保。

8.2 经质权人书面同意，出质人处分质押权利而获得价款或其他款项应当存入质权人指定的账户。

8.3 本合同有效期内，出质人任何行为足以使质押权利价值减少的，出质人应于该行为发生之日起三日内，书面通知质权人损失的情况，质权人有权要求出质人停止其行为。因出质人或第三方的行为导致质押权利价值减少时，质权人有权要求出质人恢复质押权利的价值或者提供质权人书面认可的新的担保。

8.4 在本合同有效期内，出质人非经质权人书面同意，不得向第三方赠与质押权利，出质人再质押或以其他任何方式转移本合同项下的质押权利的，应事先取得质权人书面同意。

8.5 在本合同有效期内，出质人应将其所知道或应当知道的对质押权利产生或可能产生不利影响的情况，包括但不限于出质人发生转股、改组、合并、分立、股份制改造、合资、合作、联营、承包、租赁、经营范围和注册资本变更、涉及重大经济纠纷、质押权利权属发生争议、被宣告破产、停业、歇业、解散、被吊销营业执照、被撤销等，及时书面通知质权人，其中涉及质押权利处置或权属变更的还需事先获得质权人的书面同意。

第九条 第三方妨碍

9.1 国家或者其他第三方对质押权利（或其项下动产）进行注销、没收、强制收回、查封、冻结、扣押、监管、扣划、留置、拍卖、强行占有、毁损或者进行其他处置，出质人应当立即通知质权人，并及时采取制止、排除或补救措施，防止损失扩大；若质权人提出要求，出质人应提供符合质权人要求的新担保。

9.2 在本合同有效期内，质押权利价值若价值减少，或质押权利发生前款情形，则质押权利剩余部分仍作为质权人债权的质押担保。如出质人因上述原因取得的赔偿金、补偿金，应存入质权人指定账户。质权人有权选择下列任一方法对上述款项进行处理，出质人应协助办理有关手续：

9.2.1 经质权人同意，用于修复质押权利项下财产，以恢复其价值；

9.2.2 履行或提前履行主合同项下主债务及相关费用；

9.2.3 为主合同项下主债务提供新的质押担保；

9.2.4 出质人提供符合质权人要求的新的担保后，由出质人自由处分。

第十条 质权的实现

10.1 主合同项下各转让方不履行主合同项下主债务，或违反主合同的其他约定，质权人有权处分质押权利。出质人同意质权人有权选择折价、变卖、拍卖等方式处分质押权利。

10.2 本合同"质押权利清单"记载的或双方另行约定的质押权利的价值（下称"暂定价值"），均不表明质押权利的最终价值，其最终价值为质权人处分质押权利所得价款在扣除各项税费后的净额。

若以质押权利抵偿质权人应收取的标的股权分红的，上述暂定价值并不作为质押权利抵偿质权人债权的依据，届时质押权利的价值应由双方协商一致或依法公平评估确定。

10.3 质权人实现质押权利所得价款，在支付变卖或拍卖过程中的费用（包括但不限于保管费、评估费、拍卖费、过户费、税费等）后，优先用于履行主合同项下的主债务，剩余价款退还出质人。出质人同意，如果在履行主合同项下主债务后仍有剩余价款，则将剩余价款优先用于偿还对质权人的其他债权。

10.4　出质人不得以任何方式（包括作为或不作为）妨碍质权人实现质权。

10.5　无论质权人对主合同项下的标的股权分红是否拥有其他担保（包括但不限于保证、抵押、质押、保函、备用信用证等担保方式），不论上述其他担保何时成立、是否有效、质权人是否向其他担保人提出权利主张，也不论是否有第三方同意承担主合同项下的全部或部分主债务，也不论其他担保是否由出质人自己所提供，出质人在本合同项下的担保责任均不因此减免，质权人均可直接要求出质人依照本合同约定在其担保范围内承担担保责任，出质人将不提出任何异议。

10.6　出质人同意，即使因出质人履行、质权人实现其他担保权利或任何其他原因导致主合同项下的主债务部分履行，出质人仍应按照本合同的约定在担保范围内对尚未履行的主债务承担担保责任。

10.7　出质人在其承担担保责任后主合同项下的主债务仍未获完全履行的，出质人承诺，其向其他担保人主张（包括预先行使）代位权或追偿权，不应使质权人利益受到任何损害，并同意主合同项下主债务的履行优先于出质人代位权或追偿权的实现。具体而言，在质权人对标的股权应收取的分红未被全部支付前：

10.7.1　出质人同意不向其他担保人主张代位权或追偿权；如因任何原因，出质人实现了上述权利，则应将所获款项优先用于履行质权人尚未获偿的债权；

10.7.2　主合同项下的主债务如有物权的担保，出质人同意不以行使代位权为由或任何其他原因对该担保物或其处分后所得价款提出权利主张，上述担保物及所得价款应优先用于履行质权人尚未获偿的债权；

10.7.3　若其他担保人为出质人提供了反担保，则出质人基于上述反担保而获得的款项应优先用于履行质权人尚未获偿的债权。

第十一条　出质人的声明与承诺

出质人向质权人作出如下的声明与承诺：

11.1　出质人系合法存续的企业法人，依法独立享有民事权利和承担民事义务。

11.2　出质人具备担保人的合法资格，出质人在本合同项下的担保行为符合法律、行政法规、规章及规范性文件。出质人已取得了签署和履行本合同所必需的授权和批准（包括但不限于出质人内部相关决策程序及授权审批等），因出质人无权签署本合同而产生的一切责任均由出质人承担，包括但不限于全额赔偿质权人因此遭受的损失。

11.3 出质人确认自己对主债务、经营、信用、信誉等情况、是否具备签订主合同的主体资格和权限以及主合同的所有内容已经充分了解。

11.4 出质人合法拥有质押权利并享有处分权，质押权利并非禁止流通与转让的财产，不存在任何权利瑕疵或权属争议。

11.5 质押权利不存在其他共有人，或者虽然存在其他共有人，但该质押担保行为已经获得其他共有人的书面同意。

11.6 质押权利（及其项下财产）不存在任何未书面告知质权人的瑕疵或负担，包括但不限于质押权利（及其项下财产）转让受限制、被监管、被留置、国家税款等情形或者质押权利已为第三人设定担保。

11.7 出质人提供给质权人的一切资料和信息（包括但不限于质押权利及权利凭证）均是准确、真实、完整和有效的。

11.8 出质人提供本质押担保不损害任何第三人的合法利益，不违背出质人的法定与约定义务。

11.9 如果质权人实现质权须第三方履行义务，则出质人保证，该第三方不会主张抵销、留置或任何其他抗辩，且该第三方与出质人之间的任何约定不会限制质权人质权的实现。

11.10 不论出质人是否已经或将与其他担保人签订反担保协议或类似协议，该协议在法律上或事实上将不会损害质权人在本合同项下的任何权利和利益。

11.11 出质人同意质权人向中国人民银行及信贷征信主管部门批准建立的信用数据库或有关单位、部门查询出质人的信用状况，并同意质权人将出质人信息提供给中国人民银行及信贷征信主管部门批准建立的信用数据库。出质人并同意，质权人为业务需要也可以合理使用并披露出质人信息。

11.12 对出质人发生违约情形，质权人有权向有关部门或单位予以通报，有权通过新闻媒体进行公告。

11.13 出质人充分了解并同意主合同的全部条款，自愿为主合同转让方提供质押担保，其在本合同项下的全部意思表示是真实的。

第十二条 违约责任

12.1 出质人违反本合同任一约定或违反任何义务，或明确表示或以其行为表明将不履行本合同项下的任一义务的，或出质人在本合同【第十一条】中的声明与承诺为不真实、不准确、不完整或故意使人误解，质权人可书面通知出质人纠正其违约行为，如果出质人于质权人发出上述通知之日起_____个工作日内仍未对违约行为予以纠正，则质权人有权单独或一并行使下述权利：

12.1.1　要求出质人限期纠正违约行为。

12.1.2　要求出质人提供新的担保。

12.1.3　要求出质人赔偿损失。

12.1.4　处分质押权利。

12.1.5　法律许可的其他救济措施。

因出质人违约给质权人造成经济损失超过违约金的，出质人应就超过部分向质权人支付损害赔偿金。

12.2　质权人对处分质押权利所得价款进行处理时，出质人应协助办理有关手续。

12.3　如果质权人因故意或重大过失致使质押权利凭证毁损、灭失，出质人有权要求质权人承担补办凭证的费用。

第十三条　法律适用及争议的解决

13.1　本合同适用中华人民共和国法律。

13.2　本合同在履行过程中发生争议，双方可以通过协商解决，协商未果应提交华南国际经济贸易仲裁委员会仲裁，仲裁裁决为终局的。除非生效裁决另有规定，双方为仲裁而实际支付的费用（包括但不限于仲裁费用和合理的律师费）由败诉方承担。

第十四条　合同的效力

14.1　本合同独立于主合同具有独立、持续、不可撤销和无条件的法律效力，主合同无效或被撤销，出质人仍应按照本合同的约定对在担保范围内的主债务承担担保责任。

14.2　如本合同被依法宣布为无效或被撤销，出质人仍应赔偿质权人全部损失，包括直接损失和间接损失。前述约定不受本合同效力的影响，独立生效。任何情况下质权人都有权据此主张权利，出质人不得提出任何异议。

14.3　如本合同的某条款或某条款的部分内容现在是或将来成为无效，该无效条款或该无效部分并不影响本合同及本合同其他条款或该条款其他内容的有效性。

第十五条　其他条款

15.1 权利保留。

15.1.1 质权人在本合同项下的权利并不影响和排除其根据法律、法规和其他合同所享有的任何权利。任何对违约或延误行为施以任何宽容、宽限、优惠或延缓行使本合同项下的任何权利，均不能视为对本合同项下权利、权益的放弃或对任何违反本合同行为的许可或认可，也不影响、阻止和妨碍对该权利的继续行使或对其任何其他权利的行使，也不因此导致质权人对出质人承担义务和责任。

15.1.2 即使质权人不行使或延缓行使主合同项下的任何权利或未用尽主合同项下的任何救济，出质人在本合同项下的担保责任并不因此减免，但是质权人若减免主合同项下主债务，出质人在本合同项下的担保责任相应减免。

15.2 义务的连续性。

本合同项下出质人的一切义务和连带责任均具有连续性，对其继承人、接管人、受让人及其合并、改组、更改名称等后的主体均具有完全的约束力，不受任何争议、索赔和法律程序及上级单位任何指令和主合同签订主体与任何自然人或法人签订的任何合同、文件的影响，也不因主合同签订主体破产、无力偿还主债务、丧失企业资格、更改组织章程以及发生任何本质上的变更而有任何改变。

15.3 通知事项。

15.3.1 除非本合同另有约定，本合同项下双方之间的一切通知均可通过传真、邮递、快递，或双方同意的其他方式送达以下地址：

出质人：

电话：

传真：

质权人：

电话：

传真：

15.3.2 一方的通信地址或联系方式如发生变动，应立即书面通知对方，因未及时通知而造成的损失由通信地址或联系方式变动方自行承担。

15.4 本合同未尽事宜，双方可另行达成书面协议，作为本合同附件。本合同的任何附件、修改或补充均构成本合同不可分割的组成部分，与本合同具有同等法律效力。

15.5 本合同正本一式_____份,甲方、乙方各执_____份,其余用于办理相关手续。

15.6 出质人已阅读本合同所有条款。应出质人要求,质权人已经就本合同做了相应的条款说明。出质人对本合同条款的含义及相应的法律后果已全部通晓并充分理解。如本条约定与其他条款约定冲突的,应以本条约定为准。

第十六条 质押权利清单

本合同项下的质押权利清单如下:

质押权利清单

被质押权利的名称	被质押股权公司名称	被质押股票数量	被质押股票性质	被质押股票公司企业法人营业执照号码	备注
股票					

甲方(出质人)(公章):

法定代表人(或授权代理人)(签字):

乙方(质权人)(公章):

委派代表(签字):

签约时间:

签约地点:

(2015 年 6 月)

股权质押合同

文/王永敬

合同编号：

质权人（甲方）：深圳 RQ 公司
住所：

出质人 1（乙方 1）：云南 JP 集团公司
住所：

出质人 2（乙方 2）：LYL
身份证号：
地址：

出质人 3（乙方 3）：XXF
身份证号：
地址：

（以上出质人 1、出质人 2 与出质人 3 在本合同合称为"出质人"或"乙方"）

本合同由签约各方于_____年_____月_____日于中国深圳市_____区签署。

鉴于：

1. 质权人深圳 RQ 公司与出质人 1 云南 JP 集团公司、出质人 2LYL、出质人 3XXF 及其他相关方已于_____年_____月_____日签署《石林 JP 公司增资协议》（以下称"主合同"），质权人通过增资以实现持有石林 JP 公司（以下称"石林 JP"或"目标公司"）85%股权并对石林 JP 控股（以下简称"本次增资"）。

2. 主合同约定在本次增资涉及的工商局变更登记手续完成当日，出质人1、出质人2、出质人3应将其分别持有的石林JP增资后占比13.5%、0.75%、0.75%的股权（该等股权合计15%），即出质人1对石林JP的全部出资额人民币壹仟肆佰肆拾万元整（￥14400000.00）、出质人2对石林JP的全部出资额人民币捌拾万元整（￥800000.00）、出质人3对石林JP的全部出资额人民币捌拾万元整（￥800000.00），质押予质权人。

基于平等、互利、诚实、信用的原则，依据《中华人民共和国合同法》《中华人民共和国物权法》《中华人民共和国担保法》等相关法律法规的规定，质权人与出质人经充分协商，就股权质押的相关事项达成如下协议，以遵照执行。

第一条　签约各方

质权人（甲方）：深圳RQ公司

住所：

出质人1（乙方1）：云南JP集团公司

住所：

出质人2（乙方2）：LYL

身份证号：

地址：出质人3（乙方3）：XXF

身份证号：

地址：

第二条　质押之股权

1. 在出质人与质权人及其他相关方按照主合同约定完成本次增资涉及的工商局变更登记手续完成当日，出质人1、出质人2、出质人3应将其分别持有的石林JP占比13.5%、0.75%及0.75%的股权质押给质权人，质押股权合计占目标公司15%股权比例，质押股权对应的出资额为合计人民币壹仟陆佰万元整（￥16000000.00）。质权人为前述质押股权第一顺位且为唯一的质押权人。

2. 出质人保证对其持有的上述石林JP增资后占目标公司合计15%的股权及其对应出资额享有完整的所有权与处置权。

3. 若质押股权的价值已经或者可能减少，影响质权人债权的实现，质权人有权要求出质人提供新的担保，出质人应按照质权人的要求提供符合质权人要求的新担保，否则视为出质人违反本合同，质权人有权立即行使质押权并要求出质人承担违约责任。

第三条　股权质押担保范围

本合同项下股权质押的担保范围具体包括以下内容：

1. 主合同项下原股东/目标公司应履行的义务、责任、陈述与保证、违约责任等事项（以下合称为"主债务"），包括但不限于以下内容：

（1）主合同项下原股东/目标公司违约时应退回质权人的全部已支付的款项、违约金、补偿金等，合计不低于人民币柒仟肆佰伍拾贰万壹仟陆佰柒拾贰元柒角贰分（￥74521672.72）；

（2）质权人为实现债权与担保权利而发生的费用（包括但不限于诉讼费、仲裁费、财产保全费、差旅费、执行费、评估费、拍卖费、公证费、送达费、公告费、律师费等）；

（3）如主合同或本合同被确认为无效或被撤销的，担保范围为质权人因此造成的全部损失（包括直接损失和间接损失）、原股东及目标公司应承担的全部责任及后果。

2. 自质权人控股石林JP后，石林JP需向股东借款，本合同各方应按各自持股比例提供借款。由于出质人不能提供借款而全部由质权人借款，出质人以其持有石林JP合计15%股权为石林JP向质权人提供借款质押担保。担保范围为出质人应按持股比例提供而未提供的借款、违约金（如有）以及质权人实现此债权的费用等。

第四条　质押权的实现

本合同各方确认并同意，若出质人及主合同项下原股东、目标公司未能按照主合同之约定履行主合同项下的义务、责任、陈述与保证、违约责任等，质权人有权按照相关法律法规之规定处置本合同项下质押股权。

第五条　股权质押期限

本合同各方一致确认并同意，股权质押期限自主合同签订之日起至质权人知道本协议项下被担保的具体义务、具体责任、具体陈述与保证事项等被违反、应承担、被违背之日起后届满两年为止。

第六条　股权质押相关权利义务

1. 出质人承诺，出质人应按照主合同约定，将其持有的石林JP增资后合计15%的股权质押予质权人，即：出质人对石林JP的全部出资额人民币壹仟陆佰万元整（￥16000000.00），且出质人应当于主合同项下增资涉及的工商局变更登记手续完成当日办理完毕相关的质押登记手续。出质人未按本条款办理质押登记手续的，应按日向质权人支付违约金，每日违约金金额为主合同项下质权人已支付的全部增资款人民币柒仟肆佰伍拾贰万壹仟陆佰柒拾贰元柒角贰分（￥74521672.72）的【5‰】。

2. 本合同各方确认并同意，在股权质押期间，未经质权人书面同意，出质人不得擅自以任何方式（包括但不限于转让、赠与、质押）处置其所持有的石林JP增资后合计15%的股权中的全部或任何部分。

第七条　保证与承诺

1. 甲乙双方各自向对方保证，本合同签字人均已获得必要的全部授权，并且本合同签字时已经获得己方必要的全部的批准或者授权（包括但不限于政府批文、股东会、董事会决议批准或授权）。本合同签字盖章后，任何一方均不得以本合同未获得批准或者授权而主张本合同无效。

2. 甲乙双方各自向对方保证，本合同的签订和履行不违反其作为当事人的其他合同、协议和法律文本；本合同生效后，任何一方不得以本合同的签署未获得必要的权力和违反其作为当事人的其他合同、协议和法律文本为由，而主张本合同无效或对抗本合同项下义务的履行。

第八条　违约责任

1. 本合同正式生效后，各方应积极履行有关义务，任何违反本合同约定及保证条款的行为均构成违约，违约方应赔偿守约方因之造成的损失，并向守约方支付主合同项下全部增资款之10%的违约金；损失的赔偿及违约金的支付不影响违约方按照本合同的约定继续履行本合同。

2. 尽管本合同将于本合同约定之生效日期生效，但本合同各方确认和同意，在本合同签订后，如果由于任何一方毁约或未能履行其在本合同生效前应当履行的任何义务，致使本合同无法履行，则该方应赔偿其他守约方因本合同无法履行所产生的全部损失。

第九条　法律适用与争议的解决

1. 本合同的订立、效力、变更、解释、履行、终止和由本合同产生或与本合同有关争议的解决，均受中国（不包括中华人民共和国香港、澳门特别行政区及台湾地区）法律的管辖。

2. 各方应尽力通过友好协商解决因本合同引起或与之相关的任何争议，协商不成的，任何一方可向本合同签订地有管辖权的法院提起诉讼。案件受理费、保全费用、律师费用、交通费用、差旅费用、诉讼费等费用应由败诉的一方承担。

第十条　生效及其他

1. 本合同自各方盖章、签字之日起生效。

2. 本合同正本一式玖份，各方各执贰份，质押登记机关留存壹份。

质权人（盖章）：深圳 RQ 公司

法定代表人（授权代表）（签字）：

出质人 1（盖章）：云南 JP 集团公司

法定代表人（授权代表）（签字）：

出质人 2（签字、指纹）：

出质人 3（签字、指纹）：

（2016 年 8 月）

股权收益权转让合同

编号：　　　　号

文/王永敬

本合同由以下各方于_____年_____月_____日在_____市_____区签订。

甲方（转让方）：HD 工程有限公司
法定代表人：
地址：

乙方（受让方）：CA 信托有限公司（代表"CA 托计划"）
法定代表人：
地址：

丙方（目标公司）：HH 有限责任公司
法定代表人：
地址：

甲方、乙方及丙方单独为"一方"，合称为"各方"。

鉴于：
甲方为依法成立并合法存续的有限责任公司，主要从事_____等。

乙方为依法成立并经中国银行保险监督管理委员会批准有权依法开展信托业务的非银行金融机构，拟接受委托人委托，设立"CA 信托计划"（以下称"本信托计划/本信托"）。乙方作为本信托受托人有权根据信托文件的约定，以本信托项下信托资金进行投资运作。

丙方为依法成立并合法存续的有限责任公司，主要从事政府和社会资本合作项目的投资、建设及运营管理（不得以公开方式募集资金，仅限以自有资产投资。依法须经批准的项目，经相关部门批准后方可开展经营活动）。截至本合同签订日，丙方注册资本总额_____万元，实收资本总额_____万元，甲方持有丙方_____%股权（简称"标的股权"）及股权收益权，甲方实际控制人为_____。

由于标的股权转让涉及的各方内部及外部手续复杂，且甲方与政府合作投资建设PPP项目周期长，短期内无法向乙方办理标的股权转让变更登记手续，经甲乙双方协商一致，甲方同意在标的股权转让正式办理工商变更登记前，将标的股权的股权收益权按本合同约定转让给乙方，乙方同意作为本信托计划的受托人，以本信托计划的信托资金受让该等股权收益权。

为明确各方的权利义务，根据《中华人民共和国合同法》《中华人民共和国信托法》以及相关规定，各方本着自愿、公平、诚实信用的原则，就股权收益权转让及股权转让等相关事宜签订本合同，以兹共同遵照履行。

1 定义

除非文意另有所指，下列词语在本合同中具有如下定义：

1.1 本合同：指编号为_____的本《股权收益权转让合同》及对其的任何有效修订和补充。

1.2 本信托/本信托计划：指乙方作为受托人设立的"CA信托计划"。

1.3 目标公司：指HH有限责任公司。

1.4 标的股权：指甲方合法持有的目标公司_____%股权。

1.5 股权收益权：标的股权对应的收益权为股权收益权，指甲方对标的股权享有的除投票权以外的一切权利，包括但不限于对股权的处置权；获得股权的全部处置收入、分红、送股和获得配股权、认购权证、认沽权证以及孳息等衍生权益等权利；以及自本合同签署之日起股权因送股、公积金转增、配股、拆分股权等而形成的派生股权在任何情形下的卖出收入，股权和股权派生股权取得的股息红利等，股权和派生股权产生的其他收入等。

1.6 PPP项目：指BH-PPP项目。

1.7 转让价款：指本合同项下甲方转让其持有的标的股权及股权收益权而获得的价款，即乙方为获得标的股权及股权收益权按本合同约定所应支付的对价。

1.8 股权收益权转让日（含本日）：指乙方在符合支付转让价款条件的前提下，乙方向甲方支付转让价款的当日。

1.9 股权收益权持有期间：自股权收益权转让日起，至甲方向乙方支付全部预期股权收益、退回转让价款、经济补偿、应付违约金和/或赔偿金等款项之日,或至甲方向乙方正式办理标的股权转让的工商变更登记完成之日止,两者截止时间以孰早为准。

1.10 信托财产专户:指乙方为本信托开立的、用于归集、存放信托资金、支付相关信托费用、分配信托利益、收取转让价款、预期股权收益的专用银行账户,具体账户信息如下:

户　　名:CA 信托有限公司

账　　号:

开户行:

1.11 转让款账户(收益款账户):指甲方在乙方指定银行开立的,用于接收乙方根据本合同约定向其划付转让价款的账户,具体账户信息如下:

户　　名:

账　　号:

开户行:

1.12 元:指人民币元。

1.13 工作日:指中华人民共和国规定的法定公休日和法定节假日以外的日期。

2 股权收益权的转让及股权转让

2.1 由于甲方与政府合作原因,暂时无法向乙方办理标的股权转让工商变更登记,甲方同意在正式完成标的股权转让工商变更登记前,将标的股权的股权收益权按本合同约定转让给乙方,乙方同意按照本合同约定的条款和条件受让甲方持有的股权收益权。

2.2 股权收益权的内容包括但不限于:

(1) 任何情形下全部或部分标的股权转让给任何第三方所产生的转让收入;

(2) 因标的股权取得的股息红利收入等;

(3) 根据法律、行政法规、规章的规定,以及司法机关的裁决、政府机关的规定、合法有效的法律文件的约定,基于标的股权而取得的任何赔偿或补偿;

(4) 因标的股权所产生的其他任何收入。

2.3 股权收益权自股权收益权转让日起由甲方转移至乙方所有,乙方自股权收益权转让日起即享有全部股权收益权,甲方自股权收益权转让日起不再享有该股权收益权的任何权益。

2.4 甲方、丙方或股权收益权所对应的名称、权属证书等发生变更,均不影响本合同项下股权收益权的转让,本合同项下股权收益权的名称等发生变更,本合同项下股权收益权转让继续有效。

2.5 甲方确认:在本合同生效之日起24个月内,完善向乙方转让标的股权的各项手续,在PPP项目建设符合乙方进度要求,且取得乙方书面确认后前往相应工商局办理标的股权转让工商变更登记。甲方与目标公司确保其他股东均确认在本信托计划存续期限内,可将标的股权变更登记至乙方名下,因目标公司PPP项目建设进度不符合预期或经营状况不符合预期,甲方有权拒绝办理标的股权转让的工商变更登记,具体以本合同约定为准。

3 转让价款及其支付

3.1 甲乙双方一致确认,甲方转让标的股权及股权收益权的转让价款为人民币_____元整(小写:¥_____元)(具体金额以本信托成立时委托人实际交付的信托资金金额为准),即乙方应向甲方支付的转让价款为人民币_____(小写:¥_____元)。甲方获得的转让价款用于补充各自的营运资金。

3.2 乙方向甲方支付转让价款前需满足以下全部条件:

(1)本合同已生效;

(2)本信托计划已成立;

(3)甲方、丙方已向乙方提交各自现行有效的企业法人营业执照副本(复印件须加盖公章);

(4)甲方已向乙方提交各自内部权力机构同意签订本合同所必要的批准性文件,包括但不限于丙方股东会的批准以及当地住建局等相关部门的批准文件;

(5)甲方与乙方签订的编号为_____的《股权质押合同》已生效,并办理完毕标的股权质押登记手续,乙方已登记为质押权人;_____与乙方签订的编号为_____的《资金账户监管》已生效,甲方实际控制人张小斌签订的编号为_____号的《保证担保合同》已签订生效;RZ国际酒店有限责任公司、DA集团(上海)实业有限公司及HX商务酒店管理有限公司与乙方分别签订的编号为_____的《抵押担保合同》、编号为_____的《抵押担保合同》及编号为_____的《抵押担保合同》已生效,并办理完毕抵押登记手续,乙方已登记为抵押权人。

3.3 乙方应于本合同第3.2款约定的条件全部满足后_____个工作日内，将本合同第3.1款约定的转让价款支付至本合同第1.11款项下转让款账户。

4 文件资料的移交

4.1 本合同生效后_____个工作日内，甲方应当根据乙方的要求，向乙方移交证明股权收益权所必要的文件和资料，包括但不限于：

（1）相关的基础协议、权属证明文件。

（2）如甲方在本合同签订时尚未取得前述全部文件，则甲方应当先按照本条约定将已取得的文件移交给乙方，在取得剩余部分或全部相关文件及权证后__2__个工作日内向乙方陆续移交剩余相关文件。

4.2 甲方向乙方提交文件资料原则上应提供原件，无法提供或甲乙双方协商一致无须提供原件的，经乙方核对原件无误后，甲方向乙方提供复印件并加盖甲方公章。

5 股权收益权的实现

5.1 乙方自股权收益权转让日（含本日）起即取得股权收益权，有权取得股权收益。本合同项下股权收益权实现的途径包括但不限于：

甲方应自股权收益权转让日起将除投票权以外的一切股权收益权转让给乙方。包括但不限于对标的股权的处置权；获得标的股权的全部处置收入、分红、送股和获得配股权、认购权证、认沽权证以及孳息等衍生权益等权利；以及自本合同签署之日起标的股权因送股、公积金转增、配股、拆分股权等而形成的派生股权在任何情形下的卖出收入，标的股权和标的股权派生股权取得的股息红利等，标的股权和派生股权产生的其他收入等。甲方在股权收益权转让日后取得上述款项的，应于当日将上述款项划入本信托计划项下信托财产专户。

5.2 甲方承诺以转让款账户作为代乙方接收丙方分配股权收益的唯一账户，甲方与丙方承诺将标的股权的股权收益划付至转让款账户。未经乙方事先书面同意或本合同另有约定外，甲方不得将转让款账户中的股权收益划付至除信托财产专户以外的其他任何账户。若甲方以其他银行账户或形式收到了股权收益，应于收到当日将该等款项划付至转让款账户。

5.3 丙方确认自股权收益权转让日起，乙方享有丙方股东身份并享有对应权益。丙方无条件不可撤销地承诺，在一旦符合《中华人民共和国公司法》及相关法律法规、丙方公司章程的情形下，在股权收益权持有期间内每年向乙方按照_____%比例进行公司利润分配，甲方与丙方均应完善利润分配所需的全部手续，确保年度的利润分配在次年1月31日前实施。如甲方已按照本合同第5.4款约定向乙方预支付相应期间的预期股权收益，则对丙方公司该期间内的利润分配权益由甲方享有。

5.4 在股权收益权持有期间内，目标公司经营管理团队保持不变，目标公司的经营管理由甲方负责。甲方无条件不可撤销地承诺，乙方在股权收益权持有期间内获得的预期股权收益不应低于：转让价款×收益率_____%×股权收益权持有期间天数÷360。股权收益权持有期间，甲方于每年6月30日及12月31日（若收益支付日为非工作日，则顺延至其后的第一个工作日支付，即各测算时点）向乙方分别对目标公司该年度上半年度及下半年度的利润分配进行预支付，即预支付预期股权收益，当期应付预期股权收益=转让价款×收益率_____%×对应的当期天数÷360。甲方向乙方预支付相应期间的预期股权收益后，该期间乙方对标的股权应享有的收益、应承担的亏损均由甲方享有、承担。

5.5 若在股权收益权持有期间内，信托财产专户收到的当期预期股权收益未达到甲方在本合同第5.4款约定测算时点承诺应支付的任意一期预期股权收益金额的或存在本合同约定的情形的，则乙方有权采取如下部分或全部措施：

（1）指令甲方于当日将收益款账户内的资金划付至信托财产专户以使得信托财产专户内收到的股权收益达到本合同第5.4款约定的预期股权收益。

（2）以专人送达、特快专递等方式之一传送，传真与电子邮件可作为辅助送达等方式向甲方发送要求其支付足额预期股权收益的书面通知，该通知中载明按照以下公式计算的预期股权收益，甲方应在收到书面通知后_____个工作日内按照通知中载明的金额向乙方支付足额预期股权收益。

5.6 若出现以下情形，丙方有权要求甲方立即退回转让价款并支付全部预期股权收益：

（1）乙方未能按照本协议约定时间获得丙方分配的利润，且甲方未按照本协议约定向乙方支付预期股权收益。

（2）自转让价款支付之日起_____个月之对应日，甲方未能将标的股权变更登记至乙方名下，且乙方未书面同意延长本信托计划存续期限。

（3）自转让价款支付之日起届满_____个月，目标公司经营净现金流低于年均2亿元，且乙方未书面同意延长本信托计划存续期限。

（4）转让价款支付之日起届满_____个月，PPP项目建设进度不符合预期或经营状况不符合预期，且乙方未书面同意延长本信托计划存续期限。

（5）甲方违反本合同第5.2款约定的。

（6）甲方未按照本合同的约定使用转让价款，经乙方书面通知后两个工作日内拒不纠正的。

（7）丙方或甲方发生对外担保、重大诉讼、公司重组等重大事项，乙方认为可能影响其完全履行本合同项下款项支付义务的。

（8）甲、乙双方中任何一方违反本合同或与本合同相关的其他文件（包括但不限于合同、协议、承诺等）任何约定，且经乙方通知后＿＿＿＿＿＿＿日内仍未纠正其违约行为的。

（9）出现或可能出现导致标的股权和/或股权收益权面临毁损、灭失或价值贬损的重大情形。

5.7 在出现本协议第5.6条款约定的退回转让价款情形时，甲方应在收到丙方通知之日起＿＿＿＿＿＿＿日内，向乙方退回全部转让价款，同时支付应付未付的累计预期股权收益，应付未付的累计预期股权收益=第5.4款规定的各测算时点对应的预期股权收益累计金额-乙方实际收到的预期股权收益累计金额。

5.8 甲方向乙方退回转让价款并向乙方支付完毕全部预期股权收益之日起，标的股权及股权收益权转回甲方享有。

5.9 本合同项下股权收益权期间超过＿＿＿＿＿＿＿个月后乙方仍继续持有股权收益权的后续期间，若目标公司经营净现金流低于年均＿＿＿＿＿＿＿元，则乙方有权于每年12月31日向甲方退还＿＿＿＿＿＿＿转让价款，自甲方向乙方退还＿＿＿＿＿＿＿转让价款之日起，相应＿＿＿＿＿＿＿股权及股权收益权转回甲方享有。

6 经营、管理与监督

6.1 甲方应在乙方指定银行开立转让款账户，乙方将按本合同约定将转让价款划付至转让款账户。甲方承诺并保证获得乙方按本合同第3.3条约定支付的转让价款应专项用于补充甲方营运资金。

6.2 乙方持有股权收益权期间，有权通过包括但不限于以下方式实现对目标公司经营的监督：

甲方及丙方应按季向乙方提交目标公司财务报告及股权收益报表，自本合同生效之日起每年向乙方汇报财务报告状况及股权收益情况。股权收益报表应严格按照会计准则包含股权收益权所产生的收益进项、日期、具体金额、详细备注等并加盖丙方公章，甲方应对股权收益报表记载内容的真实性、完整性承担责任。

6.3 乙方持有股权收益权期间，有权通过包括但不限于如下方式实现对目标公司经营的管理和监督：

（1）乙方向丙方派驻董事、监事等人员，甲方与丙方应积极配合落实；

（2）乙方对丙方及甲方按季开展定期性检查和监督；

（3）丙方及甲方若发生对外担保、诉讼、行政处罚及公司重组等重大事项后应立即书面通知乙方；

（4）乙方有权根据需要不定期地审核丙方及甲方的财务状况。

（5）乙方认为必要的其他检查及监督方式。

7 股权及股权收益权实现的保障措施

7.1 为保障甲方和丙方履行本合同项下的全部义务及责任，甲方与乙方将为此签署编号为＿＿＿＿的《股权质押合同》，甲方于本信托计划成立前将标的股权质押登记至乙方名下。

7.2 为保障甲方和丙方履行本合同项下的全部义务及责任，陕西荣江国际酒店有限责任公司向乙方提供抵押担保，乙方与陕西荣江国际酒店有限责任公司将为此签署编号为＿＿＿＿的《抵押担保合同》，并于本信托计划成立前办理完抵押登记手续。

7.3 为保障甲方和丙方履行本合同项下的全部义务及责任，大昂集团（上海）实业有限公司向乙方提供抵押担保，乙方与大昂集团（上海）实业有限公司将为此签署编号为＿＿＿＿的《抵押担保合同》，并于本信托计划成立前办理完抵押登记手续。

7.4 为保障甲方和丙方履行本合同项下的全部义务及责任，乙方与无锡海厦商务酒店管理有限公司将为此签署编号为＿＿＿＿的《抵押担保合同》，无锡海厦商务酒店管理有限公司向乙方提供抵押担保，并于本信托计划成立前办理完抵押登记手续。

7.5 为保障甲方和丙方履行本合同项下的全部义务及责任，＿＿＿＿与乙方签订编号为＿＿＿＿的《资金账户监管》，并于本信托计划成立前办理相应资金监管手续。

7.6 为保障甲方和丙方履行本合同项下的全部义务及责任，张小斌向乙方提供连带保证担保，乙方与张小斌将为此签署编号为＿＿＿＿号的《保证担保合同》。

8 甲丙双方的声明与保证

为本合同之目的，甲丙双方不可撤销地向乙方做如下声明、承诺及保证：

8.1 甲丙双方系按照中华人民共和国法律依法成立和存续的企业法人并保证合法经营。

8.2 甲丙双方已就本次交易通过了内部审批程序；甲丙双方签署本合同不违反对甲丙双方有约束力或有影响的法律或合同的限制，本合同签署后，即构成对其合法、有效和有约束力的法律文件。

8.3 甲方自向乙方转让股权收益权后，即向乙方让渡了股权收益权所对应的财产性权利，在乙方持有股权收益权期间，除乙方事前书面同意外，在任何情况下股权收益权所产生的财产性收益均应由乙方享有。

8.4 甲方保证，标的股权和股权收益权上不存在任何在先权利，乙方持有股权收益权期间，未经乙方事先书面同意，甲方不在标的股权和股权收益权上设定任何形式的质押、优先权及其他权利。

8.5 甲方理解，乙方持有股权收益权期间，股权及股权收益权作为本信托计划项下的信托财产；并特此同意，不对本合同项下股权及股权收益权转让的法律效力提出任何异议，在乙方持有股权及股权收益权期间不从事降低股权及股权收益权价值的行为。本合同项下转让无效、被撤销、被终止或存在任何瑕疵，丙方及甲方均应承担赔偿责任。

8.6 甲丙双方向乙方承诺其不涉及企业间拆借，不存在非法集资等情形。

8.7 甲方承诺并保证按照会计准则及乙方要求向乙方提交财务报表。甲方对股权收益报表的真实性、完整性承担责任。

8.8 甲方承诺按本合同的约定将预期股权收益按期划转至信托财产专户。

8.9 甲丙双方保证签署和履行本合同不会损害甲丙双方的任何债权人利益，也不会有任何债权人等提出涉及本合同的任何权利主张或异议。

8.10 甲丙双方保证向乙方如实披露股权收益权及丙方及甲方所有重要信息，并严格按照乙方要求如实提供相关资料，并保证所披露的各项信息及所提供的所有资料在实质和形式方面均真实、合法、有效和完整。保证各项资料确认的资产、负债、权益、人员等资料真实、公允，不存在有账外资产，亦不存在账外负债及或有负债，不存在违规开发且不存在尚未了结或近期可预见但未告知乙方的任何诉讼（已经向乙方披露的除外）。如甲方在向乙方转让股权收益权时，存在未向乙方披露的目标公司相关账外负债及或有负债，或者其他可能带来损失的事项,由甲方承担清偿或赔偿责任。

8.11 甲方承诺并保证在乙方持有股权收益权期间,甲方对标的股权和股权收益权的任何处分行为包括但不限于转让、质押、设定第三方优先权等行为应经乙方书面同意,未经乙方书面同意,处分行为无效,并构成甲方对乙方的违约行为,甲方应承担乙方因此而遭受的全部损失。

8.12 甲丙双方承诺并保证在乙方持有股权收益权期间,未经乙方事先书面同意:甲丙双方确保各股东不进行股权转让、股权质押等任何影响乙方股权收益权实现的行为;甲丙双方不会对任何他方提供任何形式的担保、亦不会从事任何有损乙方享有并实现股权收益权的行为。

9 乙方的声明与保证

为本合同之目的,乙方不可撤销地向甲丙双方做如下声明、承诺及保证:

9.1 乙方系合法从事信托业务的非银行金融机构,按照本信托项下信托文件的约定签署及履行本合同,本信托成立后,乙方作为本信托受托人在本合同项下全部法律后果均归于本信托。

9.2 乙方保证已经就签署及履行本合同获得必要授权与批准,签署及履行本合同,不违反对乙方有约束力或有影响的法律或合同的限制,本合同签署后,即构成对其合法、有效和有约束力的法律文件。

9.3 乙方应按照法律、法规、规范性文件的要求进行披露信息。

10 税费的承担

10.1 各方依照法律法规规定各自承担本合同履行过程中发生的税费,包括但不限于所得税。

10.2 因履行本合同而产生的费用由甲方承担。

10.3 乙方作为本信托的受托人,以本信托项下信托财产承担本合同履行过程中应由乙方承担的税费和费用。

10.4 甲丙双方认可并接受乙方按照其内部规定向甲丙双方出具相关资金或费用收据,并不得就此提出任何异议。

11 违约责任

11.1 甲方逾期向乙方履行本合同项下任何资金支付义务的,甲方应向乙方支付违约金,每逾期一日支付的违约金金额为应支付而未支付金额的万分之五,直至甲方履行完毕其资金支付义务之日止,并应赔偿由此给乙方造成的经济损失,该损失包括直接经济损失和间接经济损失。

11.2 甲方出现其他任何违约情形（包括违反声明与保证条款），乙方有权立即或按违约情形的具体情况采取以下一种或多种措施：

（1）自违约情形发生之日起要求甲方支付违约金，违约金金额为转让价款的＿＿＿＿％。

（2）要求甲方在一定期限内纠正违约行为。

（3）要求甲方赔偿损失，包括直接经济损失和间接经济损失。

（4）要求甲方按照乙方的要求处置股权收益权，包括但不限于要求甲方向第三方转让股权收益权等。

（5）单方面解除本合同。

12 保密

各方对于本合同以及与本合同有关的事项承担保密义务，未经各方书面同意，任一方不得将本合同的任何有关事项向除本合同以外的其他方披露，但是因以下情况所进行的披露除外：

12.1 乙方按照法律法规或信托文件约定的信息披露义务，向委托人和信托受益人进行的披露。

12.2 向在正常业务中所委托的审计、律师等工作人员进行的披露，但前提是该等人员必须对其在进行前述工作中所获知的与本合同有关的信息承担保密义务。

12.3 该等资料和文件可由公开途径获得或者该资料的披露是法律法规的要求。

12.4 向法院或者根据任何诉前披露程序或类似程序的要求，或根据所采取的法律程序所进行的与本合同有关的披露。

12.5 乙方根据金融监管机构的要求，向金融监管机构进行的披露。

12.6 本条约定在本合同终止后仍然有效。

13 合同的生效

本合同自甲、乙、丙各方的法定代表人或授权代表签字或盖章并加盖各方公章后生效。

14 合同权利义务的转让

本合同生效后，未经乙方书面同意，甲方无权转让本合同项下权利义务；乙方有权对外转让本合同项下权利义务，乙方转让权利义务的仅需通知丙方。

15 合同的变更、解除

15.1 各方协商一致，可以变更或解除本合同。

15.2 截至_____年_____月_____日，本信托计划未成立的，本合同自动解除，各方均不承担任何责任。由于不可抗力或不可归责于任何一方的原因致使本合同的目的无法实现的，其中一方可以书面通知另外两方解除本合同，本合同自通知送达之日起解除，各方按公平原则各自承担责任。

15.3 变更或解除本合同均应采用书面形式。

16 不可抗力

16.1 "不可抗力"是指本合同各方不能合理控制、不可预见或即使预见亦无法避免的事件，该事件妨碍、影响或延误任何一方根据本合同履行其全部或部分义务。该事件包括但不限于地震、台风、洪水、火灾、瘟疫、其他天灾、战争、政变或其他类似事件，法律法规政策的变动及政府行为不属于不可抗力。

16.2 如发生不可抗力事件，遭受该事件的一方应立即用可能的快捷方式通知另外两方，并在15日内提供证明文件说明有关事件的细节和不能履行或部分不能履行或需延迟履行本合同的原因。各方应在协商一致的基础上决定是否延期履行本合同、终止本合同，并达成书面合意。

17 通知

17.1 各方之间的一切通知均可由专人送达、特快专递等方式传送，传真与电子邮件可作为辅助送达方式。

17.2 通知在下列日期视为送达：

（1）专人递送的通知，在专人递送之交付日为有效送达；

（2）以传真或电子邮件发出的通知，在电子信息反馈为送达后第_____个工作日为有效送达；

（3）以特快专递（付清邮资）发出的通知，在寄出（以邮戳为凭）后的第_____日为有效送达。

17.3 各方在本合同中填写的联系地址即为其有效的通信地址。

各方均有权在任何时候更改其通信地址，但应按本条约定的送达方式在变更后__7__日内向其他方送达通知，因未及时通知而造成的损失由通信地址或联系方式变动方承担。

17.4　甲方联络方法：

　　地址：

　　邮编：

　　传真：

　　电话：

　　联络人：

　　电子邮箱：

17.5　乙方的联络方法：

　　地址：

　　邮编：

　　传真：

　　电话：

　　联络人：

　　电子邮箱：

17.6　丙方的联络方法：

　　地址：

　　邮编：

　　传真：

　　电话：

　　联络人：

　　电子邮箱：

18　法律适用

　　本协议的签订、成立、效力、解释、履行等事宜均适用中国法律。

19　争议解决

19.1　各方因履行本协议或与本协议有关的所有纠纷均应当以友好协商的方式解决，协商无法解决时，应提交深圳国际仲裁院仲裁，仲裁裁决是终局的，对各方均有约束力。

19.2　各方一致确认按照以下程序进行仲裁：

　　各方确认本协议载明的通知地址和方式为接收各类通知、函件和仲裁文书的有效送达地址和方式。任何一方如变更上述通知地址和方式，应及时通知对方，各类通知、函件和仲裁文书经按上述各方确认的或书面通知变更的通知方式进行送达即视为已送达。

各方一致同意由 1 名仲裁员组成仲裁庭审理本争议，仲裁院由该会主任指定。

各方一致同意由仲裁庭书面审理与本协议有关的争议，并同意对对方当事人提交的证据材料进行书面质证，经当事人申请并经仲裁庭同意，或仲裁庭认为有必要，可以开庭审理；

被申请人应自收到仲裁通知之日起 5 个工作日内向深圳国际仲裁院提交答辩书及有关证据。如有反请求，也应在该期限内提交相应反请求和证据。在本条约定的期限内，若未提交任何答辩书、证据或反请求及其证据，不影响仲裁庭审理案件；

仲裁庭将于上述约定期限后的第 1 个工作日开始书面审理案件争议；

除非仲裁庭另有决定，争议各方当事人应在案件审理日第 4 个工作日起的 5 个工作日内提供书面质证意见；

如开庭审理的案件，仲裁庭应提前 5 个工作日将开庭通知以本合同各方约定的方式交送各方当事人；

除非仲裁庭作出延期决定，仲裁庭应在审理案件之日起 25 个工作日内作出裁决；

本条款未作约定的事项，适用申请仲裁时深圳国际仲裁院的规定。

19.3 在争议持续期间，除争议内容外各方应当继续履行本协议其余条款。

19.4 除生效裁决另有规定外，各方为实现权利而实际支付的费用（包括但不限于仲裁费和合理的律师费）由败诉方承担。

20 条款效力独立性

若本合同任何条款被法院或仲裁委根据中国有关法律认定为无效，并不影响本合同其他条款的持续有效和执行，合同相对方可继续依据本合同其他条款主张权利。

21 责任清理条款

若本合同存在被认定为撤销、终止、或无效情形，甲方与乙方按照以下约定分配及承担责任：

21.1 甲方仍应向乙方退回全部转让价款及按照以下计算方式向乙方支付经济补偿，经济补偿=转让价款×补偿天数×0.05%/天。其中补偿天数为：乙方未能按照本协议第 5.4 条款约定计算并实际收到的预期股权收益所涵盖的累计天数。

21.2 与本信托计划有关的《股权质押合同》《抵押担保合同》《保证担保合同》及《资金监管合同》另有约定的，从其约定。

21.3 其他责任、损失由各方各自承担，互不追究。

22 合同期限

合同期限自本合同生效之日起至甲方根据本合同约定向乙方支付预期股权收益、退回转让价款、经济补偿、应付违约金和/或赔偿金等款项之日止。

23 其他

23.1 本合同未尽事宜，各方可另行签订补充合同，补充合同与本合同约定不一致的，以补充合同约定为准。

23.2 本合同一式八份，各方各执二份，其余用于办理相关手续，每份具有同等法律效力。

在签署本合同时，各当事人对合同的所有条款已经阅悉，均无异议，并对当事人之间的法律关系、有关权利、义务和责任的条款的法律含义有准确无误的理解。

甲方（盖章）：（代表合同编号为＿＿＿＿＿＿＿的长安信托＿＿＿＿＿＿＿信托计划）

法定代表人或授权代表（签字或盖章）：

乙方（盖章）：

法定代表人或授权代表（签字或盖章）：

丙方（盖章）：

法定代表人或授权代表（签字或盖章）：

（2017 年 8 月）

协议编号：

股权转让协议

文/王永敬

本协议由下列各方于_____年_____月_____日于_____市_____区共同签订。

转让方：YR 公司（以下简称"转让方 1"）
法定代表人：
地址：

转让方：CX（以下简称"转让方 2"）
身份证号：

转让方：ZJ（以下简称"转让方 3"）
身份证号：

转让方：WXY（以下简称"转让方 4"）
身份证号：
（以上转让方 1、转让方 2、转让方 3 与转让方 4 合称为"转让方"）

受让方：MSLH 企业（有限合伙，以下简称"受让方"）
地址：
委派代表：

目标公司：TSXZ 公司
法定代表人：
地址：

鉴于：
TSXZ 公司（以下简称目标公司）为依据中国法律成立并合法存续的有限

责任公司，于_____年_____月_____日设立，统一社会信用代码为_____。截至本协议签订日，目标公司注册资本为_____万元，实收资本为_____万元。

在本协议签订日，转让方为目标公司的合法股东，转让方1、转让方2、转让方3与转让方4分别持有目标公司_____%股权、_____%、_____%与_____%股权，合计持有目标公司100%的股权，转让方自愿将100%股权按本协议约定转让给受让方。

受让方是一家在深圳市注册成立并合法存续的有限合伙，于_____年_____月_____日成立，主要从事股权投资基金管理，于_____年_____月_____日在中国证券投资基金业协会备案，可以依法开展私募基金募集活动。

在平等、自愿、互利互惠的基础上，经友好协商，转让方同意将其所持目标公司_____%的股权转让给受让方，受让方自愿受让目标公司_____%的股权。

为明确各方的权利义务，经各方在平等互利的基础上协商一致，就股权转让相关事项达成如下协议，以资信守。

1　定义

除非本协议另有约定或说明，本协议所使用的下列词语应具有如下特定含义：本协议系指本编号为_____的《股权转让协议》及其任何有效修订和补充。

1.1　目标公司：系指 TSXZ 公司。

1.2　标的项目/天使小镇项目：指目标公司拥有完整权属的_____、_____、_____与_____四个项目，四个项目相应土地房产（含在建工程，本协议中下文均包含此意）等情况详见本协议附件2。

1.3　标的股权1：系指转让方1持有的拟向受让方转让的目标公司_____%的股权。

1.4　标的股权2：系指转让方2持有的拟向受让方转让的目标公司_____%的股权。

1.5　标的股权3：系指转让方3持有的拟向受让方转让的目标公司_____%的股权。

1.6　标的股权4：系指转让方4持有的拟向受让方转让的目标公司_____%

的股权。

1.7 标的股权：系指标的股权1、标的股权2、标的股权3与标的股权4的合称，即转让方合计持有的拟向受让方转让的目标公司＿＿＿＿＿＿％的股权。

1.8 过渡期：系指本协议签订日起至交割日。

1.9 交割日：系指本协议项下标题为"标的股权的交割"的第5条所约定的交割手续全部办理完毕之日。

1.10 重大资产：系指价值人民币100万元以上的资产。

1.11 关联方：就任何主体而言，关联方系指：①该主体的控股股东或实际控制人；②该主体的董事、监事或高级管理人员；③该主体作为其控股股东或实际控制人的其他主体；④其他依据中国法律或中国一般公认的会计准则构成该主体的关联方的其他主体。

1.12 权利负担：系指①抵押权、质权、留置权或其他担保权益；②收购协议、期权协议或出售权协议；③债权从属（约定某一债权劣后于其他债权受偿的）协议或安排；④设置或执行上述权利的协议。

1.13 政府机构：系指①中国各级人民政府、人民代表大会、人民法院（含专门法院）、人民检察院（含专门检察院）；②中国仲裁机构及其分支机构；③任何在上述机构领导下或以上述机构名义行使行政、立法、司法、管理、监管、征用和征税权利的政府授权机构、事业单位和社会团体。

1.14 法律：指中华人民共和国（就本协议而言不包括香港特别行政区、澳门特别行政区和台湾地区）的法律、法规及司法解释。

1.15 税收：系指由有管辖权的政府机构或其授权机构征收的现有的和将有的任何税收、规费以及其他任何性质的政府收费，包括但不限于印花税、营业税、所得税和其他税。

1.16 元：指中国法定货币人民币。

1.17 工作日：系指除国家法定假日、公休日以外的任何一天。

2 转让标的

本协议项下转让标的为转让方合法持有的目标公司100%的股权（对应注册资本为＿＿＿＿＿＿万元），转让方1、转让方2、转让方3与转让方4分别持有目标公司＿＿＿＿＿＿％股权、＿＿＿＿＿＿％、＿＿＿＿＿＿％与＿＿＿＿＿＿％股权。转让方同意按照本协议约定的条款和条件，向受让方转让不附带任何权利负担的标的股权的全部权利和权益；受让方同意按照本协议约定的条款和条件，自转让方受让不附带任何权利负担的标的股权的全部权利和权益。

3 股权转让价款及其支付方式

3.1 股权转让价款：受让方与转让方一致同意标的股权转让价款总额为人民币_____，受让方采取货币资金方式支付股权转让价款。受让方按照本协议第3.2、3.3、3.4与3.5条款约定时间与条件向转让方合计支付股权转让价款人民币_____元。

3.2 首期股权转让价款人民币_____的支付方式

本协议签订生效且本协议项下标题为"首期转让价款支付的前提条件"的第3.3条款约定的条件全部满足之日后_____个工作日内，受让方向转让方合计支付首期股权转让价款人民币_____。其中，受让方应向转让方1支付的首期股权转让价款为人民币_____，受让方应向转让方2支付的首期股权转让价款为人民币_____，受让方应向转让方3支付的首期股权转让价款为人民币_____，受让方应向转让方4支付的首期股权转让价款为人民币_____。转让方指定收款账户信息如下：

转让方1收款账户：

开户名：YR公司

开户行：

账　号：

转让方2收款账户：

开户名：CX

开户行：

账　号：

转让方3收款账户：

开户名：ZJ

开户行：

账　号：

转让方4收款账户：

开户名：WXY

开户行：

账　号：

3.3 首期股权转让价款支付的前提条件

当且仅当下列条件全部满足的情况下，受让方才有义务按照本协议的约定向转让方支付标的股权的首期股权转让价款：

3.3.1 本协议项下的其他交易文件已签订并生效；

3.3.2 转让方、目标公司已出具其股东（如有）/执行董事（如有）关于同意转让方、目标公司签订本协议并履行本协议项下相关义务的决定文件；

3.3.3 转让方和目标公司已经按照本协议项下第 5 条规定办理完毕标的股权交割所要求的所有手续，受让方成为标的股权的唯一所有权人；

3.3.4 于交割日之前，转让方已经向受让方提供了证明转让方合法拥有标的股权的如下文件：①经确认与原件一致的目标公司的营业执照复印件（如变更营业执照）或目标公司工商登记备案信息变更通知书（具体文件名称以当地工商部门出具的为准）；②经确认与原件一致的目标公司的公司章程的复印件；③经确认与原件一致的转让方对目标公司的出资证明文件复印件；④经确认与原件一致的目标公司截至交割日前的最新股东名册复印件；

3.3.5 转让方应确保将标的项目对应全部土地房产由 YRXX 公司转让至目标公司名下，确保目标公司拥有标的项目对应全部土地房产的完整权属，具体标志为目标公司取得标的项目土地房产的不动产权证，标的项目对应土地房产情况以本协议附件 2 _____ 为准；目标公司同意在取得标的项目中 _____ 与 _____ 两个项目相应土地房产的不动产权证当日，以 _____ 与 _____ 两个项目土地房产向 _____ 银行设定抵押；

3.3.6 转让方确保在受让方支付首期股权转让价款前将本条款以下全部《协议书》办理公证：①目标公司及 YRXX 公司与安吉县城市建设投资集团有限公司签订的关于人民币 _____ 元债务清偿的《协议书》；②目标公司及 YRXX 公司与 WLTSXZ 合伙企业（有限合伙）签订的关于人民币 _____ 元债务本金及相应利息清偿的《协议书》；③目标公司及 YRXX 公司与各供应商、工程承包方等签订的关于约 _____ 工程款支付的《协议书》；

3.3.7 转让方已就目标公司的业务、经营、资产、债务及或有事项等情况向受让方进行了充分披露；

3.3.8 目标公司的业务、经营、资产、债务等情况未发生重大不利变化；

3.3.9 转让方未违反其在本协议项下的义务或承诺，且转让方在本协议项下所做的陈述与保证持续真实、准确和完整；

3.3.10 如因受让方原因导致本协议第 3.3 条款所要求的前提条件不满足，即使受让方向转让方提前支付本协议第 3.2 条款约定的首期股权转让价款，不视为受让方放弃本协议第 3.3 条款所要求需满足的前提条件，转让方应自接到受让方通知之日起 10 日内满足本协议第 3.3 条款要求需满足的前提条件，否则转让方应按照本协议约定向受让方承担违约责任，并赔偿受让方的一切损失。

3.4 分期支付＿＿＿＿股权转让价款：受让方自首期股权转让价款支付之日起五年内分十期向转让方 1 支付 3 亿元股权转让价款。经各方协商一致，由目标公司代收本协议第 3.4 条款下的人民币＿＿＿＿股权转让价款，受让方自首期股权转让价款支付之日起，于每年的＿＿＿＿月＿＿＿＿日（如遇非工作日则顺延至下一工作日）、＿＿＿＿月＿＿＿＿日（如遇非工作日则顺延至下一工作日）下午＿＿＿＿前向目标公司分别支付人民币＿＿＿＿股权转让价款，目标公司应在代收每期股权转让价款之日起＿＿＿＿日内，代付至标的股权转让方 1 指定账户，转让方 1 指定账户为本协议第 3.2 条款中约定的转让方 1 账户。

3.5 有条件支付股权转让价款＿＿＿＿元

3.5.1 为确保转让方 1 按照本协议第 7 条约定履行对标的股权分红的差额补足义务、回购义务及其他相关义务与责任，转让方 1 的关联公司 YRXX 公司提供连带责任担保且提供资金账户监管。YRXX 公司与转让方 1 的实际控制人均为廖春荣。为确保 YRXX 公司的担保能力及避免应由 YRXX 公司在分立后承担的债务追索至目标公司，转让方 1 应确保 YRXX 公司按期偿还第三方债务。

3.5.2 鉴于 YRXX 公司与安吉农行于 2015 年 1 月 21 日签订的编号分别为＿＿＿＿、＿＿＿＿的《＿＿＿＿银行股份有限公司固定资产借款合同》，于＿＿＿＿年＿＿＿＿月＿＿＿＿日与＿＿＿＿银行签订的编号为＿＿＿＿的《委托贷款合同》，转让方 1 承诺并确保截至本协议签订之日止，YRXX 公司应按照前述借款合同约定的还款计划，偿还借款本金余额共计人民币＿＿＿＿元借款（"＿＿＿＿农行和交通银行"以下合称"特定债权人"）。经受让方与转让方 1 协商一致，YRXX 公司应在其向特定债权人偿还每期应偿借款当日，通过转让方 1 向受让方提交其已偿还当期应偿借款且特定债权人已确认收到该笔还款的书面依据，受让方自收到转让方 1 发送的书面依据并确认 YRXX 公司已向特定债权人还款之日起三个工作日内向股权转让方 1 支付 YRXX 公司当期已偿还借款等额的股权转让价款。

3.5.3 若 YRXX 公司未能按照本协议第 3.5.2 条款按期向特定债权人偿还借款，转让方 1 应在到期还款之日起三个工作日内协调＿＿＿＿农行或交通银行与 YRXX 公司及其他相关方签订书面文件，并在书面文件中明确转让方 1

同意受让方将本协议第3.5.2条款中附条件支付的股权转让价款直接向安吉农行或交通银行支付以偿还YRXX公司的债务。

3.5.4 若YRXX公司未能按照本协议第3.5.2条款按期偿还相应借款,且转让方1未能按照本协议3.5.3条款约定协调各方签署相应文件,则受让方无须再向转让方1支付本协议第3.5.2条款中附条件支付的股权转让价款,且受让方可选择要求转让方1按照本协议第7.3.4与7.3.5条款约定的方式回购标的股权,回购标的股权的价格计算方式参照本协议第7.3.6条款;若受让方选择要求转让方1按照本协议第7.3.4与7.3.5条款约定的方式回购标的股权,则受让方无须再向转让方支付尚未支付的其他任何股权转让款项。

4 过渡期安排

4.1 在过渡期,转让方应保证:

4.1.1 目标公司正常经营,维持所有重要协议的继续有效及履行;

4.1.2 目标公司应积极收取其享有的应收账款(如有);

4.1.3 转让方(及其委派至目标公司的董事或监事)行使任何表决权,均应经受让方事先书面同意。

4.2 转让方保证,未经受让方事先书面同意,在过渡期内目标公司不得进行以下行为:

4.2.1 通过任何分配股息、红利或任何形式的利润分配的决定或决议;

4.2.2 变更注册资本或变更股权结构;

4.2.3 收购任何股权、合伙企业份额、单独或与第三方共同投资设立公司、合伙企业或进行其他权益性投资,或收购任何重大资产;

4.2.4 签订任何限制目标公司经营其现时业务的协议或协议;

4.2.5 签订、参与或达成任何协议或安排,使本协议项下交易和安排受到任何限制或不利影响;

4.2.6 提供担保或举借债务;

4.2.7 转让或出售其重大资产或业务,或者以出租或其他方式处置其重大资产或业务,或在该等资产上设定任何权利负担;

4.2.8 签订纯义务性或其他损害目标公司利益或非正常的协议;

4.2.9 就其经营活动进行任何重大变更;

4.2.10 提高职工工资、社会保险费或其他费用、福利(为执行中国法律的强制性规定而进行的除外,但应事先通知受让方);

4.2.11 签订任何协议或安排、作出任何决议或决定或采取任何行动或措施以致对目标公司的业务、资产、财务状况或价值产生不利影响。

4.3 为本条前述两款之目的，转让方应确保受让方及其所聘请的专业顾问，可以在任一工作日的任何时间向转让方及目标公司工作人员询问、查阅并取得关于目标公司资产、经营情况的相关资料及记录的复印件，以便受让方了解目标公司的经营情况。

5 标的股权的交割

5.1 转让方应确保在本协议签订后_____个工作日内办理完毕下述全部交割手续：

5.1.1 目标公司应相应修改目标公司的公司章程中有关股东及其出资额的记载。

5.1.2 转让方应在本协议签订后_____个工作日内向受让方提供办理工商变更登记（或备案）所需的执行董事决定/股东决定等内部授权文件，包括但不限于关于标的股权转让的执行董事决定/股东决定，关于公司变更董事、监事或其他高级管理人员的执行董事决定/股东决定，并办理完毕标的股权的股权转让工商变更登记手续（取得目标公司的营业执照复印件（如变更营业执照）或目标公司工商登记备案信息变更通知书，具体文件名称以当地工商部门出具的为准）。

上述交割手续办理完毕之日即为交割日。

5.1.3 转让方应协助并敦促目标公司自本协议签订后及时向公司登记机关申请办理工商变更登记手续，并确保在本协议签订后_____个工作日内完成标的股权转让所涉及的工商变更登记，完成的标志以取得股权转让换发变更后的营业执照为准。

5.2 转让方同意，受让方自交割日成为标的股权的唯一所有权人，对标的股权享有合法的、有效的和完整的所有权，且转让方自该日起放弃其对标的股权的一切权利和权益（但有权要求受让方按照本协议的约定支付标的股权转让价款）。

6 陈述与保证

6.1 转让方的陈述与保证：为保护受让方的利益，转让方向受让方做出如下陈述和保证，下述各项陈述和保证均为真实和准确：

6.1.1 转让方具有签订本协议的主体资格，其签订本协议、向受让方转让标的股权不违反任何按法律、法规、规章、对其有约束力的协议、文件及其章程的规定，并已获得签订和履行本协议的相应授权、批准或备案手续。

6.1.2 转让方保证其为签订、履行本协议而向受让方提供的所有证明、文件、资料和信息，均是真实、准确和完整的，不存在虚假记载、误导性陈述或重大遗漏。

6.1.3 转让方签订和履行本协议不违反或抵触适用于转让方的任何法律的规定，不违反或抵触转让方的公司章程或其他组织性规定，也不违反或不会导致转让方违反其作为一方或对其或其财产有约束力的任何有效协议或文件的规定。

6.1.4 转让方1、转让方2、转让方3与转让方4分别是标的股权1、标的股权2、标的股权3与标的股权4的唯一合法所有权人。转让方未向任何第三方出售、赠与、转让其对标的股权的所有权或其他权利或权益，且未在标的股权上设定任何质权或其他权利负担。

6.1.5 截至本协议签订之日，转让方通过债转股方式以及增资方式对目标公司的实缴资本为人民币_____元，转让方承诺不存在任何抽逃出资、出资不实、虚假出资等影响标的股权权利实现的任何情形。

6.1.6 截至交割日，目标公司处于持续合法经营状态，不存在任何违反法律法规的行为，不存在违反对其有约束力的协议、文件的行为，不存在对其他主体的侵权行为。

6.1.7 截至交割日，标的股权和目标公司均未被有权的国家机关采取任何形式的查封、冻结等措施，转让方及目标公司没有未披露的任何诉讼、仲裁等纠纷。截至交割日，转让方向受让方转让标的股权不侵犯任何人的利益。

6.1.8 转让方已经按照中国法律缴清其持有标的股权应付的税收和其他应付费用。

6.1.9 目标公司合法设立并有效存续，标的项目来源、经营合法，标的项目取得的相关证件手续符合监管部门的要求，向受让方出示的文件内容真实、完整、有效。目标公司的所有注册资本均已出资到位，不存在任何虚假出资、抽逃出资的情形。

6.1.10 目标公司应合法取得开发建设及运营标的项目的权利及相应的资质，标的项目已按照法律、法规规定办理了必要的审批、许可、核准或备案程序，不存在任何导致或可能导致目标公司、标的项目已取得的任何许可、授权、批准以及目标公司已拥有之任何资产、权利、权益被撤销、被解除或被吊销、被收回的情形。

6.1.11 目标公司未与任何雇员或其他人员、机构达成关于股份激励、股份期权、与利润相关的酬金、利润分享奖金或其他奖励计划或类似安排。

6.1.12 转让方已经向受让方书面披露了目标公司和关联方之间的全部关联交易。目标公司在任何关联交易的任何方面均符合中国相关的法律法规之规定并且真实合法及有效并遵照日常交易过程中公允市场条件。

6.1.13 转让方已经就目标公司的资产状况向受让方进行了充分披露，且目标公司享有对任何其拥有、持有或使用的非固定资产、固定资产、知识产权或其他资产（以下合称"目标公司资产"）的合法所有权和/或使用权，除已向受让方书面披露的权利负担状况以外，任何该等目标公司资产上不存在任何权利负担。

6.1.14 转让方已就目标公司的各项负债或有负债或者其他权利负担向受让方进行了充分披露。若目标公司存在转让方未向受让方披露的其他负债或有负债或其他权利负担，均由转让方承担。如受让方或目标公司因该等负债或有负债和责任而对外支付任何费用或遭受任何损失的，转让方应向受让方予以全额赔偿。

6.1.15 标的股权所对应目标公司的债务，应以本协议签订日的债务为限，具体详见本协议附表《本协议签订日债务清单》。

6.1.16 转让方保证并承诺，YRXX公司应先行向特定债权人偿还共计_____元借款，该笔_____元的借款与目标公司无关，目标公司不承担任何偿还该笔借款的义务，转让方及YRXX公司应当确保该_____元债务不追索至目标公司。

6.1.17 目标公司不存在偷税漏税行为。在本协议生效日后，如发生目标公司因交割日前的偷税漏税行为被要求补缴任何税费或被处以任何行政处罚的，转让方应向目标公司补偿该等款项。

6.1.18 转让方已将目标公司作为协议一方的任何总包、分包、采购协议或其他协议、协议和法律文件向受让方进行了充分披露。且目标公司已依照法律规定和协议约定适当履行了其全部协议义务，不存在会导致重大不利影响的违约行为，并且不存在可能导致任何此类违约的情形。如存在未向受让方披露的任何协议或者文件，导致目标公司在股权转让后对外支付款项的，则转让方应在该等款项支出后_____个工作日内将等额款项支付给目标公司。

6.1.19 标的股权或目标公司不存在任何未向受让方披露的瑕疵、缺陷、风险、负债或者有负债、诉讼、法律纠纷及其他任何对标的股权或目标公司可能造成重大不利影响的因素。

6.1.20 为确保受让方取得和享有标的股权的所有权，转让方应配合受让方进一步签订必要的文件（包括但不限于为办理变更登记手续而签订协议或其他文件）并采取必要的措施。

6.2 受让方的陈述与保证：为转让方的利益，受让方向转让方做出如下陈述和保证，下述各项陈述和保证均为真实和准确：

6.2.1 受让方具有签订本协议的主体资格，并已获得签订和履行本协议的相应授权或批准。

6.2.2 受让方将按本协议的约定按时、足额支付标的股权转让价款。

6.2.3 受让方保证其为签订、履行本协议而向转让方提供的所有证明、文件、资料和信息，均在提供资料的当日和适用/使用期内是真实、准确和完整的，不存在虚假记载、误导性陈述或重大遗漏。

6.2.4 受让方签订和履行本协议不违反或抵触适用于受让方的任何法律的规定，不违反或抵触受让方的公司章程或其他组织性规定，也不违反或不会导致受让方违反其作为一方或对其或其财产有约束力的任何有效协议或协议的规定。

7 转让方后续的权利与义务

7.1 转让方1对目标公司管理层经营的安排。

7.1.1 经各方协商一致，为确保目标公司经营稳定、管理稳定及目标公司按期向受让方支付标的股权分红，由标的股权交割时的转让方所安排的目标公司管理层继续管理目标公司。鉴于由转让方所安排的目标公司管理层继续管理目标公司，转让方1承诺按照本协议约定向受让方履行对标的股权分红的差额补足义务。

7.1.2 自本协议签订之日起至受让方持有标的股权期间，转让方1应确保目标公司管理层在对目标公司的经营管理过程中尽职尽责，管理层不得做出任何损害目标公司或受让方利益的行为。管理层应按照目标公司章程约定对公司经营事项提交股东会决议，包括但不限于对外借款、担保等事宜。

7.1.3 自本协议签订之日起至受让方持有标的股权期间，若管理层的经营决策导致目标公司或受让方遭受损失，转让方1应自目标公司或受让方发生损失之日起5个工作日内向目标公司或受让方赔偿相应损失，且受让方可要求转让方 1 按照本协议 7.3.4 与 7.3.5 条款约定的方式回购标的股权，回购标的股权的价格计算方式参照本协议第 7.3.6 条款。

7.2 标的股权的分红及差额补足义务。

7.2.1 自首期股权转让价款支付之日起五年内，转让方应确保目标公司对受让方每年的现金分红金额不低于人民币_____元（包括本数），目标公司应自首期股权转让价款支付之日后每年的_____月_____日（如遇非工作日则顺延至下一工作日）、_____月_____日（如遇非工作日则顺延至下一工作日）上午_____前向受让方预分红，若不足，转让方 1 承担差额补足义务，转让方 1 应于前述对应每年的_____月_____日（如遇非工作日则顺延至下一工作日）、_____月_____日（如遇非工作日则顺延至下一工作日）下午_____前向受让方履行差额补足义务。转让方 1 每次差额补足的款项为人民币_____。转让方 1 将每次差额补足的款项支付至受让方指定账户：

  开户名：MSLH 企业（有限合伙）

  开户行：

  账　号：

7.2.2 自首期股权转让价款支付届满五年之日起，转让方应确保目标公司对受让方每年的现金分红金额不低于受让方已支付的股权转让价款总和的_____%（包括本数），目标公司每半年应向受让方进行预分红，若不足，由转让方 1 承担差额补足义务，预分红与差额补足的方式参照本协议第 7.2.1 条款。

7.3 转让方对标的股权的回购义务。

7.3.1 自首期股权转让价款支付届满三年之日起，若目标公司每年经外部审计机构审计且经受让方认可的净利润低于人民币_____元（包括本数），受让方可要求转让方 1 回购标的股权。若转让方 1 无法按照本条款前述约定回购标的股权，转让方 1 在征得受让方书面同意的前提下，可延期一年回购标的股权。

7.3.2 自首期股权转让价款支付届满四年之日起，若目标公司每年经外部审计机构审计且经受让方认可的净利润低于人民币_____元（包括本数），受让方可要求转让方回购标的股权。若转让方 1 无法按照本条款前述约定回购标的股权，转让方 1 在征得受让方书面同意的前提下，可延期一年回购标的股权。

7.3.3 自首期股权转让价款支付之日起至届满五年，若目标公司对受让方每年的现金分红金额低于受让方已支付的股权转让价款总和的_____（包括本数），则受让方可要求转让方1回购标的股权。

7.3.4 自标的股权交割完成之日起，若转让方违反其在本协议中所做的陈述、保证或任何义务，或转让方出现本协议条款规定的违约情形，受让方可按照本协议约定要求解除本协议，同时要求转让方1回购标的股权。

7.3.5 在出现本协议第7.3.1、7.3.2、7.3.3与7.3.4所约定的情形时，转让方1应在收到受让方书面通知之日起3个工作日内履行对标的股权的回购义务，即转让方1应在收到受让方书面通知之日起_____个工作日内向受让方支付回购标的股权的款项，受让方在收到转让方1支付的回购标的股权的款项之日起_____个工作日内向转让方1交割标的股权。

7.3.6 本协议第7.3.1、7.3.2、7.3.3、7.3.4与7.3.5条款下受让方要求转让方1回购标的股权的价格计算方式为：[受让方按照本协议第3条向转让方已支付的股权转让价款总和+6000万元×首期股权转让款支付之日起至转让方1回购标的股权时点的天数/365天-回购标的股权时点目标公司已实际支付分红及转让方1差额补足收益款总和。] 自转让方1向受让方回购股权之日起，受让方无需再向转让方支付本协议第3.4与3.5条款项下尚未支付的剩余股权转让款项。

7.4 转让方对标的股权的回购权利：自首期股权转让价款支付届满三年之日起，若目标公司每年经外部审计机构审计且经受让方认可的净利润高于_____元，转让方可向受让方提出回购标的股权。转让方向受让方回购标的股权的价格计算方式为：[受让方按照本协议第3条向转让方已支付的股权转让价款总和+6000万元×首期股权转让款支付之日起至转让方回购标的股权时点的天数/365天-回购标的股权时点目标公司已实际支付分红及转让方1差额补足收益款总和]。自转让方向受让方回购股权之日起，受让方无须再向转让方支付本协议第3.4与3.5条款项下尚未支付的剩余股权转让款项。

8 相关方对转让方义务与责任的担保

为确保本协议第6条中转让方所作陈述与保证下的义务与责任，并确保转让方1按照本协议第7条约定履行对标的股权分红的差额补足义务、回购义务及其他相关义务与责任，转让方1及其他相关方将提供以下担保措施，包括：①转让方1以其持有的YH证券股份有限公司_____股股票提供质押担保；②转让方1的实际控制人LCR提供个人连带责任保证担保；③转让方1的关联方YRXX公司提供连带责任保证担保；④YRXX公司提供资金账户监管。具体内容以各方签订的担保合同、股票质押合同以及资金账户监管协议为准。

9 税收与费用负担

除非法律另有规定或本协议中另有明确约定，因签订和履行本协议而产生的相应税收与费用应由转让方承担。

10 违约责任

10.1 转让方的违约责任：转让方违反其在本协议中所做的陈述、保证或义务的，受让方有权选择行使以下10.1.1或10.1.2约定的权利，同时要求转让方1按照10.1.3约定承担违约责任：

10.1.1 受让方有权书面通知转让方解除本协议，本协议自该通知送达转让方之日自动解除并终止。受让方解除本协议的，受让方有权要求转让方返还受让方已经支付的转让价款并支付违约金，违约金应自受让方支付转让价款之日起至转让方返还完毕转让价款之日按股权转让价款总额的_____%/日计算，违约金不足以弥补受让方因此遭受的实际损失的，转让方还应当补偿该等实际损失。

10.1.2 受让方有权通知转让方在指定期限内予以补正并向受让方支付股权转让价款总额的_____%的违约金，违约金不足以弥补受让方因此遭受的实际损失的，转让方还应当补偿该等实际损失。并且，受让方尚未支付转让价款的，有权停止支付转让价款，直至转让方履行完毕前述责任。

10.1.3 若转让方1未按照本协议第7条约定履行差额补足义务及标的股权回购义务，转让方1应支付违约金，按照其应向受让方支付的标的股权回购价款的_____%/日计算违约金，违约金不足以弥补受让方因此遭受的实际损失的，转让方还应当补偿该等实际损失。

10.1.4 若转让方出现其他违约情形，应按照法律规定向受让方承担违约责任。

10.2 受让方的违约责任：受让方违反其在本协议中所做的陈述、保证或义务，包括但不限于未按照本协议规定支付转让价款的，应当赔偿转让方因此遭受的实际损失。

11 通知

11.1 各方同意，本协议项下的任何通知均须以书面形式作出。各方的联络及通信方法以各方的下列信息为准：

  转让方1：
    通信地址：
    电话：
    联系人：
    电　话：
    电子邮箱：
  转让方2：
    通信地址：
    电话：
    电子邮箱：
  转让方3：
    通信地址：
    电话：
    电子邮箱：
  转让方4：
    通信地址：
    电话：
    电子邮箱：
  受让方：
    通信地址：
    邮政编码：
    联系人：
    电话：
    传真：
    电子邮箱：
  目标公司：
    通信地址：
    邮政编码：

联系人：

电话：

传真：

电子邮箱：

11.2 通知在下列日期视为送达被通知方：

（1）专人送达：通知方取得的被通知方签收单所示日。

（2）挂号信邮递：发出通知方持有的国内挂号函件收据所示日后第_____日。

（3）传真：收到成功发送确认之日。

（4）特快专递：发出通知方持有的发送凭证上邮戳日起第__4__日。

（5）电子邮件：发件人邮件系统显示已成功发送之日。

11.3 一方通信地址或联络方式发生变化，应在发生变化之日当日以书面形式通知其他方。任何一方违反前述规定，除非法律另有规定，变动一方应对由此而造成的影响和损失承担责任。

12 保密

12.1 本协议各方同意，对其中一方或其代表提供给其他方的有关本协议及各方签订的本协议项下交易的所有重要方面的信息及/或本协议所含信息（包括有关定价的信息，但不包括有证据证明是经正当授权的第三方收到、披露或公开的信息）予以保密。

12.2 未经其他方书面同意，不向任何其他方披露此类信息（不包括与本协议拟议之交易有关而需要获知以上信息的披露方的雇员、高级职员和董事），但以下情况除外：①为进行本协议拟议之交易而向投资者披露；②向与本交易有关而需要获知以上信息并受保密协议约束的律师、会计师、顾问和咨询人员披露；③根据适用的法律法规的要求，向中国的有关政府部门或者管理机构披露。

12.3 在任何情形下，本条所规定的保密义务应永久持续有效。

13 不可抗力

13.1 本协议所称的不可抗力事件，是指在本协议签订并生效后，非由于任何一方的过失或故意，发生了各方不能预见、不能避免并不能克服的事件，且该事件妨碍、影响或延误任何一方根据本协议履行其全部或部分义务。该事件包括但不限于地震、台风、洪水、火灾、瘟疫、战争、政变、恐怖主义行动、骚乱、罢工以及新法律或国家政策颁布或对原法律或国家政策的修改等。

13.2 如发生不可抗力事件，遭受该事件的一方应尽最大努力减少由此可能造成的损失，立即用可能的快捷方式通知其他方，并在 15 日内提供事件发生地的政府有关部门或公证机构出具的证明文件说明有关事件的细节和不能履行或部分不能履行或需延迟履行本协议的原因。各方应在协商一致的基础上决定是否延期履行本协议或终止本协议，并达成书面协议。

14 法律适用和争议解决

14.1 本协议的签订、成立、效力、解释、履行等事宜均适用中国法律。

14.2 本协议在履行过程中发生争议，各方可以通过协商解决，协商未果应提交华南国际经济贸易仲裁委员会仲裁，仲裁裁决为终局的。除非生效裁决另有规定，各方为仲裁而实际支付的费用（包括但不限于仲裁费用和合理的律师费）由败诉方承担。

14.3 在争议解决过程中，除各方有争议正在进行诉讼的事项以外，各方应继续履行其他部分的义务。

15 协议的生效、变更与解除

15.1 本协议经各方自然人签字或盖章、法人的法定代表人签字或签章并加盖公司公章之日起生效。

15.2 发生下列情形之一的，经本协议各方书面同意后变更本协议：

15.2.1 本协议所赖以存在的客观情况发生变化，致使本协议无法履行。

15.2.2 本协议签订后至标的股权交割完成前，适用的法律、法规出现新的规定或变化，从而使本协议的内容与法律、法规不符，并且本协议各方无法根据新的法律、法规就本协议的修改达成一致意见。

15.2.3 发生本协议所述的不可抗力，致使本协议无法履行的。

15.3 发生下列情形之一的，守约方有权以书面形式通知其他方解除本协议或者经本协议各方书面同意后变更本协议：

15.3.1 本协议一方丧失实际履约能力。

15.3.2 由于一方违约，严重影响了其他方的经济利益，使协议履行成为不必要。

15.4 因变更或解除本协议致使协议其他方遭受损失的，造成损失方应承担赔偿责任。

15.5 若本协议解除时，标的股权已交割的，受让方应配合转让方将标的股权转回至转让方名下，因此产生的全部费用由转让方承担，标的股权转回至转让方名下时股权转让价格参照本协议第7.3.6条款计算。

16 其他约定

16.1 强制执行公证条款：

（1）受让方、转让方1共同确认：根据有关法律规定已经对强制执行公证的含义、内容、程序、效力等完全明确了解。经慎重考虑决定，自本协议签订之后，受让方、转让方1自愿向北京市方圆公证处办理本协议公证并赋予强制执行效力。办理本合同强制执行公证手续所需的费用由转让方1承担。

（2）转让方1保证：如地址、联系方式等发生变更时，自前述变更发生之日起3日内将变更通知送达受让方及公证处承办公证员并取得回执。否则，受让方因业务需要按照本协议所约定的双方联系方式对其送达有关文件时，不论转让方1是否收悉，自发出之日起第＿＿＿＿＿＿＿日，视为受让方已履行了送达义务。在此情况下，转让方1自愿放弃对受让方所负通知义务的抗辩权。

（3）受让方、转让方1对本协议中所约定的义务无异议，双方共同确认：如转让方1不履行、不能履行或不适当、不完全履行本协议项下的支付回购价款及差额补足款之给付义务，受让方有权向转让方1发出《履行义务通知书》。如转让方1在收到《履行义务通知书》的＿＿＿＿＿＿＿个工作日内仍不履行其在本协议项下的义务时，则：受让方可直接向公证处申请强制执行证书，向有管辖权的人民法院申请强制执行，而无须经过诉讼程序，同时，转让方1放弃对受让方直接申请强制执行的抗辩权。

（4）关于强制执行公证的约定优先于本协议争议解决条款执行。

16.2 如果本协议的某条款被宣布为无效，应不影响本协议任何其他条款的效力。

16.3 本协议中所有条款的标题仅为查阅方便，在任何情况下均不得被解释为本协议之组成部分，或构成对其所指示之条款的限制。

16.4 如有未尽事宜，各方可签订补充协议，补充协议为本协议不可分割的一部分，与本协议具有同等效力。

16.5 各方在此确认，就本协议项下的股权转让事宜，若本协议各方为办理标的股权工商登记变更手续应工商登记机关的要求就股权转让事宜另行签订相关协议、文件的，该等协议、文件仅用于办理工商变更登记，不构成对本协议的任何补充或修改，各方的权利义务仍按照本协议的约定执行。

16.6 本协议正本一式拾贰份，均具有同等法律效力，各方各执贰份，其余用于办理相关手续，每份具有同等法律效力。

17 附表与附件

17.1 本协议的下列附表与附件作为本协议不可分割的部分，对各方遵守及履行本协议具有约束力。

17.2 所述附表与附件包括：_____。

转让方1：（盖章）
法定代表人：（签字或盖章）

转让方2：
身份证号：

转让方3：
身份证号：

转让方4：
身份证号：

受让方：（盖章）
委派代表：（签字或签章）

目标公司：（盖章）
法定代表人或授权代表：（签字或签章）

（2018年6月）

股权收购定金合同

文/王永敬

甲方：XHY 公司
联系地址：
法定代表人：

乙方：TD 公司
联系地址：
法定代表人：

丙方：TJ 公司（以下简称 TJ）
联系地址：
法定代表人：

丁方：SJH，身份证号：（以下简称保证人）
住所地：

（甲方、乙方、丙方及丁方合称各方，单独称为一方。）

鉴于甲乙双方正在筹划甲方以现金方式收购乙方持有的 TJ_____股股份（以下简称标的股权），本协议各方拟签署《XHY 公司支付现金购买资产协议》（以下简称《购买资产协议》，具体以具体签署文件名称为准，下同），各方协商一致，现就本次股权收购的相关事宜签署本定金合同：

1. 乙方同意在过渡期内（甲、乙双方争议解决前），乙方在 TJ 的股权表决权由甲方行使，由甲方代为表决。

2. 甲方与乙方协商一致，由于乙方同意在过渡期内（甲、乙双方争议解决前），乙方在 TJ 的股权表决权由甲方行使且由甲方代为表决，为表示本次股权收购与转让的诚意，确保本次股权收购交易成功，甲方自签订本协议之日起_____个工作日内向乙方指定银行账户支付交易定金_____万元。

3. 除本次股权收购最终不被证监会、交易所等监管机构核准，或乙方严重违反本协议及/或《购买资产协议》导致甲方股权收购目的难以实现外，甲方拒绝交易（签署《购买资产协议》等交易合同、履行《购买资产协议》等交易合同、配合交易、执行交割等）的，定金不予退还。

4. 如乙方拒绝交易（签署《购买资产协议》等交易合同、配合证监会/交易所的核准流程、履行交易合同、配合交易、执行交割等）的，乙方向甲方双倍返还定金。

5. 在甲乙双方争议解决前，如本次股权未能交割至甲方名下，乙方应按照双方达成的交易价格及甲方指定方式促成将标的股权交易（包括签署《购买资产协议》等交易合同、获得内外部决议或审批、履行交易合同、配合交易、执行交割等）到甲方指定主体名下。否则，乙方应承担第4条所述的定金责任。

6. 《购买资产协议》或相关交易合同签订生效前，本定金合同具有独立效力，对双方均有法律约束力。《购买资产协议》或相关交易合同签订生效后，本定金合同构成《购买资产协议》或相关交易合同的不可分割的组成部分。

7. 保证人SJH系乙方实际控制人，保证人SJH自愿对乙方履行本合同项下义务、责任提供连带保证责任。若出现乙方未履行本合同项下义务、责任情形，则保证人SJH向甲方承担连带保证担保责任。

8. 各方同意，对本次交易相关的信息或文件承担严格的保密义务，且应当采取必要措施，将该方知悉或了解上述信息和文件的人员限制在从事本次股权收购的相关人员范围之内，并要求相关人员严格遵守本条规定。未经另一方事先书面同意，不得将本协议之内容向各方之外的任何第三方披露。但尽管有前述约定，根据适用法律的规定或有关监管机构要求披露，或向各自的顾问机构披露（该方应确保其顾问机构对所获得的信息履行同样的保密义务），或者有关内容已在非因违反本条的情况下为公众知悉，不视为任一方违反本条的保密义务。

9. 因履行本合同引起或者与本合同有关的一切争议，各方首先应友好协商解决，若协商不成的，任何一方可向中国国际经济贸易仲裁委员会提请仲裁，由该仲裁机构按照受理仲裁申请时的仲裁规则予以仲裁，仲裁裁决具有终局性，对各方均具有终局效力。

10. 通知

（1）所有在本合同下需要发出或送达的通知、要求均须以书面作出，并以预缴邮资的特快专递、传真、电子邮件或专人送递的方式发至本合同有关方。

（2）所有在本合同项下所发出或送达的每一项通知或要求，应在下述时间被视作被通知方或被送达方已收到有关通知：①如以预缴邮资的特快专递寄发，为投寄当日后4天；②如由专人送递，则在送达时；③如以传真发出，为传真机记录发送完毕的时间；④如以电子邮件发出，为发件人电脑记录发送完毕的时间。

（3）所有通知和通信应按以下地址通知，如任一方变更通信地址后未及时通知对方，则对方在未得到正式通知之前，将有关文件送达该方原地址即视为已送达该方。

甲方：	
地址：	
收件人：	
电话：	

乙方：	
地址：	
收件人：	
电话：	

丙方：	
地址：	
收件人：	
电话：	

丁方：	
地址：	
收件人：	
电话：	

11. 本合同自各方签字及法人加盖公章之日起生效。本合同一式肆份，各

执壹份，具有相同法律效力。

12. 本合同附件为本合同组成部分，与本合同具备同等法律效力。本合同附件包括：甲方、乙方、丙方最新营业执照副本复印件，丁方身份证复印件。

甲方（盖章）：
法定代表人或授权代表（签字）：

乙方（盖章）：
法定代表人或授权代表（签字）：

丙方（盖章）：
法定代表人或授权代表（签字）：

丁方（签字）：
法定代表人或授权代表（签字）：

签订日期：_____年_____月_____日

（2016年6月）

广东××律师事务所关于XHY有限公司回购部分社会公众股份的法律意见书

文/王永敬

致：XHY有限公司

根据《中华人民共和国公司法》（以下简称《公司法》）、《中华人民共和国证券法》（以下简称《证券法》）、《上市公司回购社会公众股份管理办法（试行）》（以下简称《回购办法》）、《关于上市公司以集中竞价交易方式回购股份的补充规定》（以下简称《集中竞价方式补充规定》）、《深圳证券交易所上市公司以集中竞价交易方式回购股份业务指引》（以下简称《集中竞价方式回购指引》）及《深圳证券交易所股票上市规则》（2018年修订）（以下简称《上市规则》）等相关规定，广东××律师事务所（以下简称本所）接受XHY有限公司（以下简称公司或上市公司）的委托，就公司回购部分社会公众股份（以下简称本次回购）事宜出具本法律意见书。

本所已经得到公司以下保证：公司向本所提供的所有文件资料及所作出的所有陈述和说明均是完整、真实和有效的，且一切足以影响本法律意见书的事实和文件均已向本所披露，而无任何隐瞒或重大遗漏；公司提供的文件资料中的所有签字及印章均是真实的，文件的副本、复印件或传真件与原件相符。

为出具本法律意见书，本所律师作出如下声明：

1. 本所依据本法律意见书出具之日以前已经发生或存在的事实，并依据我国现行有效的或者公司的行为、有关事实发生或存在时适用的法律、行政法规、规章和规范性文件发表法律意见。

2. 本所及本所律师对本法律意见书所涉及的有关事实的了解，最终依赖于公司向本所及本所律师提供的文件、资料及所作陈述，且公司已向本所及本所律师保证了其真实性、准确性和完整性。

3. 本法律意见书仅对本次回购有关的法律问题发表意见，而不对所涉及的会计、财务等非法律专业事项发表意见。在本法律意见中对有关财务数据或结论进行引述时，本所已履行了必要的注意义务，但该等引述不应视为对这些数据、结论的真实性和准确性作出任何明示或默示的保证。对于出具本法律意见书至关重要而又无法得到独立证据支持的事实，本所依赖有关政府部门、公司或其他有关单位出具的说明或证明文件出具法律意见。

4. 本所同意公司将本法律意见书作为本次回购的必备文件随同其他资料一同报送及披露。

5. 本所及本所律师同意公司在其为实行本次回购所制作的相关文件中引用本法律意见书的相关内容，但公司作上述引用时，不得因引用而导致法律上的歧义或曲解，本所有权对上述相关文件的相应内容再次审阅并确认。

6. 本法律意见书仅供公司作为本次回购之目的使用，非经本所及本所律师书面同意，不得用作其他任何目的。

按照律师行业公认的业务标准、道德规范和勤勉尽责的精神，在本所律师对公司所提供的相关文件和有关事实进行核查和验证的基础上，现出具法律意见如下。

一、本次回购已履行的程序及批准

（一）董事会审议程序

公司于_____年_____月_____日以通信方式召开第六届董事会第二十六次会议，审议通过了《关于回购公司股份的议案》《关于提请股东大会授权董事会全权办理本次回购公司股份事宜的议案》《关于召开2018年第三次临时股东大会的议案》等议案。

公司独立董事已就本次回购发表了独立意见，认为公司本次回购合法、合规，有利于提升公司价值，同时具备可行性，符合公司和全体股东的利益。

（二）股东大会审议程序

公司于_____年_____月_____日召开_____年第_____次临时股东大会，会议以现场投票与网络投票相结合的方式审议通过了《关于回购公司股份的议案》及《关于提请股东大会授权董事会全权办理本次回购公司股份事宜的议案》等议案。其中，《关于回购公司股份的议案》对以下事项进行了逐项审议：回购股份的用途，回购股份的方式，回购股份的价格或价格区间，拟用于回购股份的资金总额及资金来源，拟回购股份的种类、数量及占总股本的比例，回购股份的期限。

上述议案经出席会议的股东所持表决权的三分之二以上同意通过。

本所律师认为，公司关于本次回购的董事会、股东大会的召集、召开和表决程序符合法律、法规和规范性文件及公司章程的规定，合法有效；上述董事会、股东大会决议内容符合法律、法规和规范性文件的规定，合法有效。

二、本次回购的实质条件

（一）本次回购符合《公司法》的相关规定

根据公司_____年第三次临时股东大会决议，本次回购股份的方式为集中竞价方式回购公司 A 股股份，预计本次回购股份数量占公司目前已发行总股本的比例不超过_____%。本次回购的股份将作为公司股权激励、员工持股计划或依法注销减少注册资本的股份来源。

基于上述，本所律师认为，公司本次回购符合《公司法》第一百四十二条的规定。

（二）本次回购符合《回购办法》的相关规定

1. 公司股票上市已满一年。

根据中国证券监督管理委员会于_____年_____月_____日出具的《关于核准 XHY 有限公司首次公开发行股票的通知》（编号：_____）公司首次向社会公众公开发行不超过_____股新股。_____年_____月_____日，XHY 发行的_____股人民币普通股在深圳证券交易所上市，股票简称_____，股票代码_____。

基于上述，本所律师认为，公司股票上市已满一年，符合《回购办法》第八条第（一）项的规定。

2. 公司最近一年无重大违法行为。

根据公司的确认以及公开披露的信息，并经本所律师登录国家企业信用信息公示系统、_____省税务局、_____地方税务局、_____海关、_____环境保护厅、_____人力资源和社会保障局、_____安全生产监督管理局、_____国土资源局、中国证监会证券期货市场失信记录查询平台、中国证监会网站证券期货监督管理信息公开平台、中国证监会_____证监局网站、_____证券交易所等网站查询，上市公司作为母公司最近一年内不存在违反工商、税务、质量监督、环境保护、医疗卫生、土地及房屋管理、海关、人力资源与社会保障等方面法律法规的重大违法行为。

最近一年内，上市公司控股子公司 XNJ 公司（以下简称 XNJ）因违反《中华人民共和国消防法》（以下简称《消防法》）于＿＿＿＿年＿＿＿＿月受到＿＿＿＿公安消防支队工业园区大队三笔各 1 万元罚款，具体情况如下：

（1）被处罚内容及涉及的主要规定。

1）XNJ 体因安全出口上锁，封闭安全出口，违反《消防法》第二十八条："任何单位、个人不得损坏、挪用或者擅自拆除、停用消防设施、器材，不得埋压、圈占、遮挡消火栓或者占用防火间距，不得占用、堵塞、封闭疏散通道、安全出口、消防车通道。人员密集场所的门窗不得设置影响逃生和灭火救援的障碍物。"＿＿＿＿公安消防支队工业园区大队作出（编号：＿＿＿＿＿）《行政处罚决定书》，基于《消防法》第六十条第一款第三项"单位违反本法规定，有下列行为之一的，责令改正，处五千元以上五万元以下罚款：（三）占用、堵塞、封闭疏散通道、安全出口或者有其他妨碍安全疏散行为的；"之规定，对 XNJ 处以 1 万元罚款。

2）XNJ 因在楼梯间和疏散通道堆放杂物，堵塞疏散通道，违反《消防法》第二十八条，＿＿＿＿公安消防支队工业园区大队作出（编号：＿＿＿＿＿）《行政处罚决定书》，基于《消防法》第六十条第一款第三项"单位违反本法规定，有下列行为之一的，责令改正，处五千元以上五万元以下罚款：（三）占用、堵塞、封闭疏散通道、安全出口或者有其他妨碍安全疏散行为的；"之规定，对 XNJ 处以 1 万元罚款。

3）XNJ 因擅自停用消防设施，违反《消防法》第二十八条，＿＿＿＿公安消防支队工业园区大队作出（编号：＿＿＿＿＿），基于《消防法》第六十条第一款第二项"单位违反本法规定，有下列行为之一的，责令改正，处五千元以上五万元以下罚款：（二）损坏、挪用或者擅自拆除、停用消防设施、器材的；"之规定，对 XNJ 处以 1 万元罚款。

（2）该处罚不构成重大违法行为。

上述 XNJ 被处罚的相关情况并未造成实际影响和后果，根据处罚的依据和情况，相关罚款金额接近相应处罚下限，且 XNJ 已经按时缴纳罚款，并按要求完成整改，未被责令停产停业，未对 XNJ 正常生产经营造成影响，对 XNJ 后续日常生产经营不会造成不利影响。

根据公司确认的数据，XNJ 资产总额占上市公司资产总额的比例为＿＿＿＿，XNJ 营业收入占上市公司营业收入的比例为＿＿＿＿，XNJ 资产净额占上市公司资产净额的比例为_____。XNJ 的业务收入及其资产不构成上市公司业务及资产的主要部分。

因此，上述对 XNJ 的处罚不构成对上市公司的重大处罚。

基于上述，本所律师认为，公司本次回购符合《回购办法》第八条第（二）项的规定。

3. 本次回购完成后公司具备持续经营能力。

根据公司股东大会审议通过的《关于回购公司股份预案的议案》，截至_____年_____月_____日，公司总资产为_____元（未经审计，下同），归属上市公司股东的净资产为_____元，未分配利润为_____元，流动资产为_____元，公司财务状况良好，回购金额最高_____亿元占总资产、净资产和流动资产的比例分别为_____、_____、_____。根据公司经营、财务及未来发展情况，公司认为按照不超过人民币_____亿元的股份回购资金安排不会对公司的经营、财务和未来发展产生重大影响。

本所律师认为，本次回购完成后，公司仍具备持续经营能力，符合《回购办法》第八条第（三）项的规定。

4. 本次回购股份完成后，公司的股权分布仍符合上市条件。

根据《上市规则》的相关规定：股权分布发生变化不具备上市条件，指社会公众持有的股份连续二十个交易日低于公司股份总数的_____；公司股本总额超过人民币四亿元的，社会公众持股的比例连续二十个交易日低于公司股份总数的_____。

根据公司《关于回购公司股份的议案》，按照拟回购金额：不超过人民币_____亿元不低于人民币_____亿元、回购股份价格不超过人民币_____元/股的条件进行测算，按回购金额上限测算，预计回购股份数量不低于_____股，占本公司总股本的_____以上，具体回购股份的数量以回购期满时实际回购的股份数量为准。

按照股份回购金额_____亿元、回购价格_____元/股进行测算，回购股份数量为_____股，根据公司股本结构测算，预计回购股份可能带来的变动情况如下：

（1）若公司最终回购股份数量为_____股，并假设全部用于股权激励或员工持股计划，预计公司股权结构变动情况如下：

股份类别	回购前		回购后	
	数量（股）	比例	数量（股）	比例
限售条件流通股				
无限售条件流通股				
总股本				

（2）若公司最终回购股份数量为_____股，并假设全部被注销，预计公司股权结构变动情况如下：

股份类别	回购前		回购后	
	数量（股）	比例	数量（股）	比例
限售条件流通股				
无限售条件流通股				
总股本				

根据《关于回购公司股份的议案》，本次回购实施完成后，不会导致公司控制权发生变化，也不会改变公司的上市公司地位，股权分布情况仍然符合上市的条件。

基于上述，本所律师认为，本次回购股份实施完成后，公司的股权分布仍符合《证券法》《上市规则》所规定的上市条件，本次回购股份符合《回购办法》第八条第（四）项的规定。

综上所述，本所律师认为，公司本次回购符合《公司法》《证券法》《回购办法》及《上市规则》等法律、法规或规范性文件规定的实质条件。

三、本次回购的信息披露

截至本法律意见书出具之日，公司已就本次回购履行了相关信息披露义务，按有关规定披露了如下信息：

1._____年_____月_____日，公司在巨潮资讯网站等指定信息披露媒体上发布了《关于以集中竞价交易方式回购公司股份预案的公告》《第_____届董事会第_____次会议决议公告》《第_____届监事会第_____次会议决议》《关于召开_____年度第三次临时股东大会的通知》及《独立董事对相关事项的独立意见》。

2. 公司于_____年_____月_____日，在巨潮资讯网站等指定信息披露媒体发布了《关于回购股份事项前十名股东持股信息的公告》《兴业证券股份有限公司关于公司回购公司股份之独立财务顾问报告》。

3. 公司于_____年_____月_____日，公司在巨潮资讯网站等指定信息披露媒体上发布了《_____年度第三次临时股东大会会议决议暨中小投资者表决结果公告》《_____年第三次临时股东大会的法律意见书》。

综上，本所律师认为，公司已经按照《回购办法》《集中竞价方式补充规定》《集中竞价方式回购指引》规定的相关程序在规定期限内以规定方式在指定媒体上履行了现阶段必要的信息披露义务，符合法律、法规和规范性文件的规定。

四、本次回购的资金来源

根据公司董事会、股东大会审议通过的《关于回购公司股份的议案》，本次回购股份的资金来源为公司自有资金，资金总额不超过人民币_____亿元，不低于人民币_____亿元。具体回购资金总额以回购期满时实际回购股份使用的资金为准。

本所律师认为，公司将以自有资金或自筹资金完成本次回购，符合、有关法律、法规和规范性文件的规定。

五、本次回购股份存在注销的风险

根据《关于以集中竞价交易方式回购公司股份预案的公告》，本次回购股份将用于股权激励或员工持股计划或注销以减少公司注册资本等。根据《关于上市公司实施员工持股计划试点的指导意见》《上市公司股权激励管理办法》的相关规定，股权激励方案或员工持股计划应履行董事会和股东大会审议程序，可能存在因股权激励计划或员工持股计划未能经决策机构审议通过或者股权激励对象放弃认购股份等原因，已回购股票无法全部授出的风险；同时存在员工持股计划未能设立或者未能成功募集资金而导致回购股份无法用于员工持股计划的风险。

根据《关于上市公司实施员工持股计划试点的指导意见》《上市公司股权激励管理办法》等相关规定，公司实施员工持股计划、股权激励计划等需要公司董事会和股东大会等决策机构审议通过后方能实施。因此，公司本次回购股份拟用于实施的员工持股计划、股权激励计划存在董事会和股东大会不予通过而不能实施的风险；如发生员工持股计划、股权激励计划不能获得实施，或股权激励对象放弃认购等情形，则存在公司注销本次回购股份的风险。

此外，根据《公司法》第一百四十二条的规定，公司拟将股份奖励给本公司职工而收购本公司股份的，所收购的股份应当在一年内转让给职工。因此，如公司未能在一年内转让给职工的，则存在公司注销本次回购股份的风险。

综上，本所经办律师认为，公司本次回购存在因拟实施的员工持股计划、股权激励计划未能经董事会和股东大会等决策机构审议通过、股权激励对象放弃认购股份、未能在一年内转让给职工等原因，导致本次回购股份注销的风险。

六、结论意见

综上所述，本所律师认为，公司本次回购符合《公司法》《证券法》《回购办法》《集中竞价方式补充规定》《集中竞价方式回购指引》等法律、法规和规范性文件中有关上市公司回购股份的规定，并已履行了现阶段必要的审批程序；本次回购符合《公司法》《回购办法》等法律法规及规范性文件规定的实质性条件；公司已经按照《回购办法》《集中竞价方式补充规定》《集中竞价方式回购指引》规定的相关程序在规定期限内以规定方式在指定媒体上履行了现阶段必要的信息披露义务，符合法律、法规和规范性文件的规定；公司将以自有资金完成本次回购，符合有关法律、法规和规范性文件的规定。

本法律意见书正本一式叁份。

广东××律师事务所（盖章）

负责人：_____ 经办律师：_____

经办律师：_____

_____年_____月_____日

（2018年10月）

深圳 RQ 公司与云南 JP 投资公司关于江川 JP 公司之 _____ %股权收购协议

文/王永敬

本《江川 JP 公司_____%股权收购协议》（以下简称《本协议》）由下列各方于_____年_____月在中国深圳市_____区签署。

甲方（受让方）：深圳 RQ 公司（以下简称受让方）
地址：

乙方（转让方）：云南 JP 投资公司（以下简称转让方）
地址：

丙方（目标公司）：江川 JP 公司（以下简称目标公司）
地址：

丁方 1（保证人 1）：LYL
身份证号：
地址：

（以上保证人 1、保证人 2、保证人 3 在本协议中合称为丁方或保证人）

鉴于：
甲方系一家在深圳市注册成立并合法存续的有限责任公司，主要从事_____领域的投资经营；
乙方系依法设立并合法存续的有限责任公司，在本协议签订日，乙方为目标公司合法股东，持有目标公司_____%股权；
目标公司系依法设立并存续的有限责任公司，于_____年_____月_____日注册成立，统一社会信用代码为_____，注册资本为_____，实收资本为_____，住所为_____，公司类型为_____；

甲方与云南 JP 集团公司、乙方、LYL、XXF 于_____年_____月_____日签订编号_____《合作意向性协议》，约定了甲方按"_____%股权在无负债、无股权质押等权利负担的情况下，转让价格为人民币_____亿元左右"的意向拟陆续收购 JP 系公司（具体指以下公司：_____）。

在《合作意向性协议》签订后，各方经协商一致，目标公司、石林 JP 公司、弥勒 JP 公司、建水 JP 公司四家公司整体_____%股权在无负债、无股权质押等权利负担的情况下，股权基准价格为人民币_____亿元左右。在此基础上，甲方拟通过股权转让方式收购目标公司_____%股权，乙方自愿转让该股权，保证人 1、保证人 2 及保证人 3 自愿按本协议约定为乙方履行本协议项下全部或部分义务向甲方提供连带责任保证担保。

各方经协商一致，依据《中华人民共和国合同法》等法律规定，对通过本次股权转让以实现甲方收购目标公司并对目标公司控股等事宜达成本协议。

1 定义

1.1 在本协议中，除上下文另有明确规定外，下述词语或名称应具有如下含义：

1.1.1 本协议：指《江川 JP 公司_____%股权收购协议》及附件。

1.1.2 本次收购/本次股权转让：指甲方/乙方根据本协议的交易安排，受让/转让目标公司_____%股权，实现由甲方对目标公司整体的控制及经营管理。

1.1.3 标的股权：指乙方拟在本次收购中转让给甲方目标公司_____%股权及对应的股东权利等完整权益。

1.1.4 交易文件：指为完成本次收购之目的，由本协议相关方签署的其他协议文件，包括但不限于公司章程、股东会决议、办理标的股权变更登记所需的股权转让合同等。

1.1.5 股权交割日：指本次股权转让涉及的股权交割内容全部完成之日。

1.1.6 股权交割内容：包括甲方、乙方及丙方完成办理本次股权转让涉及的股权变更、公司董事、监事、高级管理人员变更等工商登记变更手续取得反映甲方持有目标公司_____%股权的营业执照。

1.1.7 控制权与经营管理权交割内容：指乙方与目标公司应在股权交割日将目标公司以下文件及资料（如有）交付或提供给甲方，包括但不限于：公章、财务章、营业执照正副本（公司成立证书）、税务登记证、组织机构代码证、贷款卡、会计账册及会计原始凭证、公司章程、资产证书、银行账户、包括特许经营权合同在内的所有合同、协议、备忘录、往来函件等所有文件、经营许可证、土地申报及缴费批复原始资料、优惠政策批复、董事及股东名册和过往股东会、董事会、监事会记录等所有与公司经营相关的文件。

1.1.8 账目：指目标公司根据中国会计准则编制的、其数据真实、完整、公允的目标公司资产负债表、利润表、现金流量表等财务报表及其对应的科目金额。

1.1.9 基准日账目：指根据中国会计准则编制的、并经注册会计师审计的、数据基准日（基准账目日）为＿＿＿＿年＿＿＿＿月＿＿＿＿日的目标公司资产负债表、利润表、现金流量表等财务报表及其对应的科目金额。

1.1.10 交割日账目：指根据中国会计准则编制的、并经注册会计师审计的、数据基准日为股权交割日的目标公司资产负债表、利润表、现金流量表等财务报表及其对应的科目金额。

1.1.11 《专项审计报告》：指甲方、乙方及目标公司同意并确认的由经＿＿＿＿会计师事务所审计出具的＿＿＿＿号《江川JP公司＿＿＿＿年＿＿＿月＿＿＿＿日清产核资专项审计报告》。

1.1.12 二次审计财务数据：指外部审计机构按照本协议约定时间提供的经审计的目标公司股权交割日财务数据。

1.1.13 转让款：指甲方按本协议约定向乙方支付的标的股权对价款。

1.1.14 过渡期：指自基准账目日（＿＿＿＿年＿＿＿＿月＿＿＿＿日）起直至股权交割日的期间。

1.1.15 审批机关：指本次收购与股权转让所需向其申请审批或备案的商务（经贸）主管部门、经营权授予部门等。

1.1.16 工商局：指＿＿＿＿市场监督管理局。

1.1.17 工作日：指中华人民共和国法定节假日、公休日以外的商业银行的正常营业日。

1.1.18 权益负担：指任何抵押、担保、质押、留置、期权、限制、优先权、第三方的权利或利益、其他任何形式的权益负担或担保利益或其他具有相似效果优先性安排。

1.1.19 未披露负债：指目标公司账目（含基准日账目、交割日账目）未披露的且/或本协议签订日目标公司、乙方未向甲方书面披露的截至股权交割日的目标公司应计负债，包括但不限于：（1）合同之债或侵权之债或其他纠纷及/或事项导致目标公司的任何支出或责任；（2）有关政府部门针对目标公司的任何处罚、滞纳金、罚款等；（3）目标公司未缴纳的税款、规费，或者目标公司负有代扣代缴义务的、应由乙方承担的税款、规费；（4）员工工资、奖金、社会保险或福利、住房公积金、经济补偿金、赔偿金等；（5）其他应支付的费用、支出。

1.1.20　中国：指中华人民共和国，鉴于本协议的目的，不包括香港特别行政区、澳门特别行政区及台湾地区。

1.1.21　元：指中国法定货币人民币元。

1.2　释义。

1.2.1　条款、附件：如提及本协议，应包括本协议的任何附件及/或本协议的完整协议；如提及条款和附件，应指本协议（完整协议）的条款和附件。

1.2.2　标题：本协议的各级标题仅为方便阅读而设，标题不影响对本协议内容的解释，本协议具体权利义务的界定及解释，以条款中所述具体内容为准。

1.2.3　日期：除本协议另有约定外，本协议约定的履行日或履行期间的最后一日为非工作日的，以该等非工作日后的第一个工作日作为履行日或履行期间的最后一日。

1.2.4　时间：本协议中如提及时间，均指北京时间。

2　股权转让

2.1　乙方自愿按照本协议约定将标的股权转让给甲方持有，甲方愿意按照本协议约定受让并持有标的股权。

2.2　本次收购之标的股权为：乙方所持有的目标公司_____元（大写：_____）出资额，即占目标公司_____%的股权及其对应的股权权益。

2.3　标的股权的股权权益包括：以股东身份对目标公司行使控制权、决策权、经营权、管理权等权利；对目标公司全部（现有及潜在）有形资产、无形资产、天然气经营权利等财产权益享有的股东利益。标的股权所对应目标公司的资产和权益范围，既包括《专项审计报告》中体现的资产和权益，也包括虽未在财务记录体现的但在登记上或实质上属于目标公司的一切资产和权益。

2.4　经各方协商一致：石林JP公司（以下简称石林公司）、弥勒JP公司（简称弥勒公司）、建水JP公司（以下简称建水公司）及目标公司四家公司于_____年_____月_____日基准日_____%股权的收购价格为_____元×_____%＝_____亿元，该_____亿元扣除石林公司、弥勒公司、建水公司合计增资人民币_____元（大写：_____）后，得出本协议标的股权的基准价格为_____元（大写：_____）。

2.5 最终转让价格：基准价格根据本条款下述方式调整为最终转让价格：（1）甲方收购石林公司、弥勒公司、建水公司三家公司所需的实际增资额超过_____元（大写_____）的部分，调减本次股权转让的基准价格，反之，调增本次股权转让基准价格。（2）若石林公司、弥勒公司、建水公司、目标公司四家公司股权交割日经二次审计财务数据所列净资产低于基准日专项审计报告所列净资产金额的，股权转让价格按该等累计差额的_____%调减股权转让基准价格；二次审计财务数据所列净资产高于基准日专项审计报告所列净资产金额的，股权转让价格按该等累计差额的_____%调增股权转让基准价格。

2.6 本协议项下的股权转让款应优先偿还关联方所欠目标公司的净债务，即本协议附件3《基准日目标公司本次交易关联方其他应收应付款明细表》所列_____元（大写：_____）。为此，本协议签订之日起_____个工作日内，目标公司应与关联方（包括乙方）签署《关联方债权债务抵销协议》，将目标公司与关联方在附件3所列的应收应付款项抵销为目标公司净应收乙方_____元（大写：_____）。且乙方及目标公司应确保目标公司与关联方的应收应付锁定为附件3所列及其抵销后状态，不得再有任何增减。

2.7 《关联方债权债务抵销协议》生效并提交甲方之日起_____个工作日内，由甲方、乙方、相关债权人（股权质押人）对甲方设立的共管账户签订监管协议进行监管，甲方在监管协议签订并生效后_____个工作日内将股权转让基准价款_____元（大写：_____）存入共管账户，上述价款监管后15个工作日内未能完成股权交割的，资金监管自行失效，监管款项原路退回甲方，且甲方有权单方终止本次收购。

2.8 在甲方向共管账户存入股权转让款之日起_____个工作日内，乙方应确保：（1）相关债权人（股权质押人）解除对目标公司_____%股权的质押；（2）备齐股权转让所需的法律文件（包括股东会决议、制式股权转让合同等）并将目标公司标的股权变更登记到甲方名下。若需根据工商局要求签订制式《股权转让协议》，各方需配合签订，若制式《股权转让协议》中条款与本协议相冲突，以本协议内容为准。

2.9 本协议2.8所述的股权变更登记完成当日（以取得营业执照为准），甲方向乙方支付第一笔股权转让款_____元（大写：_____），该笔款项

_____元（大写：_____）由乙方出具委托还款指令，以甲方代乙方偿还所欠目标公司债务的方式向目标公司支付。本协议项下乙方获得的股权转让款偿还乙方所欠目标公司款项后不能足额偿还其他债权人（股权质押人）款项的，乙方应将其从建水公司等关联方收回的往来款用于偿还该款项（即乙方所欠其他债权人的款项）。

2.10 本协议所述的第一笔股权转让款支付且①甲方向石林公司、弥勒公司、建水公司三家公司的增资额已明确；②本协议所涉之二次审计完成之日起3日内，甲方、乙方按照本协议2.5条款约定计算确定最终转让价格，甲方将最终转让价格扣除第一笔股权转让价款后的余款在计算确定当日向乙方支付。

2.11 在向共管账户缴存股权转让基准价款后，甲方委派外部审计机构进场对目标公司财务数据进行二次审计，甲方应促使外部审计机构应在股权交割日后且乙方及目标公司完整提供全部二次审计资料之日起3个工作日内提供经审计的目标公司股权交割日财务数据（本协议中均称为"二次审计财务数据"）。

3 过渡期安排

3.1 自基准账目日（_____年_____月_____日）起至股权交割日的期间（"过渡期"）内，乙方及/或目标公司应确保目标公司按照与过去惯例相符的正常经营方式经营业务，且：

3.1.1 不得终止、改变、减少目前的业务；

3.1.2 不得增加正常经营业务以外的经营及/或投融资活动；

3.1.3 不得进行任何正常经营业务以外的资产添置或处理等活动；

3.1.4 不得提供任何形式的担保；

3.1.5 不得进行任何形式的分红；

3.1.6 不得进行正常经营业务以外的人事调整以及薪酬调整；

3.1.7 不得作出任何与目标公司正常经营管理活动无关的关联方交易及/或资金往来；

3.1.8 未经甲方书面同意，目标公司及乙方不得擅自增加公司员工；

3.1.9 不得实施其他影响公司正常经营、资产完整及净资产的非经营性行为。

3.2 如果乙方或目标公司违反了本协议3.1条款的有关规定造成目标公司资产减值，乙方应按目标公司资产减值数额向甲方等额补偿。

3.3 过渡期内，若目标公司资产增加，甲方对目标公司的股权转让款不予调整。

3.4 过渡期内，乙方及目标公司应协助甲方做好接手目标公司的各项准备工作，包括与各股东的对接，以及确定目标公司的人事安排等。

3.5 过渡期内，乙方及目标公司应负责与燃气经营权授予部门等相关政府部门对接，促使经营权授予部门同意本次收购后目标公司控股权变更。

3.6 过渡期内，乙方及目标公司应协助甲方逐步熟悉目标公司的经营管理活动，熟悉相关的经营、财务等数据和流程，为甲方接管目标公司做好准备。

3.7 乙方应负责向审批机关办理本次收购涉及的经营权许可不受影响所需的确认手续。

4 先决条件

4.1 本协议项下甲方向乙方支付股权转让款以下列条件全部获得满足（或被相关方豁免）为前提：

4.1.1 标的股权不存在任何权益负担，目标公司股权质押权人及相关权利人已解除目标公司_____%股权质押；

4.1.2 截至股权转让款支付日，乙方和目标公司均未严重违反本协议；

4.1.3 目标公司董事会、股东会已批准本次股权转让；

4.1.4 经营权授予部门同意本次股权转让后目标公司控股权变更；

4.1.5 乙方及目标公司已与关联方签署《关联方债权债务抵销协议》；

4.1.6 本次股权转让于工商局的变更登记已经完成，目标公司已取得反映甲方持有其_____%股权的营业执照，甲方任命指定人士担任目标公司董事、总经理等职务已在工商局完成备案，甲方按本协议约定完成其他交割事项。

4.2 先决条件的满足。

4.2.1 先决条件满足期限：本协议签订之日起_____个工作日内，乙方/目标公司应尽其最大努力促成4.1条款所述的全部先决条件得到满足；

4.2.2 各方同意，就4.1条款的各项先决条件而言，系为甲方利益所设定，交割的实际完成并不豁免乙方/目标公司对先决条件的责任，甲方有权根据该等未能满足的先决条件对本次股权转让的影响程度，要求乙方/目标公司增补满足先决条件，或有权解除本协议。

4.2.3 各方同意，就4.1条款的各项先决条件而言，甲方有权自行决定是否放弃，放弃应以书面方式向乙方及/或目标公司作出放弃，免除乙方/目标公司满足先决条件的责任；甲方放弃其中一项先决条件，不影响其他先决条件的效力，乙方及目标公司仍应尽最大努力使其他先决条件得到满足。

5 交割与接管

5.1 自目标公司_____%股权被解除质押当日，乙方应配合甲方完成本次股权交割内容。交割内容包括：甲方、乙方及目标公司应当完成办理本次股权转让涉及的股东/股权变更、公司董事、监事、高级管理人员变更等工商登记变更手续，目标公司取得反映甲方持有目标公司_____%股权的营业执照。本次股权转让交割内容全部完成之日为股权转让交割日。

5.2 乙方、目标公司应与甲方在股权交割日完成全部控制权与经营管理权交割内容。

5.3 其他交割内容：与保证人1、保证人2实际控制、经营目标公司的其他资料、信息等，均应与本协议5.2.条款中内容一并交割。

5.4 办理本次股权转让涉及的工商局变更登记手续当日，乙方应将其合计持有的目标公司_____%股权向甲方提供质押担保，并办理完毕工商局股权质押登记手续。

5.5 乙方、目标公司应编制壹式叁份的移交清单，甲方、乙方及目标公司予以签字并盖章确认。

6 陈述与保证

6.1 乙方及目标公司陈述、保证与承诺

6.1.1 截至本协议签订日，乙方是目标公司的合法股东，持有目标公司_____%股权，乙方有资格行使对标的股权的完全处分权。

6.1.2 乙方与目标公司确认，目标公司股权除存在以下股权质押担保情形外，不存在其他权益负担：云南JP集团公司与深圳DZ商业保理有限公司签订《保理合同》，以其对石林JP公司的人民币_____万元债权，融资人民币_____万元。乙方将其持有的目标公司注册资本为人民币_____万元占股_____%的股权质押给深圳DZ商业保理有限公司为融资款提供质押担保。乙方与目标公司确认，除本协议6.1.2.条款所述股权质押担保情形外，不存在其他股权质押或冻结情形。

6.1.3 乙方与目标公司确认，截至本协议签订日，目标公司涉及的诉讼仅限于以下列明的案件：SSFY商业保理有限公司与目标公司合同纠纷案，乙方及目标公司确保目标公司对该案件无须承担任何法律责任，若目标公司需对该案件承担任何法律责任，均由乙方承担，乙方应对目标公司进行相应补偿；

且乙方及目标公司承诺，除本协议 6.1.3 条款所述诉讼案件外，目标公司不存在其他诉讼案件。

6.1.4　直至交割日，目标公司合法、有效存续，不存在任何违反现有法律法规及其签订的合同、协议、章程约定的事项，不存在任何现存的或潜在的被注销、吊销、解散、清算等的事实或风险，且不存在任何乙方向甲方披露之外的影响目标公司可持续经营的事实或风险。

6.1.5　乙方及目标公司承诺并确保未与任何第三方签订任何形式的法律文件或采取任何其他方式对标的股权及目标公司的资产和信誉进行任何未经甲方书面确认的处置，该处置包括但不限于转让、委托管理、让渡附属于目标公司的全部或部分权利。

6.1.6　基准账目日（＿＿＿＿年＿＿＿＿月＿＿＿＿日），目标公司不存在基准日账目所列之外的未经甲方确认的负债（含未披露负债）和亏损。过渡期内目标公司不存在交割日账目所列之外的未经甲方确认的负债（含未披露负债）和亏损。

6.1.7　至基准账目日，目标公司的注册资本均已全部实收，不存在任何虚假出资、抽逃出资或出资不实的情形，若存在客观出资不实情形需补足出资的，乙方应在该认定出具后＿＿＿＿日内将需补足的出资（以下称"出资补偿款"）支付给甲方，由甲方向目标公司补足该出资。

6.1.8　在本协议签订之时，目标公司拥有在＿＿＿＿经营＿＿＿＿的权利，乙方及目标公司承诺及保证，不存在因乙方及目标公司的行为而造成该经营权利、政府许可、批准等授权性文件失效的潜在情形或其他任何影响目标公司经营权合法存续的瑕疵，乙方和目标公司后续将尽最大努力配合完善前述特许经营权合同及项目用地手续。

6.1.9　关于目标公司所有已建工程、在建工程的规划、设计、施工及竣工验收均具备相应的政府审批与许可，符合国家法律法规的规定且未设定任何抵押，也无司法查封情形。

6.1.10　基准账目日至交割日，标的股权符合法律规定的可转让条件，目标公司的章程、股东会决议、董事会决议、签署的合同文件及其他法律文件中不存在对标的股权转让进行限制的内容。

6.1.11　向甲方披露的全部信息及提供的全部材料，包括但不限于财务情况、资产情况、债务及担保情况、诉讼仲裁情况、生产经营情况、公司工商登记情况等都真实、合法、完整、充分、有效。

6.1.12 目标公司按照《关联方债权债务抵销协议》的安排将关联方应收应付款轧差后，乙方和丁方保证并承诺目标公司不受任何第三方的债务追索，否则乙方和丁方承担连带赔偿责任。

6.2 甲方陈述、保证与承诺。

6.2.1 甲方符合法律规定的受让标的股权的条件，不会因为甲方自身条件的限制而影响股权转让法律程序的正常进行。

6.2.2 签署并履行本协议，不违反法律、公司章程、行业监管要求、第三方合同等对甲方已经设定的限制和障碍，不涉及侵害任何第三方的利益。

6.2.3 甲方有足够的资金能力实施本次收购，甲方保证按照本协议的有关约定按时支付股权转让价款和协议约定的其他款项。

6.2.4 在乙方的配合下积极办理完成标的股权转让涉及的一切手续，包括但不限于修改公司章程、改组董事会、监事会、向有关机关报送有关股权变更的文件、接管和经营目标公司等。

6.3 目标公司陈述、保证与承诺。

6.3.1 目标公司在本次收购过程中，全面配合乙方与甲方的股权转让交易，包括：配合尽职调查，提交文件资料，如实告知公司经营、资产、负债、责任等具体情况，配合股权交割及公司接管等。

6.3.2 目标公司向甲方披露的全部信息及提供的全部材料，包括但不限于财务情况、资产情况、债权债务情况、生产经营情况、公司工商登记情况等都真实、合法、完整、充分、有效。

6.3.3 交割日前，乙方及目标公司未按照法律、公司章程规定及本协议约定履行本次收购涉及的各项配合工作、提交资料等事宜，造成交易终止且甲方遭受损失的，乙方与目标公司应向甲方承担连带赔偿责任。

7 转让后承诺

7.1 股权交割日后任何时候，乙方及其关联方不以任何直接或者间接方式在玉溪市江川区从事任何与目标公司构成竞争的业务，或者为任何第三方从事该等竞争业务提供任何形式的直接或者间接支持，包括但不限于资金、产品研发、人力资源、业务资源等支持；不得直接或者间接的指使、引诱、鼓励或以其他方式促成目标公司的任何其他员工终止与目标公司的劳动关系；亦不得通过任何类型的关联方从事上述竞争行为。

7.2 股权交割日后，乙方作为目标公司股东，仍应持续协助甲方完善与目标公司经营相关的后续事项，包括但不限于协助甲方及目标公司签订项目特许经营权合同、完善项目用地手续并取得项目土地国有土地使用权证、完善建设工程手续、政府关系、劳动人事、采购、供应关系等各方面事项，但发生的费用及支出由目标公司承担。

8 税收与费用

8.1 本次收购及其交割涉及的税款（包括所得税、印花税等）由乙方、甲方根据中国税务法规政策规定的纳税义务各自承担。

8.2 就本次收购，应由乙方缴纳的税款，因乙方延迟缴纳或未缴纳导致目标公司/甲方被税务机关追索税款及/或承担代扣代缴责任的，乙方应于税务机关下达此类通知后＿＿＿＿日内予以支付，否则应赔偿目标公司或甲方因此遭受的实际损失的＿＿＿＿％。

8.3 本次收购及其交割涉及的各项费用（包括行政部门规费、法律费用、评估费用、审计费用等）由乙方、甲方各自承担。

9 可分割性

9.1 如本协议的任何条款被裁定无效或不可执行，则该条款（在其无效或不可执行的范围内）不得实施，并应被视为不包含在本协议内，但不应当使本协议的其余条款无效、不可执行；且各方应尽一切合理努力，以替代条款取代该条款，替代条款的效果应尽可能接近该条款原定目的及效果且具有可执行性。

10 不弃权

10.1 任何一方未能或延迟行使本协议项下或根据本协议取得的法律规定的任何权利或补救，该等情况的出现将不构成对该等权利或补救的实质性损害，也不构成或视为对该类权利或补救的弃权或变更，不得妨碍在以后的任何时候对该类权利或补救的行使。

10.2 单项行使或部分行使任何该类权利或补救不得妨碍对该类权利或补救的任何其他的或进一步的行使或对任何其他权利或补救的行使。

10.3 各方在本协议项下或根据本协议取得的权利和补救是累积的，可以在该一方认为适当的情况下行使，且是对其在法律规定下的权利和补救的补充。

11 完整协议

11.1 本协议及其附件、附表、补充协议、备忘录等为实现本次收购的全部交易文件构成完整协议。

11.2 本协议签订前有关各方签署的书面文件与本协议不一致的内容,以本协议相关内容为准。

12 保密

12.1 本次收购中,乙方与甲方对所了解的全部资料和信息,包括但不限于乙方、甲方以及目标公司的经营情况、财务情况、商业秘密、技术秘密等全部情况,本协议所列的签约各方均有义务予以相互保密,除非法律有明确规定或司法机关强制要求,任何一方不得对外公开或使用。

12.2 任何一方违反保密义务,对该秘密拥有者造成经济或信誉损失的,违反保密义务的一方应当予以赔偿。

13 担保条款

13.1 连带责任保证。

13.1.1 保证人1与保证人2系夫妻,为目标公司的实际控制人,保证人3系保证人1与保证人2之子。保证人1、保证人2及保证人3作为连带保证人,对乙方与目标公司履行在本协议项下的义务、责任、陈述与保证等事项承担连带保证担保责任,保证期限为自本协议签订之日起至甲方知道本协议项下被担保的具体义务、具体责任、具体陈述与保证事项等被违反、应承担、被违背后届满两年为止。

13.1.2 保证人按照本协议的约定承担的保证责任,不得以本协议存在其他任何形式的担保或以任何理由进行抗辩或向甲方提出任何先决或后续的条件或要求,包括但不限于要求少付、延付或免除、要求其他担保人分担、要求向其他担保人或乙方/目标公司及其关联方索偿或采取任何行动、提出抵销或反请求。甲方放弃、变更、迟延行使、未用尽或丧失其他担保权益的,保证人的保证责任仍持续有效,不因此而无效或减免。保证人与乙方、目标公司及其关联方或其他担保人之间发生任何纠纷的,均不影响甲方按照本协议要求保证人承担保证责任。

13.2 股权质押。

13.2.1 为确保乙方/目标公司履行本协议项下的义务、责任、陈述与保证等事项,乙方确保按照本协议约定将其在本次股权转让完成后持有的目标公司15%股权向甲方提供质押担保并办理完成工商局股权质押登记手续。

13.2.2 本协议第13.2条款项下的股权质押期限自办理质押登记之日起_____年。

13.2.3　乙方按照本协议约定承担的股权质押担保责任，不得以本协议存在其他任何形式的担保或以任何理由进行抗辩或向甲方提出任何先决或后续的条件或要求，包括但不限于要求少付、延付或免除、要求其他担保人分担、要求向其他担保人或其他乙方或目标公司索偿或采取任何行动、提出抵销或反请求。甲方放弃、变更、迟延行使、未用尽或丧失其他担保权益的，乙方的担保责任仍持续有效，不因此而无效或减免。乙方与目标公司或其他担保人之间发生任何纠纷的，均不影响甲方按照本协议要求保证人承担担保责任。

14　通知

14.1　所有通知应以中文书写，并以专人送达或 EMS 方式送往下列地址（视具体情况而定）：

甲方：

地址：	
收件人：	
电话：	

乙方：

地址：	
收件人：	
电话：	

保证人 1：

地址：	
收件人：	
电话：	

保证人 2：

地址：	
收件人：	
电话：	

保证人 3：

地址：	
收件人：	
电话：	

目标公司：

地址：	
收件人：	
电话：	

14.2 作出或发出的任何通知、函件或文件：

14.2.1 在以专人递送方式发出并收到书面回单的情况下，如不迟于送达地工作日 17：00 时被送达，则应视为于该工作日当日送达；如或迟于送达地工作日 17：00 时被送达或于任何非工作日任何时候被送达，则应视为下一工作日送达。

14.2.2 如为国内邮件，并以预付邮资的邮政快递方式发出的情况下，则应视为于邮寄日后_____个工作日送达。

14.2.3 在以传真方式发出的情况下，以发件人向收件人的传真机发送传真之日视为送达。

14.3 在本协议有效期限内，任何一方有权经书面通知其他各方后变更其接收通知的收件人、地址，擅自变更的，应承担送达不能的一切后果及/或法律责任。

15 协议的解除

15.1 经本协议各方协商一致，可以以书面方式共同解除本协议。

15.2 如本协议签约的任何一方违反本协议任何一项承诺、保证及或其他义务的，违约方在承担相关违约和赔偿责任后，仍应继续履行本协议。

15.3 因甲方的原因导致本协议解除的，甲方应自解除本协议的书面通知发出之日起 5 个工作日内退还目标公司股权，并按照本协议约定向保证人承担违约责任。

15.4 因乙方的原因导致本协议解除的，乙方应自解除本协议的书面通知发出之日起 5 个工作日内退还所有甲方已支付的款项，并按照本协议约定向甲方承担违约责任。

15.5 任何时候，甲方发现乙方或目标公司作出的陈述与保证存在重大不实，或承诺和保证中有任何内容被确认为不真实、误导或不正确，或尚未完成，严重影响甲方利益的,甲方有权要求乙方在_____日内赔偿甲方因此遭受的实际损失(含利益减损)及按中国人民银行同期基准贷款利率计算的补偿金;甲方亦有权在前述事件后单方解除本协议,乙方应在甲方提出书面解除通知后_____个工作日内将甲方已支付的所有款项及按中国人民银行同期基准贷款利率计算的补偿金无条件退还甲方。

15.6 如自本协议约定各方应完成本次股权转让交割内容及全部控制权与经营权交割内容期限届满之日起1个月内,因乙方或目标公司原因导致仍不能完成本次股权转让交割内容,视为乙方和目标公司违约,如违约事项超过30日仍未解决的,甲方有权解除本协议,乙方应按照本协议约定标的股权基准价格的百分之二十向甲方支付违约金。

15.7 如乙方或目标公司违反本协议陈述与保证条款,致使本协议收购目的不能实现的,视为乙方和目标公司违约,乙方应自甲方已付股权转让款之日起按照已付股权转让款的每日万分之五向甲方支付违约金,如违约事项超过30日仍未解决的,甲方有权解除本协议,乙方应按照本协议约定标的股权基准价格的百分之二十向甲方支付违约金。

15.8 如甲方未按照本协议约定支付股权转让款,则从延迟支付之日起按照每日万分之五向乙方支付违约金,如超过_____日仍未支付的,乙方有权解除本协议,甲方应按照本协议约定股权转让款总金额的百分之二十向乙方支付违约金。

15.9 除本协议"违约责任"条款外,本协议其余条款约定的相关补救措施、违约责任、补偿责任、赔偿责任等仍然有效,该等条款与"违约责任"条款存在重复或重合的,以责任约定较重的条款为准。

16 管辖法律和争议解决

16.1 管辖法律。有关本协议的订立、生效、履行、解释、修改、终止等事项及因上述事项而产生的任何争议,均适用中华人民共和国法律法规。在本协议项下不适用香港、澳门特别行政区及台湾地区法律。

16.2 争议解决。

16.2.1 各方应尽力通过友好协商方式解决因本协议引起或与之相关的任何争议,协商不成的任何一方可向合同签订地有管辖权的法院提起诉讼。案件受理费、保全费用、律师费用、交通费用、差旅费用、诉讼费等费用应由败诉的一方承担。

16.2.2 在争议解决期间，除有争议的事项外，各方应继续善意行使各自在本协议项下未受影响的权利和履行未受影响的义务。

17 成立及生效

17.1 本协议经各方自然人签字（并捺指纹）、法人的法定代表人（或授权代表）签字并加盖公司公章之日起成立并生效。

18 其他条款

18.1 本协议壹式捌__8__份，各方各持壹__1__份，剩余贰__2__份留目标公司备存，每份具有同等法律效力。

18.2 本协议签订后，本协议所赖以存在的客观情况发生变化，需要对本协议有关条款进行调整、修订或对本协议进行补充的，由双方另行达成书面补充协议。

甲方：深圳 RQ 公司（公章）

法定代表人（或授权代表）：（签字）

乙方：云南 JP 投资公司（公章）

法定代表人（或授权代表）：（签字）

丙方：江川 JP 公司（公章）

法定代表人（或授权代表）：（签字）

丁方 1：LYL（签字、指纹）

丁方 2：XXF（签字、指纹）

丁方 3：YJ（签字、指纹）

签署日期：　　年　　月　　日

（2018 年 2 月）

石林 JP 公司增资协议

文/王永敬

《石林 JP 公司增资协议》（以下简称本协议）由下列各方于_____年_____月_____日在中国_____签订。

甲方（增资方）：深圳 RQ 公司（以下简称增资方）
地址：

乙方（目标公司）：石林 JP 公司（以下简称目标公司）
地址：

丙方1（原股东）：云南 JP 公司
地址：

丙方2（原股东）：LYL
身份证号：
地址：

丙方3（原股东）：F
身份证号：
地址：
（以上丙方1、丙方2与丙方3在本协议合称为丙方或原股东）

丁方（保证人）：YJ
身份证号：
地址：
（丙方2、丙方3及丁方作为连带保证人。）

鉴于：

甲方系一家市注册成立并合法存续的有限责任公司，主要从事_____领域的投资经营；

目标公司系依法设立并存续的有限责任公司，于_____年_____月_____日注册成立，统一社会信用代码为_____，注册资本为人民币_____万元，实收资本为人民币_____万元，住所为_____，公司类型为_____；

丙方1系依法设立并合法存续的有限责任公司，在本协议签订日，丙方1、丙方2与丙方3分别持有目标公司_____%、_____%与_____%的股权；

甲方与丙方1、丙方2、丙方3及云南JPRQ投资开发有限公司于_____年_____月_____日签订编号_____《合作意向性协议》，约定了甲方按"_____%股权在无负债、无股权质押等权利负担的情况下，转让价格为人民币4亿元左右"的意向拟陆续收购JP系公司（具体指如下公司：_____）；

在《合作意向性协议》签订后，各方经协商一致，目标公司、弥勒JP公司、建水JP公司、江川JP公司四家公司整体_____%股权在无负债、无股权质押等权益负担的情况下，股权基准价格为人民币_____亿元左右。在此基础上，甲方拟通过对目标公司、弥勒JP公司、建水JP公司增资偿付关联方净债务方式实现持有该三家公司_____%股权并实现控股目的，通过股权转让方式持有江川JP公司_____%股权并实现控股；丙方1、丙方2及丁方自愿按本协议约定为乙方及丙方履行本协议项下全部或部分义务向甲方提供连带责任保证担保。

各方经协商一致，依据《中华人民共和国合同法》等法律规定，对通过本次增资以实现甲方持有目标公司_____%股权并对目标公司控股等事宜达成本协议。

1 定义

1.1 在本协议中，除上下文另有明确规定外，下述词语或名称应具有如下含义：

1.1.1 本协议：指《石林JP公司增资协议》及附件。

1.1.2 本次增资：指甲方按照本协议约定向目标公司增资并实现控股目的。

1.1.3 交易文件：指为完成本次增资之目的，由本协议相关方签署的其他协议文件，包括但不限于公司章程、股东会决议、办理本次增资所需的相关文件等。

1.1.4 股权交割日：指本次增资涉及的股权交割内容全部完成之日。

1.1.5 股权交割内容：包括甲方、乙方及丙方完成办理本次增资涉及的股权变更、公司董监高人员变更等工商登记_____%股权的营业执照。

1.1.6 控制权与经营管理权交割内容：指丙方与目标公司应在股权交割日将目标公司以下证章、文件及资料（如有）交付或提供给甲方，包括但不限于：公章、财务章、营业执照正副本（公司成立证书）、税务登记证、组织机构代码证、贷款卡、会计账册及会计原始凭证、公司章程、资产证书、银行账户、包括特许经营权合同在内的所有合同、协议、备忘录、往来函件等所有文件、经营许可证、土地申报及缴费批复原始资料、优惠政策批复、董事及股东名册和过往股东会、董事会、监事会记录等所有与公司经营相关的文件。

1.1.7 账目：指目标公司根据中国会计准则编制的、其数据真实、完整、准确、公允的目标公司资产负债表、利润表、现金流量表等财务报表及其对应的科目金额。

1.1.8 基准日账目：指根据中国会计准则编制的并经注册会计师审计的数据基准日（基准账目日）为_____年_____月_____日的目标公司资产负债表、利润表、现金流量表等财务报表及其对应的科目金额。

1.1.9 《专项审计报告》：指甲方、丙方及目标公司同意并确认的由_____会计师事务所出具的《石林JP公司_____月_____日清产核资专项审计报告》。

1.1.10 股权交割日账目：指根据中国会计准则编制的并经注册会计师审计的股权交割日的目标公司资产负债表、利润表、现金流量表等财务报表及其对应的科目金额。

1.1.11 二次审计财务数据：指外部审计机构提供的经审计的目标公司股权交割日财务数据。

1.1.12 增资款：指甲方按本协议约定应向目标公司缴付的增资款项。

1.1.13 过渡期：指自基准账目日（_____年_____月_____日）起直至股权交割日的期间。

1.1.14 审批机关：指本次增资所需向其申请审批或备案的商务（经贸）主管部门、经营权授予部门等。

1.1.15 工商局：指_____工商行政管理局。

1.1.16 工作日：指中华人民共和国法定节假日、公休日以外的商业银行的正常营业日。

1.1.17 权益负担：指任何抵押、担保、质押、留置、期权、限制、优先权、第三方的权利或利益、其他任何形式的权益负担或担保利益或其他具有相似效果优先性安排。

1.1.18 未披露负债：指目标公司账目（含基准日账目、股权交割日账目）未披露的且/或本协议签订日目标公司、丙方未向甲方书面披露的截至股权交割日的目标公司应计负债，包括但不限于：（1）合同之债或侵权之债或其他纠纷或担保等或有事项导致目标公司的任何支出或责任；（2）有关政府部门针对目标公司的任何处罚、滞纳金、罚款等；（3）目标公司应缴而未缴纳的税款；（4）员工工资、奖金等；（5）其他应支付的费用、支出。

1.1.19 中国：指中华人民共和国，鉴于本协议的目的，不包括香港特别行政区、澳门特别行政区及台湾地区。

1.1.20 元：指中国法定货币人民币。

1.2 释义。

1.2.1 条款、附件：如提及本协议，应包括本协议的任何附件及/或本协议的完整协议；如提及条款和附件，应指本协议（完整协议）的条款和附件。

1.2.2 标题：本协议的各级标题仅为方便阅读而设，标题不影响对本协议内容的解释，本协议具体权利义务的界定及解释，以条款中所述具体内容为准。

1.2.3 日期：除本协议另有约定外，本协议约定的履行日或履行期间的最后一日为非工作日的，以该等非工作日后的第一个工作日作为履行日或履行期间的最后一日。

1.2.4 时间：本协议中如提及时间，均指北京时间。

2 增资

2.1 经各方协商一致，甲方向目标公司合计增资_____元（大写：_____），全部计入实收资本。本次增资后，目标公司的注册资本变更为_____元（大写：_____），甲方持有目标公司_____%股权，丙方1、丙方2与丙方3合计持有目标公司15%股权，甲方成为目标公司控股股东。

2.2 本协议各方确认，增资款合计_____（用于目标公司偿付本协议附件3《基准日目标公司本次交易关联方其他应收应付款明细表》）所列的净债务

_____元（大写：_____）。其中，目标公司直接向MS金融租赁股份有限公司（以下简称MS租赁公司）、石林农村信用社偿付附件3所列债务金额，其余净债务由目标公司向丙方1支付。

2.3 自本协议签订之日起_____个工作日内，乙方及丙方应与目标公司关联方根据本协议附件3签署《关联方债权债务抵销协议》。抵销协议签署后立即生效，目标公司应根据该抵销协议的安排将关联方应收应付款进行轧差，并将轧差后净应付金额列为目标公司应付丙方1。

2.4 为锁定本次增资额及附件3所列净债务，基准账目日之后，目标公司（乙方）及丙方1应确保目标公司与关联方的应收应付金额不得增减。目标公司应付MS租赁公司、石林农村信用社的债务根据相关协议增加的，由丙方1承担，计入丙方1应付目标公司债务金额。

2.5 《关联方债权债务抵销协议》生效并提交甲方之日起_____个工作日内，甲方、丙方与目标公司关联方XJ、MS租赁公司对甲方在银行开立的共管账户签订监管协议，在共管账户监管协议签订并生效后_____个工作日内甲方向共管账户一次性存入增资款74，521，672.72元（大写：柒仟肆佰伍拾贰万壹仟陆佰柒拾贰元柒角贰分）。具体监管协议及细节，以甲方、乙方、丙方、关联方XJ、MS租赁公司与银行签订的共管账户监管协议为准。

2.6 在甲方向共管账户存入增资款之日起_____个工作日内，乙方及丙方应确保实现：（1）目标公司股权质押权人、冻结申请执行人解除目标公司_____%股权质押及股权冻结；（2）备齐增资所需的全套文件（股东会决议、工商变更登记申请、制式增资协议等），并将目标公司增资股权登记到甲方名下（股权交割）。前述15个工作日届满，乙方及丙方未能完成本条所述事项的，账户监管即行解除，增资款原路退回甲方，且甲方有权单方解除本协议。

2.7 在甲方向共管账户缴存增资款后，甲方委派外部审计机构进场对目标公司财务数据进行二次审计，甲方应促使该审计机构应在股权交割日后且丙方方及目标公司完整提供全部二次审计资料之日起_____个工作日内提供经审计的目标公司股权交割日财务数据（以下简称二次审计财务数据）。

若二次审计财务数据所列净资产低于专项审计报告所列净资产金额的，由丙方1向甲方补偿该差额的_____%；二次审计财务数据所列净资产高于专项审计报告所列净资产金额的，由甲方向丙方1补偿该差额的_____%。具体补偿方式为：在甲方收购江川JP公司（以下简称江川公司）股权的转让价款中统一调增或调减，若本协议签订之日起45日内未能在江川公司股权转让款中实现统一调增或调减的，则甲方或丙方1应在前述期限届满后3日内单独向对方支付差额补偿。

在二次审计期间，目标公司、丙方应按甲方要求披露其关联方的征信报告等信息，以便甲方了解可能存在的目标公司为关联方提供担保的情况，否则，甲方有权中止直至终止本协议。

2.8 在本次增资涉及的股权变更登记完成当日（以取得营业执照为准），甲方与其他监管方解除对共管账户中增资款的监管，甲方于增资款监管解除当日将增资款支付至目标公司基本账户。乙方应在收到增资款当日起将增资款用于偿付本协议附件3《基准日目标公司本次交易关联方其他应收应付款明细表》所列的净债务。

2.9 甲方将增资款支付至目标公司基本账户后，目标公司按以下顺位偿付附件3所列净债务：第一顺位：目标公司向MS租赁公司、石林农村信用社偿付债务；第二顺位：目标公司向XJ偿付应由目标公司承担的债务；第三顺位：目标公司向丙方1偿付净债务。各方确认，需在本条款前述每一顺位债务清偿完毕后，再偿付下一顺位债务。

2.10 若需根据工商局要求签订格式化《增资协议》，各方需配合签订，若格式化《增资协议》中条款与本协议相冲突，以本协议内容为准。

3 过渡期安排

3.1 自基准账目日（_____年_____月_____日）起直至股权交割日的期间（过渡期）内，丙方应确保目标公司按照与过去惯例相符的正常经营方式经营业务，且：

3.1.1 不得终止、改变、减少目前的业务；

3.1.2 不得增加正常经营业务以外的经营及/或投融资活动；

3.1.3 不得进行任何正常经营业务以外的资产添置或处理等活动；

3.1.4 不得提供任何形式的担保；

3.1.5 不得进行任何形式的分红；

3.1.6 不得进行正常经营业务以外的人事调整以及薪酬调整；

3.1.7 不得作出任何与目标公司正常经营管理活动无关的关联方交易及/或资金往来；

3.1.8 未经甲方书面同意，目标公司及丙方不得擅自增减公司员工（以基准

账目日数据为准);

3.1.9 不得实施其他影响公司正常经营、资产完整及净资产的非经营性行为。

3.2 如果丙方或目标公司违反了本协议3.1条款的有关规定造成目标公司资产减值,丙方应按目标公司资产减值数额向甲方等额补偿。

3.3 过渡期内,丙方应协助甲方做好接手目标公司的各项准备工作,包括与各股东的对接,以及确定目标公司的人事安排等。

3.4 过渡期内,丙方应负责与经营权授予部门等相关政府部门对接,促使经营权授予部门同意本次增资后目标公司控股权变更。

3.5 过渡期内,丙方及目标公司应协助甲方逐步熟悉目标公司的经营管理活动,熟悉相关的经营、财务等数据和流程,为甲方接管目标公司做好准备。

4 先决条件

4.1 本协议项下甲方向乙方支付增资款应当以下列条件全部获得满足(或被相关方豁免)为前提:

4.1.1 截至甲方向乙方支付增资款之日,丙方和目标公司均未严重违反本协议;

4.1.2 目标公司董事会、股东会已批准本次增资;

4.1.3 经营权授予部门同意本次增资后目标公司控股权变更;

4.1.4 乙方及丙方已与关联方签署《关联方债权债务抵销协议》并生效;

4.1.5 目标公司股权质押权人已解除目标公司_____%股权质押手续,股权冻结申请执行人已申请解除目标公_____%股权冻结;

4.1.6 本次增资于工商局的变更登记已经完成,目标公司已取得反映甲方持有其_____%股权的营业执照,甲方任命指定人士担任目标公司董事、总经理等职务已在工商局完成备案;

4.1.7 甲方对目标公司本次增资的工商变更登记已完成,目标公司已取得增资后的营业执照。

4.2 先决条件的满足

4.2.1 先决条件满足期限:本协议签订之日起_____个工作日内,丙方及目标公司应尽其最大努力促成4.1条款所述的全部先决条件得到满足。

4.2.2 各方同意,就4.1条款的各项先决条件而言,系为甲方利益所设定,交割的实际完成并不豁免丙方及目标公司使先决条件得到满足的责任,甲方有权根据该等未能满足的先决条件对本次增资目的的影响程度,要求丙方及目标公司增补满足先决条件,或有权解除本协议。

4.2.3 各方同意,就4.1条款的各项先决条件而言,甲方有权自行决定是否放弃,放弃应以书面方式向丙方及/或目标公司作出;甲方放弃其中一项先决条件,不影响其他先决条件的效力,丙方及目标公司仍应尽最大努力使其他先决条件得到满足。

5 交割与接管

5.1 自目标公司_____%股权被解除质押并解除冻结当日,丙方应配合甲方完成本次增资股权交割内容。本次增资交割内容包括:甲方、丙方及目标公司应当完成办理本次增资涉及的股东/股权变更、公司董、监、高人员变更等工商登记变更手续,目标公司取得反映甲方持有目标公司_____%股权的营业执照。本次增资股权交割内容全部完成之日为股权交割日。

5.2 丙方、目标公司应与甲方在股权交割日完成全部控制权与经营管理权交割内容。

5.3 其他交割内容:与丙方实际控制、经营目标公司的其他资料、信息等,均应与本协议5.2.条款中内容一并交割。

5.4 本次增资涉及的工商变更登记手续完成当日,丙方1、丙方2、丙方3应将其合计持有的目标公司15%股权(其中丙方1持有_____%股权、丙方2持有_____%股权、丙方3持有_____%股权)向甲方提供质押担保,并办理完毕股权质押登记手续。

5.5 丙方、目标公司应编制壹式伍份的移交清单,甲方、丙方及目标公司予以签字并盖章确认。

6 陈述与保证

6.1 丙方及目标公司陈述、保证与承诺:

6.1.1 截至本协议签订日,丙方均是目标公司的合法股东,丙方1、丙方2与丙方3分别持有目标公司_____%、_____%与_____%股权。

6.1.2 丙方与目标公司确认,目标公司股权除存在后述股权质押担保及6.1.3.条款所列明的司法冻结情形外,不存在其他权益负担:目标公司与MS租赁公司签订《融资租赁合同》,融资本金_____万元,丙方1、丙方2与丙方3分别将持有的目标公司注册资本_____万元占股_____%的股权、注册资本_____万元占股_____%的股权、注册资本_____万元占股

_____%的股权向 MS 租赁公司提供了质押担保。

6.1.3 丙方与目标公司确认,目标公司股权存在后述股权冻结情形外,不存在其他股权司法冻结:①因 XJ 诉被告云南 JP 公司、云南 ZS 集团有限公司民间借贷纠纷一案,云南 JP 公司持有的目标公司_____万元注册资本的相应股权由深圳市_____人民法院冻结。②因 MS 租赁公司诉目标公司、云南 JP 公司、LYL、_____F 租赁合同纠纷一案,目标公司_____%股权由天津市_____人民法院冻结。

6.1.4 丙方与目标公司确认,截至本协议签订日,目标公司涉及的诉讼及/或仲裁案件仅限于以下列明的案件:①MS 租赁公司与目标公司等融资租赁合同纠纷案,丙方与目标公司确认,该案相关方已签署案件执行和解协议;②重庆 ML 塑胶有限公司与目标公司买卖合同纠纷,丙方与目标公司确认该案项下款项已清偿完毕,否则,丙方1应就未清偿部分向目标公司进行等额赔偿。

6.1.5 直至股权交割日,目标公司合法、有效存续,不存在任何违反现有法律法规及其签订的合同、协议、章程约定的事项,不存在任何现存的或潜在的被注销、吊销、解散、清算等的事实或风险,且不存在任何乙方向甲方披露之外的影响目标公司可持续经营的事实或风险。

6.1.6 丙方及目标公司承诺并确保未与其他第三方签订法律文件或采取其他方式对目标公司股权进行处置,该等处置包括但不限于转让、委托管理、让渡附属于目标公司全部或部分权利。

6.1.7 基准账目日(2018 年 1 月 31 日),目标公司不存在《专项审计报告》所列之外的负债(未披露负债)或亏损。过渡期内目标公司不存在股权交割日账目所列之外的负债(未披露负债)或亏损。

6.1.8 至基准账目日,目标公司的注册资本均已全部实收,不存在任何虚假出资、抽逃出资或出资不实的情形。

6.1.9 目标公司在_____县的特许经营权是合法有效的、是长期延续的,《石林县_____项目特许经营协议》《云南省市政公用事业特许经营许可证》及其他相关文件是真实、合法、有效的;且丙方及目标公司确保甲方成为目标公司股东后,目标公司在_____县的特许经营权是合法有效的、是长期延续的(特许经营权有效期限为 30 年,自项目经营之日起计算,有效期限为三十年)。目标公司在_____县的特许经营区域范围为昆明市_____县现行行政管辖区域。

6.1.10 丙方与目标公司承诺目标公司在建设石林_____工程项目时已付

清全部补偿费用，已足额支付青苗补偿费、附着物补偿费等全部费用。

6.1.11 丙方及目标公司承诺目标公司已足额支付土地出让金，取得的国有土地使用证、建设用地批准书、建设用地规划许可证、建设工程规划许可证、建筑工程施工许可证等合法有效；截至本协议签订日，目标公司建设及经营的_____工程手续完备，不存在任何法律瑕疵，且丙方与目标公司承诺目标公司名下土地及在建工程等均未设定任何抵押，也无司法查封情形。

6.1.12 向甲方披露的全部信息及提供的全部文件材料，包括但不限于财务情况、资产情况、债务及担保情况、诉讼仲裁情况、生产经营情况、公司工商登记情况等都真实、合法、完整、充分、有效。

6.1.13 过渡期内，丙方应依照本协议约定，维持目标公司的正常运营，不得作出或参与作出任何使目标公司净资产贬损（即资产减损或债务增加）的行为。

6.1.14 股权交割日，目标公司不存在欠薪等情形；目标公司不存在欠税、逃漏税行为，且相关的税务处理事项已合规处理。

6.1.15 目标公司承诺并确保在收到甲方支付的增资款后按照本协议约定将增资款全部用于偿付目标公司关联方债务。

6.1.16 目标公司按照《关联方债权债务抵销协议》的安排将关联方应收应付款轧差后，丙方和丁方保证并承诺目标公司不受任何第三方的债务追索，否则丙方和丁方承担连带赔偿责任。

6.2 甲方陈述、保证与承诺

6.2.1 甲方符合法律规定的增资条件，不会因为甲方自身条件的限制而影响本次增资法律程序的正常进行。

6.2.2 签署并履行本协议，不违反法律、公司章程、行业监管要求、第三方合同等对甲方已经设定的限制和障碍，不涉及侵害任何第三方的利益。

6.2.3 甲方有足够的资金能力实施本次增资，甲方保证按照本协议的有关约定按时缴付增资款。

6.2.4 在丙方、目标公司的配合下积极办理完成增资涉及的一切手续，包括但不限于修改公司章程、改组董事会、监事会、向有关机关报送有关股权变更与增资的文件、接管和经营目标公司等。

7 增资后承诺

7.1 股权交割日后任何时候，丙方1及其股东、董事、监事、高级管理人员，丙方2与丙方3承诺不以任何方式在_____县从事任何与目标公司构成竞争的业务，或者为任何第三方从事该等竞争业务提供任何形式的直接或者间接支持，包括但不限于资金、产品研发、人力资源、业务资源等支持；不得直接或者间接的指使、引诱、鼓励或以其他方式促成目标公司的任何其他员工终止与目标公司的劳动关系；亦不得通过任何类型的关联方从事上述竞争行为。

7.2 股权交割日后，丙方作为目标公司股东，承诺持续协助甲方完善与本次增资相关的后续事项，包括但不限于协助甲方理顺对目标公司经营管理、政府关系、劳动人事、采购、供应关系等各方面事项。

8 税收与费用

8.1 本次增资及其交割涉及的税款（包括所得税、印花税等）由各方根据中国税务法规政策的相关规定各自承担。

8.2 就本次增资，应由丙方缴纳的税款，因丙方延迟缴纳或未缴纳导致目标公司或甲方被税务机关追索税款及/或承担代扣代缴责任的，丙方应于税务机关下达此类通知后10日内予以支付，否则应赔偿目标公司或甲方因此遭受的实际损失的130%。

8.3 本次增资及其交割涉及的各项费用（包括行政部门规费、法律费用、评估费用、审计费用等）由甲方与丙方各自承担。

9 可分割性

9.1 如本协议的任何条款被裁定无效或不可执行，则该条款（在其无效或不可执行的范围内）不得实施，并应被视为不包含在本协议内，但不应当使本协议的其余条款无效、不可执行；且各方应尽一切合理努力，以替代条款取代该条款，替代条款的效果应尽可能接近该条款原定目的及效果且具有可执行性。

10 不弃权

10.1 任何一方未能或延迟行使本协议项下或根据本协议取得的法律规定的任何权利或补救，该等情况的出现将不构成对该等权利或补救的实质性损害，也不构成或视为对该等权利或补救的弃权或变更，不得妨碍在以后的任何时候对该等权利或补救的行使。

10.2 单项行使或部分行使任何该等权利或补救不得妨碍对该等权利或补救的任何其他的或进一步的行使或对任何其他权利或补救的行使。

10.3 各方在本协议项下或根据本协议取得的权利和补救是累积的，可以在该一方认为适当的情况下行使，且是对其在法律规定下的权利和补救的补充。

11 完整协议

11.1 本协议及其附件、附表、补充协议、备忘录等为实现本次增资的全部交易文件,构成完整协议,均具有法律效力。

11.2 本协议签订前各方签署的书面文件与本协议不一致的,以本协议为准。

12 保密

12.1 本次增资过程中,本协议各方对所了解的全部资料和信息,包括但不限于丙方、甲方以及目标公司的经营情况、财务情况、商业秘密、技术秘密等全部情况,本协议所列的签约各方均有义务予以保密,除非法律有明确规定或司法机关强制要求,任何一方不得向任何第三方泄露、对外公开或使用。

12.2 任何一方违反保密义务,违反保密义务的一方应当赔偿守约方的一切损失。

13 担保条款

13.1 连带责任保证。

13.1.1 丙方2与丙方3系夫妻,为目标公司的实际控制人,丁方系丙方2与丙方3之子。丙方2、丙方3及丁方作为保证人,对丙方1与目标公司履行在本协议项下的义务、责任、陈述与保证等事项承担连带保证担保责任,保证期限为本协议签订后自甲方获知本协议项下被担保的具体义务、具体责任、具体陈述与保证事项等被违反、应承担、被违背之日起届满两年为止。

13.1.2 丙方2、丙方3及丁方作为保证人,保证按照本协议的约定承担保证责任,不得以本协议存在其他任何形式的担保或以任何理由进行抗辩或向甲方提出任何先决或后续的条件或要求,包括但不限于要求少付、延付或免除、要求其他担保人分担、要求向其他担保人或丙方及/或目标公司索偿或采取任何行动、提出抵销或反请求。甲方放弃、变更、迟延行使、未用尽或丧失其他担保权益的,丙方2、丙方3及丁方的保证责任仍持续有效,不因此而无效或减免。丙方2、丙方3及丁方与丙方1、目标公司或其他担保人之间发生任何纠纷的,均不影响甲方按照本协议要求丙方2丙方3及丁方承担保证责任。

13.1.3 丙方1、丙方2、丙方3彼此对其他两方在本协议项下的义务、责任、陈述与保证等事项承担连带保证责任。

13.2 股权质押。

13.2.1 为确保丙方及/或目标公司履行本协议项下的义务、责任、陈述与保证等事项,丙方确保按照本协议约定将其在本次增资完成后合计持有的目标公司15%股权向甲方提供质押担保,包括办理完成工商局股权质押登记手续。

13.2.2 本协议第13.2条款项下的股权质押期限自办理质押登记之日起两年。

13.2.3 丙方按照本协议的约定承担股权质押担保责任，不得以本协议存在其他任何形式的担保或以任何理由进行抗辩或向甲方提出任何先决或后续的条件或要求，包括但不限于要求少付、延付或免除、要求其他担保人分担、要求向其他担保人或其他丙方或目标公司索偿或采取任何行动、提出抵销或反请求。甲方放弃、变更、迟延行使、未用尽或丧失其他担保权益的，丙方的担保责任仍持续有效，不因此而无效或减免。丙方与目标公司或其他担保人之间发生任何纠纷的，均不影响甲方按照本协议要求保证人承担担保责任。

14 通知

14.1 所有通知应以中文书写，并以专人送达、EMS方式书面送达下列地址或传真号码（视具体情况而定）：

甲方：

地址：	
收件人：	
电话：	

乙方：

地址：	
收件人：	
电话：	

丙方1：

地址：	
收件人：	
电话：	

丙方2：

地址：	
收件人：	
电话：	

丙方3：

地址：	
收件人：	
电话：	

丁方：	
地址：	
收件人：	
电话：	

14.2 作出或发出的任何通知、函件或文件：

14.2.1 在以专人递送方式发出并收到书面回单的情况下，如不迟于送达地工作日17：00时送达，则应视为于该工作日当日送达；如迟于送达地工作日17：00时送达或于任何非工作日任何时候送达，则应视为该日的下一工作日送达。

14.2.2 如为国内邮件，并以寄方付邮资的邮政快递方式发出的情况下，则应视为于邮寄日后的第__3__个工作日送达。

14.2.3 在以传真方式发出的情况下，以发件人向收件人的传真机发送传真之日视为送达。

14.3 在本协议有效期限内，任何一方有权经书面通知其他各方后变更其接收通知的收件人、地址或传真号码，擅自变更的，应承担送达不能的一切后果及/或法律责任。

15 协议解除与违约责任

15.1 经本协议各方协商一致，可以以书面方式共同解除本协议。

15.2 如本协议签约的任何一方违反本协议任何一项承诺、保证及或其他义务的，违约方在承担相关违约和赔偿责任后，仍应继续履行本协议。

15.3 因甲方的原因导致本协议解除的，甲方应自解除本协议的书面通知发出之日起5个工作日内退还目标公司股权，并按照本协议约定向丙方承担违约责任。

15.4 因丙方的原因导致本协议解除的，丙方应自解除本协议的书面通知发出之日起5个工作日内退还所有甲方已支付的款项，并按照本协议约定向甲方承担违约责任。

15.5 任何时候，甲方发现丙方或目标公司作出的陈述与保证存在重大不实，或承诺和保证中有任何内容被确认为不真实、误导或不正确，或尚未完成，严重影响甲方利益的，甲方有权要求丙方在5日内赔偿甲方因此遭受的实际损失（含利益减损）及按中国人民银行同期基准贷款利率计算的补偿金；甲方亦有权在前述事件后单方解除本协议，丙方应在甲方提出书面解除通知后5

日内将甲方已支付的所有款项及按中国人民银行同期基准贷款利率计算的补偿金无条件退还甲方。

15.6 如自本协议约定各方应完成本次增资股权交割内容及全部控制权与经营权交割内容期限届满之日起1个月内，因丙方或目标公司原因导致仍不能完成本次增资股权交割内容，视为丙方和目标公司违约，甲方有权解除本协议，丙方应按照本协议约定标的股权基准价格的百分之二十向甲方支付违约金。

15.7 如丙方或目标公司违反本协议陈述与保证条款，致使本协议增资目的不能实现的，视为丙方和目标公司违约，丙方应按照甲方已缴存至共管账户全部金额自缴存之日起的每日万分之五向甲方支付违约金，如违约事项超过30日仍未解决的，甲方有权解除本协议，丙方应按照本协议约定标的股权基准价格的百分之二十向甲方支付违约金。

15.8 如甲方未按照本协议约定支付增资款，则从延迟支付之日起按照每日万分之五向丙方支付违约金，如超过30日仍未支付的，丙方有权解除本协议，甲方应按照本协议约定增资总金额的百分之二十向丙方支付违约金。

15.9 除本协议"违约责任"条款外，本协议其余条款约定的相关补救措施、违约责任、补偿责任、赔偿责任等仍然有效，该等条款与"违约责任"条款存在重复或重合的，以责任约定较重的条款为准。

16 管辖法律和争议解决

16.1 管辖法律。

16.1.1 有关本协议的订立、生效、履行、解释、修改、终止等事项及因上述事项而产生的任何争议，均适用中华人民共和国法律。在本协议项下不适用香港、澳门特别行政区及台湾地区法律。

16.2 争议解决。

16.2.1 各方应尽力通过友好协商解决因本协议引起或与之相关的任何争议，协商不成的，任何一方可向合同签订地有管辖权的法院提起诉讼。案件受理费、保全费用、律师费用、交通费用、差旅费用、诉讼费等费用应由败诉的一方承担。

16.2.2 在争议解决期间，除有争议的事项外，各方应继续善意行使各自在本协议项下未受影响的权利和履行未受影响的义务。

17 生效

17.1 本协议经各方自然人签字（并按指纹）、法人的法定代表人（或授权代表）签字或签章并加盖公司公章之日起生效。

18 其他条款

18.1 本协议壹式捌（8）份，各方各持壹（1）份，剩余贰（2）份留目标公司备存，每份具有同等法律效力。

18.2 本协议签订后，本协议所赖以存在的客观情况发生变化，需要对本协议有关条款进行调整、修订或对本协议进行补充的，由各方另行达成书面补充协议。

甲方：深圳 RQ 公司（公章）

法定代表人（或授权代表）：（签字）

乙方：石林 JP 公司（公章）

法定代表人（或授权代表）：（签字）

丙方 1：云南 JP 公司（公章）

法定代表人（或授权代表）：（签字）

丙方 2：LYL（签字、指纹）

丙方 3：＿＿＿＿＿F（签字、指纹）

丁方：YJ（签字、指纹）

签署日期：　　年　　　月　　　日

（2018 年 2 月）

广东××律师事务所关于前海 RS 公司投资"XX 信托·YY 集合资金信托计划"之法律意见书

文/王永敬

致：前海 RS 公司

广东××律师事务所（以下简称本所）接受前海 RS 公司（以下简称贵司或前海 RS）的委托，就前海 RS 投资 XX 信托公司（以下简称 XX 信托）发起设立的"XX 信托·YY 集合资金信托计划"（以下简称信托计划或本信托计划）的合法合规性以及投资者权益保护等事项出具本法律意见书。

为出具本法律意见书，本所指派律师（以下简称本所律师）依据中国有关法律法规，对前海 RS 提供的与出具本法律意见书相关的文件资料进行了查阅，并就有关事项向前海 RS 的有关人员进行了询问及与其进行了必要的讨论。

为出具本法律意见书，本所律师查阅了本信托计划拟签署的（包括但不限于）如下法律文件：

1. 编号为_____的《XX 信托·YY 集合资金信托计划资金信托合同》；
2. 《XX 信托·YY 集合资金信托计划认购风险申明书》；
3. 《XX 信托·YY 集合资金信托计划说明书》；
4. 《股权转让协议》；
5. 与出具本法律意见书相关的其他文件资料。

本所就出具本法律意见书特作出如下声明：

1. 本所依据本法律意见书出具日以前已经发生或存在的事实和中国现行有效的有关法律法规的规定发表法律意见。本所认定某些事项是否合法有效是以该等事项发生之时所应适用的法律、法规为依据，同时也充分考虑了政府有关主管部门给予的有关批准和确认。

2. 本所按照律师行业公认的业务标准、道德规范和勤勉尽责精神，对前海 RS 提供的文件和有关事实进行了核查，并保证本法律意见书不存在虚假记载、误导性陈述及重大遗漏。

3. 前海 RS 向本所确认，其已提供了本所认为出具本法律意见书所必需的、真实、准确、完整、有效的文件、材料或口头的陈述和说明，不存在任何隐瞒、虚假和重大遗漏之处；其所提供的副本材料或复印件均与其正本材料或原件是一致和相符的；其所提供的文件、材料上的签署、印章是真实的，并已履行该等签署和盖章所需的法定程序，获得合法授权；其所作出的所有口头陈述和说明的事实均与所发生的事实一致。

4. 本所仅就前海 RS 投资信托计划的合规合法性以及投资者权益保护等事项发表法律意见，不对投资风险及收益作出商业判断，不对有关财务、会计、审计、资信评级、资产评估、内部控制等专业事项和境外法律事项发表意见，对此类内容的引述并不表明本所对这些内容的真实性、准确性、合法性作出任何判断或保证。

5. 本法律意见书仅供前海 RS 投资信托计划之目的使用，未经本所许可，不得用作任何其他目的。

基于上述，本所依据《中华人民共和国保险法》（以下简称《保险法》）、《中华人民共和国信托法》（以下简称《信托法》）、《保险资金运用管理暂行办法》《关于保险资金投资有关金融产品的通知》《关于保险资金投资集合资金信托计划有关事项的通知》《保险资金投资股权暂行办法》《关于保险资金投资股权和不动产有关问题的通知》《信托公司集合资金信托计划管理办法》以及其他现行有效的法律、行政法规、部门规章和规范性文件的相关规定，出具如下法律意见。

一、保险资金运用范围

前海 RS 拟与 XX 信托签订《XX 信托·YY 集合资金信托计划资金信托合同》（以下简称《信托合同》）并以保险资金认购该信托计划。

《保险资金运用管理暂行办法》第六条规定："保险资金运用限于以下形式：（一）银行存款；（二）买卖债券、股票、证券投资基金份额等有价证券；（三）投资不动产；（四）国务院规定的其他资金运用形式。保险资金从事境外投资的，应当符合保监会有关监管规定。"

《关于保险资金投资有关金融产品的通知》第一条规定："保险资金可以投资境内依法发行的商业银行理财产品、银行业金融机构信贷资产支持证券、信托公司集合资金信托计划、证券公司专项资产管理计划、保险资产管理公司基础设施投资计划、不动产投资计划、和项目资产支持计划等金融产品

（以下统称金融产品）。"

本所律师认为，XX信托·YY集合资金信托计划为XX信托设立的集合资金信托计划，属于上述规章和规范性法律文件明确规定的保险资金投资范围，贵司投资XX信托·YY集合资信托金计划符合《保险资金运用管理暂行办法》《关于保险资金投资有关金融产品的通知》的保险资金运用形式。

二、前海RS的主体资格

前海RS是成立于2012年02月08日，注册号为_____，法定代表人为_____，注册地址为_____，认缴注册资本总额为_____，企业类型为_____经营范围为_____。本所律师未发现前海RS存在_____相关规定的需要解散或清算的情形。

根据《信托合同》的规定，本信托计划存续期间，委托人与受益人为同一人。因此，前海RS同时作为信托计划的委托人和受益人。

本所律师认为，前海RS为合法成立及有效存续的企业法人，符合《信托法》第十九条、《信托公司集合资金信托计划管理办法》第六条对委托人资格的要求，符合《信托法》第四十三条、《信托公司集合资金信托计划管理办法》第五条对受益人资格的要求。

三、XX信托的主体资格

XX信托为信托计划的发起人（受托人）。根据全国企业信用信息公示系统，查询信息如下_____。

XX信托于2017年_____月_____日向前海RS出具了《合规说明函》，说明博海信托作为保险机构选择担任受托人的信托公司，符合下述条件：

1. 具有相应的业务资格，取得有关监管机构核准的特定业务资格；

2. 重新登记3年以上，最近3年没有到期未还债务、无到期不能履约现象，未发生挪用受托财产等违法违规行为；

3. 近三年公司及高级管理人员未发生重大刑事案件且未受监管机构行政处罚；

4. 承诺向保险业相关行业组织报送相关信息；

5. 上年末经审计的净资产不低于30亿元人民币。

本所律师认为，XX信托是经批准设立及有效存续的具有从事信托业务资格的金融机构，符合《信托法》第二十四条、《信托公司集合资金信托计划管理办法》对信托投资受托人资格的相关要求，具备《中国保险监督管理委员会关于保险资金投资集合资金信托计划有关事项的通知》第三条规定的信托公司应具备的相关条件。

四、信托计划的基础资产

（一）基础资产

《关于保险资金投资集合资金信托计划有关事项的通知》第四条规定："保险资金投资的集合资金信托计划，基础资产限于融资类资产和风险可控的非上市权益类资产。其中，固定收益类的集合资金信托计划，信用等级不得低于国内信用评级机构评定的A级或者相当于A级的信用级别。"

《中国保监会关于试行〈保险资产风险五级分类指引〉》的通知（保监发〔2014〕82号）第十四条规定："本指引中所称'权益类资产'主要包括股权和股权金融产品。股权是指保险机构以出资人名义投资并持有的非上市企业股权。股权金融产品是指保险机构投资的由股权投资管理机构发起设立的股权投资类金融产品，包括未上市股权投资基金、基础设施股权投资计划、不动产股权投资计划、权益类集合资金信托计划、权益类项目资产支持计划及权益类保险资产管理产品等。"

根据《信托合同》，本信托计划投资的基础资产为非上市公司股权。

（二）项目公司

根据《信托合同》，本信托计划拟投资TSXZ公司（以下简称项目公司）的股权，项目公司目前正处于企业名称预先核准阶段。根据筹备阶段的章程及企业名称预先核准申请书，项目公司注册资本为_____元，经营范围为：_____；住所为_____；经营期限为_____。在项目公司名称预先核准通过并取得营业执照后，YRXX公司将TSXZ项目涉及的土地房产转让至项目公司名下。

本所律师认为：保险资金投资的信托计划是具有两名或两名以上委托人的集合信托计划，不属于单一信托；本信托计划投资的基础资产为非上市权益类资产中的非上市公司股权，信托计划的基础资产符合《中国保险监督管理委员会关于保险资金投资集合资金信托计划有关事项的通知》第四条、《中国保监会关于试行〈保险资产风险五级分类指引〉》的通知（保监发〔2014〕82号）第十四条对基础资产的相关要求。

五、对本信托计划的投资比例

《关于加强和改进保险资金运用比例监管的通知》第三条中规定：为防范集中度风险，针对保险公司投资单一资产和单一交易对手制定保险资金运用集中度上限比例。投资单一固定收益类资产、权益类资产、不动产类资产、其他金融资产的账面余额，均不高于本公司上季末总资产的5%。投资单一法人主体的余额，合计不高于本公司上季末总资产的20%。

根据前海RS的说明，前海RS本次不动产投资的投资比例符合《关于加强和改进保险资金运用比例监管的通知》的有关规定。

六、前海RS投资本信托计划的程序要件

（一）内部决策程序

《关于保险资金投资有关金融产品的通知》第九条规定："保险公司投资金融产品，应当具有公司董事会或者董事会授权机构批准投资的决议。"

根据《前海RS公司投资决策权限管理办法（_____版）》，投资信托公司集合资金信托计划的最终审批人为董事长。因此贵司投资本信托计划应由贵司董事长审批通过。

（二）监管部门备案程序

《关于保险资金投资集合资金信托计划有事项的通知》第六条规定："保险机构投资集合资金信托计划，应当按有关规定向中国保监会指定的信息登记平台报送信息。"

《中国保监会关于加强和改进保险资金运用比例监管的通知》第六条规定："保险公司投资商业银行理财产品、银行业金融机构信贷资产支持证券、信托公司集合资金信托计划、证券公司专项资产管理计划以及保险资产管理公司发行的基础设施投资计划、不动产投资计划、项目资产支持计划和资产管理产品等金融产品，应当于实际支付投资款项后5个工作日内，向中国保监会指定的信息登记平台报送投资合同及产品信息，产品信息至少包括产品名称、发行人、发行规模、发行期限、发行利率、增信措施、基础资产等内容。"

根据上述规定，前海 RS 投资本信托计划，应当于实际支付投资款项后 5 个工作日内，向中国保监会指定的信息登记平台报送投资合同及产品信息。

七、投资者的权益保护

（一）信托计划财产的独立性

按照《信托合同》的规定，信托财产不得与受托人的固有财产、受托人的关联方以及受托人管理的其他信托财产进行交易；受托人应当将信托财产与其固有财产分别管理、分别记账；不得将信托财产归入其固有财产或使信托财产成为其固有财产的一部分。

上述约定符合《信托法》第十六条、《信托公司集合资金信托计划管理办法》第三条的相关规定。

（二）信息披露

按照《信托合同》的规定，委托人有权了解信托财产的管理、运用、处分及收支情况并有权要求受托人作出说明，有权查阅、抄录或者复制与信托财产有关的信托账目以及处理信托事务的其他文件。受托人应当履行定期信息披露和重大事项信息披露的义务。

上述约定符合《信托法》第三十三条、《信托公司集合资金信托计划管理办法》第三十五条及第三十六条的相关规定。

（三）关联交易

经核查，本所律师未发现 XX 信托及项目公司存在《保险公司关联交易管理暂行办法》第七条和第八条规定的被认定为前海 RS 关联方的情形，且 XX 信托及项目公司已出具与前海 RS 无关联关系的承诺函，本次保险资金投资信托计划不构成关联交易。

八、结论性意见

1. 信托计划属于保险资金可投资的金融产品范围，前海 RS 投资信托计划符合《中国保险监督管理委员会关于保险资金投资有关金融产品的通知》第一条的规定。

2. 前海 RS 为合法成立及有效存续的企业法人，符合《信托法》和《信托公司集合资金信托计划管理办法》对委托人和受益人资格的相关要求。

3. XX 信托是经批准设立及有效存续的具有从事信托业务资格的金融机

构，符合《信托法》和《信托公司集合资金信托计划管理办法》对受托人资格的相关要求，具备《中国保险监督管理委员会关于保险资金投资集合资金信托计划有关事项的通知》第三条规定的受托人应具备的相关条件。

4. 信托计划的基础资产符合《中国保险监督管理委员会关于保险资金投资集合资金信托计划有关事项的通知》第四条对基础资产的相关要求。

5. 信托计划设置了投资者权益保护措施，主要体现在信托计划项下的信托计划财产的独立性和信息披露等方面，《信托合同》对此进行了相应约定，符合《信托法》《信托公司集合资金信托计划管理办法》的相关规定。

本法律意见书一式叁份，前海 RS 持有贰份、本所持有壹份，自本所律师签字并加盖本所公章之日起生效。

广东××律师事务所

（盖章）

经办律师：

签字：＿＿＿＿＿＿

2017 年＿＿＿月＿＿＿日

（2016 年 10 月）

委托合同书

文/王永敬

甲方：XHY 公司
联系地址：
法定代表人：

乙方：TD 公司
联系地址：
法定代表人：

丙方：TJ（以下简称 TJ）
联系地址：
法定代表人：

鉴于：

甲乙双方正在筹划甲方收购乙方对 TJ 持有的控股权、股权等事宜，并同意按相关定金合同约定向乙方支付定金。

为便于 TJ 的经营、管理，积极恢复生产，保障 TJ 的市场地位及各方股东经济利益，各方协商一致，现就委托管理等事项，达成如下协议：

1. 委托关系主体。

委托方：TD 公司；受托方：XHY 公司。

2. 委托事项。

（1）股权表决权：本合同签订后，在过渡期内（甲、乙双方争议解决前，下同），乙方在 TJ 的股权表决权由甲方行使，由甲方代为表决。

（2）改组董事会：过渡期内，乙方委派 TJ 的董事职位全部让渡给甲方委派人员，各方同意在本协议签订后_____个自然日内完成董事会改组及变更登记等。

（3）经营管理权：过渡期内，TJ 的生产、销售、财务等经营管理事务由甲方管理，乙方及其他股东有权监督。

3. 委托期限。本协议签订之日起，至甲方实现对 TJ 控股权及股权的收购之日止及/或甲方与乙方在《XHYTX 公司与 TD 公司就 TJ 之股份转让协议》项下的业绩补偿款争议解决之日止（以孰晚时间为准）。

4. TJ 作为目标公司，积极配合本合同约定的委托事项的执行与落实。

5. 各方同意，对本次交易相关的信息或文件承担严格的保密义务，且应当采取必要措施，将该方知悉或了解上述信息和文件的人员限制在从事本次交易的相关人员范围之内，并要求相关人员严格遵守本条规定。未经另一方事先书面同意，不得将本协议之内容向各方之外的任何第三方披露。但尽管有前述约定，根据适用法律的规定或有关监管机构要求披露，或向各自的顾问机构披露（该方应确保其顾问机构对所获得的信息履行同样的保密义务），或者有关内容已在非因违反本条的情况下为公众知悉，不视为任一方违反本条的保密义务。

6. 因履行本合同及/或与本合同有关的一切争议，提交苏州仲裁委员会按其立案时的仲裁规则进行仲裁，仲裁裁决对各方具有终局效力。

7. 本合同自各方加盖公章之日起生效。本合同一式叁份，各执壹份，具有相同法律效力。

甲方（盖章）：

法定代表人（签字）：

乙方（盖章）：

法定代表人（签字）：

丙方（盖章）：

法定代表人（签字）：

签订日期：_____年_____月_____日

（2016 年 8 月）

XHY 公司支付现金购买资产协议

文/王永敬

本协议由下列各方于_____年_____月_____日在_____签署。

甲方：XHY 公司
住所地：
法定代表人：

乙方：TD 有限公司
住所地：
法定代表人：

丙方：TJ 公司（以下简称 TJ）
住所地：
法定代表人：

（甲方、乙方及丙方合称各方，单独称为一方。）

鉴于：
甲方是一家根据中国法律合法设立、有效存续并在深圳证券交易所上市的股份有限公司，股票代码_____。

乙方是一家根据中国法律合法设立并有效存续的有限责任公司，统一社会信用代码为_____。

TJ 是一家根据中国法律合法设立并有效存续的股份有限公司，经营范围为：_____，统一社会信用代码为_____。

甲方、乙方均为 TJ 的股东，截至本协议签署日，乙方持有 TJ_____股股份；甲方持有 TJ_____股股份。

甲方拟通过现金方式购买乙方持有的 TJ_____股股份（以下简称标的资产），乙方同意按本协议约定的条件将其持有的标的资产转让给甲方（以下简称本次交易)。

为明晰各方权利义务关系,根据相关法律法规及规范性文件的规定,各方经友好协商,共同订立协议如下,以资共同遵守:

1 释义

1.1 在本协议中,除上下文另有明确规定外,下述词语或名称应具有如下含义:

本协议	协议各方签署的《XHY公司支付现金购买资产协议》。
甲方、上市公司	XHY公司。
乙方	TD有限公司。
TJ	TJ公司。
标的资产	乙方根据本协议约定应向甲方转让的TJ的_____股股份,包括股份对应的股权权益。
股权权益	股份对应的所有现存和潜在的股东利益,包括但不限于该等股份所对应的全部有形和无形资产的资产权益、控制权、经营管理权等全部权益。
本次交易	甲方以支付现金方式购买标的资产的行为。
交易对价/交易总对价	由各方在具有相关证券业务资格的评估机构所确认标的资产的估值基础上进行协商一致,确定为_____元。
《评估报告》	为本次交易的目的,由具有相关证券业务资格的资产评估机构就截至评估基准日的标的资产进行评估后出具的《评估报告》。
《审计报告》	为本次交易的目的,由华普天健会计师事务所(特殊普通合伙)就TJ进行审计后出具的定价基准日《审计报告》。
评估基准日	为_____年_____月_____日。
定价基准日	本协议各方协商确定的本次交易的审计、评估基准日,为_____年_____月_____日。
标的资产交割条件	标的资产不存在任何涉及诉讼、执行、质押、查封等纠纷或权利限制,可过户和交割。
标的资产交割	乙方将标的资产转让给甲方持有,并依法办理完毕所需的法律、工商及相关部门手续。
交割完成日	乙方将标的资产转让给甲方持有,并依法办理完毕所需的法律、工商及相关部门手续之日。
权益负担	指任何抵押、担保、质押、留置、期权、限制、优先权、第三方的权利或利益、其他任何形式的权益负担或担保利益或其他具有相似效果优先性安排。

续表

未披露负债	未披露负债：指TJ账目（含定价基准日账目、交割完成日账目）未披露的且/或本协议签订日乙方、TJ未向甲方书面披露的截至标的资产交割日的TJ应计负债，包括但不限于：（i）合同之债或侵权之债或其他纠纷或担保等或有事项导致TJ的任何支出或责任；（ii）有关政府部门针对目标公司的任何处罚、滞纳金、罚款等；（iii）TJ应缴而未缴纳的税款；（iv）应支付的员工工资、奖金等；（v）其他应支付的费用、支出。
法律	中国现行有效的法律、法规、行政规章或其他具有普遍法律约束力的规范性文件，包括其不时地修改、修正、补充。
元	人民币元。

1.2 除另有说明外，本协议中有关数值若出现与相关各方所提供资料的描述不一致或出现总数与各分项数值之和不符的情形，均为四舍五入原因所造成。

1.3 本协议所指一方时，应包括该方的继任者或经许可的受让人。

1.4 除非上下文另有规定，凡提及本协议应包括对本协议的修订或补充的文件。

1.5 上述鉴于条款的全部内容均构成本协议不可分割的一部分，具有法律效力。

1.6 本协议的条款的标题仅为查阅方便而设置，不应构成对本协议的任何解释，不对标题之下的内容及其范围有任何限定。

2 拟购买的标的资产

2.1 各方同意，根据本协议约定的条款和条件，甲方拟以支付现金的方式购买乙方合法拥有的标的资产。

2.2 截至本协议签署之日，TJ的基本情况为：

名称：	TJ公司
统一社会信用代码	
住所	
法定代表人	
注册资本	
公司类型	
经营范围	
成立日期	
核准部门	

2.3 自标的资产交割完成之日起，甲方合计持有 TJ _____ 股股份，享有与标的资产相关的一切权利和利益，承担标的资产相关的责任和义务。

2.4 乙方确认签订本协议不涉及或侵害 TJ 其他股东或/及第三方的优先购买权。

3　交易对价及定价依据

3.1　各方同意，以_____年_____月_____日为评估基准日确定 TJ 的股权价值，作为本次交易的参考因素。

3.2　各方同意，本次交易之标的资产为：乙方持有的 TJ 的_____股股份其对应的股权权益。乙方拟转让的 TJ 每股股份作价_____元。本次交易涉及的标的资产交易总对价为_____元，支付方式为现金支付。

3.3　标的资产的股权权益包括：以股东身份对 TJ 行使控制权、决策权、经营权、管理权等权利；对 TJ 全部（现有及潜在）有形资产、无形资产等财产权益享有的股东利益。标的资产所对应 TJ 的资产和权益范围，既包括审计报告中体现的资产和权益，也包括虽未在财务记录体现的但在登记上或实质上属于 TJ 的一切资产和权益。

4　支付现金购买资产

4.1　现金对价。本次交易的现金对价为_____元。

4.2　现金对价支付方式及用途。

4.2.1　第一期对价_____元。

自本协议生效之日起_____个工作日内，甲方向乙方支付第一期对价_____元。乙方确保在收到第一期对价当日，根据甲乙双方_____年_____月_____日签订的《苏州 XHYTX 有限公司与 TD 有限公司就 TJ 公司之股份转让协议》及《XHY 公司支付现金购买资产协议之补充协议》向甲方支付_____年和_____年业绩补偿款。

4.2.2　第二期对价_____元。

自甲方收到乙方支付的_____年和_____年业绩补偿款之日起_____个工作日内，甲方向乙方支付第二期对价_____元。在甲方向乙方支付第二期对价之日起_____个工作日，乙方将标的资产交割至甲方名下。

4.2.3　第三期对价_____元。

自乙方将标的资产交割至甲方名下之日起_____个工作日内，甲方向乙方支付第三期对价_____元。

4.2.4 第四期对价_____元。

甲方于_____年_____月_____日向乙方支付第四期对价的_____；甲方于_____年_____月_____日向乙方支付第四期对价的_____；_____年_____月_____日，甲方向乙方基于《股权收购定金合同》支付的定金_____元转为甲方应向乙方支付的第四期对价（即视为甲方已向乙方支付第四期对价_____元），同时甲方向乙方支付第四期剩余对价。

4.2.5 第五期对价_____元。

自 TJ 取得 TJ 厂区剩余 80.4 亩土地的《建设用地规划许可证》《国有土地使用证》及土地上建筑物的房产证等全部合规证照之日起_____个工作日内，甲方向乙方支付第五期对价_____元。若 TJ 取得 80.4 亩土地中的部分用地手续等合规证照，则甲方应在 TJ 取得部分用地手续之日起_____个工作日内按照相应比例向乙方支付第五期对价。

5 标的资产交割与经营权交接

5.1 标的资产交割条件：标的资产不存在任何涉及诉讼、执行、抵押、质押、查封等纠纷或任何权益负担，可办理转让和交割。

5.2 乙方承诺并确保在甲方支付第一期对价前使标的资产达到交割条件。

5.3 乙方确保按本协议约定时间办理完成标的资产交割涉及的工商变更登记工作，将标的资产过户至甲方名下。

5.4 乙方与 TJ 应在办理标的资产转让工商变更登记手续之日，将 TJ 及各子公司公章、合同章、财务章、法定代表人印章、营业证照、资质证书、财务账册等 TJ 经营所需的全部印鉴、证照、资料交至甲方。公司经营权自该日转移至甲方。

6 过渡期安排及损益归属

6.1 本协议签订之日起至标的资产交割日的期间为过渡期，对于过渡期内的事宜，除各方另有约定外，甲方、乙方及丙方做出如下保证：

6.2 对 TJ 尽妥善管理义务，保证 TJ 的合法、有效存续，合理、谨慎地运营、管理 TJ。

6.3 未经甲方及乙方书面同意，不得出售、质押、让与、转让任何其持有的 TJ 的股份。

6.4 未经甲方及乙方书面同意，不得启动、解决任何对 TJ 经营产生重大不利变化的诉讼、仲裁或其他程序。

6.5 不得在过渡期内开展对 TJ 产生重大不利变化的经营活动。

6.6 不从事任何非正常的可能导致 TJ 价值减损的行为，亦不从事任何可能导致 TJ 的无形资产无效、失效或丧失权利保护的行为。

6.7 过渡期内，TJ 如实施资产处置、利润分配、派息、增资、减产、借款、担保、重组、放弃债务追索权、长期股权投资、股票或基金投资、员工股权激励、增加公司管理团队薪酬或奖励、合并或收购交易等日常生产经营以外可能引发 TJ 重大变化的决策，应事先征求甲方及乙方同意；甲方及乙方不得以任何直接或者间接方式导致公司控股权发生变化的股权转让，除非经过甲方及乙方的书面同意。

6.8 确保 TJ 合法、正常开展营业活动，维护 TJ 的商业信誉和客户关系，确保 TJ 不签署、不承诺签署或不作出任何超出正常业务范围且可能对 TJ 的业务经营、资产、负债产生不利影响的合同或承诺。

6.9 因乙方原因对 TJ 的权益产生的损害，均由乙方负责处理并承担相应的经济责任及法律责任。

6.10 不得对 TJ 章程、内部治理规则和规章制度等文件进行不利于本次交易、增资或损害甲方未来作为 TJ 股东利益的修改。

6.11 不得采取任何作为或不作为使 TJ 资质证书或证照、许可失效。

6.12 TJ 的未分配利润安排及损益归属安排：截至交割完成日 TJ 的账面未分配利润由 TJ 交割完成日后的股东按交割完成日后的比例享有。TJ 自定价基准日至交割完成日的收益或因其他原因而增加的净资产部分由 TJ 交割完成日后的股东按比例享有。若因乙方原因，TJ 自定价基准日至交割完成日产生的非正常经营活动导致的经济损失或赔偿、处罚、其他费用承担，由乙方在交割完成日后_____个工作日内补偿给 TJ。

7 税费承担

除非在本协议中另有明确约定，与履行本协议和完成本次交易相关的一切费用应由导致该费用发生的一方负担。各方同意其应分别依照适用法律的规定缴纳各自因履行本协议项下义务所应缴的税金。

8 乙方与丙方的陈述、保证与承诺

8.1 乙方为依据中国法律合法设立并有效存续的法人，已履行了签署并履行本协议必要的内部授权与批准，包括取得乙方股东会同意本次交易的股东会决议。

8.2 TJ系依法设立并合法存续的法人，具有完全的民事权利能力和行为能力。

8.3 乙方向甲方转让的标的资产系乙方合法所有，且有权转让，在交割完成日，所转让的标的资产不存在任何权属争议或存在任何权益负担，若有任何第三方对甲方就标的资产提出权属争议并最终获得司法机关支持，由乙方承担全部责任并负责赔偿甲方因此受到的全部损失。

8.4 乙方保证就本次交易所提供的信息、资料、文件及陈述均真实、准确、完整。

8.5 乙方及TJ确认：除乙方向甲方已披露的诉讼、仲裁外，不存在其他尚未了结的或可预见的重大诉讼、仲裁或行政处罚，且乙方确保TJ因诉讼、仲裁承担的应付款项等全部责任应在《审计报告》披露的应付款项范围内。自乙方成为TJ股东之日起，若TJ因诉讼、仲裁承担的应付款项等全部责任超出《审计报告》披露的应付款项范围，乙方应在收到甲方通知之日起＿＿＿＿＿个工作日内以现金方式向甲方补偿TJ因诉讼、仲裁承担的应付款项等全部责任超出《审计报告》所披露应付款项的差额部分。

8.6 TJ历史上历次股权变动合法、合规、真实、有效，截至本协议签署之日，TJ的注册资本已依法足额缴纳。TJ不存在任何违反现有法律法规及其签订的合同、协议、章程约定的事项，不存在任何现存的或潜在的被注销、吊销、解散、清算等的事实或风险。

8.7 本次交易所涉TJ现有账册、客户、供应商、专利、商标、软件等相关文件完整，财务记录和资料均符合法律法规及企业会计准则的有关规定，所披露的资产和负债情况，不存在虚假、隐瞒、遗漏的情形，企业资产、负债不存在重大差异。

8.8 除华＿＿＿＿＿会计师事务所（特殊普通合伙）出具的＿＿＿＿＿年＿＿＿＿＿月＿＿＿＿＿日TJ《审计报告》（编号：＿＿＿＿＿）中披露的＿＿＿＿＿元应收账款坏账损失外，乙方承诺如TJ在交割完成日前形成的应收账款出现坏账损失或者因交割完成日前的非正常经营原因导致TJ资产出现减值损失，乙方应按照本协议约定向TJ以现金支付的形式全额补足。

8.9 乙方保证在交割完成日前TJ不存在违反法律法规的情形，若TJ因违反法律法规而受到相关部门包括但不限于税务、国土、环保等部门追缴或处罚的，乙方承诺全额承担该补缴或被处罚的费用，包括但不限于罚金、行政责任、损失赔偿责任等，保证TJ及甲方不会因此遭受任何损失。

8.10 乙方承诺TJ不存在定价基准日的《审计报告》以外的未披露负债，若出现未披露负债，应由乙方全额承担TJ的未披露负债或由乙方向TJ以现金形式全额补偿。

8.11 乙方承诺在交割完成日前TJ不存在违规或者应披露未披露的对外担保事项，若出现以上对外担保事项，乙方负责协调撤销担保，若因以上担保事项给TJ或甲方造成损失的，乙方需以现金形式向TJ或甲方全额补偿。

8.12 乙方保证TJ应付给员工的工资、奖金、福利、补偿金、赔偿金以及应当缴纳的社会保险等款项已经依法全部支付或缴纳；乙方保证TJ应当承担的行政罚款、税收等已经全部依法缴纳。如因前述事项给甲方或TJ造成任何损失的，乙方应当以现金形式向甲方或TJ补偿损失。

8.13 乙方保证积极办理完成标的资产转让涉及的一切手续，包括但不限于修改公司章程、改组董事会、监事会、向有关机关报送有关股权变更的文件等；乙方承诺负责协调TJ各股东出具同意将标的资产转让至甲方的股东大会决议。

8.14 乙方与TJ保证：乙方或TJ未与任何第三方签订任何形式的法律文件或采取任何其他法律允许的方式对标的资产或TJ的资产和信誉进行任何未经甲方书面确认的处置，该处置包括但不限于转让、委托管理、让渡附属于TJ的全部或部分权利。

8.15 乙方及TJ确认：在标的资产交割完成日前，TJ厂区已合规取得编号为岐国用（编号：_____）的_____亩土地（用地面积_____m²）的《国有土地使用证》，已合规取得_____国土资源局出具的宗地编号_____的279_____亩土地（用地面积_____㎡）《成交确认书》及《国有建设用地交地确认书》。

8.16 在本协议生效日，本协议第8.15条款中述及的_____亩土地及_____亩土地均不存在任何权益负担，TJ厂区的全部厂房、建筑物及设备等均不存在任何权益负担。

8.17 乙方承诺负责协调相关部门，确保TJ在_____年_____月_____日前取得以下文件：①符合甲方要求的陕西省国资委对TJ设立、历次增资、扩股、改制、股份转让、股份划转符合相关规定的书面确认文件；②取得全部已建成、投产项目的消防、环评（环保）验收和竣工结算手续及支付工程款的全额合规发票；③合规取得《国有土地使用证》编号为岐_____号的_____亩土地（用地面积_____m²）相关的《建设用地规划许可证》；④合规取得宗地编号为_____的_____亩土地（用地面积_____）的《建设用地规划许可证》及《国有土地使用证》；⑤合规取得本条款前述述及的TJ_____亩及_____亩土地上全部厂房、建筑物的房产证。

8.18 乙方承诺负责协调相关部门确保TJ尽快取得厂区剩余_____亩土地的《建设用地规划许可证》《国有土地使用证》及土地上建筑物的房产证等全部合规证照。

8.19 履行本协议、完成本协议所述之交易，不会违反任何法律、行政法规和部门规章，亦不会违反乙方及丙方作为协议缔约方或受其约束的任何协议、安排或谅解的约定。

8.20 因订立、履行本协议而提供及陈述的相关事项，是真实、完整的，不存在虚假、重大遗漏和重大误解的内容。

8.21 乙方及丙方已充分理解并全面认可本协议的所有内容。在本协议项下的全部意思表示真实、有效，对乙方及丙方构成合法有约束力的义务，乙方及丙方承诺不对协议提出任何异议。

8.22 因违反上述承诺给甲方或TJ造成损失的，均由乙方承担。

9 甲方的陈述、保证与承诺

9.1 甲方为依据中国法律合法设立并有效存续的上市公司，已履行了签署并履行本协议必要的内部授权与批准。

9.2 签署、履行本协议、完成本协议所述之交易，不会违反任何法律、行政法规和部门规章，亦不会违反甲方作为协议缔约方或受其约束的任何协议、安排或谅解的约定。

9.3 因订立、履行本协议而提供予乙方的相关文件及陈述的相关事项，是真实、完整的，不存在虚假、重大遗漏和重大误解的内容。

9.4 甲方承诺自本协议生效之日起_____个工作日内向_____人民法院提交解除案件（案号：_____）项下对_____及乙方采取的相关司法冻结措施申请书；甲方承诺在收到乙方支付的_____年和_____年业绩补偿款_____元之日起_____个工作日内向_____人民法院提交撤诉申请或调解、和解申请，甲方及乙方应根据案件进展签订调解协议或和解协议。

9.5 甲方已充分理解并全面认可本协议的所有内容。在本协议项下的全部意思表示真实、有效，对甲方构成合法有约束力的义务，甲方承诺不对协议提出任何异议。

9.6 因违反上述承诺给乙方造成损失的,均由甲方承担。

10 担保条款

_____系乙方实际控制人,_____自愿对本次交易过程中就乙方、TJ 全面履行本协议项下义务、责任、陈述及保证以及承担本协议项下定金罚则、违约责任等向甲方提供连带保证责任。乙方及 TJ 确认协调_____与甲方在本协议签订时同时签订《保证合同》,由保证人_____按照本协议(包括补充协议)及《保证合同》约定向甲方承担连带保证责任。

11 协议的生效、终止和解除

11.1 本协议自各方法定代表人或授权代表签署并加盖各自公章之日起成立。

11.2 各方约定自下列先决条件全部满足之日本协议生效:

11.2.1 甲方董事会审议通过本次交易的相关议案;

11.2.2 甲方股东大会审议通过本次交易的相关议案。

11.3 上述第 11.2 条中任一条件未能得到满足,本协议不生效,各方各自承担因签署及准备履行本协议所支付之费用,除相关税费外,各方互不承担法律责任。

11.4 本协议可依据下列情况终止、解除:

11.4.1 于本协议生效日之前,经各方协商一致,以书面方式终止本协议。

11.4.2 由于发生不可抗力而根本不能实施。

11.4.3 如果因为任何一方严重违反本协议的规定,在守约方向违约方送达书面通知要求违约方对此等违约行为立即采取补救措施之日起 30 日内,此等违约行为未获得补救,守约方有权单方以书面通知方式终止本协议。

11.4.4 自评估基准日至标的资产交割日的过渡期内,若因乙方原因或因甲方取得 TJ 经营管理权、控制权之前的事项、原因等导致 TJ 出现以下重大事项的,甲方有权根据实际情况单方终止本次交易,并不承担任何违约责任:

(1)除已向甲方明确披露的情形外,TJ 土地、房屋、固定资产、知识产权或其他重要资产存在重大瑕疵;

(2)除已向甲方披露情形外,若 TJ 核心团队存在重大变动;

(3)TJ 股权存在重大纠纷,股权权属不明确;TJ 注册资本出资不实;

(4)TJ 未获得与正常经营业务相关的经营资质;

(5)截至标的资产交割日,TJ 股东或相关关联方仍存在大额非经营性资金占用情况;

（6）除已向甲方明确披露的情形外，TJ存在重大未决诉讼、未决仲裁、重大债务和可能对公司造成重大不利影响的未决事项，受到行政处罚、刑事处罚或者涉及与经济纠纷有关的重大民事诉讼或者仲裁；

（7）因乙方的陈述、承诺或资料存在虚假记载、误导性陈述或者重大遗漏；

（8）TJ所处行业监管法律法规及政府调控政策发生了重大变化。

11.4.5 如中国证监会、深交所等有权监管机构对本协议的内容和履行提出异议时，本协议各方应根据监管机构的要求或反馈，修订、完善、甚至重新签署相关协议，以实现本次以现金方式购买标的资产交易的目的。

12 违约责任

12.1 本协议任何一方在本协议所作的声明、承诺或保证存在虚假、重大遗漏或者重大误解，或者未能履行本协议约定的义务，均为违约。违约方应依照法律规定及本协议的约定，向守约方承担违约责任。

12.2 因乙方原因导致不能按照本协议约定时间完成标的资产交割、乙方违反本协议陈述与保证等条款，致使本次交易目的不能实现的，视为乙方违约，乙方应按照本协议约定向甲方承担违约责任。

12.3 本协议任何一方未能按照本协议的约定，适当地及全面地履行本协议，应当对给守约方造成的损失承担全部赔偿责任。

12.4 本协议的变更或解除不影响本协议守约方向违约方要求赔偿的权利。

12.5 本协议任何一方未行使或迟延行使其任何追究违约方违约责任的权利并不构成弃权，任何一方部分行使其任何追究违约方违约责任的权利并不影响其行使其他权利。

12.6 除本协议"违约责任"条款外，本协议及相关协议其余条款约定的相关定金罚则、补救措施、违约责任、补偿责任、赔偿责任等仍然有效，该等条款与"违约责任"条款存在重复或重合的，以责任约定较重的条款为准。

12.7 本次交易中，各方应积极履行尽职调查过程中的材料交付义务。

13 保密

各方同意，对本次交易相关的信息或文件承担严格的保密义务，且应当采取必要措施，将该方知悉或了解上述信息和文件的人员限制在从事本次交易的相关人员范围之内，并要求相关人员严格遵守本条规定。未经另一方事先书面同意，不得将本协议之内容向各方之外的任何第三方披露。但尽管有前述约定，根据适用法律的规定或有关监管机构要求披露，或向各自的顾问机构披露（该方应确保其顾问机构对所获得的信息履行同样的保密义务），或者有关内容已在非因违反本条的情况下为公众知悉，不视为任一方违反本条的保密义务。

14 不可抗力

在本协议中，不可抗力系指受到不可抗力影响的一方无法合理预见、无法克服、且无法避免的任何事件或情形。该等不可抗力事件包括火灾、洪水、地震、飓风及/或其他自然灾害及战争、社会骚乱、征收、征用、政府主权行为、法律变化或未能取得政府对有关事项的批准或因政府的有关强制性规定和要求致使各方无法继续合作以及其他不可抗拒的重大事件或突发事件的发生。

15 通知

15.1 受不可抗力影响的一方，应毫不延迟地，或如遇通信中断，则在通信恢复之时，以书面形式通知本协议其他方不可抗力事件的发生。

15.2 书面证明：受不可抗力影响的一方应在不可抗力事件发生之日起____日内（如遇通信中断，该_____日期限应自通信恢复之时起算）提供不可抗力事件发生地政府或公证机构出具的不可抗力事件发生的书面证明，以证明不可抗力事件的详细情况及其对本协议项下义务履行的影响。

15.3 免责：如果本协议一方因不可抗力事件的影响而全部或部分不能履行其在本协议中的义务，该方将在受影响的范围内免于承担违约责任。

16 法律适用和争议解决

本协议受中华人民共和国法律的保护和管辖。因履行本协议引起或者与本协议有关的一切争议，各方首先应友好协商解决，若协商不成的，任何一方可向中国国际经济贸易仲裁委员会提请仲裁，由该仲裁机构按照受理仲裁申请时的仲裁规则予以仲裁，仲裁裁决具有终局性，对各方均具有终局效力。

17 通知

17.1 所有在本协议下需要发出或送达的通知、要求均须以书面作出，并以预缴邮资的特快专递、传真、电子邮件或专人送递的方式发至本协议有关方。

17.2 所有在本协议项下所发出或送达的每一项通知或要求，应在下述时间被视作被通知方或被送达方已收到有关通知：（1）如以预缴邮资的特快专递寄发，为投寄当日后4天；(2) 如由专人送递，则在送达时；(3) 如以传真发出，为传真机记录发送完毕的时间；(4) 如以电子邮件发出，为发件人电脑记录发送完毕的时间。

17.3 所有通知和通信应按以下地址通知，如任一方变更通信地址后未及时通知对方，则对方在未得到正式通知之前，将有关文件送达该方原地址即视为已送达该方。

甲方：

地址：	
收件人：	
电话：	

乙方：

地址：	
收件人：	
电话：	

丙方：

地址：	
收件人：	
电话：	

18 附则

18.1 本协议的任何条款或条件被有管辖权的法院或其他机构裁定为在任何情形下在任何地域无效或不可执行，不应影响本协议的其他条款或条件的有效性和可执行性，也不应影响上述有争议的条款或条件在任何其他情形下或在任何其他地域的有效性和可执行性。

18.2 对于本协议的修改、补充及变更，应由各方协商一致后以书面方式做出，且经由各方或其授权的代表签字或盖章。经修改、补充及变更的条款为本协议的组成部分。当经修改、补充及变更的条款与本协议中的现有规定有冲突时，应优先适用经修改、补充及变更的条款。

18.3 本协议一方放弃行使本协议中的某一项权利，不得被视为其放弃本协议中的其他权利，并不得被视为其永久的放弃该等权利（除非该权利根据适用法律规定，一经放弃即不可重新行使）；本协议一方未行使或迟延行使本协议项下的任何权利，不构成前述的放弃，亦不影响其继续行使权利；任何对本协议项下权利的单项或部分行使，不排除其对权利其余部分的行使，也不排除其对其他权利的行使。

18.4 本协议各方不得在未经其他方事先书面同意的情形下转让本协议或本协议下的任何权利或义务。依照以上规定，本协议应对各方其各自的继受方和受让方具有约束力和可执行力。

18.5 本协议一式捌份，每份具有同等法律效力，甲方、乙方及丙方各执贰份，其余贰份供 TJ 办理变更手续使用。

18.6 本协议附件为本协议组成部分，与本协议具备同等法律效力。本合同附件包括：甲方、乙方、丙方最新营业执照副本复印件。

甲方：XHY 公司（盖章）

法定代表人或授权代表（签字）：

乙方：TD 有限公司（盖章）

法定代表人或授权代表（签字）：

丙方：TJ 公司（盖章）

法定代表人或授权代表（签字）：

（2017 年 5 月）

资金监管协议

文/王永敬

协议编号：_____

甲方（委托人/付款人）：深圳 RQ 公司
营业执照号码：
法定代表人/负责人：
住所地：
邮编：　　　　　电话：　　　　　传真：

乙方（委托人）：
居民身份证号码：
住所地：
邮编：　　　　　电话：　　　　　传真：

丙方（委托人/收款人）：石林 JP 公司
营业执照号码：
法定代表人/负责人：
邮编：　　　　　电话：　　　　　传真：
甲方、乙方及丙方合称为"委托人"。

丁方（受托人/付款人开办行）：中国银行股份有限公司 XX 分行
负责人：
住所地：　　　　　邮编：
电话：　　　　　传真：

鉴于：

1. 甲方与丙方及其他相关方于_____年_____月_____日已签订《石林 JP 公司增资协议》（下称"基础合同"），甲方拟作为投资人（新股东）向丙方增资，甲方拟通过对丙方增资偿付包括乙方在内的关联方净债务方式实现持有丙方 85%股权并实现控股目的。

2. 因丙方的原法人股东云南 JP 集团公司对乙方负有债务，乙方已向人民法院提起诉讼并经调解结案尚未执行，云南 JP 集团公司持有的丙方股权由人民法院冻结。为实现甲方向丙方增资及控股的目的，需要乙方配合向人民法院申请解除对丙方股权的全部司法冻结措施。为保证乙方按甲方要求解除对丙方公司 90%股权的司法冻结措施后甲方能够按基础合同承诺对丙方增资并由丙方以增资款偿付乙方债务，甲方现同意将上述对丙方的增资款中部分资金作为专项资金与乙方、丙方进行共管。

3. 本协议所称账户监管产品（交易资金监管）是指丁方作为甲乙丙三方支付中介，受甲乙丙三方的委托，代为监管基础合同项下的相关交易资金，在满足本协议约定付款条件的情况下，丁方根据本协议将所监管资金支付给丙方，或丁方将所监管资金退回到甲方原划出款项的银行结算账户。

本协议各方在遵守《人民币银行结算账户管理办法》等国家法律法规及监管规定的前提下，本着平等互利、诚实信用的原则，经协商一致，签订本协议。

第一条 监管资金

1. 甲方依据本协议存入监管账户内的资金即视为监管资金。自本协议生效之日，至本协议有效期届满，或本协议终止（以二者先发生者为准，下称"监管期间"），对于实际存入监管账户的监管资金由丁方监管。

2. 本协议的监管资金为：

监管资金金额：（大写）_____；（小写）_____。

甲方应在本协议生效后_____工作日内将监管资金一次性全额缴存至监管账户，并授权丁方对该笔资金进行冻结。

第二条 监管账户

1. 甲方、乙方及丙方一致同意，指定以下甲方在丁方处已开立的账户作为本协议项下的监管账户（下称"监管账户"）：

账户名：深圳 RQ 公司

账号：

2. 监管账户应采用下述预留银行印鉴，不得使用支付密码印鉴：

（1）对于甲方需将监管资金直接支付给丙方的，预留银行印鉴由甲方【财务专用章和法定代表人名章】、乙方【名章】及丙方【法定代表人名章】组成。

（2）对于需将监管资金退回到甲方原划出款项银行结算账户的，预留银行印鉴由甲方【财务专用章和法定代表人名章】组成，而且，甲方应根据本协议约定出示相应证明材料。

甲方、乙方或丙方变更预留银行印鉴，应提前至少5个工作日书面通知丁方，并办理变更手续。变更印鉴的生效日期以各方书面确认的印鉴变更生效日期为准。甲方、乙方或丙方预留银行印鉴发生变化未办理印鉴变更手续的，所造成的一切后果由该方自行承担。

3. 监管账户只能用于丁方向甲乙丙三方提供监管服务之目的。

第三条　监管服务

在监管期间，除非丁方依据本协议规定的付款条件将监管资金支付给丙方，或退回到甲方原划出款项银行结算账户，丁方不能根据任何一方的请求提取、划付（包括使用网上银行等方式划付）监管资金，但丁方依法向有权国家机关提供协助而冻结、扣划监管资金的除外。

第四条　监管资金的支付

1. 经甲方、乙方及丙方一致同意，满足以下付款条件，丁方可对监管资金进行支付：

在甲方将监管资金按时、全额存入本协议约定的监管账户之日起15个工作日内，乙方应申请并协调_____人民法院解除对丙方公司股权采取的全部司法冻结措施，如本条款前述期间届满后_____人民法院未能解除上述司法冻结措施的，甲方有权解除本协议，并自行取回监管账户内的专项资金。甲方向丁方提供支付凭证以及（国家企业信用信息公示系统查询显示云南JP集团公司持有的丙方公司股权仍由人民法院冻结的查询结果），经丁方审核支付凭证的印鉴与本协议第二条约定的银行预留印鉴相符后将本协议项下监管资金退回至甲方原划出款项的银行结算账户。

在乙方协调人民法院解除对丙方公司_____%股权采取的司法冻结措施后，丙方按照基础合同办理完毕增资涉及的股权变更登记手续当日（以甲方取得变更后营业执照为准），甲方、乙方与丙方根据本协议约定向丁方提供支付凭证，并加盖其预留银行印鉴，经丁方审核支付凭证的印鉴与本协议第二条约定的银行预留印鉴相符后将本协议项下监管资金支付至丙方基本账户。

丙方基本账户信息如下：

账户名：石林JP公司

账　号：

开户行：

2. 如丁方发现甲方和/或乙方和/或丙方提交的支付凭证或书面说明不符

合本协议的约定，或所加盖的预留银行印鉴与本协议第二条所述的预留银行印鉴不相符的，丁方有权将支付凭证或书面说明等退回并拒绝支付监管资金。在本协议约定的付款条件成就前，丁方有权拒绝任何支付申请或指令。

3. 甲乙丙三方要求支付的金额不得大于监管账户余额，也不得与本协议已明确约定的相应具体支付金额不一致，否则，丁方有权拒绝甲乙丙三方的任何支付申请或指令。

4. 监管资金全部转出监管账户后，丁方在监管协议项下的义务即履行完毕。丙方于收到本协议项下监管资金当日根据丙方的法人股东云南JP集团公司委托付款函向乙方支付＿＿＿＿＿＿＿（该支付额冲减丙方应付云南JP集团公司的净债务额）。甲方、乙方、丙方确认：本项约定的资金支付事项由甲方、乙方、丙方与丙方的法人股东云南JP集团公司自行处理，与丁方无关，丁方对此不再提供监管服务。

第五条　委托人的声明和承诺

1. 甲方、丙方依法注册并合法存续，甲方、乙方、丙方具备签订和履行本协议所需的完全民事权利能力和行为能力。

2. 签署和履行本协议系基于甲方、乙方及丙方的真实意思表示，甲方、丙方已经按照其章程或者其他内部管理文件的要求取得合法、有效的授权，且不会违反对甲方、乙方及丙方有约束力的任何协议、合同和其他法律文件；甲方、乙方及丙方已经或将会取得签订和履行本协议所需的一切有关批准、许可、备案或者登记。

3. 甲方、乙方及丙方向丁方保证，其在本协议项下向丁方提供的任何文件（支付凭证、支付申请或书面说明）是真实的、准确的、完整的、合法合规的。甲方、乙方及丙方对本方所提供文件的真实性、准确性、完整性、合法合规性承担全部责任，并确保丁方不因此受到任何损害。

4. 甲方承诺，监管资金的来源合法，其用途不违反任何法律、法规的规定。

5. 甲方、乙方及丙方承诺，基础合同的订立、履行及监管账户的设立、使用，均符合国家法律、法规、监管规定；不涉及利用监管账户进行偷逃税款、逃废债务、洗钱、套取现金及其他违法犯罪活动。

6. 甲方、乙方及丙方承诺，不以监管资金向任何第三方提供担保。

7. 甲方、乙方及丙方中任何一方违反上述声明与承诺造成的一切经济、法律责任均由违反承诺的一方承担，如丁方因此受到损失的，违反承诺的一方应负责全额赔偿。

第六条 对丁方的相关约定

1. 丁方为履行其在本协议项下的职责，应有权依赖于甲方、乙方及丙方向其提供的任何文件（包括但不限于支付凭证、书面说明等）。除对甲方、乙方及丙方在相关约定文件上加盖的预留印鉴是否与本协议第二条所述的预留银行印鉴相符予以审核外，丁方仅对甲方、乙方及丙方向其提供的任何文件在表面上是否符合本协议的约定进行审查，并且无义务调查该等文件中所包含的任何信息是否真实、正确，或任何文件上的任何签字是否真实。丁方对依赖于任何该等文件而行事的结果不承担任何责任。

2. 丁方应仅作为资金监管人，除依据本协议履行约定的资金支付监管义务外，其对与其他任何事项（包括但不限于基础合同）的有效性、可行性、合理性、正确性、真实性或合法性等不承担任何形式的责任或义务。

3. 丁方对基础合同的履行以及甲方是否按时将监管资金支付至监管账户，均不承担任何责任；因基础合同的履行及甲方是否按约付款所引发的任何纠纷，甲乙丙三方均应自行解决，如因上述纠纷的解决致使丁方基于任何诉讼、仲裁等司法程序被诉或被追加为第三人，对于丁方参加上述司法程序而支出的任何费用及损失（包括但不限于律师费、诉讼费、仲裁费用等），甲乙丙三方应向丁方承担连带赔偿责任。

4. 除了在本协议中规定的义务或责任外，丁方对监管资金不承担任何其他义务或责任，且丁方不应受到任何与监管资金有关的索赔要求的约束。

5. 甲乙丙三方同意对丁方因履行本协议项下之资金监管义务而被索赔、进入法律程序或产生任何损失作出全额补偿，除非上述索赔、法律程序或损失是由于丁方自己的过错所造成。

第七条 本协议的变更与终止

1. 甲乙丙三方协商一致变更基础合同且不影响监管业务的，应将变更后的基础合同及时提供给丁方；

2. 甲乙丙三方变更基础合同影响到监管业务，经甲乙丙三方和丁方协商一致，可以通过签署补充协议的方式修改本协议。

3. 发生下述任何情况之一，本协议即终止：

（1）甲乙丙三方与丁方协商一致解除本协议；

（2）甲乙丙三方和丁方已经按照约定完全履行本协议；

（3）监管资金被全部转出监管账户。

4. 本协议有效期届满或本协议终止后，丁方应将本协议有效期届满之日或本协议终止之日（二者以先发生者为准）的本协议项下监管资金余额（如有），及时划转到甲方原划出款项的银行结算账户。

第八条　不可抗力

1. 如任何一方遭受战争、严重火灾、台风、地震等不能预见、不可避免且不能克服的不可抗力事件，导致其不能按期履行部分或全部义务的，其应在不可抗力发生后15日内向其他方提供发生不可抗力的证明文件，并说明不可抗力预计持续的时间和对其履行本协议的影响。

2. 遭受不可抗力影响的一方在受不可抗力事件影响期间不能履行本协议项下的义务，并不承担任何违约责任。但该方迟延履行后发生不可抗力的，不能免除责任。

第九条　管辖法律和争议解决

1. 本协议适用中华人民共和国法律。

2. 因订立、履行本协议所发生的或与本协议有关的一切争议，协议各方可协商解决。协商不成的，任何一方可以采取下列第＿＿＿＿＿种方式加以解决：

（1）提交仲裁委员会仲裁；

（2）依法向丁方住所地的人民法院起诉；

（3）依法向有管辖权的人民法院起诉。

在争议解决期间，若该争议不影响本协议其他条款的履行，则该其他条款应继续履行。

第十条　其他约定

1. 除法律、法规另有规定或当事人另有约定外，本合同任何条款的无效均不影响其他条款的法律效力。

2. 一方若未行使本协议项下部分或全部权利，或未要求另一方履行、承担部分或全部义务、责任，并不构成该方对该权利的放弃或对该义务、责任的豁免。一方对另一方的任何宽容、展期或者延缓行使本协议项下的权利，均不影响其根据本协议及法律、法规而享有的任何权利，亦不视为其对该权利的放弃。

3. 本协议项下交易基于各自独立利益进行。如按相关法律、法规和监管要求，交易其他各方构成丁方的关联方或关联人士，各方均不谋求利用此种关联关系影响交易的公允性。

4. 甲方应按丁方指定的收件人及收件地点准确提交确认付款通知书，丁方指定的收件人及收件地点为：＿＿＿＿＿＿＿＿＿＿＿＿＿＿＿＿。

除本协议另有约定外,各方指定本协议载明的住所地为通信及联系地址,并承诺在通信及联系地址发生变更时,以书面形式及时通知对方。

5. 下列附件及经双方共同确认的其他附件构成本协议不可分割的组成部分,具有与本协议相同的法律效力。

附件:基础合同《石林 JP 公司增资协议》

　　　　授权委托书(样本)

　　　　各方预留印鉴(样本)

第十一条　其他

1. 本协议有效期三个月,自甲方、丙方、丁方各方法定代表人(负责人)或其授权签字人签署并加盖公章,且乙方签署之日起生效。经各方协商一致,本协议可予延期。

2. 本协议一式伍份,甲方、乙方、丙方各执壹份,丁方执贰份,具有同等法律效力。

委托人(甲方):

有权签字人:

日期:　　　　年　　　月　　　日

委托人(乙方):

有权签字人:

日期:　　　　年　　　月　　　日

委托人(丙方):

有权签字人:

日期:　　　　年　　　月　　　日

受托人(丁方):＿＿＿＿＿＿＿银行股份有限公司 XX 分行

有权签字人:

日期:　　　　年　　　月　　　日

(2017 年 8 月)

资金账户监管协议

文/王永敬

编号：_____

本合同由以下各方于_____年_____月_____日在_____市_____区签订。

甲方（转让方）：HD 工程公司
法定代表人：
地址：

乙方（受让方）：CA 公司（代表 CA 信托计划）
法定代表人：
地址：

丙方（目标公司）：HH 开发公司
法定代表人：
地址：

甲方、乙方及丙方单独称为一方，合称为各方。

鉴于：

甲方为依法注册成立并合法存续的有限责任公司，截至本合同签订日，甲方与 LTTZ 有限公司分别持有目标公司_____%及_____%股权。

乙方为依法成立并经中国银行业监督管理委员会批准有权依法开展信托业务的非银行金融机构。

乙方拟发行"CA 信托计划"（以下简称本信托计划），基于本信托计划，甲方与乙方签署了编号为_____的《股权转让合同》且甲方、乙方与丙方签订编号为_____的《股权收益权转让合同》（以下统称为主合同）。根据主合同，甲方对乙方负有履行支付预期股权收益、退回转让价款、支付经济补偿、违约金和/或赔偿金等义务，丙方对乙方负有对利润分配的义务（以下统称主债务）。

丙方负责运营 BH-PPP 项目（以下简称 BH-PPP 项目），BH-PPP 项目项目运营期财政支出已纳入当地政府财政跨年度预算。甲方与 LTTZ 有限公司已签订关于 BH-PPP 项目项目运营的《合资经营合同》及《PPP 项目合同》。

为确保甲方及丙方履行主合同项下主债务，各方协商一致，乙方对丙方向甲方特定银行账户（以下简称资金账户）分配利润、偿还投资款项等进行监管。

基于平等、互利、诚实、信用的原则，依据《中华人民共和国合同法》《中华人民共和国物权法》《中华人民共和国担保法》等相关法律法规的规定，甲乙双方经充分协商，就资金账户资金监管的相关事项达成如下协议，以遵照执行。

1 监管的资金账户

为确保甲方与丙方按照主合同履行主债务，甲方同意对以下资金账户进行监管，具体信息如下：

开户行：

户名：

账号：

2 监管款项及受监管义务

2.1 丙方向乙方承诺，BH-PPP 项目项目运营期财政支出已纳入当地政府财政跨年度预算，一旦丙方取得财政付费资金或财政补贴等，丙方应在收到财政付费资金或财政补贴等当日起_____个工作日向甲方偿付以下款项至资金账户：

2.1.1 甲方向丙方出借的资金及产生的成本。

2.1.2 甲方为丙方建设、经营 BH-PPP 项目项目垫付的各项工程款及相关款项。

2.1.3 甲方向丙方的投资款项及成本。

2.1.4 甲方向丙方支付的其他相关款项。

2.2 丙方向乙方承诺，在一旦符合《中华人民共和国公司法》及相关法律法规、丙方公司章程的情形下进行利润分配，甲方与丙方均应完善利润分配所需的全部手续，确保年度的利润分配在次年_____月_____日前实施，并应将分配的利润支付至资金账户。

2.3 甲方与丙方确认，乙方为资金账户监管资金的受益人，若甲方、丙方违反本协议监管条款，乙方可直接要求甲方承担相应损失的赔偿责任，且乙方可根据本协议及《中华人民共和国合同法》等相关法律规定直接向丙方要求其偿付按照本协议第2条应向甲方支付的款项。

3　资金账户监管方式

3.1 资金账户的银行预留印鉴为丙方的财务章、法人章及乙方指定的印章，必须经过乙方同意，才可以变更预留印鉴。

3.2 资金账户若开通或使用网上支付功能，需取得甲方与乙方的一致同意及双方的共同授权。

3.3 在本协议监管期内，甲方应于每月_____日前向乙方提交用款计划的申请据实说明款项用途并提供相应的合同、协议及其他相关文件，经乙方审核同意，方可从资金账户中支取相应款项，在支取相应款项时，需甲方与乙方共同用印。各方协商一致，甲方应按照以下顺序使用资金账户上的资金：_____。

3.4 甲方需按照本协议约定使用资金账户上资金，不得将资金挪作他用。

3.5 在本协议监管期内，丙方要及时向乙方提交相关监管资料，接受乙方对监管资金使用情况的检查和监督，接受乙方对监管账户上资金支出的监督。

3.6 甲方保证监管账户上资金来源及用途的合法性。

4　资金账户监管期限

4.1 主合同项下甲方与丙方主债务的履行期限以主合同约定的履行期限为准，如有变更，依主合同之约定。

4.2 本协议项下乙方对资金账户的监管期限自本协议生效之日起至甲方与丙方按照主合同约定履行全部主债务之日止。

5　资金账户资金预留

甲方承诺，自本信托计划设立之日起，甲方应在资金账户上预留当年应向乙方支付的全部预期股权收益，具体预期股权收益按照主合同计算。

6　违约责任

丙方违反本协议关于资金监管条款，导致乙方无法监管资金账户资金，乙方有权要求甲方承担违约责任。

7 不可抗力

如果本协议任何一方因不可抗力不能履行本协议时，可根据不可抗力的影响部分或全部免除该方的责任。不可抗力是指不能预见、不能避免且不能克服的客观情况。任何一方遭受不可抗力时，应及时通知其他方并在合理期限内提供受到不可抗力影响的证明，并采取适当措施防止其他方损失的扩大和保护资金的完整。

8 保密条款

除法律、法规规定，以及因监管账户的监管业务需要和各方特别约定外，未经各方同意，不得向外提供涉及三方商业秘密的资料。

9 争议解决

9.1 双方因履行本协议或与本协议有关的所有纠纷均应当以友好协商的方式解决，协商无法解决时，应提交深圳国际_____仲裁院仲裁，仲裁裁决是终局的，对各方均有约束力。

9.2 双方一致确认按照以下程序进行仲裁：

9.2.1 双方确认本协议载明的通知地址和方式为接收各类通知、函件和仲裁文书的有效送达地址和方式。任何一方入变更上述通知地址和方式，应及时通知对方，各类通知、函件和仲裁文书经按上述双方确认的或书面通知变更的通知方式进行送达即视为已送达。

9.2.2 双方一致同意由1名仲裁员组成仲裁庭审理本争议，仲裁员由该会主任指定。

9.2.3 双方一致同意由仲裁庭书面审理与本协议有关的争议，并同意对对方当事人提交的证据材料进行书面质证，经当事人申请并经仲裁庭同意，或仲裁庭认为有必要，可以开庭审理。

9.2.4 被申请人应自收到仲裁通知之日起5个工作日内向深圳国际_____仲裁院提交答辩书及有关证据。如有反请求，也应在该期限内提交相应反请求和证据。在本条约定的期限内，若未提交任何答辩书、证据或反请求及其证据，不影响仲裁庭审理案件。

9.2.5 仲裁庭将于上述第9.2.4项约定期限后的第1个工作日开始书面审理案件争议。

9.2.6 除非仲裁庭另有决定，争议双方当事人应在案件审理日第4个工作日起的5个工作日内提供书面质证意见。

9.2.7 如开庭审理的案件，仲裁庭应提前 5 个工作日将开庭通知以本合同各方约定的方式交送双方当事人。

9.2.8 除非仲裁庭作出延期决定，仲裁庭应在审理案件之日起 25 个工作日内作出裁决。

9.2.9 本条款未作约定的事项，适用申请仲裁时深圳国际仲裁院的规定。

9.3 在争议持续期间，除争议内容外双方应当继续履行本协议其余条款。

9.4 除生效裁决另有规定外，双方为实现权利而实际支付的费用（包括但不限于仲裁费和合理的律师费）由败诉方承担。

9.5 双方确认，本协议与主合同及相关系列合同、协议构成不可分割的整体，与本协议相关的争议应与主合同一并解决。

10 其他

10.1 本协议自乙方、丙方、甲方和乙方盖章，且法定代表人或授权代理人签字之日起生效。

10.2 本协议生效后，任何一方需要变更协议条款时，应经各方协商一致，并签订补充协议，补充协议与本协议有同等的法律效力。

10.3 若本协议任何条款被法院或仲裁委根据中国有关法律认定为无效，并不影响本协议其他条款的持续有效和执行，合同相对方可继续依据本协议其他条款主张权利。

10.4 本协议一式__捌__份，各方各执__贰__份，每份具有同等法律效力。

甲方（盖章）：

法定代表人或授权代表（签字或盖章）：

乙方（盖章）：

法定代表人或授权代表（签字或盖章）：

丙方（盖章）：

法定代表人或授权代表（签字或盖章）：

（2017 年 9 月）